何芳川 著

何芳川教授
史学论文集

图书在版编目(CIP)数据

何芳川教授论文集/何芳川著. —北京:北京大学出版社,2007.6
ISBN 978-7-301-12126-9

Ⅰ.何… Ⅱ.何… Ⅲ.世界史－文集 Ⅳ.K107-53

中国版本图书馆 CIP 数据核字(2007)第 064763 号

书　　名:	何芳川教授史学论文集
著作责任者:	何芳川　著
责任编辑:	张　晗
标准书号:	ISBN 978-7-301-12126-9/K·0486
出版发行:	北京大学出版社
地　　址:	北京市海淀区成府路 205 号　100871
网　　址:	http://www.pup.cn　电子邮箱:pkuwsz@yahoo.com.cn
电　　话:	邮购部 62752015　发行部 62750672　出版部 62754962
	编辑部 62752025
印刷者:	北京汇林印务有限公司
经销者:	新华书店
	650mm×980mm　16 开本　29.75 印张　455 千字
	2007 年 6 月第 1 版　2007 年 6 月第 1 次印刷
定　　价:	45.00 元

未经许可,不得以任何方式复制或抄袭本书之部分或全部内容。
版权所有,侵权必究
举报电话:010－62752024;电子邮箱:fd@pup.pku.edu.cn

目　录

序　言 …………………………………………… 马克垚（1）

第一部分　非洲史初探

阿克苏姆古国初探…………………………………………（3）
古代东非沿海的城邦………………………………………（21）
层檀国考略…………………………………………………（38）
19世纪西方国家在非洲的探险活动………………………（46）
近代埃塞俄比亚统一国家的形成…………………………（57）

第二部分　近代东方史专题

19世纪中叶东方国家的上层改革活动……………………（77）
15世纪中西三大航海活动比较初探………………………（94）
论近代亚洲资产阶级早期政治活动的性质和作用………（111）
近代东方民族解放运动的宗教色彩………………………（130）
近代东方的沉沦和日本的崛起
　　——19世纪日、中成败的比较………………………（140）

第三部分　亚太区域史研究

太平洋贸易网与中国………………………………………（157）
太平洋时代和中国…………………………………………（172）
"华夷秩序"论………………………………………………（192）
古代外邦致中华"国书"试辨………………………………（223）

近代华侨与中华文明……………………………………（242）
世界历史上的大清帝国……………………………………（259）
汉文化的必然抉择
　　——再论世界历史上的大清帝国………………………（278）
无望的对抗格局
　　——三论世界历史上的大清帝国………………………（291）
文明视角下的郑和远航……………………………………（306）
古代来华使节考论…………………………………………（318）
古代中国对外交往中的厚道………………………………（342）
丝绸之路……………………………………………………（355）
21世纪东亚格局下的中国和日本
　　——一个历史的视角……………………………………（377）
论当代中国的和平崛起
　　——一个世界历史的视角………………………………（385）

第四部分　世界历史：理论与专题

试论阶级观点与历史主义的统一…………………………（397）
迎接中国的世界史研究新纪元
　　——20世纪中国世界史研究的回顾与展望 ………（410）
世界史体系刍议……………………………………………（423）
文化自觉：单边还是多元？…………………………………（428）
环境保护与人文关怀………………………………………（431）
21世纪东亚文化建设与文化自觉…………………………（438）
文明与航海…………………………………………………（446）

何芳川教授学术著述系年…………………………………（463）
后　　记……………………………………………………（467）

序　言

何芳川教授的单篇文章集成一册,即将出版。这些文章中的大部分,我已经拜读过。因为芳川一般是每出一文,往往先送我一抽引本,让我先睹为快。今日重新翻检一过,又有一些感受,因赘数语,用述大旨。

芳川教授原来的专业是非洲史,他和当时我系的郑家馨、陆庭恩有"非洲史三杰"的称号,在上世纪80年代所写的一些文章即是关于非洲,特别是东非的。他在进行非洲历史具体研究时,关心的是中国史学界的重大动向。他的《古代东非的沿海城邦》一文,即是对中国史学界讨论城邦问题的回答。当时存在两种意见,一种认为只有希腊、罗马才有城邦。另一种则认为城邦在古代有一种普遍性,亚洲如两河流域、印度,甚至中国都存在过。芳川支持后一种观点,认为城邦就是古代奴隶制的城市国家,其特点一是小国寡民,一是奴隶制经济,并且举出古代东非的蒙巴萨、基尔瓦、摩加迪沙等为例,做了说明。但他也不赞成奴隶制城邦是古代奴隶制国家发展的必经阶段的观点,而是主张具体问题具体分析。

在研究非洲史的同时,芳川已经把他的视野扩大到亚非的广大地区,写出一系列关注亚非问题的文章。他所注意的问题之一,是19世纪亚非各国的资产阶级改良运动,涉及中国、印度、奥斯曼、波斯、菲律宾、朝鲜等。中国史学界当时旧的思维模式还十分严重,主张改良没有革命好,改良是资产阶级软弱的表现,而关于戊戌变法的评价,也发生争论。芳川指出,过去对这些运动评价较低,是因为一方面把他们和下层群众运动比较,说他们不敢和群众运动相结合;而另一方面又和资产阶级领导的革命相比较,说他们走改良主义道路。他以中国的义和团和戊戌变法为例,认为前者意味着旧时代的终结,而后者标志着新时代的开始。义和团运动固然可歌可泣,但是戊戌变法比它的水准整整高出一个层次、一个时代,说明不能一概而论说群众运动就比上层的改良运动高明。他又详细辨析了改良、改良主义的概念和内容,认为对改良运动所起的历史作用,要具体分析,要充分肯定他们作为时代先驱的作用。这样的认识,在当时应该说是很先进的,是先声夺人的。

到了上世纪 90 年代,芳川把研究的范围更扩大到亚洲、太平洋地区。他敏锐地感觉到太平洋时代的到来或者即将到来,于是对这一区域史的研究勾画出了初步的蓝图。他指出,过去历史上称呼的地中海时代、大西洋时代都有其局限性,并不是一个准确的称谓。但是,第二次世界大战以后,环太平洋地区经济飞速发展,该地区的发达国家经济也向这一地区倾斜,这一地区的经济有一种一体化的趋势。可以说从经济上萌生着太平洋时代。但是这里政治上矛盾重重,文化上差异明显,因此说太平洋时代的到来还是要十分慎重,那可能是一个缓慢的历史过程。而为了迎接太平洋时代的到来,我们应该抓紧进行研究,从政治、经济、文化诸方面,从中心与外围关系方面,从科学技术进步导致的一体化方面进行研究。

芳川教授勾画的亚洲、太平洋区域史研究,是以中国为出发点的。他研究了历史上中国在这一地区的地位,指出可分为三个时期:第一时期,中国在古代起了主角作用;第二时期,中国在近代沦为附庸,被侵略、被欺凌;今天,中国再一次崛起,将成为太平洋时代的核心民族之一。他写出了著名的论文《"华夷秩序"论》,认为在唐代基本形成的这一体制,是古代世界有理念、有原则、比较完备的国家关系体系,而和平、友好、积极是其主流。他把这一体系和西方 17 世纪形成的国际关系体系相比较,指出虽然这一体系形成于封建时代,不可避免的是一种中华帝国君临天下的秩序,对外国是以中华帝国为核心的辐射关系,要求"以大事小,以臣事君"。但它的指导思想是儒学理念"一"与"和",它的根本保证是厚往薄来的朝贡制度,所以和平、友好是其主流。他还写了论历史上的大清帝国的系列论文,论述大清帝国在世界历史上的地位。在中国史学界部分学者中弥漫着过高评价清帝国的历史地位的情况下,他大喝一声,康雍乾盛世在中国历史上看无疑为盛,从世界历史看则可能是衰,或者是渐入衰境的一个动态过程。对外部世界的巨大威胁懵然无知,还想在对外交往中保持、经略"华夷秩序",实际上已经说明了大清帝国的衰亡不可避免。

何芳川教授天资颖悟,才华过人,而又学识广博、精力旺盛,信手拈来,皆成妙文。他不是单纯书斋中的学者,他力求站在时代的前列,指出时代发展中应该研究的问题。他想开创历史研究的一个新领域、新方向,并为此做过不懈的努力,取得了令人瞩目的成就。可惜他走得太过匆忙,未能把他的亚太体系进一步巩固、充实、提高,这些都留给他的志同道合的合作者和学生了。

当然,他的这些文章也并非都是美玉无瑕,也有一些还可商榷。如《"华夷秩序"论》,窃以为如能吸取中国古代华夷之别,注重文化认同,而不是单一的民族认同之说,[1]当可能更为深入。是否有当,已不能和芳川切磋了。悲乎!

马克垚　谨序
2006年10月1日
国庆节

注　释

[1]　参考费孝通主编,《中华民族的多元一体格局》,中央民族大学出版社,1999年,第332—347页。

第一部分
非洲史初探

第 一 部

非都市土地

阿克苏姆古国初探

公元3世纪时，一位基督教作家马尼（216—276年）列举了当时世界上的四大强国。他说："世界四大强国乃是：第一个，巴比伦（美索不达米亚）与波斯；第二个，罗马帝国；第三个，阿克苏姆帝国；第四个，中华帝国。"[1]这一记述在一定程度上说明：建立在非洲东北部的阿克苏姆国家是同当时的罗马帝国、波斯帝国和中国并驾齐驱的古代强国。

阿克苏姆古国的历史，不仅为非洲，特别是撒哈拉以南的非洲人民拥有灿烂的古代文明提供了一个雄辩的证明，而且也为研究人类古代阶级社会提供了又一个资料丰富的对象。

一

在促进阿克苏姆国家繁荣的各种因素当中，古代东西方之间途经红海的过境贸易起着十分重要的作用。这是阿克苏姆国家发展史上的一个特点。

在埃塞俄比亚境内，自古以来就生活着属于哈米特族的库什等族和属于苏丹族的各族人民。到了公元前1000年甚至更早一些的时候，南阿拉伯半岛边缘地区的萨巴等族又渡过红海，移居埃塞俄比亚。古代阿克苏姆国家，就是上述这些古代民族经过长期融合，共同发展的结果。

从古埃及人远征蓬特王国（该地大致在今东非之角海滨）的时代起，红海就成了一条海上商路。随着人类历史活动的发展，特别是印度洋季风的发现，红海两岸更成为东西方贸易的交通要冲。正是这种过境贸易，促进了红海两岸一些港口的兴起，因而也就促进了建立在这一地区的阿克苏姆国家的发展和繁荣。

公元1世纪的《红海回航记》,是迄今发现的关于阿克苏姆古国最早的文字记载。作者是一位操希腊语的亚历山大港的商人。他记载了阿克苏姆国家的主要商港阿都利斯,称之为"法定的港口"。他还记载了首都阿克苏姆城距阿都利斯港有八天的路程。作者以一个外国商人的眼光描绘了国王祖斯卡勒:"为人吝啬,贪得无厌,但其他方面尚正直,而且谙熟希腊文化。"[2] 从《红海回航记》称祖斯卡勒为"国王"以有别于该书所记载的另一类统治者——"暴君",以及称阿都利斯为"法定"港口等情况看,阿克苏姆国家有着自己的一套统治秩序。正因为如此,《红海回航记》的作者,那位外国的过境商人,尽管对他的"贪得无厌",即可能是过分的需索感到不满和厌恶,却仍不能不给他一个"尚正直"的美誉。

《红海回航记》记载了阿克苏姆活跃而广泛的对外贸易。它的主要输出品有象牙、龟甲和犀角等。至于输入品,则有来自埃及的各种染色和次等的布匹、来自印度的棉布和用来制造猎象箭头及其他武器的铁、来自意大利和叙利亚的酒、来自波斯的服装,等等。[3] 古代作家记载了从印度和埃塞俄比亚输入埃及的各种贵重货物,这些货物经埃及再运往其他地区。还专门在红海沿岸的贝伦尼斯和米奥斯·霍尔摩斯两港口设立了税关,对上述货物一律征收25%的进口税。[4] 可见,对于古代埃及来说,阿克苏姆是一个重要的贸易伙伴。

根据《红海回航记》的记载,还可以看到,甚至阿克苏姆的边界都同对外贸易密切相关。它的东界到达一个叫做鲁克·柯姆的地方,该地是一个商镇,有许多小船自阿拉伯半岛来此交易,因而在这里设立了税关和驻防军。而它的西部边界则延伸到尼罗河西岸一个猎象的地方。

过境贸易和由此而来的阿克苏姆本国的对外贸易,给它带来了巨额财富,促进了它的繁荣和强盛。公元3世纪,国王阿菲拉斯的军队跨过红海,征服了也门地区,从而使阿克苏姆国家几乎囊括了红海商路的过境贸易。到了4世纪国王厄查纳统治时期,阿克苏姆国家的势力达到其顶峰阶段。此时,西罗马帝国已日趋崩溃,中国进入了纷乱的南北朝时期,而阿克苏姆却作为一个名副其实的强国,屹立在红海两岸。国王厄查纳不仅继续保持着对南阿拉伯半岛沿岸地区的控制,而且击败贝扎游牧民族,安定了帝国的北方,并西渡尼罗河远征,灭掉了著名的麦罗埃古国。在"万王之王"的头衔下,厄查纳留下的铭文记载了他在红海两岸广袤地区的无可争议的统治。

阿克苏姆国家的这一强盛阶段一直持续到公元 6 世纪国王加列布统治时期。加列布又一次征服也门，扩大了在南阿拉伯半岛的统治。1968 年发现的一块加列布留下来的铭文表明，加列布统治的地区甚至比厄查纳统治时期还要广大。在红海东岸的领土名单中，第一次出现了也门和提哈马，而在非洲大陆方面，诺巴首次作为阿克苏姆国家的贡属而出现。[5]这样，在其鼎盛时代，阿克苏姆国家在非洲大陆的势力所及，大致相当于今天包括厄立特里亚在内的埃塞俄比亚北部地区。

由于国势强盛，阿克苏姆国家在古代国际政治中起着十分活跃和重要的作用。

阿克苏姆国家同西罗马帝国有着正式的外交接触。公元 3 世纪末，罗马皇帝狄奥克列齐安巡视了埃及南境，并在那里接受了许多部族的朝贡。同时代的作家赫里欧德鲁斯记载了阿克苏姆国家与罗马帝国在此地的交往。他说："最后，阿克苏姆的使节们出现了。但他们不是贡属，而是皇帝的盟友。为了表达其对皇帝胜利的喜悦之情，他们也带来了许多礼物，其中有一头长相极为奇特的怪兽。"[6]这条史料，说明了阿克苏姆国家同当时横跨欧、亚、非三洲的罗马帝国的友好关系和它们之间的平等地位。当时，位于罗马帝国周围而又具有阿克苏姆这样国际地位的国家，真可以说是凤毛麟角了。公元 337 年去世的罗马皇帝君士坦丁曾说过，阿克苏姆的公民有资格和罗马公民享受同等的待遇，[7]也同样说明这个问题。4 世纪后期的一位罗马基督教作家记述了阿克苏姆与罗马之间协议破裂的事。[8]这一记载告诉我们，阿克苏姆同罗马之间甚至还有过正式的协议。

拜占庭帝国更是阿克苏姆国家长期的盟友。公元 6 世纪波斯帝国的再度兴起及其向阿拉伯半岛南北的扩张，威胁着拜占庭的生存，也威胁着阿克苏姆国家的生命线——红海商路的安全。在对抗波斯的扩张上，拜占庭与阿克苏姆有着共同的利益。而共同的基督教信仰（尽管在教派上彼此对立）则成为连接这一共同利益并促成联盟的纽带。公元 525 年，阿克苏姆国王加列布就在东罗马帝国的支持下进行了对也门的远征。东罗马皇帝查士丁尼一世先后两次直接派遣使臣前往阿克苏姆。其中，第一次的使臣朱利安努斯还奉命向加列布提出建议，要求埃塞俄比亚人收购印度的生丝，然后将其转卖给罗马人。这样，阿克苏姆可以赚到更多的钱,而东罗马帝国则可以摆脱控制生丝的波斯人的中间盘剥。但是,"埃塞俄比亚人无力购买印度的生丝。因为波斯商人住在同印度接壤的地方,并且到印度船只开往的各个港口,将丝货一古脑买去。"[9]结果,东罗马帝国策划的这场生丝贸易战流产了。但这件事本身,毕竟反映了阿克苏姆在古代东西方贸易的链条上是多么重要的一环。直到7世纪初,阿克苏姆同拜占庭之间的这种针对波斯的同盟关系仍然维持着。根据阿拉伯资料的记载,波斯王巴力维就曾截获拜占庭皇帝赫拉克留斯运往阿克苏姆的上千艘船的财宝。[10]透过夸张的数字,我们不是可以从中得到一些更真实和有意义的信息么?

即使是在波斯,阿克苏姆国家的使节也享有很高的声望。它的大使曾利用自己所受到的尊敬和礼遇,施加外交影响,成功地使一位琅珰入狱的主教获得自由。[11]

阿克苏姆国家同早期伊斯兰势力也有较密切的接触。当穆罕默德的门徒在麦加受到迫害的时候,他们当中有一些人逃往阿克苏姆避难,受到国王的友好接待。穆罕默德本人对阿克苏姆有着很高的评价。他对弟子们说:"如果你们前往阿比西尼亚(即埃塞俄比亚),你们将会发现一个在其治下毫无迫害的国王。这是一片正义的国土,上天在那里为你们的苦难提供了休息……"[12]阿克苏姆国王不仅接纳了穆罕默德的弟子们避难,而且还亲自促成了穆罕默德同他的一位对手、有势力的萨菲扬的女儿姆·哈巴比的婚姻,并为这桩婚事送了一份丰厚的礼品,实际上充当了女方主婚人的角色。由于这一联姻和其他因素的促进,萨菲扬终于改宗伊斯兰教,从而给穆罕默德带来了巨大的政治收益。阿克苏姆国王此举自然也是为了它本身的利益。自从572年波斯攻占了也门以后,阿克苏姆国家看来没有放弃任何机会,以图恢复自己对红海东岸的控制和影响。而新兴的伊斯兰教正可能是这样一种机会。由于早期同阿克苏姆有着上述那些友好交往,所以当阿拉伯帝国在7世纪中叶迅速崛起,并以凌厉的攻势横扫阿拉伯半岛和北非的时候,阿克苏姆却能免受其兵锋。先知穆罕默德本人生前就曾亲自下过这样一道"免圣战令":"只要阿比西尼亚人不来侵犯,就给他们以和平。"[13]

古代阿克苏姆国家的外交触角,甚至远及南亚的锡兰(今斯里兰卡)。根据科斯马的记载,一位阿都利斯的商人曾在锡兰王驾前褒罗马金币而贬波斯银币。[14]这种毁誉本身,同阿克苏姆在当时国际政治中的态度之间,有着明显的联系。这位阿都利斯的商人就有意无意地充当了阿克苏姆的半个外交代表。我们都知道,古代国与国之间的外交,往往就是同贸易参半进行的。撇开它的政治色彩不谈,这件事实本身还告诉我们,阿克苏姆的对外贸易范围已远及南亚地区,它的从事海外贸易的臣民,对于当时国际货币流通等业务是精通而练达的。这就从一个方面说明了阿克苏姆国家对古代各国人民经济、文化交流作出的积极贡献。[15]

二

古代阿克苏姆国家在政治、经济和文化诸方面都走在当时世界的先进行列。

阿克苏姆国家已有了比较发展的王权。

阿克苏姆的国王们留下的各种铭文说明了这个问题。公元3世纪的一位阿克苏姆国王,第一次在碑铭上留下了"万王之王"[16]的头衔。从此,这个头衔就传了下来,直到现代埃塞俄比亚那位著名的老皇帝海尔·塞拉西一世时还在袭用。应该认为,比起一般地使用"王"的头衔,"万王之王"的称号表现了一种发展到更高程度的王权意识。我们甚至可以说,阿克苏姆国家在其政治生活中有着自己非洲型的皇权意识。就是上面说的那位3世纪的国王,还同时使用了"大帝"这一称号。只是不清楚由于什么原因,后来阿克苏姆全盛时期著名的国王厄查纳和加列布都没有再使用过。不过,厄查纳留下的征诺巴的铭文用另外一些豪言壮语更清楚地表达了自己的王威,如"战无不胜"、"所向披靡"、"顺者则昌,逆者则亡",[17]等等。王权意识的发达,不是帝王个人的事。在人类从原始公社制进入阶级社会这一历史时期,当社会已经陷于自身不可解决的矛盾并分裂为不可调和的对立而又无力挣脱这种对立的时候,王权意识越发展,就越是反映"从社会中发生、而又高居于社会之上而且日益离开社会的力量"[18],即国家的发展。从这一角度,我们也可以看到古代阿克苏姆社会中,国家已有了相当程度的发展。

除了头衔外,阿克苏姆的国王们都在碑铭中明确地一一列下自己统治的各个地区。这种开列一连串属地名单的做法,当然包含着一种夸耀自己王权广大的意思,但同时也应注意到:比起干脆宣布"普天之下,莫非王土;率土之滨,莫非王臣"的中国帝王来,阿克苏姆国王们的这种小心翼翼,似乎也暗示着这种臣属关系并不十分牢固,以至需要反复重申,中央集权的程度还相对较弱。

宫廷的景象和仪典,也同样表现了阿克苏姆的王家威严。在阿克苏姆的王宫四角,矗立着四个城楼,每个城楼上都有一座独角兽造型的雕像。驯服的长颈鹿和大象则在宫殿的场地上踱来踱去。当阿克苏姆国王接见拜占庭帝国使节的时候,"一块交织着金线的细麻布裹着他的腰部。他身披一袭短内衣,上面用珍珠和宝石缀成一朵朵蔷薇花作为装饰;他头上缠着一块交织着金线的细麻布大包头,每边都悬挂着四件金饰品;同时还戴着一根金链条作为项链。这位君主坐在一辆由象群拉着的高大的四轮战车上,他手握两支镖枪和一面金盾牌。"[19]

阿克苏姆王权的支柱是它的强大的军队。诸如厄查纳和加列布这些杰出的君王,正是靠着它强大的军队,或者渡尼罗河西进,或者跨红海东征,才建立了他们显赫一时的功业。

厄查纳北上平定萨伦人的阿凡王国叛乱的铭文,给了我们一个关于阿克苏姆军队组织方面的线索。根据这一铭文的记载,厄查纳在大军出征之前,曾先派了三支军队北上。一些权威学者将铭文上这三支军队的称呼,分别解释为青年军、象骑军和步兵军。[20]如果这种解释成立的话,从这三支军队担任的先锋任务和各有专门特点来看,它们很可能是阿克苏姆国家精锐的常备军,这种常备武装已经发展到按照年龄和专业实行编制。青年尚勇好武,充满热情和活力,单独编成军团,确实是一支突击力量。至于象骑军一说,古代埃塞俄比亚盛产大象,拜占庭帝国第二个使团在从阿都利斯前往阿克苏姆途中就看到了大约五千头的象群。而且,从前面所述阿克苏姆国王乘坐象拉战车的情况看,用象来作战是完全可能的事。在没有火器的古代,一支训练有素、专门编制的象骑军,其威力是不言而喻的。

有关加列布征也门的文献,为我们提供了阿克苏姆国家兵力方面的资料。为了横渡红海东征也门地区,加列布专门建立了一支拥有230艘船的海上运输力量。自然,这支船队本身在古代就是一支强大的海军。动员出征的总兵力达12万人(根据阿拉伯史料,该数字有夸大,应为不足7万人)。[21]这当然是一支庞大的军队。在不长的时间内能组织一支10万人左右的大军,进行一场大规模的渡海战,很说明当时阿克苏姆强大的军事力量及其军事组织能力。

不过,这支大军毕竟是为了一场重大的战争并经过一年的准备才组织起来的。所以,它表明的应是阿克苏姆国家可以动员的兵力,而并非它的常备兵力。后者的数字显然要小得多。当543年前后阿克苏姆驻南阿拉伯的总督阿布勒哈发动叛乱的时候,阿克苏姆国王仓促中派遣三千军队前往镇压。[22]这支军队,大约可以推测是从它的常备军中派出的。经过前后两次征讨的失败,国王就只好满足于阿布勒哈名义上奉他为主的妥协。从中可以看到阿克苏姆常备兵力的大致规模。

法律和司法方面留下的材料比较零碎。我们只能从中窥测这方面的一些消息。在阿克苏姆国家,国王的意志就是最高的法律。厄查纳的一个命令,就将叛乱的贝扎人整部族迁到另一个地方。科斯马还记载了一种由国王亲自实行的类似充军的刑罚,他说,西缅奈是一片冰雪之地,"阿克苏姆国王将其判决要惩处的人放逐到彼处"[23]。除了国王以外,元老会议在国王主持下行使最高司法机关的权力,所以又叫做"立法人"会议。1955年在萨夫拉地方发现的铭文中,出现有"第七法"[24]的字样。这就告诉我们:镌刻这一铭文的国王显然颁布过一系列法律或法令,阿克苏姆国家的社会生活已有法律约束。关于阿克苏姆的刑罚,除了前面提到的充军之外,从史料上可以看到的其他刑罚还有:宣布为"法律之外"的人,这是最重的刑罚,罪犯及其家属乃至亲族皆被驱逐并被没收其土地、财产,同时任何人均可杀死该犯。还有一种"辱刑",虽不及前者酷重,但使犯人极受侮辱。这种刑罚,要当众剥去犯人的衣服。

阿克苏姆国家的经济生活异常活跃和繁荣。在古罗马时代,阿克苏姆是非洲唯一自己铸造金属货币的国家。公元初年,在《红海回航记》的写作时期,阿克苏姆国家还在输入外币。但随着海外贸易的发展,它也开始铸造自己的金属货币。我们至少可以确定,在公元3世纪末以前,阿菲拉斯、恩底比斯、欧扎纳和瓦兹巴等几位国王都分别铸造了自己的金、银或青铜币。

古代阿克苏姆铸币的形状、大小都类似于当时罗马的,尤其是3世纪下半叶地中海世界的铸币。铸币上的铭文一般使用希腊文,只有瓦兹巴国王的铸币第一次使用埃塞俄比亚的盖依兹文。铸造金属货币的原料也来自不同的地方。其中,黄金分别取自阿克苏姆本国和努比亚;

白银来自南阿拉伯半岛；而青铜则远来自印度。这些都说明古代各民族人民之间的交往对阿克苏姆经济的重大影响。

阿克苏姆国家的金属货币用于外贸和国内流通。有的学者认为，阿克苏姆铸币的用途主要限于外贸。[25]这是值得商榷的。事实上，阿克苏姆铸币在国内经济、政治生活中起了十分重要的作用。在萨夫拉铭文中，已有了关于银币或钱的记述。国王的法令规定赋税用实物或钱，可见铸币已开始进入赋税这一国内经济生活的重要领域。此外，铸币的图案也有着鲜明的政治含义。它的正面，国王手持宝剑，而背面则持棕榈叶，分别象征着阿克苏姆王权的扬威与怀德两个方面。这对巩固国家的政治统一、扩大王国的政治影响，无疑起了重要作用。阿克苏姆铸币的发现情况也可以说明一些问题。迄今为止，90%的阿克苏姆铸币都发现于埃塞俄比亚北部。其余的基本上是在南阿拉伯发现的。只有一些厄查纳的铜币在埃及发现。印度、斯里兰卡、索马里和东非等地尽管发现有托勒密、罗马、拜占庭、萨珊等国的铸币，却尚未发现阿克苏姆的铸币。[26]麦罗埃也只在1969—1970年时发掘出一枚厄查纳的铜币。[27]至于前述观点认为阿克苏姆国内经济流通的媒介主要是盐和铁等实物，则显然是不正确的。实际上，使用盐、铁等实物进行交换的情况主要发生在它的边远产金区，是为获取黄金，与那里经济落后的土著居民进行哑贸易时使用的交换手段。

国内贸易也有了相当的发展。特别是为了获得供铸币和输出用的黄金而开辟的国内商路具有重要的意义。根据科斯马的记载，阿克苏姆国王直接控制着这种贸易，专门向产金地区派遣贸易代理人。同时，伴随着这些代理人前往产金地进行哑贸易的其他商人有时达500人之多。国王还控制着祖母绿宝石的贸易。[28]阿克苏姆国家历史上进行的许多次征伐战争，都是因为贝扎等部族劫杀商队、破坏商路安全而引起的。

阿克苏姆还有着相当发达的农牧业和手工业。它的铸币上国王头像两侧饰以麦穗，表明农业在经济中的重要地位。战争掳获中，牲畜占有那样突出的地位，数字又大得那样惊人（厄查纳征诺巴的铭文记载了掠获10560头牛和51050只羊），说明畜牧业具有与农业同等重要性。手工业方面，造船业尤为发达。国王加列布为了运送他的大军渡海东征，就下令在一年内建造了70艘大船和100艘小船。[29]考虑到要运送数万大军渡海,可以想见这些海船的规模。这么短的时间里要造出这么多的海船,更可以想见阿克苏姆的造船能力。阿克苏姆的造船业还有一个十分特殊的技艺,就是全船不用一个铁钉。从普洛柯庇乌斯开始,[30]不同时代的作家对阿克苏姆造船不用铁的特点均有记述。举世闻名的阿克苏姆巨石圆头碑的宏伟建筑艺术,早已脍炙人口,毋庸赘言。近年在阿克苏姆城西郊东古尔地方发掘出的"宫殿",给我们提供了阿克苏姆建筑艺术的又一例证。这座综合性的建筑,经初步判断,大约是 7 世纪建造的王宫。呈不规则矩形,每边长约 57 米,断垣高 5 米。整个建筑有四十多间房子,环绕着有石阶通往的中央厅馆。[31]除了造船与建筑这两个突出的行业外,其他手工业也有发展。公元 4 世纪初的安扎铭文,记载了大约是阿克苏姆国家阿加保地方的"王"施予百姓 520 坛啤酒和 20600 个面包。[32]一个地方统治者一次就能散发这么大数量的面包和酒类,不仅表明阿克苏姆农业的发达,同时也反映了它的酿酒与制陶业的水平。

三

古代东西方的过境贸易给阿克苏姆带来了基督教。而基督教的广泛传播使阿克苏姆的文明成为一种具有浓厚基督教宗教色彩的文明。阿克苏姆社会生活的各个方面,尤其是它的精神、文化生活,无不深深打上基督教的烙印。这一点,在古代非洲的历史上,可以说是绝无仅有的现象。

基督教是在公元 4 世纪左右传入阿克苏姆的。据记载,叙利亚青年佛罗门蒂乌斯和阿迪西乌斯兄弟因赴印度途中海船失事,被带到阿克苏姆,沦为王家奴隶。他们取得国王厄查纳之父的信任,受到擢升,后来终于使厄查纳信奉基督教。佛罗门蒂乌斯后被亚历山大总主教任命为第一任埃塞俄比亚大主教。从此,基督教得到广泛传播,一性派基督教成为阿克苏姆的国教。

教会在阿克苏姆国家中拥有举足轻重的势力。它对国家政治有着支配性的影响。例如,525 年加列布渡海东征之前,先亲自访问了著名的基督教高僧、号称"九圣"之一的潘特雷恩,得到后者将不断为他祈祷的允诺和预言他将胜利班师的鼓舞。[33]当加列布晚年退隐后,他的儿子们为继位问题发生严重争执,直至兵戎相见。这时,教士们手持圣经和十字架出面干预,并由他们去找加列布,要求他指定王位继承人。[34]可见,在诸如出征作战和王位继承这一类国家大事中,教会都是直接介入并起了重要作用的。

随着基督教的传播和教会政治势力的扩大,它的经济实力也迅速增长起来。加列布之子格布尔·麦斯凯勒(534—548年在位)在教会的帮助下登上王位,即位后便在各地大修教堂。著名的德布勒·达摩大教堂,就是他主持修建的。教堂修成后,麦斯凯勒还赐予教堂土地和其他教会用品;[35]后来,在中世纪时期,教会占有大量土地,成为大封建主及埃塞俄比亚封建制度的主要支柱之一。追本溯源,盖起于阿克苏姆时代。

阿克苏姆国家的文化同基督教关系更为密切。从某种意义上甚至可以说,公元4世纪以后,阿克苏姆的文化就是基督教文化。

"迪歌瓦"(圣歌)是古代阿克苏姆时期开始创作的一部巨著。整个作品用诗歌形式写成,但内容却涉及神学、哲学、史学和伦理学等等,极为丰富。例如,书中认为"智慧乃是天赋人类的无价之宝"。占有智慧胜于占有财富,金、银、珠宝都比不上它。可惜,宗教的偏见却把这种含有深刻哲理的闪光的思想纳入基督教神学的歧途。它最终将智慧归结为"畏惧上帝"。[36]此外,"迪歌瓦"中的首任主教之歌、九圣之歌,等等,都可以作为史诗来读,有着重要的史料价值。

"迪歌瓦"的最初作者雅尔德,是古代阿克苏姆国家的一位文化巨匠。这位大师不仅是一位大诗人,创作了"迪歌瓦"那样出色的史诗,而且还是一位大音乐家,埃塞俄比亚宗教音乐的创始人。他生于公元6世纪上半叶,其创作活动正值阿克苏姆国家全盛时代的后期,即国王麦斯凯勒统治时期。他的才能与成就,使他生前就在国内享有盛名,并成为国王的文化顾问和密友。尤其难能可贵的是,他毫不贪恋王家的恩宠与荣华富贵,而且自愿抛弃这一切,到偏远的地方去,继续潜心于自己的创作。雅尔德的音乐创作达到很高的成就。史料记载:"当听到雅尔德的歌声时,国王和王后,主教和教士,还有贵族们都跑到教堂去,整整一天在那儿倾听。"

雅尔德还是一位古代大教育家。他所奠定的某些教育原则,一直沿袭到埃塞俄比亚的近现代。雅尔德认为:人皆可教。只要专心致志、刻苦努力，便能学成。世界上只有懒汉，没有天生的不可教者，等等。这些思想就是在今天看来，仍是人类教育思想史上的精华。当然，古代阿克苏姆的教育，基本上仍是宗教教育，由教会垄断，为教会服务，培养各级教职人员。因而，它的内容也是宗教的、神学的那一套。这是特定的国情带来的一个严重的局限性。

在历史上，文化高涨总是随着经济繁荣而到来。阿克苏姆国家在6世纪出现了一个文化繁荣时期，并诞生了一位文化伟人雅尔德作为它的代表人物，并不是偶然的。这正是阿克苏姆长期以来，特别是公元4世纪以来政治发展、经济繁荣的必然结果。这一文化高涨时期所达到的光辉成就，同那些为时更为古远的、默默无言地矗立着的雄伟圆头碑一道，向人们诉说着古代阿克苏姆的光荣。它们是非洲人民，特别是埃塞俄比亚人民对人类文化宝库的杰出贡献。

四

关于阿克苏姆国家的社会性质，学术界众说纷纭。一种意见认为，阿克苏姆国家是奴隶社会，甚至认为它是古代撒哈拉以南的非洲奴隶制得到充分发展的唯一国家。[37]另一种意见则认为它是封建社会（当然有的学者是从政治内涵上，而并不是从社会经济形态的意义上使用这个术语的）。苏联学者一般认为，阿克苏姆国家是一个保有浓厚原始公社制的早期封建制国家。[38]

对上述两种观点，我们均不敢苟同。

要探讨一个国家是否奴隶制社会，首先要考察它的奴隶制状况。我们说：阿克苏姆国家确实存在着奴隶制。

阿克苏姆国王们四处征伐所获得的俘虏，构成了这个国家奴隶的主要来源。恩格斯论述人类进入阶级社会时指出："古代一个部落反对别一部落的战争已开始蜕变为陆上和海上的有系统的掠夺，以期掳得家畜、奴隶、财宝，把这种战争变为正常的职业。"[39]应该说，阿克苏姆作为一个从原始公社制进入阶级社会的古代国家，它所走的道路正具有上述这一特点。它的国王们留下的铭文，总是不厌其烦地记载着掳得的家畜、奴隶、财宝，对此津津乐道，引以为荣。厄查纳的铭文更加具体，其中详细地记载了战俘的详细数字。在征阿凡的铭文中记载："杀了705人,其中男子503人,妇女202人;俘虏205人,其中男子40人,妇女和儿童165人。"在征诺巴的铭文中则记载:"俘虏诺巴人男214名,女415名,共计629名;杀死男602名,妇女和儿童156名,共计758名。"

这些主要由俘虏转化而来的奴隶命运如何?他们在古代阿克苏姆国家中处于什么地位,用来干些什么?

他们当中最悲惨的,就是用来作祭品。厄查纳征讨萨兰人的阿凡王国凯旋回师后,铭文记载:"献给马赫拉姆神(即战神)一百头牛和五十名俘虏,作为对吾神庇佑国王的谢祭。"这个材料典型地说明了古代阿克苏姆国家盛行残酷的人牺制度。在那里,奴隶和牲畜处于同等地位,甚至名列于牲畜之后,任人宰杀。

奴隶又被用来作为输出的商品。罗马作家老普林尼就记载了奴隶同象牙、犀角、黄金和没药等一道,从埃塞俄比亚输出。[40] 当然,在老普林尼的时代,埃塞俄比亚一词包括着比今天埃塞俄比亚广大得多的地区。但从象牙、犀角等其他货物的清单看,输出奴隶一项,并不能将阿克苏姆排除在外。看来,从这时起直到20世纪,输出奴隶就成为埃塞俄比亚一项源远流长的罪恶生意。

奴隶还作为礼品。阿克苏姆国王为了对"先知"穆罕默德表示友好,在护送"先知"的新娘乌姆·哈巴比时,赠给"先知"的礼品有:"质地上等的衣服,武器,奴隶,两头备鞍的骡子,最后还有两名基督教美女。"[41]

可见,在可以任意屠杀、买卖、馈赠这一点上,阿克苏姆的奴隶同世界上一切奴隶制下的奴隶,处境是完全相同的。

用奴隶当兵,是一个值得注意的现象。阿克苏姆的统治者,对边远地区或新征服的部族往往并不信任。当国王出征之时,这些地区和部族并不参加,而是有的被命令"防守海岸",有的被命令"保持和平",[42] 生怕其滋扰生事。故而宁肯用奴隶为兵。关于543年南阿拉伯的阿克苏姆驻军叛乱的材料中就有这样的记载:"在埃塞俄比亚军队中,许多奴隶和所有那些生来无法无天之徒都完全不愿再追随国王了。"[43] 足见奴隶兵已不是偶然、个别的现象,而是被大量吸收到军队当中。甚至有材料记载,阿克苏姆驻南阿拉伯总督,即后来发动叛乱的那个阿布勒哈本人,早年就是阿都利斯一个拜占庭商人的奴隶。[44]

但是,有关在农业、手工业和矿业方面使用奴隶劳动的记载,目前还没有发现。佛罗门蒂乌斯兄弟的情况,为阿克苏姆王家奴隶状况提供了只鳞片爪的线索。记载说,阿迪西乌斯做国王的司酒者,伺候进餐;而佛罗门蒂乌斯则由于才能智慧出众,被国王拔擢,委以重任。[45]这个材料说明,他们的身份更像是家内奴隶。

过去曾经流行认为阿克苏姆巨石圆头碑、宫殿及其他公共工程是大规模使用奴隶劳动建成的。今天看来,这样讲还是缺乏证据。有的学者甚至论证说,这些乃是公社居民和军队所建。[46]

综上所述,根据今天掌握的材料,阿克苏姆国家确实存在着奴隶制。但是,从它所获得战争俘虏的数量相对有限(即使厄查纳出征一次也仅获数百人),甚至杀死的比生俘的数字还大这一情况看,从它盛行人牺的情况(即大量奴隶用于消耗性的祭祀而不是用于生产)看,从它用奴隶当兵、甚至重用的情况看,特别是迄今还缺乏在生产劳动中使用奴隶的记载来看,阿克苏姆的奴隶制显然同古代希腊、罗马的那种发达的奴隶制不同。说它主要是一种家长制奴隶制,可能更符合实际一些。

一般地说,在实行家长制奴隶制的条件下,一方面,原始公社制的残余必然相当浓厚,另一方面,也可能同时存在着某些日后发展为封建经济的萌生形态。阿克苏姆国家恰恰存在着类似上述的情况。每次出征打仗之前,要召集全体军人大会,胜利归来时又要以为了祖先的名义大家一齐修建纪念碑。这些都是军事民主制和原始公社制的明显残余。另一方面,新近被征服的部族为了保有其传统占有的土地,必须纳贡,则又包含了有别于奴隶制的依附关系的因素。我们知道,世界上有许多民族在脱离原始公社制而进入阶级社会的时候,往往或多或少是这种情景。事实上,奴隶经济也有各个等级,由家长制的主要为生产自己需用品的奴隶经营,一直到为世界市场而经营的真正殖民制度。前者可以说是低级奴隶劳动形态。因此,我们以为,不能拿希腊、罗马的模式去简单硬套阿克苏姆,从而否定它是奴隶社会。我们倾向于这样一种判断,即:阿克苏姆国家是一个不发达的奴隶制社会。在这个社会里,除奴隶制(主要是家长制奴隶制)以外,还存在着浓厚的原始公社制残余,也存在着后来发展为封建制的经济因素。

五

阿克苏姆国家是怎样衰落的？

学术界一般将阿克苏姆的衰落定在7世纪。这是因为，由于伊斯兰教及其后的阿拉伯帝国的兴起，使原来从地中海途经红海至印度的东西方贸易中断了。此后近千年的时间里，阿拉伯人垄断了东西方贸易，直至新航路的发现。而且，东西方之间的贸易路线也转经阿拉伯半岛，大大北移了。红海过境贸易的衰微，导致了阿克苏姆的没落。

总的说来，这确是一个正确的答案。红海过境贸易对于阿克苏姆国家的兴衰，尽管是一个外因，但这个外因毕竟是可以影响事物根本的重要因素。特别是在古代东方，当我们了解"一次毁灭性的战争就能够使一个国家在几百年内人烟萧条，并且使它失去自己的全部文明"[47]时，就更容易明了这个道理。

然而，在具体阐述这一原因时，有的意见似乎又过于简单、武断。

例如，有一种意见认为："穆斯林阿拉伯也占领了非洲的红海沿岸，阿克苏姆从此同海外完全隔绝。"[48]

还有一种看法认为，710年左右以后，阿克苏姆国家就一蹶不振了。[49]

这些意见，看来大抵都受了下面一个观点的影响，这就是18世纪著名英国史学家吉朋著作中的那段名言："埃塞俄比亚人四面八方都为异教的敌人所包围。他们沉睡了将近一千年，忘记了世界，世界也忘记了他们。"[50]

其实，这段名言尽管在关于埃塞俄比亚历史的著述中屡经引用和发挥，却并不见得很正确。实际上，阿克苏姆国家并非在7世纪以后便猝然与海外完全隔绝，也不是从710年以后便突然一蹶不振，陷于"沉睡"之中。它的衰落，是一个持续了相当时间的历史过程。而且，红海过境贸易虽是这一过程的起决定作用的外因，但也还存在着一些其他不应忽视的因素。

7世纪以后，红海贸易大幅度下降了，但阿克苏姆的国王们仍在继续铸造金属货币。从掌握的材料看，发现有7、8两个世纪铸造的阿克苏姆铸币。这些铸币仍有金、银、铜三种。从铸币的铭文可以确定它们分属十多位国王。铸币背面取消了国王肖像而代之以十字架。铭文也多带有基督教色彩,如"上帝保佑我王××","××王乃百姓之福庇"等等,[51]表明基督教影响的进一步扩大。直到9世纪,阿克苏姆铸币才开始稀少,至10世纪才中断。在阿拉伯帝国兴起和过境贸易衰落后的两百年间,阿克苏姆仍有自己的铸币,说明它的经济生活并未猝然衰微。

事实正是这样。在埃塞俄比亚,发现了许多9世纪的埃及铸币和纺织品。在著名的德布勒·达摩修道院,发现了阿巴斯时期的铸币和阿巴斯、屠龙两时期的埃及纺织品。其中的一块丝织品上,绣有埃及制造的字样,标明的时间,算来应是891年。其他教堂和修道院也发现了许多这一时期埃及的布匹。除埃及外,史料还证明,埃塞俄比亚的货物继续经也门转运到阿拉伯世界第二大商业中心巴格达,在那里同来自印度、中国等地的货物一同展销。[52]可见,阿克苏姆的对外贸易转移、集中到阿拉伯世界,只是这种新的联系鲜为欧洲人所知罢了。

当阿都利斯港由于不明的原因而被毁弃之后,达赫拉克群岛与泽拉成为红海两大贸易中心。在这一时期,泽拉港内穆斯林与基督徒商人混居,二者都向埃塞俄比亚皇帝纳贡。近东和远东的商人们从海路赴昆巴卢(马达加斯加),或由陆路前往今莫桑比克境内的索法拉之前,都先经过泽拉。由此可以推测:埃塞俄比亚不仅仍与远东保持着某种联系,而且同非洲其他地区的交往还可能有所发展。

不过,红海过境贸易的衰落,对阿克苏姆毕竟是一个沉重的打击。因为在很大程度上,正是红海贸易促成了这个国家的繁荣。它的政治、军事力量和它的财政都有赖于这一过境贸易所带来的收益。而对边远地区的开发和国内商路的发达也都与上述贸易有着直接、密切的关系。红海过境贸易中断后,虽然阿克苏姆同阿拉伯世界还保有一定的贸易往来,但由于整个东西方贸易已为阿拉伯人所垄断,这一巨大损失是无法弥补的。

其次,居住在阿克苏姆北方的游牧民族贝扎人的侵扰,也是使它衰落的一个因素。当阿克苏姆强盛时,一部分贝扎人曾被征服过。但他们的势力仍然渐渐发展起来,建立了一些小王国,并不断向阿克苏姆国家纵深扩展,对后者造成巨大的压力。

此外,我们还特别应当注意探讨阿克苏姆衰落的内部原因,探讨过境贸易衰落这一决定性的外因是通过哪些内因以及如何通过这些内因起作用的。

如前所述,正是靠了红海过境贸易这一取之不尽的财源,阿克苏姆国家能够维持一支强大的军队和以这支军队为支柱的显赫的王权。靠着这支军队,它可以四处扩张,八方征讨,发动战争,开辟商路,通过掠夺和贸易获取金银珠宝、牲畜、奴隶及其他珍奇。所有这些,构成了阿克苏姆繁荣的物质基础。可以说,除了过境贸易外,阿克苏姆的繁荣又是建立在剥夺、榨取、压迫边远地区诸部族和奴隶的基础上的。因而,这一繁荣本身,就包含着各种矛盾,潜伏着危机的萌芽。公元5世纪也门驻军中的奴隶兵及其他"不法之徒"参加的叛乱,从一个侧面反映了居于社会下层的奴隶及其他群众的反抗情绪和斗争。公元7世纪,阿克苏姆国内又发生了两次内乱。一次在尼罗河西岸,地方统治者反抗国王,反映了边远地区部族人民同阿克苏姆统治阶级的对抗矛盾。另一次在首都,因国王有改宗伊斯兰教的意向而引起暴动,曲折地透露了统治阶级内部的矛盾。

一当红海过境贸易中断,收益锐减,无力长期维持一支强大的军事力量去继续发动掠夺战争和维护商路安全的时候,以前掩盖在盛世繁荣景象下的内部诸种矛盾便逐渐表面化了。9世纪以后,同黄金产地萨苏的贸易也中断了。终于爆发了一场由一个名叫古迪特的女王领导的反基督教大起义。古迪特女王摧毁了一座又一座城市,到处焚烧教堂,把皇帝从一个地方赶到另一个地方。这次披着反基督教宗教外衣的大起义,看来是阿克苏姆内部矛盾的总爆发。正是在这场大起义后,阿克苏姆国家才真正一蹶不振地衰落下来。

由于过境贸易的衰落,贝扎部族的压力,阿克苏姆国家经济、政治中心不断南移,阿高人居住的地区逐渐成为王国的中心。大批阿高人进入军队和宫廷服务。阿高人的统治者也与王室联姻,地位日渐显要,终于全面控制了这个国家,并于12世纪左右取而代之,建立了新的扎格维(阿高人的)王朝。[53]埃塞俄比亚的历史进入了一个新的时期。

注　释

〔1〕　尤·穆·科比沙诺夫:《阿克苏姆》,1966年莫斯科俄文版,第36页。
〔2〕　让·多列士:《埃塞俄比亚》,法文版,第30页。

〔3〕塞尔格·海布勒·塞拉西:《埃塞俄比亚古代与中世纪史》,1972年亚的斯亚贝巴英文版,第73—74页。

〔4〕图坦:《古代世界的经济生活》,英文版,第161页。

〔5〕塞拉西:前引书,第123—124页。

〔6〕塞拉西:前引书,第87页。

〔7〕参见理查德·格林菲尔德:《埃塞俄比亚新政治史》,有中译本。

〔8〕塞拉西:前引书,第70页。

〔9〕普洛柯庇乌斯:《战争史》(Procopius, *History of the Wars*) I. XX. 9—12. 第193页。

〔10〕塔巴里:《塔巴里编年史》(Tabari, Abou-Djafar, Mohammed, 839—923: *Chronique d'Abou-Djafar Mohammed Tabari*)卷2,第305页。

〔11〕〔12〕多列士:前引书,第58、61页。

〔13〕塞拉西:前引书,第190页。

〔14〕《大英百科全书》1973年,第8卷,第784页。

〔15〕有的学者还认为,阿克苏姆的国际联系甚至远及中国。他们认为我国古籍(如《汉书·地理志》)上关于黄支(目前学术界一般认为是在印度东海岸)的记载,从距离的远近(大约一年的航程)和输出的物品(与大致同时代的《红海回航记》所记阿克苏姆的输出物相同)等情况看,所指的就是阿克苏姆。这是一个有待于进一步研究和证实的引人入胜的推测。如能得到证实,对于我们确定阿克苏姆国家在古代世界中的地位和影响,对于我们研究中国和非洲古代的经济、文化交流,将是十分有意义的。

〔16〕塞拉西:前引书,第81页。

〔17〕塞拉西:前引书,第105—106页,以下引证诺巴铭文均出于此处。

〔18〕恩格斯:《家庭、私有制和国家的起源》,人民出版社1957年版,第163页。

〔19〕A.琼斯和E.门罗:《埃塞俄比亚史》,1955年牛津英文版,第32—33页。

〔20〕塞拉西:前引书,第94页,以下引证阿凡铭文均出于此处。

〔21〕塞拉西:前引书,第133页。

〔22〕普洛柯庇乌斯:前引书,I. XX. 2—8. 第191页。

〔23〕塞拉西:前引书,第141页。

〔24〕塞拉西:前引书,第81页。

〔25〕塞拉西:前引书,第84页。

〔26〕科比沙诺夫:前引书,第197页。

〔27〕《剑桥非洲史》,英文版,第2卷,第261页。

〔28〕塞拉西:前引书,第141页。

〔29〕塞拉西:前引书,第132页。

〔30〕 普洛柯庇乌斯：前引书，I. XX. 17—24. 第 283 页。
〔31〕 《剑桥非洲史》，第 2 卷，第 263 页。
〔32〕 塞拉西：前引书，第 89 页。
〔33〕 塞拉西：前引书，第 133 页。
〔34〕 塞拉西：前引书，第 160 页。
〔35〕 塞拉西：前引书，第 162 页。
〔36〕 塞拉西：前引书，第 171 页。以下文化、教育方面材料均引此节，第 166—171 页。
〔37〕 西克·安德烈在其《黑非洲史》（英文版）中持此观点。
〔38〕 科比沙诺夫：前引书，第 143 页。
〔39〕 恩格斯：《家庭、私有制和国家的起源》，人民出版社 1957 年版，第 103—104 页。
〔40〕 科比沙诺夫：前引书，第 180 页。
〔41〕 塔巴里：前引书，第 2 卷，第 424 页。
〔42〕 科比沙诺夫：前引书，第 229 页。
〔43〕〔44〕 普洛柯庇乌斯：前引书，I. XX. 2—8. 第 191 页。
〔45〕 科比沙诺夫：前引书，第 156 页。
〔46〕 科比沙诺夫：前引书，第 148 页。
〔47〕 马克思：《不列颠在印度的统治》，《马克思恩格斯选集》第 2 卷，人民出版社 1972 年版，第 64 页。
〔48〕 西克·安德烈：前引书，第 124 页。
〔49〕 罗伯特·罗特伯格在其《热带非洲政治史》中持此观点。
〔50〕 爱·吉朋：《罗马帝国衰亡史》，1862 年伦敦英文版，第 6 卷，第 64 页。
〔51〕 塞拉西：前引书，第 201—202 页。
〔52〕 塞拉西：前引书，第 207 页。
〔53〕 《剑桥非洲史》，英文版，第 3 卷，第 112 页。

此文发表在中国非洲史学会编的《非洲史论文集》（三联书社，1982 年）中。

古代东非沿海的城邦

历史上的城邦问题,现在正引起国内外学者日益广泛的兴趣。什么是城邦？城邦产生的背景如何？它的经济基础和社会组织有哪些特点？它在古代世界究竟是特殊的还是普遍的历史现象？这些问题的讨论正一步步将城邦研究导向深入。

关于城邦的科学概念,目前学术界尽管众说纷纭,但在两个基本点上大体是一致的:一个是城邦以城市为中心、小国寡民的外部特征;一个是奴隶制经济、政治制度的内在本质。因此,将这二者结合起来,我认为城邦是古代奴隶制的城市国家,是以城为邦、小国寡民的奴隶制社会经济、政治和精神生活的统一体。

根据这一定义,我们将目光转向古代东非海岸。在那一地区漫长的历史上,曾兴起过一系列奴隶制的城市国家。它们不仅在非洲史上占有重要地位,而且是古代印度洋贸易网的重要组成部分。它们的发展与繁荣,同我国还有着密切的关系。本文希望通过对它们的一些具体剖析,一方面为城邦问题的讨论增砖添瓦,提供材料;同时也想提出几点管见,就教于史学界师友。

一

东非沿海城邦的产生和发展,在历史上源远流长,有着十分广阔的背景。

从古代埃及人远航彭特的时代起,红海就成为一条商路。随着希腊、罗马的崛起,通过红海和印度洋同东方的贸易日益扩大。仅托勒密二世时所建的埃及迈奥霍姆港,据斯特拉波所见,就有120艘商船驶往印度。普林尼更断言罗马帝国每年向印度、中国和阿拉伯半岛输出的货币,最低亦达一亿赛斯太斯。[1]

东非沿海一带很早就同这一古代东西方贸易发生了联系。沿红海外航的船只,在获取更多的香料、象牙等货物的刺激下,绕过瓜达富伊角和哈丰角,不断向未知的南方航行;印度洋上的贸易风,更使掌握了其秘密的阿拉伯半岛等地的人民自由往返于印度洋北缘和东非海岸之间。

商业刺激探险,探险促进商业。这对孪生兄弟在东非沿岸留下的一连串足迹,就是一系列沿海"市镇"。据《红海回航记》记载,拉普塔是"阿扎尼亚(指古代东非及其以南地区——引者)大陆最后一个市镇";托勒密的《地理志》也说它是"蛮人的主要都会";《回航记》还记载说,在拉普塔"有大量的象牙与龟壳",[2]以拉普塔(今坦桑尼亚鲁菲季河口附近)为终点的这一连串沿海"市镇",就是后来东非海岸诸城邦的雏型。

这些市镇的主要居民是些什么人呢?有的学者认为他们是尼格罗人,有的甚至说他们是霍屯督人。[3]《红海回航记》对此语焉不详,只讲到他们"身材甚为高大"。看来,他们更像是由埃塞俄比亚南下的库希特人。《红海回航记》记述了拉普塔对南阿拉伯半岛强国的附庸关系,记述了大批阿拉伯人的船只前往东非,以及船长和代理商们熟悉当地一切,并同当地人通婚的情况。可见,从最初起,这里就开始了民族融合的过程。

伊斯兰教和阿拉伯帝国崛起之后,迅速席卷西亚、北非乃至伊比利亚半岛。古代地中海世界同东方的贸易联系受到严重削弱和阻隔。然而,印度洋北缘同东西两翼的自身环洋贸易却不仅没有衰落,反而因阿拉伯帝国势力的扩展和伊斯兰教在这一广大地区的传播而更加发展起来。这一时期,印度和中国对优质的东非象牙、阿拉伯半岛与波斯湾等地穆斯林宫廷对东非黄金的需要剧增,东非沿岸对丝绸、瓷器、布匹、珍珠等外部世界商品的要求亦日盛。

在很大程度上控制了印度洋贸易的阿拉伯和波斯湾商人,自然进一步控制了东非沿岸的贸易。更多的阿拉伯和波斯湾商人来到东非沿岸贸易、定居。不过,这时前来东非的已经不仅仅限于商人了。许多在政治或宗教斗争中失败的人,率领着自己的族人和部众,一批一批地来到东非沿岸寻找新的发展天地。[4]他们带去了比当地更高的精神文明——伊斯兰教信仰。这种信仰有利于将原来处在图腾崇拜及万物有灵论阶段的当地人民团结和组织到更加高级的社会生活和精神生活中去。他们还带去穆斯林世界的各种物质文明，包括处于巅峰阶段的大食帝国各方面直接和间接的影响，将中国同阿拉伯世界的联系扩展到东非海岸。

与此同时，东非海岸本身的情况也发生了重大变化。大约在公元前后从喀麦隆高原、贝努埃河上游波浪式向外迁徙的操班图语的人民，到公元 10 世纪左右已经遍布东非大部分地区。几乎所有这一时期的阿拉伯作家都将东非海岸称为 zanj（意为黑人，我国古籍上的对音译名）"僧祇"海岸。他们笔下"僧祇"人的体征：厚唇、长耳、卷发等等，都清楚地表明了班图人的特点。班图人在东非及其沿岸的出现，不仅使这一地区人口更为稠密，还使这一地区进入铁器时代，促成了农业的巨大发展。

更高阶段的外来因素——阿拉伯穆斯林文明同更高阶段的当地因素——东非班图文明相结合，遂造成历史上著名的东非海岸城邦的产生、发展和繁荣。

由于考古和文字材料的局限，我们现在还难以确定这些城邦产生的准确年代。但是，几乎可以明白无误地说，它们的兴起都经历了上述两种文明长期融合的过程。例如，考古发掘可以确定为 9、10 世纪的那些基尔瓦的遗址，仍是前穆斯林时期的居民点。[5] 10 世纪时，伊本·豪卡勒尚称僧祇地方属非伊斯兰世界；[6] 直到 12 世纪，伊德里西才记载桑给巴尔的主要居民是穆斯林，但仍认为东非海岸的大部分乃是异教徒。[7]

《基尔瓦编年史》这部 16 世纪时的著作，对于基尔瓦城邦设拉子王朝的建立有着详尽的记述。七艘来自设拉子的船在东非沿岸建立了七个城邦，其中的第六个就是基尔瓦。还说，基尔瓦的创始人是用绕岛一周的布匹从当地的王手中买下这块地方的。[8] 这些引人入胜的记载，自然包含有很大的民间传说的成分，但其中却反映出两个重要的历史真相：一是阿拉伯半岛与波斯湾地区的移民，对于东非沿海城邦的产生和发展确实起了巨大的推动作用；二是这些城邦的建立，大致是和平的，而且从一开始，贸易就占有举足轻重的地位。

这样，大致在 12 世纪前后，一种新的斯瓦希利文明的城邦社会终于在东非沿岸建立起来，并相继进入繁荣阶段。蒙古人的西征，使中亚和西亚大批繁华城市和许多富庶地区毁于兵燹,阿拉伯与波斯湾地区同北面的陆路交通和贸易遭到破坏,因而更加刻意经营印度洋的海上贸易。同时,我国自南宋大大加深了国家对"海舶"的依赖以后,海上贸易的规模和范围也日益扩展。这两大冲击波都强烈地影响到东非沿岸。东非沿海各城邦从大陆吸取象牙和黄金,向海洋呼唤丝绸与瓷器,一时左右逢源,繁荣昌盛。到15世纪末,自摩加迪沙至基尔瓦,沿海城邦共计有 37 个之多。[9] 在这些城邦当中,前期以摩加迪沙独占鳌头,后期则以控制了索法拉黄金出口的基尔瓦称雄一世。其他如蒙巴萨、布拉瓦、马林迪等也都远近驰名。

1498 年,达·伽马率领的葡萄牙船队在赴印度途中到达东非海岸,开始了东非沿海城邦由盛而衰的时期。葡萄牙殖民者依仗自己的船坚炮利,一度控制了几乎整个东非沿岸地区。他们残暴地洗劫了蒙巴萨,"狂肆暴虐,以致男女老少,甚至无辜幼儿,都不免一死","抢去的战利品,数量之巨简直无法言喻";[10] 他们霸占了索法拉的黄金出口,给基尔瓦以致命的打击,特别是他们垄断了印度洋的贸易,破坏了古老的印度洋贸易网。为了保持东方商品在欧洲市场上的垄断价格,他们在相当长的一段时间里又把开赴印度的葡萄牙商船数限为六艘。[11] 这就从根本上造成了东非沿海城邦的衰落。

二

以城为邦,小国寡民。东非沿海诸城邦都具有这种鲜明的外部特征。

东非沿海城邦,大抵建于海滨或沿海岛屿上。根据考古发掘和考查,曼达城址占地 20 公顷,推测城内居民为 4000—5000 人;[12] 帕特城的遗址稍大,占地约 68 英亩(合 27 公顷),四周围以城墙;[13] 戈迪城遗址占地 45 英亩,[14] 有人实地步量,其城墙长近 3000 英尺。[15] 最强大的城邦基尔瓦,其城沿岸约 1000 米,向内伸展 300 米,[16] 也只合 30 公顷。但它不仅有城墙,而且设有塔楼。[17] 关于城内人口的估计,蒙巴萨约 10000 人,拉木在 6000 至 18000 人之间,而基尔瓦则为 12000—20000 人。[18] 城外究竟控制多大面积,史料均无记载。伊本·巴图塔只说蒙巴萨在大陆上还占有领土。[19] 不过,马林迪和蒙巴萨这两个较大的城邦之间,当时只用两天的航程。而且就在距马林迪10英里处有戈迪城邦,而距蒙巴萨50英里处又有伍姆·库巴城邦。[20]可见它们的范围并不很大。

古代东非沿海城邦都有着相当广泛的经济活动。但城市经济,特别是对外贸易却始终是城邦一切经济活动的中心。

农业,是古代东非沿海城邦经济中的重要部门。据最初到达东非沿岸的葡萄牙人记载,基尔瓦四周皆为繁茂之树木和各种园艺作物:菜蔬、香橼、柠檬、蜜橘、甘蔗、无花果、安玉榴、小洋葱等。园圃均用井水浇灌,还用扶枝技术种植蒟酱。[21]在马林迪城的四周,种植着石米和蔬菜。[22]不过,上述以园艺为主的城郊农业生产显然不足以支持各城邦对粮食的需要,更多的粮食则来自大陆。葡萄牙人罗伦索在桑给巴尔岛与大陆之间海面停留两个月,就截获了20艘驶向该岛的运粮船。[23]蒙巴萨有果树而无粮食,需要从外面运粮来。[24]这些粮食可能是在城邦控制的疆域内生产的,也可能是同内地人民交换获得的。由于东非沿岸缺乏像迦太基附近的肥沃土地,城邦的发展不能不受到很大的限制。

渔猎作为农业生产的补充,在东非沿岸也有悠久的历史。《红海回航记》就已记载这里的人民用柳条编制的篮子捕鱼。伊德里西也记载了蒙巴萨人猎虎,马林迪人狩猎和捕鱼,还讲到鱼的保存与出售。[25]

在工矿业方面,首先值得注意的是铁矿的开采与冶铁业的比较普遍的发展。蒙巴萨和马林迪居民已从事开采铁矿。曼达更有大量冶铁的证据。索法拉也大量输出铁。由于长期输入陶瓷的影响,当地也出现了陶瓷业,主要生产饮食器皿和灯具,只是不用陶轮。[26]

建筑方面也有相当的发展。早期海岸的居民住宅多是用树枝搭成的茅舍。随着城邦的发展和繁荣,建筑物逐渐变为木石结构。15世纪初,我国郑和远洋船队访问东非时所看到的木骨都束(今摩加迪沙)、卜喇哇(布拉瓦)、竹步(朱巴)等城邦,已是"濒海而居,堆石为城……垒石为屋,四五层高","居屋垒石,高起三五层","城垣石垒,层砌高堆"的景象。[27]大半个世纪以后,当葡萄牙殖民者初抵东非沿岸时,看到马林迪"房屋高峻,极为洁白,有许多窗户"。[28]蒙巴萨"是一座大城,入港处立有高柱,滨海有一低平之堡垒";[29]而基尔瓦"城市规模亦颇大,有许多石头与粘土筑成的漂亮建筑物矗立在高高的基座上……街道很狭窄,而房屋颇高,达三四层,栉比鳞次"。[30]当时的葡萄牙人甚至觉得马林迪颇像阿尔库切特城(里斯本上游,塔古斯河左岸),足见能与欧洲匹敌。

考古发掘进一步肯定了东非海岸城邦在建筑方面的成就。在这方面,基尔瓦的两座大型建筑为我们提供了研究的典型。建于13世纪的"大堡"(即胡素尼·库布瓦)的面积达 150×75 米^2,占地一公顷有余,有一百多间房屋。整个建筑用珊瑚石筑成,有木质构造,加以粘土、石灰,砌石仅用于装饰门楣和拱形圆顶,地板则用白色涂料。"小堡"(即胡素尼·恩多哥)面积 40×20 米^2,围墙矩形,高 2.5 米,四角矗立着下圆上方的塔楼。[31]在曼达城的遗址发掘中,人们还发现了两种后来失传了的建筑技术,一是该城的城墙乃系用大块珊瑚石筑成,每块重达一吨,且不用粘土;二是有些建筑是用粘土烧砖建造的。[32]此外,墓碑一般高达15—20英尺,矗立在墓的正东面,有各种造型,碑顶有时还冠以一个中国罐子。[33]

由于海外各国的大船经常驶抵东非沿岸,因此这里一般没有建造大型远洋航船。然而各城邦仍有自己一定规模的造船业。例如,基尔瓦就拥有许多适于近海航行的50吨轻快船。东非海岸城邦的造船技术,同红海、阿拉伯许多地区相类似:不用铁钉,船板用椰树纤维缝在一起,然后用粗质香料和树胶制成的黑柏油填堵漏隙。[34]

随着经济生活的活跃,一些比较发达的城邦如摩加迪沙、基尔瓦和桑给巴尔开始铸币。基尔瓦铸币最多。收藏在大英博物馆的基尔瓦铸币共四组,经专家鉴定,它们分属哈桑·伊本·塔鲁特等七位素丹,时间从13世纪下半叶至15世纪末。[35]

东非海岸城邦经济活动最重要的领域,还是它们的对外贸易。可以毫不夸张地说,外贸所得构成了这些城邦财富与繁荣的基础。

这里的外贸线四通八达。阿拉伯半岛和波斯湾,是东非海岸关系最为密切的贸易伙伴。这里同阿拉伯的贸易关系可追溯到纪元以前;印度同东非的关系也很久远。有的学者认为印度人早在公元前6世纪就前往东非进行贸易了;休纳城(莫桑比克沿海)有相当数量的印度居民,住在专门区域里,其海港也有一处专门停泊来自印度的船只。这种情况已经历了许多世纪。[36]根据葡萄牙人16世纪初的记载,马林迪的商人甚至出现在遥远的马六甲。[37]至于我国同东非海岸经济交流历史之久远,更是众所熟知,毋庸赘言。除了海上贸易外,东非沿海城邦同内陆也有频繁的贸易往来。这些城邦所起的正是大陆与海洋贸易中转枢纽的作用。专家已经发现了13—14世纪从基尔瓦通往今津巴布韦东境的商路;沿赞比西河上溯,至太特渡河,直插产金区。[38]

香料,是东非海岸传统的输出品。有的学者甚至认为,索马里北岸早在公元前第二千年时就不仅同埃及,而且同东亚建立了香料贸易的联系。我国宋、元、明几代的许多资料也都记载了东非地区或城邦的香料输出。

黄金和象牙,更是吸引亚洲各国商人前往贸易的主要产品。据马苏迪记载,僧祇地方野象极多,当地人不去驯养,专门狩猎,然后输出象牙,大的一枚就重50磅。东非象牙运往阿曼,从那里再转口印度和中国。[39]东非海岸的象牙与黄金出口量是很大的。以索法拉为例,它的出口贸易在15世纪达到高峰。甚至直到16世纪早期其贸易已经衰落时,葡萄牙代理商每年仍由此处获得51000磅象牙。[40]至于黄金出口,据估计,和平时期每年可达100—130万米蒂卡尔(合5000公斤,价值10—14万英镑)。[41]有的阿拉伯作家索性称之为"金城索法拉"。[42]

木材,主要对波斯湾等地区出口。有材料记述阿曼人用桑给巴尔的木材造船,然后从东非将椰子运回阿曼市场出售;另一份10世纪的编年史说,西拉夫的房屋建筑材料乃是从桑给巴尔运去的。[43]

其他的大宗输出品,还有琥珀、兽皮、龟壳、乌木以及一些奇珍异兽,等等。

上述亚洲国家和地区从东非海岸运走大批香料、黄金和象牙等物品,同时运入大量当地及东非内陆人民十分需要的货物,如布匹、丝绸、陶瓷、玻璃,等等。当东非内陆产金区莫诺莫塔帕王与其藩臣发生战争时,只有一个办法能够平息战争,就是由基尔瓦或索法拉的统治者向双方分别致送一份来自印度的上好布料的厚礼。[44]可见当地对这些舶来品之珍视。至于瓷器,巴兹尔·戴维逊指出,在东非"沿海和基尔瓦岛……中国瓷器的碎片可以整铲整铲地铲起来"。[45]

东非沿岸发现的许多罗马、波斯、埃及和我国不同历史时期的铸币,也从一个侧面证实了这些沿海城邦对外贸易的发达。[46]

在这里,我们还要专门谈一谈古代东非沿海城邦的奴隶输出问题。早在7世纪伊斯兰教兴起以前,波斯湾地区就输入僧祇奴隶,作为士兵或从事家内劳动,还用作农业奴隶,在极艰苦的条件下开垦伊拉克南部的沼泽。[47] 8 世纪中叶,就有伊拉克统治者以 400 名僧祇奴隶当兵。[48]东非奴隶在波斯湾地区逐渐形成一股不可低估的力量。7 世纪末,他们首先在伊拉克起义。850 年,伊拉克黑奴土兵爆发了大规模暴动。868—883 年,波斯万名奴隶参加的暴动中,僧祇奴隶又占首位。[49]这以后,僧祇奴隶仍然继续输往亚洲各地。据记载,亚丁地区专门购买僧祇奴隶到采石场劳动。[50] 15 世纪下半叶,一位孟加拉王竟拥有 8000 名非洲奴隶。[51]直至 1835 年,阿曼的奴隶(主要是东非奴隶)竟仍不少于人口的 1/3。[52]甚至远及我国,东非奴隶在元代也不是个别现象了。当时北方一些官僚之家,"家僮必得黑厮,不如此谓之不成仕宦"。[53]这些黑奴当中,来自东非的肯定不在少数。

三

古代东非沿海城邦是盛行奴隶制的商业城邦。奴隶处在城邦社会的最底层。

奴隶的数量多,而且直接从事生产性劳动,这是东非沿海城邦奴隶制的一个重要特点。既然从东非海岸运往亚洲各地的黑人奴隶数量可观,我们就不难判断这些城邦里始终保有相当数量的奴隶。奴隶的来源自然是通过战争或其他手段从东非大陆上获得。如伊本·巴图塔访问基尔瓦时,就听说这里经常同内地进行战争。他说:"基尔瓦居民热衷于圣战,因为他们占领着一块同异教徒僧祇人毗邻的土地。"[54]蒙巴萨也同大陆居民屡次发生战争。因此,当葡萄牙人抵达东非时,他们看到基尔瓦的"黑人奴隶比白种摩尔人还多",并记载说,这些奴隶在农场里劳动,种植玉米及其他作物。[55]除了农业奴隶外,家内奴隶也不少。例如,当葡萄牙人卡布拉尔舰队抵达该城要求供应淡水时,带领基尔瓦运水伕们的,乃是该城邦大臣的一个领头奴隶,名叫哈吉·基特塔。他只是领头奴隶之一,[56]可见大臣拥有几个领头奴隶和大量一般奴隶。

奴隶可以买卖。据民间传说(其中反映着历史真实),一批阿拉伯移民前去东非,为了保持其血统的纯洁,用高价购买阿拉伯等地妇女。有一人竟用百名强壮男奴换娶一个妻子。[57]

奴隶还用来当兵。1505 年,葡萄牙人攻掠蒙巴萨,城内居民都逃入丛林躲避。而守卫在林边入口处断后的,就是500余名黑奴弓箭手。[58]如果考虑到蒙巴萨居民总数不过万余,500名奴隶兵就是一个相当惊人的数字了。

在东非海岸城邦社会中,奴隶地位还鲜明表现在服饰上面。例如,基尔瓦的奴隶均着棉布围腰,下及膝盖,上身露裸,奴隶主上下身均着整齐服装。[59]又如《宋史》记载"层檀国"(即桑给巴尔)"贵人以越布缠头,服花锦,白氎布,出入乘象马"。[60]显然,"贱人"——奴隶们是没有这种穿戴的。

在这样一种盛行奴隶制的城邦社会中,自然需要相当发展程度的政治组织与国家政权。考察一下东非海岸的历史沿革,可以大致看出其国家演进的脉络。

早在公元初年,《红海回航记》就记载了东非海岸各"市镇"都有自己的"酋长"。可见那时这里已有某种社会组织或初期政权形式。不过,《红海回航记》对此记述无多,具体内容是模糊的。

到了马苏迪时代,记载了僧祇地区有国王,当地人称为"瓦法尔木",认为其乃天地之神"马利克纳吉鲁"之子。如果"瓦法尔木"成为暴君或多行不义,则国人可诛灭之,因其自己取消了作为神子的资格。这种王制,显然还是前伊斯兰时期东非沿岸的政治组织形式,从中既清楚地显示出王权神授的痕迹,也不难发现某些原始社会的遗风。这种"瓦法尔木"王制,甚至可能追溯到班图人到达东非以前的时代。

在伊斯兰教传播以后的东非城邦兴起时期,它们的政权形式,一般都采用阿拉伯半岛和波斯湾地区移民带去的君主制。这些君主有的称素丹,有的称谢赫。他们平时有比较显赫的威仪。如摩加迪沙的谢赫,深居王宫,有宦者服侍,凡外邦人到此,均需首先前往拜见。在清真寺做礼拜时,谢赫备有同人们隔开的专用帷幕,外出时高张四顶彩丝制成的华盖,其上均有金鸟。[61]马林迪的素丹则身披大马士革制作的绿缎王袍,坐在安放着双层坐垫的青铜王座上,高张华盖,缎制带顶。[62]每逢遇有战争,君主们还可率军出征。如基尔瓦索丹哈桑就因亲自领兵对"异教徒"进行"圣战"而捐躯。[63]

布拉瓦的情况在东非海岸诸城邦中是一个例外。据16世纪初的材料记载,布拉瓦的"居民是由12名谢赫或酋长治理的。他们统治着这个国家。这是我们所知的非洲海岸仅有的民主国家"[64]。这说明,布拉瓦所实行的更像是一种贵族共和制。不过,这种情况在摩加迪沙早期似乎也存在过。那时,该城居民分族而治,每族都有自己的"谢赫",而没有一个统一的君主。凡来此贸易的外邦商人,都需投靠某一族的"谢赫",然后方得开展业务。只是摩加迪沙的情况后来有了演化,到伊本·巴图塔访问该城邦时,已由统一的"谢赫"治理了。

《基尔瓦编年史》给我们留下了东非城邦素丹政体的比较详细的情况。据《编年史》所述,素丹之下设有"瓦济尔"和"阿密尔"两位主要大臣,大体相当于宰相和将军。"瓦济尔"和"阿密尔"不仅辅佐素丹治理城邦,而且权势颇大,有时甚至能在苏丹身后拥立新君。在瓦济尔和阿密尔之外,我们尚不知还有什么别的重要官员。这一方面是因为史料缺乏,另一方面大约也是由于小国寡民,不需要复杂的官僚机构的缘故。

素丹有一个王族。老素丹死后,由王族中选立一位新素丹。《编年史》提供的世系表告诉我们,这种承袭一般是父子相承或兄终弟及。甚至还有嫡庶之分。如东非海岸著名的历史民谣《利昂哥》中的英雄利昂哥,乃是香加城邦统治者的长子,但由于是庶出,故而虽极具才干,也不能继承父位,而是由其父正妻之子继位。[65]为了争夺继承权,王族常起内讧。

在特殊情况下,阿密尔和瓦济尔也有篡权当素丹的。例如基尔瓦素丹阿迪尔死后,阿密尔穆罕默德与瓦济尔共立新君伊斯迈尔。伊斯迈尔死后,穆罕默德便被立为素丹。后来王位又一度落入瓦济尔一族手中。阿密尔穆罕默德死后,其侄易布拉欣又继承了他的阿密尔职务。[66]由此可见,城邦的大权是由几个大的统治家族世代把持着的。

由于经常要同内陆的"异教徒"或其他城邦发生战端,要防御海上敌人侵扰,维护城邦的统治秩序,东非沿海各城邦都拥有自己的军事力量。他们的武器有弓箭和椰叶与棉布制成的强固的盾牌。还有质量优于西非几内亚地区的长矛。基尔瓦还拥有四架弩炮,能发射石头,只是尚不知使用弹药。1503年葡萄牙人罗伦索驶抵桑给巴尔时,当地素丹召集了4000人由一位王子统领,到海滨迎敌。这个数字当然不限于奴隶兵,而是倾城出动的公民兵了。不过这种全民皆兵的状态,肯定只是在城邦面临重大外来威胁的时候才会出现的。除了上述桑给巴尔王子领兵的记载外,《利昂哥》民谣中也讲到利昂哥被其父任命为一部分军队的统帅,并领兵出征,建立了不少功勋。可见,王子统兵乃是常有的现象。

东非海岸城邦属于伊斯兰世界,伊斯兰教在城邦政治、文化生活中起着重要作用。每个城邦的清真寺都是该城邦的主要建筑和人们精神生活的中心。宗教领袖颇有影响,是城邦统治阶层的重要组成部分。据史料记载,当基尔瓦统治集团分裂,发生内战之际,素丹正统一方就曾派遣由宗教领袖和城市大人物中选出的代表组成使团,向对方呼吁停战。[67]

上面这条史料中,"城市的大人物"值得注意。他们显然是指那些地位显赫、有声望和影响的城邦"超级公民"。那么,在这些外贸繁荣的商业城邦里,除了君王、将相等权贵之家和宗教领袖之外,还有谁能称得起"大人物"呢?

大商人,富比王侯,拥有权势。据《基尔瓦编年史》记载,在素丹苏莱曼·阿迪尔统治时期,需要修复大清真寺。一个名叫侯赛因的大商人恳请素丹允许他以自己的财力完成这项工程。素丹给他1000米蒂卡尔的黄金,命他用这笔钱作为修建经费。但侯赛因仍是自掏腰包将清真寺修好。素丹死后,他将那1000米蒂卡尔黄金原数还给新君。城邦的富商同统治集团关系密切。例如,葡萄牙人初到基尔瓦留下的人质,就被安置在一个名叫哈吉·穆罕默德·达布里的家中。达布里和他的兄弟法吉克·阿尤布都是极富有的商人,而且是阿密尔的钱财管理人。

东非沿海城邦都是商业城邦,商业组织与税收法律相当完备。据伊本·巴图塔的介绍,每当船舶驶入摩加迪沙的港口,船上的外商都分别被当地的一些人(显然是城邦的坐商)派人接到自己家中款待。客商的一切销售及采买事宜完全由主人代办。如无主人在场,其他人与客商洽谈的一切购销协议,均被视为无效。这说明当地必然存在着相当发展的商业行会组织和不成文法。史料关于外贸税收的记载也很详尽。如蒙巴萨的入境商税是每1000块棉布需缴纳黄金一米蒂卡尔,然后还要将500块棉布交给素丹,剩下的500块棉布方准自行贸易。基尔瓦的商税更重,入境商税是每500块棉布就需纳黄金一米蒂卡尔,然后素丹取其货物的三分之二,而客商仅余的三分之一仍要再征税。船抵索法拉时,每七块棉布又要交一块给基尔瓦素丹驻当地的代表。而从索法拉返航的船舶装载着黄金,还要向基尔瓦交纳5%的税。[68]即使如此,东非海岸各城邦港口仍是帆樯如林,可见到东非贸易获利之丰。

东非沿海各城邦之间时有战争,那些经济繁荣、势力强大的城邦如摩加迪沙和基尔瓦曾称雄一时。基尔瓦已不满足于雄居首位的状况,还攻打马菲亚,在那里建立了自己的直接统治。史料还记载当时"素法拉、库阿马·安哥亚和莫桑比克诸邦均为基尔瓦素丹之藩属"。基尔瓦素丹在素法拉直接派有自己的总督,莫桑比克的统治者也是基尔瓦素丹的代表,对往来商船课以重税。[69]看来,在东非海岸城邦发展的后期,在南部沿海地区,以基尔瓦为中心曾出现过某种兼并和统一的倾向。不过,这种倾向发展未久,就被西方殖民主义的入侵猝然打断了。

四

综上所述,我们可以清楚地看到,大致在公元10世纪前后,东非的印度洋海滨发展和繁荣着这样一批城邦。它们为数甚多,各自为政,每个城邦都以一个多半是设防的城市为中心和主体,周围辅之以面积不大的、完全是作为城市的补充的农业地带。它们都有完整的奴隶占有制社会的经济生活和精神生活,都是独立的古代国家实体。它们的政权具有阶级社会中国家应有的内外职能。它们规模虽小,却因商业特别是对外贸易的发达而富庶、繁荣,有着强劲的生命力,因而始终未能形成统一的中央集权专制国家。它们的发展历史,是古代世界城邦研究不可忽视的课题。

对东非古代沿海城邦的初步剖析,可以给我们一些什么样的启示呢?

首先,直到目前仍然为国外很多学者所坚持的传统观点,即认为城邦乃是古代希腊、罗马特有的现象的观点,[70]应该随着考古学和历史学研究的深入而被扬弃了。事实证明,在人类历史的发展中,城邦并不是西方一家独有的骄傲。甚至一向被认作是黑暗、落后的非洲大陆,据现在所知历史上就曾有过包括东非沿海城邦在内的三大城邦群(另外两个是古代地中海沿岸的迦太基和乌提卡为代表的诸城邦以及西非内陆的蒙萨城邦)。就目前国内情况而言,虽然越来越多的同志已经打破了"希腊、罗马特有"的陈说,但这种陈说的影响的消除却不是一蹴而就的。例如,有的同志从语言学方面追溯"城邦"希腊文(πολls)的意义为城市、国家或公民公社,这对于我们深入认识希腊城邦的起源无疑是有帮助的。但如果拘泥于此,将古希腊城邦语义的上述三项内容立为城邦定义或城邦缺一不可的三要素,认为非此则不能成其为城邦,那就难免还是用古希腊人关于自己城邦的看法去观察世界,将世界其他地区的许多古代城邦排斥在城邦行列之外。

在打破"希腊、罗马特有"的陈说时,有的同志又提出了城邦在古代世界具有普遍性的观点,认为不论是西方还是东方,奴隶制城邦是古代一切奴隶制国家必经的阶段。[71]

我们以为,对于这样规律性的概括,需要进一步斟酌。因为在古代游牧和农耕两大世界中,游牧世界就很难说必然经历过城邦阶段。至少就现在所知,非洲大陆的一些游牧部族进入了阶级社会、出现了国家,却并没有建立过城邦。同样,我国汉代时西域的一些"随畜逐水草往来"的"行国",[72]显然也没有条件建立城邦。有的同志为了说明古代城邦的普遍性,甚至认为"城邦"决定在"邦",一定情况下,城市是可有可无的东西。这样说,恐怕就从根本上离开了城邦的基本概念了。城邦者,有城之邦之谓也。有邦无城,当然不能称之为"城邦"。

农耕世界的城邦情况如何,现在大家正深入占有材料、进行研究。但从非洲历史上看,有两点值得注意。一是并非一遇到"城廓"之类便可以断言是城邦,因为有些非洲内陆的遗址,即使像大津巴布韦那样举世闻名的遗址,尽管有雄伟的建筑和围墙,或可据以御敌,或可用来祭祀,却不能构成一个古代社会生活(首先是经济生活)的中心,二是许多非洲历史上的领土国家,包括西非加纳、马里和桑海三个大国的发展历程中,虽则有过某些城市的兴盛,却并没有过一个城邦林立,兼并统一的过程。故而农耕世界是否普遍存在过城邦也还有待于作进一步科学考察。

那么,古代的城邦究竟比较容易在哪些地区产生,在哪些民族当中得到发展呢?

马克思指出:"古代的商业民族存在的状况,就象伊壁鸠鲁的神存在于世界的空隙中,或者不如说,象犹太人存在于波兰社会的缝隙中一样。最初的独立的、颇为发达的商业城市和商业民族的商业,是作为纯粹的转运贸易建立在生产民族的野蛮状态的基础上的,这些商业城市和商业民族对这些生产民族起着中介人的作用。"[73]

正是马克思所说的这些古代商业民族和他们的商业城市，最容易形成以城为邦、小国寡民的独立状态，最便于组成人类早期阶级社会经济、政治和精神生活的统一体。尤其是它们的城市活动最自然地构成整个邦国活动的中心。

古代东非的城邦，正是产生在上述"转运贸易"的要冲地区和古代商业民族当中。既然上述这样宜于城邦产生和繁荣的地区和民族绝不仅限于古代希腊、罗马，那么凡是具备这样条件的古代民族，不论在什么地区，都可以产生有着自己特色的城邦。

古代世界的城邦，是人类进入阶级社会初期出现的历史现象。既然人类进入阶级社会的历史进程在各个地区和各个民族间的发展是那样不平衡，有的甚至要相差几千年，我们就不应当也不可能对古代城邦的产生时间一刀切。这样，有的城邦产生较晚，甚至在世界史分期上"超过古代的范围"，也就完全可以理解了。

人类社会的历史是复杂的、丰富的，城邦产生和发展的历史也是复杂的、丰富的。尤其是古代商业民族的活动经常打破地域、国界、民族，甚至种族的界限。因而在类型上，既有某一民族原始公社自行瓦解后进入阶级社会而建立的城邦，也有两个或两个以上的古代民族长期融合、共同建立的城邦。在某种意义上，古代东非的沿海城邦和北非地中海沿岸城邦都是亚非人民共同创建的。我们应该承认古代城邦的多样性。对于它们的政体，它们的原始公社残余成分的多少及其表现形式不宜做过于细密的硬性规定，而是在以城为邦、小国寡民的外部特征的前提下，紧紧抓住其奴隶占有制的实质。

东非沿海诸城邦的发展，就有着自己的特色。一方面，它们同非洲内陆居民由于各种原因交融较慢，而且常启战端，难以扩展领土；沿海一带又缺乏迦太基附近那样的大片肥沃土地可以提供充足的粮食供应。因而它们虽有农业，却地狭人少，难以支撑迦太基那样大量的城市人口，尤其无法维持像迦太基那样一支庞大的雇佣军以扩大自己的国土和势力范围。相反，还作茧自缚，将城邦建于沿海岛屿上，即使建于海滨也要建一条运河同大陆隔开。结果，它们都未能形成领土国家，特别是未能形成统一的强大的东方专制国家。另一方面，由于它们从阿拉伯半岛和波斯湾地区移植来的素丹君主制，阻碍了希腊、罗马城邦那种民主政治的发展，因而也就阻碍了丰富多彩的精神、文化生活的发展。故而东非沿海城邦的物质生活虽称富裕,但文化生活却相当贫乏。这样,它们既没有走上古代东方专制大一统帝国的道路,也没有发展起古代希腊、罗马那种活跃的民主政治生活和思想文化繁荣兴盛的局面。

注 释

〔1〕 参见斯特拉波:《地志》(Strabo, *Geography of Strabo*),普林尼:《自然史》(Plinius, *Natural History*)。关于古代东西方贸易,详见图坦:《古代世界的经济生活》(J. Toutain, *The Economic Life of Ancient World*),伦敦,1951年版。

〔2〕 巴兹尔·戴维逊:《非洲的往昔——非洲史料选辑》(B. Davidson, *The African Past*),伦敦,1964年版,第21页。

〔3〕 英汉姆:《东非史》(K. Ingham, *A History of East Africa*),伦敦,1962年版,第2页。但霍屯督说近已少用。

〔4〕 参见罗契:《东非史》(R. Reusch, *History of East Africa*),纽约,1961年版,第71—90页。

〔5〕《剑桥非洲史》(*The Cambridge History of Africa*)第3卷,剑桥,1977年版,第193、195页。

〔6〕 奥利弗和马修:《东非史》(R. Oliver & G. Mathew, *History of East Africa*),伦敦,1966年版,第105页。

〔7〕《剑桥非洲史》(*The Cambridge History of Africa*)第3卷,剑桥,1977年版,第193、195页。

〔8〕 弗里曼·格林维尔:《东非海岸文献选辑》(G. S. P. Freeman-Grenville, *The East African Coast: Select Documents from the First to the Earlier Nineteenth Century*),牛津,1962年版,第36页。

〔9〕 奥利弗和马修:《东非史》(G. Oliver & C. Mathew, *History of East Africa*),伦敦,1966年版,第113页。

〔10〕 弗里曼·格林维尔:前引书,第111页。

〔11〕〔12〕《剑桥非洲史》第3卷,第231、205页。

〔13〕 契提克:《帕特历史新观》(N. Chittick, "A New Look of the History of Pate"),载《非洲历史杂志》(*The Journal of Africa History*),1963年第2期,第375页。

〔14〕 契提克、罗特伯格:《东非与东方》(N. Chittick & K. Rotherg ed., *East Africa and the Orient*),纽约—伦敦,1975年版,第239页。

〔15〕 罗契:前引书,第234页。

〔16〕 契提克:《基尔瓦与东非海岸的阿拉伯居民点》(N. Chittck, "Kilwa and the Arab Settlement of the East African Coast"),载《非洲历史杂志》(J. A. H) 1963 年第 2 期。

〔17〕 弗里曼·格林维尔:前引书,第 66 页。

〔18〕 《剑桥非洲史》第 2 卷,第 209—210 页。

〔19〕 伊本·巴图塔:《亚非游记》(Ibn Battuta, *Travels in Asia and Africa*),伦敦,1929 年版,第 110 页。

〔20〕 罗契:前引书,第 92 页。

〔21〕〔22〕〔23〕 弗里曼·格林维尔:前引书,第 106—107、56、76 页。

〔24〕 伊本·巴图塔:前引书,第 111 页。

〔25〕 弗里曼·格林维尔:前引书,第 20 页。

〔26〕 契提克、罗特伯格:前引书,第 231 页。

〔27〕 费信:《星槎胜览》。

〔28〕〔29〕〔30〕 弗里曼·格林维尔:前引书,第 56、52、66 页。

〔31〕 契提克:《基尔瓦与东非海岸的阿拉伯居民点》。

〔32〕 《剑桥非洲史》第 3 卷,第 203 页。

〔33〕 契提克、罗特伯格:前引书,第 229 页。

〔34〕 弗里曼·格林维尔:前引书,第 106—107 页。

〔35〕〔36〕 罗契:前引书,第 93—94、30 页。

〔37〕 弗里曼·格林维尔:前引书,第 125—126 页。

〔38〕 奥利弗和马修:前引书,第 117 页。

〔39〕〔40〕〔41〕 弗里曼·格林维尔:前引书,第 15、113、123 页。

〔42〕 罗契:前引书,第 125 页。

〔43〕 库普兰:《东非及其入侵者》(R. Coupland, *East Africa and Its Invaders*) 伦敦,1938 年版,第 20—22 页。

〔44〕 弗里曼·格林维尔:前引书,第 123 页。

〔45〕 巴兹尔·戴维逊:《古老非洲的再发现》,屠佶译,三联书店 1973 年版,第 221 页。

〔46〕 参见联合国教科文组织编:《非洲通史》(*General History of Africa*)第 2 卷,1981 年版,第 553—554 页。弗里曼·格林维尔:《东非铸币的发现及其历史意义》(G. S. P. Freeman-Grenville, "East African Coin Finds and Their Historical Significance"),《载非洲历史杂志》(*The Journal of African History*),1960 年第 1 期。

〔47〕 联合国编:《非洲通史》第 2 卷,第 556 页;契提克、罗特伯格:前引书,第 116 页。

〔48〕 库普兰:前引书,第32页。
〔49〕〔50〕 契提克、罗特伯格:前引书,第116—117、118页。
〔51〕〔52〕 库普兰:前引书,第32、11页。
〔53〕 《蒲寿庚考》,中华书局,1954年版,第85—86页。
〔54〕 库普兰:前引书,第31页。
〔55〕〔56〕 弗里曼·格林维尔:前引书,第106、48页。
〔57〕 罗契:前引书,第76页。
〔58〕〔59〕 弗里曼·格林维尔:前引书,第109、107页。
〔60〕 《宋史·层檀国传》。
〔61〕 伊本·巴图塔:前引书,第111—112页。
〔62〕〔63〕 弗里曼·格林维尔:前引书,第54、38页。
〔64〕 罗契:前引书,第86页。
〔65〕 罗契:前引书,第67页。
〔66〕 弗里曼·格林维尔:前引书,第42—46页。
〔67〕 弗里曼·格林维尔:前引书,第46页。
〔68〕 弗里曼·格林维尔:前引书,第124页。
〔69〕 库普兰:前引书,第26页。
〔70〕 参看顾思作:《国外研究古代城邦的一些情况》,《世界历史》1981年第2期。
〔71〕 参见远方:《关于世界古代城邦的几个问题》,《世界历史》1982年第4期。
〔72〕 《汉书·西域传》。
〔73〕 《马克思恩格斯全集》第25卷,第369页。

此文发表在《世界历史》1983年第5期。

层檀国考略

在我国古代同亚非诸国的友好交往史上,层檀国是一个值得注意的国家。它虽地处绝远,却早在宋代就曾两次遣使来华,受到北宋政府的重视和热情款待。

《宋史·外国列传》记载:

> 层檀国在南海傍,城距海二十里。熙宁四年始入贡。海道便风行百六十日,经勿巡、古林、三佛齐国乃至广州。其王名亚美罗亚眉兰,传国五百年,十世矣。人语音如大食。地春冬暖,贵人以越布缠头,服花锦、白毡布,出入乘象、马,有俸禄。其法,轻罪杖,重罪死。谷有稻、粟、麦,食有鱼,畜有绵羊、山羊、沙牛、水牛、橐驼、马、犀、象。药有木香、血竭、没药、鹏沙、阿魏、董陆、产真珠、玻璃、密沙华三酒。交易用钱,官自铸,三分其齐,金铜相半而银居一分,禁民私铸。元丰六年,使保顺郎将层伽尼再至。神宗念其绝远,诏颁赉如故事,仍加赐白金二千两。

《宋史》上的这一段文字,基本上是从南宋周辉于高宗绍兴年间(1131—1162年)所撰《清波别志》上引录下来的。重要的改动仅有一处,即将后者"国城距海二千里",改为"二十里"。

这个"绝远"的层檀国究竟在何处?

希尔特和洛克希尔认为,"层檀"就是《诸蕃志》中的"层拔"(Zanguebar),只是认为"檀"字可疑。[1]

日本学者藤田丰八反对这种看法,认为层檀国指的是塞尔柱突厥国家,而层檀当是其君号素丹(Sultan)之对音。[2] 我国 1979 年版《辞海》层檀国条,即按此说撰成。[3]

其他几位著名的前辈中外学者,如向达、张星烺、冯承钧、岑仲勉和杜文达等,在论述中西交通史时,对上述两种意见未发表详细评述。[4]

我们认为,藤田丰八的解释值得商榷,而希尔特和洛克希尔的看法也需要进一步补充。

先看塞尔柱土耳其说。

崛起于11世纪的塞尔柱突厥人,是从中亚地区逐渐西移的。1055年,它攻占巴格达,控制了两河流域及波斯湾头。然后,继续向小亚细亚方向扩展,同拜占庭帝国进行激烈的战争。1071年在曼西克尔特战役中曾生俘拜占庭皇帝罗马勒斯。旋分为许多小王国,彼此争战不休,至1194年亡。

塞尔柱突厥是一个迅速崛起的军事政权。一连串的战争组成了它短暂的兴衰史。尤其是在熙宁四年至元丰六年(1071—1083年)这段时间,正是它全力西向进行军事扩张的时期,很难有兴趣和需要连续两次遣使来华。况且,1055年才占领巴格达称王,到1071年遣使来华,仅16年,绝不会"传国十世",此其一。

塞尔柱突厥占领巴格达后称王,号曰素丹(Sultan)。但素丹的称号,在古代西亚、北非乃至东、西非许多国家均有采用。一定要拿这样一个称号来同"层檀"对音,恐系险论,此其二。

塞尔柱突厥占领两河流域后,即使真的要遣使海道来华,也必然在波斯湾头启程。然而波斯湾头以东的航线,对于我国早已是熟门熟路。公元5世纪上半叶,幼发拉底河的于罗城就常见泊有来自印度和中国的船舶。[5]唐代贾耽更记载了从广州到波斯湾头的详尽航程。[6]显然,波斯湾头的国家,在我国宋代人的心目中很难再被认为是"绝远"的了。最重要的是,根据贾耽的记述,从广州至波斯湾头,仅需八十三日,而层檀国至广州则需"海道便风行百六十日",航程几乎多出一倍。[7]此其三。

可见,塞尔柱突厥说难以成立。层檀国不会在波斯湾头,而是在更为"绝远"的地方。

再看层拔(Zanguebar)说。

从探讨方向上看,此说比较合理。层檀国应当到古代东非海岸去寻觅。

从航程上看,它应当在东非沿岸。

据前述贾耽的记载,自印度南境至波斯湾头的乌剌国,"皆缘海东岸行",而"其西岸之西皆大食国。其最南谓之三兰国"。自三兰至乌剌,航程为四十八日,这个西路航线,无疑是指波斯湾西岸及阿拉伯半岛东南岸方向。考"自三兰国正北二十日行,经小国十余,至设国",设国即为阿拉伯半岛南岸之古称,三兰国当在其正南。藤田氏说三兰为锡兰,颇为牵强。故我国学者一般认为,三兰国位于东非海岸,[8]有的更认为它远及达累斯·萨拉姆。[9]查三兰至乌剌,再由乌剌至广州,东西两路共需一百三十余日,同层檀国至广州航程一百六十日相近。

据郑和第三次出航的记载,自福建五虎门开洋,经占城、旧港、锡兰山、古里,至阿丹国(亚丁),航程需近百日。而伊本·巴图塔自亚丁对岸之泽拉航行至摩加迪沙则用了十五日。[10]这一航程(如再加上进出波斯湾的那一段时间),也同层檀国至广州的航程相近。

层檀使者来华,是经勿巡、古林、三佛齐而抵广州的。按三佛齐即旧港,古林应是故临(印度南端之 Quilon),均无疑义。至于勿巡,藤田氏考其为三兰国至波斯湾头途中所经过的那个殁巽国(Mezoen,即阿曼之索哈尔的波斯名),[11]亦甚确。可见,自层檀国经勿巡、古林、三佛齐至广州,大致正是沿着贾耽所记的那条自三兰至乌剌、再至广州的古老航道而来的。

从对音上看,它也应当在东非沿岸。

阿拉伯古代地理学家如马苏迪、伊德里西等人早就记载了东非的 Zanj(黑人)人,他们把东非沿岸海域称为 Zanj 海,而将东非之角以南直至索法拉地区称为 Zanjbar,意为黑人地方。[12]我国唐代便有诃陵国使者带着僧衹人来华的记载。[13]"僧衹",即 Zanj 之相当准确的对音。我国宋代及其后的古籍中,如《岭外代答》、《诸蕃志》、《岛夷志略》等,更有用"层期"、"层拔"、"层摇罗"等对音者。不过,这些著述时间均在《清波别志》以后。

那么,"层檀"和"僧衹"、"层期"、"层拔"等之间有无联系呢?有的。原来,除了阿拉伯人外,波斯湾地区的人也很早就知道东非海岸,并不断有人前往彼处贸易、定居。阿拉伯语称地区为"巴尔",而波斯语中,则常称某某地区为某某"斯坦",故而称东非僧衹地区为"僧衹斯坦"。这一名词早在公元 982 年即已为波斯作家采用,见诸文字。[14]层檀国应是僧衹斯坦的对音。鉴于我国古代同波斯湾地区交往历史之悠久,最先从波斯湾地区人民口中得到东非海岸的消息是完全可能的。而且,层檀国使者正是经波斯湾古航线来华,这就更增加了我国采用波斯语对音的可能。更为有趣的是,那位层檀国使者的名字"层伽尼",据有的国外学者看来,也颇透露了若干僧衹对音的消息。[15] 可见,层檀国指的是僧衹斯坦(Zängistān),亦即僧衹巴尔,或桑给巴尔。"层拔",当在东非海岸。

然而,问题并没有完全解决。

无论阿拉伯人所称的桑给巴尔(Zanjbar),还是波斯人所称的僧衹斯坦(Zängistān),范围是很广的,北起今索马里南岸某些地区,南迄今莫桑比克。在这条漫长的海岸线上,古代曾兴起过一连串的海岸城邦国家。据统计,15世纪时,东非海岸城邦达37个。[16] 而且每一个城邦均有自己相当悠久的发展史。在这数十个大大小小的城邦里,层檀国具体又是哪一个呢?

幸好,《层檀国传》中记载说,该国"交易用钱,官自铸,……禁民私铸"。这一记述给我们指出了一条打破迷津的线索。因为,在所有古代东非海岸城邦当中,自行铸币的只有三个,即:摩加迪沙、基尔瓦和桑给巴尔岛。[17]

摩加迪沙是层檀国的可能较小。尽管这个城市在宋代曾是东非海岸最重要的地方(阿拉伯作家雅库特语,1220年)和举世闻名之处(稍晚于雅库特的伊本·赛义德语),[18] 但据记载,波斯湾地区移民对该城邦的兴起影响较小,它的繁荣,主要是1159年也门移民的作用。[19] 而且在立国之初的一段时间里,没有统一的统治者,而是按移民的氏族分治,各有自己的首领。故而不仅采用波斯语对音的可能性少,传国十世也无从说起。加之,有些阿拉伯作家将摩加迪沙以南的梅尔卡才称为"僧衹地区之始",摩加迪沙甚至还被划在柏倍拉地区(阿拉伯作家对东非之角地区的称谓,在僧衹地区以北)。

迄今的考古发掘表明,桑给巴尔岛上的统治者在15世纪自行铸币。而基尔瓦的铸币最多,许多基尔瓦素丹都自行铸币。[20] 罗契详细记载了大英博物馆的四组基尔瓦铸币,分属七位基尔瓦素丹,时间从1275—1490年。[21] 就铸币这一角度看,13世纪之前当地铸币的情况仍有待于进一步考古的发掘。而基尔瓦的可能性较大。何况,它的设拉子王朝正是来自波斯湾移民所建立的呢。再从《基尔瓦编年史》(这是东非当地最早的史籍,撰于16世纪初,比较可靠)所提供的基尔瓦素丹世系考察,其素丹在位多则廿年,少则一两年(个别也有四十年的),从975年左右基尔瓦设拉子王朝建立起,至1071—1083年,共约七代、百年,[22] 与层檀国传国十世之说也较相近。(至于五百年之说,当系夸张之语,因为虽然个别统治者在位时间较长,每代平均统治五十年则是不可能的。)

不过,还有一个问题,就是层檀国王名叫亚美罗亚眉兰。根据希尔特与洛克希尔的看法,这个名字仍带有波斯语风格。亚美罗应是阿密尔之对音。[23]

阿密尔在穆斯林世界诸国,也是一种尊号。查基尔瓦城邦的政权,就设有阿密尔一职。这个职务同瓦济尔(相当于宰相)同为基尔瓦素丹的左右手,而且代代相传。然而,阿密尔毕竟是基尔瓦国王(素丹)驾前之臣,而不是国王本身。尽管在基尔瓦的历史上曾有过阿密尔篡位当王的事,但那已经是14世纪的事情了。[24]《基尔瓦编年史》记载的前十代国王,依次是:阿里·伊本·哈桑,阿里·伊本·巴斯卡特,达乌德·伊本·阿里,卡里德·伊本·别克尔,哈桑·伊本·苏莱曼,阿里·伊本·达乌德,哈桑·伊本·达乌德,暴君苏莱曼,达乌德·伊本·苏莱曼,苏莱曼·哈桑大君。[25] 偏偏没有一位同亚美罗(即阿密尔或艾米尔)亚眉兰对音相近者。这样,基尔瓦的线索也出现了困难。

进一步的线索又出现在桑给巴尔岛。该岛南部的乞济姆卡济村一座清真古寺的祈祷壁龛四周,发现了迄今为止东非海岸最早的铭文材料。我们见到这段铭文的英译文,内容是:"本清真寺乃奉赛义德·阿比·阿姆兰谢赫(Sheikhes-Sayyid Abi Amran)——之命而修建。即国主哈桑·伊本·穆罕默德——愿真主保佑他长寿并摧毁其敌人。伊斯兰纪年500年卡达月星期二(即公元1106/7年6月或7月某星期日)。"[26] 此铭文中"国主"系用古斯瓦希利语"穆法姆"(Mfaume＝Mfalme),足证其年代确乎久远。

我们知道,在古代东非海岸城邦中,"谢赫"(Sheikh,教长、族长)有时就是城邦的君主或元首。例如,摩加迪沙的统治者就号"谢赫"。伊本·巴图塔初到摩加迪沙,主人便要他去觐见"谢赫"。他问谢赫是谁,主人即答是素丹。[27] 可见"谢赫"意义与国主、素丹相通,故而波斯语演译为"阿密尔"是完全可能的。那位谢赫赛义德·阿姆兰在1107年下令修建乞济姆卡济清真寺,距第一次层檀遣使来华仅三十六年,而距二次遣使仅二十四年。只要在位时间较长便完全经得起上述这二三十年的时间跨度。所以,我们认为,我国古籍上记载的那位亚眉兰国王,很可能就是那位"阿姆兰"(Amran)谢赫的对音。中经波斯语转述,谢赫·阿姆兰就变成阿密尔·阿姆兰,再转记于汉文材料,遂变为"亚美罗亚眉兰"矣。

再者,虽然前述基尔瓦线索经考察后中断,但这一考察仍有其积极意义。桑给巴尔(岛)没有自己的编年史,但据东非当地传说,该岛同基尔瓦关系相当密切。它们的统治者同属设拉子王朝世系,基尔瓦立国君主哈桑的一个孙子作了桑给巴尔的统治者,另一支后裔则成为蒙巴萨的统治者,称艾米尔(即阿密尔)。这样,从民间传说看,桑给巴尔岛的统治者与蒙巴萨的统治者艾米尔(阿密尔)属于同一级别,故而更有理由也被称为艾米尔(阿密尔)。而且基尔瓦还是开国君主统治时,桑给巴尔统治家族按设拉子王朝世袭已是第三代了,因此到1071—1083年时,其世系相传可能比基尔瓦世系更加接近"传国十世"。

总之,根据上述考察,我们认为:我国古籍上记载的"层檀国",大体可以推断在桑给巴尔岛。由于该岛同许多其他东非海岸城邦一样,也可能控制着非洲大陆上一些地方,所以也可以指桑给巴尔岛及临近的东非沿海地区。

如果这一判断可以成立,则早在宋代我国就同东非有着正式的友好交往,并对桑给巴尔岛及其临近的沿海地区人民的政治、经济生活、物产与习俗有着颇为详确的记述。这些记述有着很高的科学价值。同时,我们也看到,勤劳、勇敢的东非人民还在它们古代沿海城邦兴起的初期,就在波斯湾、印度、印度尼西亚等地区和国家人民友谊桥梁的帮助下,同中国人民进行了友好的政治、经济和文化交流,在人类社会进步的道路上携手前进。这种历史传统,对于我们今天团结、奋斗的第三世界人民来说,值得珍视,更值得发扬。那位不避风波、远涉重洋,两次出使我国的东非人民的友好使者层伽尼,也值得我们永久的纪念。

注　释

[1] 希尔特、洛克希尔:《赵汝适》(Hirth & Rockhill, *Chaulu-Kua*)圣·彼得堡1911年版,第127页。近年来我国学者述及层檀即桑给巴尔者,皆源于此说。

〔2〕 藤田丰八:《中国南海古代交通丛考》、《宋代之层檀国》,何健民译,商务印书馆1936年版,第222页。

〔3〕 《辞海·地理分册(历史地理)》,第368页。

〔4〕 参见:

向达:《中西交通史》,中华书局1931年版。

张星烺:《中西交通史料汇编》,辅仁大学丛书。

冯承钧:《西域南海史地考证译丛》,商务印书馆1962年版。

岑仲勉:《中外史地考证》,中华书局1962年版。

杜文达:《中国对非洲的发现》(J. J. L. Duvendak, *China's Discovery of Africa*, London, 1949)。

〔5〕 夏德:《大秦国全录》。

〔6〕 《新唐书·地理志》。

〔7〕 苏莱曼记载波斯至中国需130至140天(见杜文达前引书,第18页),但这是9世纪时的情况,而且仍差二三十天。同层檀国遣使同时代的《岭外代答》,记载广州至阿拉伯航程也只要百日。

〔8〕 张星烺:前引书,第三册下,第118页。

〔9〕 岑仲勉:前引书,第403页。

〔10〕 伊本·巴图塔:《亚非游记》(Ibn Battuta, *Travels in Asia and Africa*),英译本,吉布编译,伦敦,1929年版,第118页;郑和航程参见郑鹤声、郑一钧:《郑和下西洋资料汇编》。

〔11〕 藤田丰八:前引书,第220页。

〔12〕 参阅罗契:《东非史》(Reusch, *History of East Africa*),1961年,纽约版,第52—61页;弗利曼—格林维尔:《东非海岸文献汇编》(G. S. P. Freeman-Grenville, *The East African Coast-Select Documents from the First to the Earlier Nineteenth Century*),牛津,1962年版。

〔13〕 《旧唐书》卷一九七,《新唐书》卷二二二。

〔14〕 契蒂克和罗特伯格:《东非与东方》(N. Chittik & R. Rotberg ed. *East Africa and The Orient*),1995年纽约及伦敦版,第88页。

〔15〕 巴兹尔·戴维逊:《古老非洲的再发现》,三联书店1973年版,第273页,按此说亦源自希尔特与罗克希尔。

〔16〕 奥利弗和马修:《东非史》(R. Oliver & G. Mattew, *History of East Africa*),牛津1963年版,第113页。

〔17〕 《剑桥非洲史》第3卷(*The Cambridge History of Africa*, Volume 3.),1977年,剑桥版,第207页。

〔18〕〔19〕 《剑桥非洲史》,第3卷,第196页。

〔20〕 参阅《剑桥非洲史》第 3 卷;契蒂克:《基尔瓦和东非海岸阿拉伯居民点》,载《非洲历史杂志》1963 年第 2 期,(N. Chittick, *Kilwa and the Arab Settlement of the East African Coast*, J. A. H. N. 2〔1963〕)。
〔21〕 罗契:前引书,第 93—94 页。
〔22〕 罗契:前引书,第 212 页。
〔23〕 契蒂克和罗特伯格:前引书,第 104 页。
〔24〕 弗利曼—格林维尔:前引书,第 46 页。
〔25〕 罗契:前引书,第 212 页。
〔26〕 罗契:前引书,第 130 页。
〔27〕 伊本·巴图塔:前引书,第 110—111 页。

此文发表在《社会科学战线》1984 年第 1 期。

19 世纪西方国家在非洲的探险活动

1415年,葡萄牙侵占了摩洛哥的休达,建立起非洲第一个殖民据点。从这时起,西方殖民者开始把侵略的魔爪伸向非洲大陆。此后,葡萄牙人沿非洲西海岸南下,在几内亚湾、刚果和安哥拉沿海建立殖民据点。1487年,巴托罗缪·迪亚士到达非洲南端的好望角(当时称风暴角)。1498年,瓦斯科·达·伽马率领的葡萄牙船队绕过好望角,开辟了通往东方的新航路。16世纪初,葡萄牙人在东非沿岸侵占了一些据点。从17世纪初起,荷兰、英国和法国相继侵入非洲,它们在西非和南非地区进行角逐。

然而,直到18世纪末,尽管西方殖民主义者侵略非洲已有长达300年的历史,尽管他们所进行的万恶的黑人奴隶贩卖已经给非洲人民带来巨大灾难,对于当时的欧洲人来说,非洲却仍然是神秘的。它只是"一条海岸线,而不是一块大陆",90%以上的地区还鲜为人知。酷热的气候,可怕的热带疾病,沙漠、莽林、瀑布等造成的交通障碍,以及非洲人民对掠卖奴隶的敌视和反抗,使得欧洲人除了沿海地方以外,对非洲内陆的知识几乎还停留在希罗多德、托勒密、伊本·巴图塔和利奥·阿非利加的时代。尼日尔河究竟流向哪里?古老的尼罗河究竟源自何处?东非内陆果真像久已传说和记载的那样,有一座月亮山么?所有这些问题,依然引人注目,令人迷惘。因此,在当时绘制的地图上,非洲内陆还是一大片空白,只画着几条未经勘察的大河与几个未经确定的国家的名字。有时为了填补空白,竟画上一头大象。

为了深入认识非洲内陆,葡萄牙人早在16世纪就曾设法到达西非名城廷巴克图,英国人在17世纪初也曾企图溯冈比亚河而上,但都失败了。在整个原始积累时期,西方奴隶贩子只在沿海一带活动,几乎从未深入过内地。阿拉伯人也从不让欧洲人经北非通过撒哈拉沙漠南下西非。法国人只是到 17 世纪末才溯塞内加尔河而上,到达古加纳国西南的产金区。在东非,葡萄牙人为了掠夺黄金,也曾一度到达莫诺莫塔帕。在这一段时期,欧洲人仅对埃塞俄比亚了解多一些。

18 世纪末、19 世纪初,随着工业革命在欧洲的进行,倾销商品和掠夺原料的需求,作为一种巨大的经济动因,推动着西方资产阶级以新的狂热向世界各个角落进军。他们"到处落户,到处创业,到处建立联系"。非洲也就从掠夺奴隶的对象转变为倾销商品和掠夺原料的对象。这样,非洲内陆市场及原料供应情况及其潜力,便成为西方资产阶级日益迫切需要了解的问题。同时,对市场和原料产地的控制也要求更多地了解和熟悉非洲内陆的地理环境、经济活动和人民的风俗习惯,等等。非洲自然的神秘感便必然要被西欧社会的经济力所打破。

最先完成工业革命的英国,在这方面的变化最早、最典型,英国本来是掠卖黑人奴隶最起劲、活动最猖獗的殖民主义国家。随着大工业的发展,它对工业原料的需求逐渐超过了对黑人奴隶的需要。英国对非洲的货物进出口有了很大增长,在 1720 年只值 13 万英镑;1775 年,已上升到 86.6 万英镑。再以棕榈油为例,这种可以兼作肥皂、蜡烛和机器润滑油的原料,在大机器生产迅速扩大、城市人口剧增的情况下,需求量日益增长。1806 年,从西非油河地区(贝宁河至雷伊河一带,即通常称为奴隶海岸的地方)输往利物浦的棕榈油为 150 吨,50 年后达到 2500 吨。输出一船奴隶的利润,渐渐不敌一船棕榈油的利润。仅仅西非一个地区沿海的一项原料贸易,就能给英国资产者带来如此巨大的利益,那么,非洲广阔内陆市场被打开后的远景,对于唯利是图的西方资产者,又该是多大的诱惑啊!

1832 年议会改革后,英国的工业资产阶级战胜了"食利者",在政权中取得举足轻重的地位。他们利用手中掌握的权力,或者直接由政府出面,或者支持、赞助某些协会之类的组织,积极进行非洲内陆的探险。因而英国充当了探险活动最积极的倡导者和组织者,并成为这一时期探险家们的摇篮。1788 年,在伦敦建立了旨在探查非洲内陆情况的团体——"非洲内陆考察协会"(简称"非洲协会")。1831 年,它合并于"皇家非洲学会",直接由英国政府管理,声势更大。法国也不甘落后,1824 年"巴黎地理学会"竟专设奖金,悬赏探查西非内陆,特别是声名远扬的古城廷巴克图。

对非洲内陆的探险热潮开始了。

西非尼日尔河流域的探险活动

由于大河流域往往人烟稠密,物产丰饶,而河流的水系又是最现成、最便利的商路,所以探险活动最先就从非洲的几条主要河流开始。又因为西非是西方殖民者长期进行贩奴活动的地区,故而尼日尔河便首先被提上了探查的日程。

早在希罗多德时代,那位"历史学之父"就已记述了利比亚的纳撒蒙人穿越沙漠探险时到达一条向东流的大河。几乎可以推断,这条河流就是尼日尔河。不过,希罗多德却将它同尼罗河说成是同一条河流。这种说法影响久远,直到14世纪伊本·巴图塔亲身游历尼日尔河中段时,仍然将它误认为尼罗河。中世纪另一位阿拉伯大地理学家伊德里西则认为,尼罗河与尼日尔河(他称之为"黑人的尼罗河")同源于月亮山,又将沙里河、贝努埃河、塞内加尔河与尼日尔河统统错当做同一条向西流的大河。这一说法后来被"航海者"亨利亲王(1394—1460年)所接受,以至当葡萄牙船队于1445年抵达塞内加尔河口时,竟以为发现了尼日尔河的入海口。此外,欧洲的地理学家们还根据利奥·阿非利加的错误报道,在16—18世纪绘制的非洲地图上错标了尼日尔河向西的流向。因此,澄清上述种种纷杂、矛盾的论断,找出尼日尔河真正的流向与终点,就成为"非洲内陆考察协会"给自己规定的第一项任务。

经过几次失败的试探之后,这一使命落到了年轻的苏格兰医生蒙哥·帕克(1771—1806年)的身上。1795年6月,这位年方24岁的青年探险家到达冈比亚,奉非洲协会的指示和资助前往尼日尔河,希望弄清该河的流程、起源和终点,并访问其邻近的主要城镇。帕克在冈比亚用了5个月的时间进行准备,适应当地情况,学习曼迪语,然后取道塞内加尔河上游流域向尼日尔河进发。他在沿途遇到不少困难,甚至曾被卡阿尔塔地区的一个酋长囚禁了4个月,最后仅带了马匹和一只袖珍罗盘脱身,于1796年7月21日到达塞古地方,看到他"梦寐以求的波澜壮阔的尼日尔河,在晨曦中闪闪发光,像流经威斯敏斯特的泰晤士河一样宽阔,悠然东逝"。这样,历史上长期未能确定的尼日尔河流向问题,终获解决。接着,为了探查尼日尔河的流程,帕克又由塞古沿河向下游走了6天,约80英里,在西拉地方因供应断绝和极度疲劳而折回。

帕克的这次探险虽然查明了尼日尔河的流向,但关于它的长度和终点问题仍未解决。只是从当地非洲人那里得到一个该河"一直流到世界尽头"的答案。无论是出于有意隐讳还是真正无知,非洲人给予帕克的这一答案只是使欧洲地理学家们对尼日尔河的终点问题更加众说纷纭,争论不休。有的认为它最后流入一个名为"北非之沼"的巨大沼泽;有的设想尼日尔河同刚果河是同一河流;有的则仍持旧说,断言尼日尔河与尼罗河是同一河流。只有极个别的人对此有过正确的猜测。为此,英国政府派帕克再下西非。1805年初,英国殖民部出资装备的、由40名欧洲人组成的探险队,在帕克率领下前往西非,但抵达尼日尔河时大部分队员均在沿途死于热病和赤痢。帕克一行乘独木舟自巴马科顺流直下塞古·散散丁,并继续向未知的下游驶去,准备直放河口。但从1805年11月19日以后,他们便杳无音讯,大约是在1806年2月于散散丁下游1000英里的布萨急滩地区丧生了。

拿破仑战争结束后,英国重新组织力量探查尼日尔河下游及河口的情况。1822年,受英国政府派遣,狄克逊·德纳姆少校、沃尔特·伍德内医生和休·克拉伯顿中尉(1778—1827年),从北非地中海沿岸的黎波里出发,南下横越撒哈拉,于1823年2月到达乍得湖,成为第一批看到这个中苏丹地区内陆大湖的欧洲人。由于认为乍得湖乃是打开西非水系之谜的钥匙,探险队勘查了湖区周围一带,发现了注入该湖的沙里河。不久,德纳姆单独向东南前进,而克拉伯顿和伍德内医生则西向穿过豪萨诸城邦,前往尼日尔河。伍德内医生在途中死后,克拉伯顿继续前进,到达新近崛起于西苏丹地区的富拉内人伊斯兰教神权帝国的首都索科托,见到了第二代苏丹穆罕默德·贝洛,受到后者的友好接待。贝洛在沙地上为克拉伯顿画了一幅尼日尔河地图,并告诉他说,如果欧洲商人由几内亚湾的尼日尔河口溯流而上,即可到达豪萨地区。不过,贝洛却断然拒绝克拉伯顿由索科托前往近在150英里之外的尼日尔河。克拉伯顿只得折回旧路,在乍得湖附近会同德纳姆,于1825年返回英国。

不久,克拉伯顿受英国政府派遣,再次前往西非。这一次,他从贝宁湾出发,穿过约鲁巴地区(今尼日利亚西部),并在1826年7月间在布萨附近渡过尼日尔河,抵达卡诺·索科托。这次,贝洛对英国扩张意图有所警惕,拒绝同克拉伯顿达成任何协议。克拉伯顿愁病交加,殁于索科托附近。

克拉伯顿死后,他的仆人理查德·兰德尔继续遍访了豪萨地区,取道旧略,穿过约鲁巴地区到达几内亚湾。返回英国后,他出版了已故主人的旅行日志。英国政府遂委派他继续完成克拉伯顿的未竟事业。1830年3月,英国殖民部派遣理查德·兰德尔在他的兄弟约翰陪伴下到达几内亚湾的巴达格里,从该地出发,抵尼日尔河的布萨,然后溯流而上大约100英里,进行考察。接着,他们在当地黑人陪同下,顺流向下游航行,并于途中发现了尼日尔河最大的支流贝努埃河;最后终于到达贝宁湾的布腊斯,证实了尼日尔河口原来就是欧洲商人长期在此活动的油河河口。

曾经数次组织和亲自参加尼日尔河探险的英国船主莱尔德有一段话,典型地、一针见血地说明了尼日尔河探险活动同英国资产阶级殖民利益之间的关系。他说:"大不列颠的影响和贸易会顺着这条航道渗透到该地区最遥远的角落。一亿人会被引来同文明世界直接接触,我们的工业会获得广大的新市场。土地肥沃、物产丰富的大陆会把自己的财富展示在我们的商人面前。"

大致就在克拉伯顿和兰德尔探险的同时,法国人加斯帕尔·莫利昂在1818年确定了塞内加尔河与冈比亚河的发源地;英国人亚历山大·戈登·莱恩和法国人勒内·卡耶分别于1826年和1828年访问了廷巴克图。作为第一个访问廷巴克图之后生还的欧洲人,卡耶还绘制了一幅相当精详的廷巴克图城市图,绘出了该城不同形状的建筑物和清真寺。特别是德国人亨利希·巴斯在英国政府的资助下,于1850—1855年对中、西苏丹广大地区进行了详尽的考察,行程达1万英里,写了《非洲北部和中部的旅行和发现》一书,记载了关于这一地区人种、历史和语言等各方面的宝贵资料。至此,以尼日尔河为中心的西非内陆广大地区的探查活动,基本上告一段落。

南部与东南部地区的探险活动

在拿破仑战争中,英国占领了荷兰在南非的开普殖民地。战后,又通过条约形式正式将其攫为己有,并以此为据点向南部非洲广大地区扩张。因此,在尼日尔河的探查告一段落之后,英国政府和探险家们的目光就自然转向非洲南部。执行这一地区,特别是赞比西河流域探查任务的先驱者和关键人物,是英国的著名探险家、传教士戴维·利文斯敦。

戴维·利文斯敦(1813—1873年),1838年加入伦敦宣教会,不久,被派往南非传教。1841年,利文斯敦到达伦敦宣教会驻南非最北面的传教站库鲁曼地方工作。为了开辟一条传教和贸易的道路,利文斯敦开始进行探查,致力于寻找一条从沿海深入中部与南部非洲内地的路线。1849年8月,他成功地穿越了南非卡拉哈里沙漠,发现了恩加米湖;1851年,又发现了赞比西河。

从1852年起,利文斯敦在南非开始了长期的、大规模的探险活动。他先由南非北上赞比西河,然后溯赞比西河向非洲西海岸前进,沿途受到当地非洲人民的友好接待和慷慨援助。1854年5月,利文斯敦到达当时正处在葡萄牙人统治下的大西洋岸的罗安达。同年9月,离开罗安达向非洲东海岸进发。由于沿途遇到疾病、暴雨、江河泛滥和当地一些部落的敌视等困难,一年以后才到达赞比西河上游的林扬迪。利文斯敦在迟缓的行程中耗尽了自己的全部装备,只是在马科洛洛酋长的帮助下,补充了人员和物资,方得以继续自己的旅程。1855年11月,利文斯敦到达举世闻名的赞比西河大瀑布。他实地考察了这个当地人民称之为"莫西奥图尼亚"(意即"响雷的烟雾")的大瀑布,并以英国女皇的名字将其命名为"维多利亚瀑布"。1856年5月,利文斯敦历尽辛苦,终于到达非洲东海岸濒临印度洋的克利马内,在有文字记载的历史上,第一次自西到东横跨了古老而神秘的非洲大陆。

当利文斯敦返回英国时,突然从一个默默无闻的传教士变成了举国欢迎的英雄。他宣布自己将为开辟非洲"合法贸易"之路的事业献出生命,号召国人追随他的足迹继续前进。这一号召在英国引起热烈反响。由于利文斯敦的活动十分适合英国自由资本主义时期对非洲的殖民政策,因而英国政府不久便支持他领导一次较大规模的赞比西河流域探险活动。1858年3月,利文斯敦率领探险队前往非洲。但这次探险遇到重重困难,并很快就查明赞比西河完全不适于作为内河航运的商路。在探险旅途中,他们在当地人民的指引下发现了尼亚萨湖(马拉维湖)。后来,还勘察了鲁伍马河。在这次探查过程中,利文斯敦发现了一条从内陆渡过尼亚萨湖到达东海岸的贩奴路线,并对贩卖黑奴的罪恶活动进行了揭露和抨击。这一活动激怒了鼓励奴隶贸易的葡萄牙东非殖民当局。在葡萄牙人的压力下,利文斯敦被迫中止自己的探险,于1864年返回英国。

1866年初,利文斯敦又从英国抵达桑给巴尔,单独对东非内陆进行第三次,也是最后一次的探查。在数十名当地非洲人的陪伴下,他从坦噶尼喀出发,在1867年和1868年先后考察了姆韦鲁湖和班韦乌卢湖,于1869年3月到达坦噶尼喀湖东面的乌季季。从这里又继续向西北方向前进,最远曾在1871年到达卢阿拉巴河即刚果河流域上游一带。1871年10月,身体十分虚弱的利文斯敦在折回乌季季以后,遇到了专程受雇前去寻找他的《纽约先驱报》记者亨利·斯坦利。此时,他同国内中断联系已经三年多了。在斯坦利的陪同下,利文斯敦又到坦噶尼喀北端进行了一番探查,推翻了他自己原来坚持的关于坦噶尼喀湖同尼罗河水系相连的看法,但仍坚持姆韦鲁湖和刚果河上游某些支流是注入尼罗河的信念。他不顾重病缠身、物资匮乏等严重困难,拒绝同斯坦利一道返回伦敦,单独留下来继续在班韦乌卢湖和加丹加一带探查,于1873年5月病故在今赞比亚班韦乌卢湖附近的奇坦博村。

尼罗河上游地区的探险活动

寻找尼罗河源,是19世纪非洲探险活动的又一个重点。

希罗多德在评论古代埃及文明与尼罗河的关系时,讲过一句名言:"埃及是尼罗河的赠礼。"古埃及人尽管曾经向南深入到喀土穆以南,却仍解不开对自己的生活有极大意义的尼罗河河源之谜。就连公元前460年访问过埃及,并曾旅行到阿斯旺的希罗多德本人,对于这个问题也只是留下一些各不相同的传闻。到了公元初年,由于地中海与红海、印度洋贸易日益发展,非洲东海岸出现了一些市镇,与内地联系不断增强,使更多关于内陆的传闻得以反映到当时一些地理学家的著作之中。斯特拉波曾记述尼罗河每年的泛滥是由于埃塞俄比亚高山下的大雨而引起的。托勒密则认为白尼罗河源自非洲中部一座名叫月亮山的终年积雪的高峰。尤其令人惊异的是,他的地图上还标出尼罗河水穿过两个湖泊,这同尼罗河上游的实际情况颇有一点近似,显然是汇集了古代东非及东北非各族人民辗转相传的见闻。

17世纪初,西班牙耶稣会士佩德罗·帕埃兹成为第一个看到青尼罗河源的欧洲人。后来,在1770年左右,英国探险家詹姆斯·布鲁斯利用给当时统治埃塞俄比亚的腊斯·米恰尔的儿子治病的机会,在埃塞俄比亚人民的帮助下,对尼罗河的上游青尼罗河作过一番考察。19世纪上半叶,埃及统治者穆罕默德·阿里征服苏丹后,又曾下令探查白尼罗河的河源。但是,他所派遣的探险队最远只到达今日朱巴港稍南的地方。

19世纪40年代,德籍驻蒙巴萨的传教士路德维希·克拉普夫和约翰·雷布曼最先看到乞力马扎罗山和旨尼亚山的雪峰(1848—1849年),并在当地商人们那里听到关于内地有一个长达800英里的大海——"乌季季海"的传闻。他们的报道,进一步刺激了欧洲人探查尼罗河的热情。加之穆罕默德·阿里改革失败后,埃及逐渐沦为半殖民地,特别是苏伊士运河工程的修建,使西方殖民列强在这一地区的利益骤然增长,更加急于发现并控制尼罗河源,以便控制埃及和苏丹等地区。

1855年,英国驻印度殖民军队的军官理查德·伯顿和约翰·斯皮克从非洲东海岸的巴加莫约出发,于1858年初抵达坦噶尼喀湖。在这里,他们进一步从当地人那儿获知,乌季季海一共有三个湖。斯皮克单独继续前行,到达了维多利亚湖南岸。他认为,维多利亚湖就是尼罗河的源头。

1861年,斯皮克受英国皇家地理学会的委托,由詹姆斯·格兰特陪同,再次深入东非内陆进行勘察,目的是证实他本人关于维多利亚湖乃是尼罗河源的观点。他们先到达塔波拉,然后折向维多利亚湖西岸的卡拉格维。他们在那里看到西边160公里处的维伦加山,认为这座山就是著名的月亮山。他们还发现了卡格腊河,认为该河是注入维多利亚湖的主要河流。1862年初,绕行维多利亚湖的斯皮克与格兰特到达了湖北面的布干达国家,对该国情况作了详细的记载。他们获得布干达国王穆特萨的准许,继续前往尼罗河,终于在1862年7月到达里傍瀑布。在亲眼目睹了维多利亚湖水直泻朱巴河以后,斯皮克欣喜地写道:"我看到了古老的尼罗河之父,它无疑是起源于维多利亚湖的。"

此时,他们听到还有另一个湖泊的消息,并在向尼罗河下游前进的归途中,在冈多科罗地方把这一消息告诉了另一对探险家——贝克和他年轻的匈牙利籍妻子。贝克夫妇根据斯皮克与格兰特的指引,发现了阿伯特湖(1864年)。这样,尼罗河源的问题终于基本获得解决。

刚果河流域的探险活动

刚果河流域是西方殖民主义者活动最早的地区,但对它的勘察却作得最迟。早在16世纪,葡萄牙人就来到这里,在河口附近地区的刚果王国进行罪恶的贩奴活动。1816年,英国海军部组织了一支装备优良的探险队,由贾基上尉率领,溯刚果河而上,准备对刚果河流域进行详细勘察,他们只到达下游的伊桑吉拉,就全部病死。此后60年,伊桑吉拉以远一直无人问津。

对刚果河进行比较彻底探查的,是亨利·摩尔顿·斯坦利(1841—1904年)。19世纪70年代初,他因找到失踪的利文斯敦而名噪一时。1874年,在美国和英国两家报纸资助下,斯坦利组织一支探险队,再次赴非洲探险。他首先进一步考察了东非内陆的湖区,周航了维多利亚湖,继续西行,发现阿伯特湖并非人们所想象的那样与坦噶尼喀湖相连。接着,在1876年,斯坦利自刚果河上游顺流而下,行程2750公里,抵达伊桑吉拉,基本走完了刚果河的全程,于1878年返回英国。这时,帝国主义列强已经开始着手瓜分非洲,斯坦利遂投靠比利时国王利奥波德二世。1879—1884年,他第三次深入中非刚果河流域,用暴力、欺骗和收买等手段,为利奥波德二世攫取了刚果河流域的大部分地区。但是,斯坦利的这次活动,遇到了来自法国的严重挑战。

原来,自70年代起,在普法战争中遭到惨败的法国,十分重视海外殖民地的攫取与掠夺,以此作为补偿战败、恢复元气,以图东山再起的一个重要手段,因而大力支持非洲探险事业。1874年,政府专门设立一个委员会,隶属教育部,赞助包括探险在内的各种活动。1883年又在海事与殖民部专设委员会,每年拨款10万法郎,赞助包括探险在内的各种殖民活动。此外,外交部、海军部等政府机构纷纷采用各种方式资助探险活动。

1875年,在海运部长亲自委派下,年轻的法国军官皮埃尔·萨沃南·布拉柴(1852—1905年)前往中非地区探险。布拉柴由奥戈韦河抵达刚果河流域,发现了位于斯坦利瀑布与斯坦利维尔之间的一段可以通航的水网地带。这次探险,共花费4.2万法郎,其中2.6万法郎是由政府资助的。为了和斯坦利争夺刚果河流域,1879年,布拉柴再次在法国政府和法属加蓬殖民地当局的指示、资助和装备下,由10名非洲人带引,重返中非,在奥尔韦河上游与帕萨河汇合处建立一个"兵站"(即弗朗斯维尔)。1880年9月10日,他用欺骗手段同巴特克族酋长马科科签订"友好条约",使马科科同意将其领地全部置于法国保护下,并答应把刚果河右岸恩古玛地方划给他建"兵站"。这就是后来的布拉柴维尔。1883—1885年,布拉柴进行了第三次探险,终于在刚果建立了永久性据点。1884年,刚果沦为法国殖民地。

同上述四大地区相比,在这个时期,欧洲国家在北非地区的探险活动不算很重要。这是因为,欧洲人对北非的了解稍多一些。这个时期的探险活动中,以普鲁士派遣的纳哈迪加尔的活动较突出。1869—1874年,他沿费赞、乍得湖、科尔多瓦一线进行了考察,提供了不少知识。

近代西方国家对非洲的探险活动,大约持续了一个世纪。以10年为一段,其活动次数如下:

1791—1800年	3次
1801—1810年	2次
1811—1820年	2次
1821—1830年	8次
1831—1840年	3次
1841—1850年	6次
1851—1860年	27次
1861—1870年	29次
1871—1880年	47次
1881—1890年	84次

从上可以看到:西方国家对非洲的探险活动,在这100年当中,不但日益增多,而且在19世纪50、60年代和70、80年代,有过两次明显的跳跃式增长。而这两次跳跃,恰好同自由竞争高涨时期与帝国主义瓜分非洲高潮时期相吻合。这就清楚地揭示了探险活动与殖民侵略之

间内在的本质关系。

在一个世纪的时间里,欧洲探险家们对撒哈拉以南的非洲广大地区进行了全面系统的考察。在当时科学技术水平的状况下,这些探险家以惊人的毅力克服了种种艰难,填补了近代地理学上一个又一个的空白,取得了重要的成果,并在语言学、人类学、民俗学和历史学方面提供了许多重要的资料。人们对非洲的了解更全面、深入了。他们当中,有的人如利文斯敦还揭露和反对过罪恶的黑奴贸易。这些都是我们应当看到并给予一定的积极评价的。

西方探险家们在非洲的探险活动,都是在非洲人的帮助及指导下取得的。非洲人民及酋长们,为探险队提供了人力、物力,派出向导和服务队,为其引路和运输物品。没有非洲人民和酋长们的帮助,西方探险家就寸步难行,根本不能完成如此艰辛的探险活动。

这些探险家们所处的历史和社会条件,决定了他们的活动是为西方殖民主义者侵略和掠夺非洲服务的。他们不仅为西方商品倾销和原料掠夺开辟了道路,找到了市场;更为可悲的是,他们的成果随即也被开始瓜分非洲的帝国主义殖民列强所利用。其中有些人,如斯坦利和布拉柴,本人就是帝国主义瓜分非洲的急先锋。英帝国主义就利用了赞比西河与东南非洲内陆探险活动的成果,从南非北上,吞并了南、北罗得西亚(今津巴布韦与赞比亚);又从埃及南下苏丹,极力实现其打通南北非洲的 2C 计划[1]。而那个在尼罗河探险的贝克,就率兵为埃及统治者占领苏丹南部,实则为英国日后的侵略活动打了前站。法帝国主义不仅利用探险成果鲸吞西非,而且直接通过布拉柴的"探险"占领了法属刚果(今刚果人民共和国)。就在大规模的非洲探险活动甫告完成之时,帝国主义对非洲的瓜分也告完毕,这决非历史的"巧合"。

注 释

〔1〕 开普敦和开罗的第一个英文字母都是 C,故称 2C。

此文发表在唐枢等主编的《外国历史大事集(近代部分,第一分册)》(重庆出版社,1985年)中。

近代埃塞俄比亚统一国家的形成

1896年3月,埃塞俄比亚人民在著名的阿杜瓦战役中一举击败意大利侵略者,维护了自己的民族尊严。在世界近代史上,一个非洲国家能够打败一个欧洲强国,在帝国主义的瓜分狂潮中傲然屹立在非洲大陆,埃塞俄比亚可以说是独一无二的。

埃塞俄比亚能幸免于沦为殖民地的命运,并不是偶然的。从它的内部条件看,自19世纪中叶以来开始的国家统一的趋势与进程,起了决定性的作用。

一

19世纪中叶的埃塞俄比亚,正处在历史发展的关键时刻。

由于中世纪长期对奥斯曼帝国支持下的伊斯兰教势力的战争和盖拉游牧族从南方向埃塞俄比亚高原腹地迁徙所带来的战乱,这个具有千年文明的古老基督教王国完全衰败了。18世纪中叶到19世纪中叶的一百年里,埃塞俄比亚处于它历史上有名的混乱时期——"王侯纷争"的年代。号称"万王之王"的皇帝早已徒有虚名,各地封建诸侯纷纷坐大,割据一方,混战不休。18世纪60、70年代到过埃塞俄比亚的著名英国旅行家詹姆斯·布鲁斯,在回顾自己亲身见闻的血腥混战与宫廷阴谋时,心有余悸地写道,"我差一点未能逃脱出来","而我一心想的就是如何逃出这个血流遍地的国家"。[1]据记载,在1800年,埃塞俄比亚竟同时存在着六个彼此对立的皇帝,以致1805年到达这里的英国使者不知道该把英王乔治三世致埃塞俄比亚皇帝的书信和礼物送交给谁。[2]到了19世纪上半叶,绍阿的萨尔·塞拉西、冈达尔的拉斯·阿里,提格雷的拉斯·乌贝和戈贾姆的拉斯·海鲁四个强大的诸侯彼此厮杀,[3]国家处于全面内战的状态。

与此同时,西方殖民主义的侵略魔爪再一次伸向埃塞俄比亚。原来,早在16世纪,葡萄牙殖民者和天主教耶稣会势力就曾借援助埃塞俄比亚抵抗奥斯曼帝国的机会渗入这个国家。但耶稣会教士的为非作歹,很快激起埃塞俄比亚人民的愤怒。他们奋起驱逐了耶稣会势力。然而,伴随着产业革命的进行,英、法等国为了寻求海外市场和原料产地,对东方掀起第二次大规模殖民侵略的浪潮。19世纪初,英国首先把侵略触角伸向埃塞俄比亚。到了40年代,绍阿王国的宫廷里就有法国国王路易·菲利普的代表罗歇·德里古和英国政府的代表哈里斯。[4]西方列强竞相同埃塞俄比亚各地封建统治者打交道,企图利用这个国家的纷乱局势,浑水摸鱼。

割据、纷争和长期的战乱,使人民生活痛苦不堪,国家经济遭到严重破坏。西方资本主义侵略势力的渗透,日益迫近的民族危机,又从外部给这个文明古国以强烈的刺激,促使它警觉、惊醒,作出反应。

在埃塞俄比亚,长期流传着一个预言:名叫西奥多的皇帝行将出世,救民于水火,使埃塞俄比亚复兴。这一古老的预言在19世纪中叶得到广泛流传更具有特别的意义。它既反映了当时埃塞俄比亚广大人民渴望早日摆脱国内混乱局面的自觉要求,也曲折地显示了在西方殖民主义入侵的威胁下,具有悠久文明和历史的埃塞俄比亚民族需要统一和复兴的本能反应。

"每一个社会时代都需要有自己的伟大人物,如果没有这样的人物,它就要创造出这样的人物来。"[5]19世纪中叶的埃塞俄比亚为了结束内乱、抵御外侮,需要承担国家统一和复兴重任的西奥多皇帝,西奥多皇帝就被创造出来了。

这个未来的西奥多皇帝,就是出身于冈达尔西部边鄙的一个破落封建贵族家庭的卡萨(1818—1868年)。卡萨自幼丧父,母亲出身卑微,靠贩卖一种名叫"科索"的草药为生。故而他的少年时代相当坎坷。他曾被送进修道院,又曾投奔其叔父过活,青年时期又成为绿林好汉的首领。领导埃塞俄比亚国家复兴的历史重任落到卡萨这样的人身上是有其原因的。由于当时名居诸侯的大封建主们只顾为自己家族的私利而热衷于割据、混战,根本不管国家命运和人民的死活,而广大农民和其他下层劳动者又处于完全无权和被压迫、被剥削的境地,无法过问国事。卡萨这样的人,既有一定的社会地位,又能在一定程度上了解人民的疾苦和愿望,因而有着比较远大的政治眼光和抱负。所以,还在卡萨默默无闻的时候,一个见到他的欧洲人就曾预言:"现在默默无闻的卡萨,终有一天将成为整个埃塞俄比亚人民的大公。"[6]

卡萨不断用武力扩张自己的势力,先后征服冈达尔、戈贾姆和提格雷等地,基本上统一了埃塞俄比亚大部分地区。1855年,卡萨在方城阿克苏姆的玛丽安·德雷斯教堂加冕称帝。他顺应民心,以复兴国家为己任,故而号西奥多二世。这位中等身材,有着吸引人的气质和帝王风采的新皇帝,即位伊始,就大张旗鼓地进行了一系列旨在巩固国家统一、推动国家进步的改革,从而开始了埃塞俄比亚近代统一国家形成的历史进程。

埃塞俄比亚进入了它历史发展的新时期。

二

西奥多二世是一位改革家,他力图通过自上而下的改革,将自己古老、落后的国家拖向近代文明。由于他清楚地了解西方殖民列强的野心,知道他们总是"先派出传教士,然后派领事支持传教士,然后派军队来支持领事",[7]意识到形势的紧迫,所以他的改革具有很大的狂热性。

在政治上,西奥多致力于打破国家长期分裂、割据的局面,加强中央集权。即位后,首先把偏安一隅,位于西部边际的冈达尔的首都迁至埃塞俄比亚高原东边的马格达拉。这一迁都之举是有重要意义的。因为马格达拉比较靠近中心地带,从这里更便于控制全国。西奥多在马格达拉修筑了要塞,同时恢复了内战中毁于兵燹的圣坛和教堂,并从旧都的四十四座教堂中运来大批贵重财物和九百多份珍贵手稿,[8]把这里建成埃塞俄比亚新的政治、宗教和文化中心。

为了加强中央政权对各地的控制,西奥多将行政省区划小,并派遣自己的亲信和旧部前往担任省督。这样就打破了旧的封建主称霸一方的局面,而代之以由皇帝亲自任命并对皇帝效忠的新的地方长官。用这种办法,西奥多培养了一个以自己的军功而不是以自己的体系为荣的新贵族集团,来为他加强中央集权,巩固国家统一的政治目的服务。在当时人的著述中,还有关于西奥多治下召开公开会议和审判、召开委员会、有时甚至召开全国范围的地方长官的记载[9]。这些都可以说明西奥多为加强统一所作的努力。还应该指出的是,西奥多在任用地方官吏时,并非一味唯亲是举,而是常常考虑到当时的具体情势,具有较远的政治眼光和较宽的政治胸怀。例如,在绍阿,他任命的两名最高地方官吏,一个是战败的绍阿王室的亲王另一个是在绍阿深得人心、并曾为效忠旧主而勇敢地同皇帝作过战的将军[10]。这一任命固然带有妥协的意味,但在当时的情况下是有利于国家政治局面的稳定的。

军事改革,是西奥多二世改革的一个极为重要的内容。西奥多二世早年曾同穆罕德·阿里建立的埃及新式军队作过战。这使他能清楚地看到埃塞俄比亚旧式军队的致命弱点。这种旧式军队从组织到装备都十分陈旧,根本无法适应重振埃塞俄比亚的要求。西奥多力图建设"一支完全用滑膛枪装备起来的正规常备军",并"热衷于采用欧洲式的纪律"[11]。早在加冕称帝之前,他就在土耳其人的帮助下,对自己的军队进行了一定程度的整顿。后来,他又交给自己的英国顾问约翰·贝尔 1000 人加以训练。皇帝本人还亲自参加过一部分训练[12],以示重视。此外,西奥多还将不同省份征来的士兵统一编制为军团,置于自己的亲信惯领指挥之下,这样,就打破了过去封建诸侯军队的地方界限。

军队的纪律是同给养问题密切相关的。旧式埃塞俄比亚军队一个严重的弱点,就是没有正规的薪饷与给养制度。军队象一群蝗虫,走到哪吃到哪。例如,编年史记载,1840 年的 8 月在冈达尔发生大骚乱,"士兵们闯入民宅,吃光了老百姓的粮食",因而造成了一场饥荒,"许多人死于饥馑"。[14]针对这一积弊,西奥多努力建立一支有正规给养和薪饷的军队。早在即位之初,他就告诫士兵们只取食物,不要侵犯居民们的衣物和牲畜。同时,还"不时发给士兵们一些钱,这样让他们习惯于他创立正规薪饷的意图",并命令他们购买食物,停止对农民的劫掠和骚扰[15]。这些措施在一定时期是行之有效。例如,英车使节拉萨姆就亲眼看到西奥多是怎样妥善保护忠实居民的庄稼,并派出军官们指挥的部队,保卫农田及村庄免受士兵们的蹂躏。

西奥多二世军队改革的另一特点是,他不仅要用欧洲的近代新式武器装备自己的军队,而且热切地要求埃塞俄比亚自己也能制造这些武器。他热心搜求欧洲匠师,并派遣本国人作助手,来制作枪炮。为此还从全国各地搜集了黄铜,进行熔冶,终于"造出一门在埃塞俄比亚历史上前所未见的那么大的大炮","一个人可以钻进炮口而从另一端出来"。这门大炮有七吨重,用了 500 人才将它拉上山堡。皇帝宣称大炮铸成的那一天是他一生中最快乐的日子。[17]

经过一番努力。在西奥多统治的极盛时期,建立了一支为数达七、八万人的军队[18]。

为了推动国家进步,西奥多二世在经济方面也进行了若干重要改革。他首先致力于改革税制。西奥多"废止了商业领域中许多苛捐杂税的征收",下令"在他统治的地区只设三个地点征税。"19 世纪 60 年代初的一份材料记载说,皇帝简化了商业和关税的手续"。[19]无疑,这些措施有利于促进国内地区的经济交流。

为了开辟财源,西奥多二世将目光转向拥有大量土地、财富和特权的教会。教会是埃塞俄比亚封建主阶级的一个重要组成部分。修道院和教堂自古以来就有大量土地,这一点在埃塞俄比亚的一个古老传说中得到反映:示巴女王和所罗门生的儿子,埃塞俄比亚开国皇帝孟尼利克一世,把全国土地分成三份,一份留给自己,一份给教会,一份给人民[20]。大量土地的占有,构成了教会财产、权力的基础。西奥多早就试图改变这种状况。当政之后,即着手限制教权,扩大皇权。他十分厌恶僧侣,指责这些人整天"无所事事,既不作战,又不纳税,专门喜欢住在城市里同娼妓和有夫之妇鬼混[21]"。经过较量,西奥多终于打破教会方面的阻力,于 60 年代初下令没收教会的全部地产。一位当时的佚名作者,用阿姆哈拉文书写的文件肯定了教会地产被没收的事实[22]。西奥多还限制教职人员的人数,每座教堂只能设两名神父和三位祭司。

禁止贩卖奴隶,是西奥多二世经济改革的另一重大措施。从阿克苏姆古国时代开始,贩卖奴隶就成为埃塞俄比亚一项源远流长的生意"。"阿比西尼亚奴隶",更是以其尚勇好武才干与忠诚,闻名于东方穆斯林国家,特别是印度的德干地区[23]。在古老的埃塞俄比亚封建社会中,还保留着颇大的奴隶制残余势力。这种奴隶贩卖和奴隶制的存在,严重阻碍着社会进步。西奥二世可以说是埃塞俄比亚历史上第一个向这种落后的积弊提出认真挑战的统治者。他认为贩卖奴隶违背基督教的道德,因此废除了这项"生意",他进而还解放了自己的奴隶[24]特别要指出的是,西奥多的这项改革是坚决的,贯彻始终的。还在他加冕称帝之前,英国外交官普洛顿就接到他的一封信,说他已用严厉的惩罚手段禁止输出奴隶。称帝后，西奥多宣布奴隶贩卖为非法，并声称他本人对这种"贸易"深恶痛绝。他在 60 年代更下令：凡贩卖基督教徒为奴隶者一律砍去右手与左足。有一次，西奥多还从一个奴隶贩子手中使几百名奴隶获得自由并将他们送到一位欧洲传教士那里，命他教给这些人艺术和宗教，并且表示以后还要送更多的解放奴隶来，而所有这些人的费用都将由皇帝本人支付[25]。在西奥多那个时代，要想一蹴而就，将奴隶制度从埃塞俄比亚完全废除，显然是办不到的。但正因为如此，比起西方殖民主义者在 19 世纪一面高喊禁止奴隶贸易，一面仍从东非大规模的奴隶贸易中继续渔利的所作所为，西奥多二世的形象就更显得高大。

高原之国的地理环境，尤其是许多河谷的纵横切割，使埃塞俄比亚的国内交通十分不便。这种情况，在政治上不利于国家的统一，在经济上阻碍了各个地区之间的沟通和交流。因此，西奥多对改善国内交通状况十分重视。为了使自己的军队能迅速地从一个地方开到另一个地方，去平定地方封建势力的反叛，他决定修筑广阔的道路。在一些欧洲顾问的帮助下，西奥多着手修筑连接达布拉·塔堡和冈达尔、戈贾姆以及马格达拉的三条大道。为了鼓舞参加筑路的士兵们的干劲，西奥多身先士卒。"从清晨到深夜，西奥多亲自参加劳动。他亲手搬运石头，平整土地，或帮助填平浅谷[26]"。皇帝本人就是道路修筑工程的主要规划者。他亲自选定路线，组织劳动。西奥多还特别热心地从欧洲人那里学习岩石爆破技术，并立刻把这种技术应用到筑路工程中去[27]。

此外，西奥多的改革还触及到社会习俗的领域。例如，他曾反对并试图废除一些多妻制的陋习。

总之，西奥多二世的改革是多方面的，但它的核心，则是近代化。他企图通过采用西方先进的东西，改变国家的落后状况，促进埃塞俄比亚的进步和统一。在一定时期内，他的改革是有成效的。以前内乱时代断绝了的商路重新畅通，而且采取了无情镇压盗匪的措施以保证商路的安全；以前在农村集市日经常发生的洗劫和屠杀现象消除了。以至当时一些欧洲人记载说，在西奥多二世统治的国土上，就象"欧洲秩序最为良好的国度一样"，"盗匪"已近绝迹。[28]特别是战乱过后，农民有不少荒地可以垦殖，农业生产有了发展。

但是，西奥多二世雄心勃勃的改革遭到西方殖民主义者和国内封建割据势力以及教会方面的敌视。从60年代初期开始,各地不断发生叛乱。同时,作为一个封建帝王,西奥多二世也有许多致命的弱点。他急于事功,而且日益专横傲慢。在后期与反叛的封建主作战时常常违背初衷,纵兵烧杀,殃及百姓。仅仅为了他的朋友和顾问,英国人普洛顿在埃塞俄比亚被杀,西奥多就毫无理智地对有牵连的部落实行野蛮惩治。仅他亲口承认,就杀了1500人。1866年,他更允许军队在14个省区进行劫掠[29]。这样就越来越失去人民的支持。他对国家的控制也随之日益削弱。此时,苏伊士运河已近通航,英国更不能容忍在未来红海生命线上出现一个强大的非洲主权国家,还借口领事被扣事件,于1867年派遣罗伯特·内皮尔从印度率军入侵埃塞俄比亚。西奥多的军事力量这时已从其鼎盛时期衰落下来,兵力不过万余人。而英国侵略军却有32000人,并拥有一支2538匹马,16022头骡,5733匹骆驼,7071头牛和4只大象组成的辎重队,在军队数量与装备上占压倒优势[30]。面对强敌,西奥多坚持抵抗,终因力量对比悬殊而不敌。1868年,英军攻陷马格达拉要塞,西奥多兵败自杀,至死不屈。

西奥多二世的败亡,标志着代埃塞俄比亚统一国家建设第一阶段的终结。它说明,在埃塞俄比亚这样一个古老、落后的东方封建国家,要实行统一和进步的变革,不仅会遭到封建守旧势力的激烈反抗,而且到了19世纪中叶,还特别会遇到西方殖民主义的强大阻力。

三

西奥多二世的改革失败了。但是,促使这一改革进行的那些因素并没有消失,反而因西方殖民侵略的日益加剧而有所增强。同时,西奥多改革的积极作用和影响,又进一步给埃塞俄比亚统一国家形成的趋势增添了新的动力。

西奥多死后,埃塞俄比亚又陷入分裂和割据的局面。提格雷的大封建主卡萨,瓦格的戈巴兹和绍阿的孟尼利克三雄逐鹿,互争雄长。表面上看来,一切似乎又倒退到西奥多以前的纷乱时代。

其实不然。

当我们透过上述表面现象深入考察一下,便可看出,西奥多前后的两个纷争时期尽管有许多相似之处,却有一个根本的不同点,即,经过西奥多改革之后,几个封建集团,现在都不再是以割据,而是以统一作为自己政治活动的目标和基本原则了。例如,孟尼利克还在西奥多败亡之前就自称万王之王;在马格达拉的陷落后不久,戈巴兹也宣布自己是万王之王;卡萨则明确认识到:他"只统治了提格雷,或者说埃塞俄比亚王国的三分之一"。[31]这种将埃塞俄比亚看做一个不可分割的整体的看法,当然是积极的。

1872年,瓦格的戈巴兹被提格雷的卡萨击败。从此,三足鼎立演变成二雄并峙的局面。这一年卡萨称帝,号约翰四世。为了取得孟尼利克的承认,他与后者达成谅解,划定了南北双方的势力范围。同时,两家联姻,约翰皇帝之子娶孟尼利克之女为妻,通过婚姻进一步调整了双方的政治关系。

在近代埃塞俄比亚统一国家形成的历史进程中,约翰四世统治时期是一个承前启后的过渡时期,是两次高潮中间的相对间歇时期。约翰四世本人和他的统治,具有相当的矛盾性,只能根据史实给以客观的评价。

当英国侵略军于1867年入侵埃塞俄比亚的国土时,约翰(当时还是提格雷的卡萨)拥有一支强大的武装力量。据记载,甚至英国侵略者在看到这支武装的军容和装备以后,在继续向马格拉达进军时,都失去了原来那股趾高气扬的自信。[32]然而,卡萨并没有在外国侵略者面前采取抗战立场,而是企图利用这一时机,扩大自己的势力,采取了同侵略者合作性中立的态度。为此,内皮尔在战后赠给他12门大炮和725支步枪作为礼物。[33]约翰以自己的行动加速了西奥多的失败,表现了他作为地方封建势力代表时的目光短浅,是他一大污点。此外,英国还进一步要求他作出一系列让步,获得了在埃塞俄比亚倾销商品的便利以及种植棉花和咖啡的租让合同,等等。[34]这些在经济上都是有损于民族利益的。80年代末,约翰四世更在英国人的挑唆下,率领大军前往西部边境同苏丹马赫迪国家的军队作战,结果身亡军溃。凡此种种,对于国家的统一与进步都只有消极作用。至于内政方面,约翰四世也无所建树。

不过,事情还有另外一面。

在约翰四世称帝以后,他不仅要对国内的割据势力作战,而且还要直接对付用武力威胁和入侵埃塞俄比亚的外部敌人:埃及和意大利。

正是这些战争，迫使他无暇考虑国内政治、经济诸方面的建设，使他只能成为一个"战士皇帝"，[35]而不能成为一个政治家皇帝。但是，就他对埃及和意大利入侵所持的态度与行动来看，约翰四世采取的确是维护民族尊严的立场。这种立场和他的作为，对于促进埃塞俄比亚近代民族观念和民族感情的形成，促进埃塞俄比亚的统一，无疑有着不可抹杀的积极作用。

1875年，埃及发动了对埃塞俄比亚入侵性的进攻。这次进攻失利后，埃及统治者伊斯梅尔不甘失败，又派遣自己的儿子统率两万大军再次大规模入侵埃塞比亚。面临这一严重局势，约翰四世采取坚决抵抗的态度，并得到包括孟尼利克在内的全国的支持。1876年，两军在古拉附近会战，埃及人溃不成军[36]，从此打消了染指埃塞俄比亚的妄想。

抗击埃及的战争有着双重的积极意义。一方面，这次战争唤起了埃塞俄比亚民族在外敌入侵下团结一致，抵御外侮的感情，而这种感情在仅仅十年前英国入侵的那场战争中还异常微弱。这就为埃塞俄比亚近代民族国家的形成奠下了又一块基石。另一方面，这场战争也不能简单地看做是一场仅仅同埃及人的战争。因为，在伊斯梅尔的背后，有着英、法这两个正在向帝国主义过渡的殖民列强的阴影。原来，从1841年穆罕默德·阿里改革失败后，埃及便一步步沦为英、法的半殖民地。1869年苏伊士运河的通航，使埃及半殖民地化急剧加深。在1875年，因开凿运河而债台高筑的埃及政府将运河公司44％的股票贱价售给英国，从而使英国在埃及和东北非的侵略势力大大增强。同时，埃及仍负债累累，1876年外债总额已达9100万英镑。就在两埃战争激烈进行的1876年，埃及被迫宣告财政破产，由英、法两国接管了它的财政大权，实行"双重监督"。这两个殖民主义国家成了埃及的太上皇。伊斯梅尔入侵埃塞俄比亚的战争，客观上符合了英、法控制红海地区、确保苏伊士运河安全的利益。所以，约翰四世力挫埃及的入侵，客观上也阻遏了英、法殖民势力在东北非地区的扩张。

埃及人被击败后，从80年代开始，意大利以赤裸裸的殖民侵略者的面目出现在东北非舞台。1882年，它占领了厄立特里亚的港口阿萨布；1885年，又占领红海重要港口马萨瓦。此后，不断蚕食埃塞俄比亚的领土。这时，柏林会议后列强瓜分非洲的狂潮已经掀起。英国为削弱和牵制法国，在东北非地区实行"弱领政策"，竭力怂恿意大利的侵略活动。为此,英国曾派杰拉尔德·波特尔去见约翰四世,要求他将沿海地带割让给意大利。约翰四世坚决拒绝了这一无理要求,表示:"我绝不干此事!"并指责英国人背信弃义,背离了前此答应将埃及撤出的地方交还埃塞俄比亚的诺言。[37] 在致书维多利亚女王时,约翰四世再次指斥英方"不公正"的立场。他宣称:"我的士兵众多,长矛已经备好。意大利人想要战争……让他们爱怎么干就怎么干吧,只要我活着,我就不会藏在洞里躲避他们。"[38] 1887年,当意大利侵略军向埃塞俄比亚内地蚕食时,约翰四世果然率军北上迎敌。他的部下,著名的爱国将领阿卢拉公爵,还曾歼灭意军一部,打击了侵略者的气焰。应该说,在英国怂恿意大利侵略的严重形势下,面对着狼狈勾结的英、意两个帝国主义国家,约翰四世坚持了大义凛然的正义立场,是可贵的。尤其是在保卫沿海地区的决心上,他比后来的孟尼利克二世还要有卓识远见。

1889年对苏丹马赫迪国家一战,则是约翰四世一大错举。由于这次战争,他不仅未能全力以赴地对付埃塞俄比亚的主要敌人意大利侵略者,失去了为民族建功立业的机会,反而又一次被英国利用,最后败亡。不过,这次冲突如果只让约翰四世单方面承担责任,似乎亦欠公允。因为马赫迪起义在1885年取得全国性胜利后,其上层领袖迅速蜕化为封建主集团,对外向埃塞俄比亚西部地区盲目扩张,并曾烧毁冈达尔。更何况约翰四世亦曾致书马赫迪国家的统治者,要求弥兵罢战而被无理拒绝了呢!显然,这场战争对于这两个同处于向近代民族国家过渡阶段的非洲兄弟民族来说,是一场鹬蚌相争式的悲剧。

综上所述,在帝国主义加紧瓜分非洲的严重局势下,在英、法、意几个帝国主义大国在东北非纵横捭阖的复杂环境里,约翰四世由于他的阶级和认识的局限性,犯过严重过错,但在一定程度上,他对自己国家和民族的统一和进步还是作过有利的事的。

四

1889年,孟尼利克二世继约翰四世之后,成为全埃塞俄比亚的万王之王,从而开始了近代埃塞俄比亚统一国家形成的最后的,也是最重要的阶段。孟尼利克二世之所以在自己统治时期对国家的统一与进步事业作出超越前人的杰出贡献,一个十分重要的原因,就在于他是西奥多二世改革事业的自觉继承者。而且在很多方面比他的那位先驱者站得更高,做得更自觉、更策略。

孟尼利克二世原名马利安,本是绍阿之子。11岁时国破被俘,被送往马格达拉,在西奥多二世宫廷中长大。在西奥多身边,他获得可贵的治理国家的经验,还受到军事训练,文武全才,很受西奥多器重。1865年,他设法逃离马格达拉,重返故国。[39] 由于长期受到西奥多的影响。自重掌绍阿大权之日起,就励精图治,以努力实现国家的统一和近代化为己任。加冕称帝后,正是在他的号召下,"埃塞俄比亚每一个遥远山谷的每一座村庄和茅屋都派出了自己的战士",投入了1895—1896年的抗意卫国战争。又是在他的统率下,埃塞俄比亚大军高呼着"为了祖国!为了皇帝!为了(基督教)信仰!"[40] 在阿杜瓦一战大捷,迫使意大利签订了承认埃塞俄比亚主权与独立的亚的斯亚贝巴条约。在这次战争前后,孟尼利克进行了一系列重要的改革。这些改革,既保证了这场震惊世界战争的胜利,又巩固发展了战争胜利的成果。通过这些改革,埃塞俄比亚近代统一国家终告基本形成。

在政治方面,孟尼利克终于基本上统一了各地的封建割据势力,同时继续开拓疆土,大致奠定了今日埃塞俄比亚国家的版图。还在约翰四世在位的年代,翰尼利克二世就已开始向绍阿以西、以南的地区进行征服。即位后,他继续实行这一开拓疆土的方针,先后兼并了富饶的阿瓦什、锡达马和江杰洛等地区。最后,又在1897年征服了著名的咖法王国。在这之前,孟尼利克在东部已经控制了十分重要的哈拉尔地区,并派自己的亲信马康南公爵前往治理。[41] 在抗意战争胜利后,孟尼利拉又利用这场战争给自己和埃塞俄比亚带来的威望和有利形势,先后同法国、英国签约,划定了当时英、法在索马里殖民地的边界。他还积极同马赫迪国家改善关系,与马赫迪国家首脑交换照会,互相表示良好的意愿,[42] 从而安定了国家的西部边际。

值得注意的是:孟尼利克对各地区的征服,不同于割据混战时代那种突然的、临时性的攻击,而是从统一国家的目的出发,实行永久性的经略。例如,对盖拉人的征服,他派出绍阿部队在占领的城镇驻防,使当地居民免受屠杀而代之以向他们征收贡税和征召兵役。[43] 据当时欧洲人记载,孟尼利克的政府切实占领一个地区之后,就建立起称为"克特玛斯"的驻防城镇。这种驻防城"总是设在高山顶上",控制着邻近的乡村地区。在设防城之间,交通方便,可以迅速集中军队。[44]除了军事、政治的控制外,孟尼利克还采取别的措施。例如,在新近征服的信仰原始宗教的地区,他推广基督教作为加强统一的纽带。信奉基督教的官吏带着教士和圣经进入新征服地区,"在异教徒从前祭祀的地方修建教堂"。[45]事实证明孟尼利克统一国家的措施是有效的。当时许多欧洲人的记载都承认:埃塞俄比亚中央政权无可怀疑地治理着他们的领土,存在着一个组织系统和初步的司法系统;不论在帝国境内什么地方,"都有人身和财产的绝对安全":"孟尼利克的名字就意味着安全。每当各省的统治者们看到皇帝的大印,都起立致敬。"1903年来到埃塞俄比亚签订商约的美国首任外交使团团长罗伯特·斯金诺形容说:"孟尼利克创立了一个阿比西尼亚合众国。"[46]这一评价对于刚刚草创成就的近代埃塞俄比亚统一国家来说,确有一定的道理。

建立新的首都,是孟尼利克二世建设统一国家的一项极其重要的、意义深远的措施。18世纪80年代,孟尼利克就亲自选定亚的斯亚贝巴(意为"新鲜的花朵")作为未来统一国家的首都。这是一个很有远见的行动。因为新选的都城,比埃塞俄比亚历史上以往任何一座都城(无论是古都阿克苏姆、拉利贝拉、冈达尔,这是新近西奥多二世兴建的那座马格达拉)都更加位于国家的中心,尤其是更加靠近新征服的西南和东南广大地区。这里既便于同全国各地联系,又利于就近控制新开拓的疆土。新建的都城发展十分迅速。据估计,到1910年已有70000居民,再加上30000—50000人的"临时户口",亚的斯亚贝巴已是一座人口超过10万的大城市了。[47]

新首都不仅像历史上那些都城一样是政治、宗教中心,更重要的,它还是国家的经济中心。这一点,对于近代统一的民族国家的形成和发展,尤具有意义。19世纪末,亚的斯亚贝巴已发展成为帝国境内最重要的市场。都城市场上人群之稠密使一个西方观察者惊讶不已。他说:"市场里似乎连一平方尺的空地也没有了","各种贸易荟萃一处","整个市场被若干用石板铺成的大路分开。商人们就在这里成行地排列出他们的货物"。另一个观察者记载说在亚的斯亚贝巴的市场上,"有来自国内每一个角落的谷物、香料和胡椒,来自哈拉尔和塔纳湖的咖啡,来自青尼罗河畔的棉花,来自白尼·商加尔的黄金,来自盖拉地方的麝猫香,而盐则来自遥远北方的提格雷"。总之,"上等的棉沙玛、黑重火,像毯子的衣服,宝石和武器,马鞍和耕犁,全都汇聚于此"。在这座总是人山人海的大市场里,大约有15000—20000人(有的甚至估计有30000—50000人)进行交易。贸易额也颇可观,"每天平均卖出2头骆驼,100头驮骡,12匹走马和10匹驮鸟,25头驴,30头牛,80只山羊和60只绵羊,共计成交畜交337头,合每年万余头。另外,还有百万公斤咖啡。"[48] 上述这些材料清楚地说明,亚的斯亚贝巴的建立,对于统一国内市场的形成,起了十分重要的作用,因而进一步奠定了近代埃塞俄比亚民族和统一国家的基础。

在经济方面,孟尼利克二世也继承了西奥多二世的未竟事业,主要集中力量改革税制和废止奴隶贩卖。

军队靠随时随地掠夺农民维持给养的问题,是障碍埃塞俄比亚农村经济发展并造成社会不安的一个老问题。西奥多二世曾试图解决这个问题。1892年,孟尼利克在绍阿改革了税收制度,创立了专为维持军队给养的新税,[49] 从而大体结束了士兵扰民的情况。

孟尼利克二世虽未明确提出废除奴隶制,但他力图逐步限制、缩小奴隶制的态度则始终是鲜明的。早在1878年,当他还是绍阿国王的时候,在一封写给意大利国王的信中他就提到:"有几次征讨盖加人时,我的士兵们一次掠取了5000名奴隶,另一次更抽取了20000名奴隶。我恢复了他们的自由,并把这些人,包括男子、妇女和儿童,全部送回他们的故乡。"即帝位后,孟尼利克更大力打击奴隶贩卖。他下令严惩奴隶贩子。1895年11月,就判处了一名穆斯林奴隶贩子很严酷的刑罚——割去右臂和左腿。第二年,又有记载说将四名奴隶贩子处以极刑。据记载,罗杰城因其居民从事贩卖奴隶而被下令毁掉,以示惩罚。在19世纪末,20世纪初时,吉玛地方的奴隶市场也被下令封闭。"无疑,皇帝……为了打击奴隶贸易已尽了他最大的努力。"[50] 这样的评价,应当说是并不过分的。

为了巩固国家的统一,孟尼利克二世同西奥多二世一样重视国内交通状况的改进。如果说西奥多修路还主要是为了迅速运兵到各地去镇压反叛的话,那么孟尼利克比他想得更远,他把经济、政治和军事因素放在一起考虑,并为此投入了巨大的人力和物力。

首先是修筑公路。孟尼利克也是一位筑路的热心倡导者,而且像西奥多那样以身作则,常常"肩扛石头"参加筑路劳动。从亚的斯亚贝巴到厄立特里亚边境的公路，修得又宽阔又平坦。20世纪初，又修筑了另一条从首都通往西部亚的斯阿拉姆的公路。为了修筑这条公路，"居住在公路两旁六天路程以内的农民都被征来修路"。哈拉尔省的总监马康南公爵主持修筑了哈拉尔到迪尔·达瓦的公路。这条公路"是一条漂亮的石路"，"宽敞得足以行驶货车"。而绍阿通往阿瓦什的公路也有5米宽，在某些地段修得笔直。[51] 在孟尼利克倡导下，全国掀起了修路热，各地公爵们一个个都成了筑路师。

除了公路外，从1894年开始还筹划并修筑了一条从首都通往当时法属索马里的吉布提港的铁路。孟尼利克的本意，是要加强首都同出海口的联系，以便寻求一个面向世界的窗口。但是，这个"窗口"既然是在法国统治之下，而且铁路本身又要靠外国公司来修筑，因而它不仅未能加强国家的统一与独立，反而造成许多纠纷，有利于西方殖民主义、帝国主义侵略势力的渗透。

孟尼利克二世也是一位近代化的热心倡导者。他比西奥多的高明之处在于：他不仅仅热衷于铸造大炮，而且还努力全面学习西方资本主义的生产和科学技术。孟尼利克积极创办近代邮电事业。1892年，他表示赞成建立近代邮电制度。次年，下令设计了带有皇帝头像或神狮以及印有阿姆哈拉文的邮票。1894年，又颁布了建立邮政制度的法令。1895年，吉布提和哈拉尔之间开始实行每周邮务。据记载，从首都到哈拉尔之间460公里的路程，邮差要花八九天时间。此外，在19、20世纪之交，还敷设了电报线和电话线。一条是沿首都至吉布提的电报、电话线，另一条连接首都与厄立特里亚以及南部、西部诸省省会。孟尼利克还办起造币厂，发行本国货币。医院、学校、旅馆等设施都在埃塞俄比亚陆续出现。为了防治天花，孟尼利克于1898年颁布告示，命全体居民接种牛痘。[52]

作为一名明智的封建君主，孟尼利克二世对一切新鲜事物和世界大事都十分敏感和留意。他常和外国人谈论国际事务，从英国的政党政治、英布战争、欧洲的对抗、美西战争，直到考古和摄影，其机敏与好奇常令人惊异。为了进一步向西方学习，孟尼利克还向瑞士和俄国派出了留学生。[53]

这样，我们看到：在孟尼利克二世当政时期，对外动员了全国人民的力量，抗击了意大利帝国主义侵略者，对内继续推行各种改革，促进了国家的统一与进步。

经过多次曲折和反复,近代埃塞俄比亚统一国家终于初步形成。这一点,对于埃塞俄比亚得以自立于近代民族之林,有着重要意义。但是,这一统一国家的形成,是在十分复杂的内外条件下进行的,因而它必然带有许多根本性的弱点。这些弱点又必然给这个国家的未来发展打下深深的烙印。

一个长期战乱的、带有严重奴隶制残余的封建社会,这是埃塞俄比亚统一国家形成时的基本国情。这个国情,决定了它背着基本未受触动的封建制度的重负进入近现代。作为封建主阶级杰出人物和有识之士集团,尽管在把自己的国家拖向近代的进程中可以发挥积极作用,但对根本解决封建制度的重负却无能为力。这样,到了现代史时期,比起其他非洲国家,埃塞俄比亚民族民主革命的反封建任务将更为繁重。

一个迅速由资本主义向帝国主义过渡的世界趋势,这是埃塞俄比亚近代统一国家形成时的基本国际环境。这个国际环境,决定了西方殖民主义、帝国主义无时不在企图变埃塞俄比亚为自己的半殖民地和殖民地,使其统一、进步的事业毁于一旦。埃塞俄比亚封建主阶级根本不能解决这个矛盾,即使是像西奥多二世那样不屈的斗士,也无法抵制殖民主义的武装入侵,像孟尼利克二世那样机敏的外交家,也阻挡不住帝国主义的经济、政治渗透。在整个近现代,埃塞俄比亚始终处在严重的民族危机之中。

注 释

〔1〕〔2〕 琼斯和门罗:《埃塞俄比亚史》(A. H. Jones and E. Monroe, *History of Ethiopia*, Oxford,1965),第 127 页。

〔3〕 李普斯基:《埃塞俄比亚》(G. A. Lipsky, *Ethiopia,it people,its sockety its culture*, New Hearen,1962),第 14 页。

〔4〕 理查德·格林菲尔德:《埃塞俄比亚新政治史》,中译本,第 138 页。

〔5〕 马克思:《1848 年至 1850 年的法兰西阶级斗争》,《马克思恩格斯选集》第 1 卷,人民出版社 1972 年版,第 450 页。

〔6〕 让·多列士:《埃塞俄比亚》(Jean. Doress, *Ethiopia*, Trans from the French by Elsa coult,london,1959),第 196 页。

〔7〕 理查德·格林菲尔德:前引书,第 155 页。

〔8〕 让·多列士:前引书,第 198 页。

〔9〕 斯文·鲁滨逊:《埃塞俄比亚独立之保存》(Sren Rubenson, *the surrial of Ethiopian jndipendence*),第 272 页。

〔10〕 科弗·达克瓦:《西奥多二世皇帝与绍阿王国,1855—1856 年》(Kofl Darkwah,"Emperor Theadere II and the Kingdom of Shoa",1855—1856),载《非洲历史杂志》(*Joulnal of A Ferican history*),1969 年第 1 期。

〔11〕〔12〕〔13〕〔14〕〔15〕〔16〕〔17〕 理查德·潘克赫斯特:《埃塞俄比亚经济史》(Richard Pankust, *E-cononmic History of Ethiopia*)亚的斯亚贝巴,1998 年,第 561、561、10、565、567、11、586 页。

〔18〕 《剑桥非洲史》(*The Cambridge History of Africa*)第 5 卷,第 75 页。

〔19〕 理查德·潘克赫斯特:前引书,第 523—524 页。

〔20〕 爱德华·尤伦道夫:《埃塞俄比亚,国家与人民情况入门》(Edward Ullendorff, *The Ethiopia, an introduction to country and people*, london, 1960)第 188 页。

〔21〕〔22〕 理查德·潘克赫斯特:前引书,第 143 页。

〔23〕 豪厄特主编:《世界历史辞典》(G. M. Nowat, *The Dictionary of World History*)第 9 页。

〔24〕 唐纳德·克鲁梅:《改革家和近代化的倡导者西奥多》(Donald Crummey, "Tewo dos as Reformer and Moderniger"),载《非洲历史杂志》(J. A. H)1969 年第 3 期。

〔25〕〔26〕 理查德·潘克赫斯特:前引书,第 92—93、286 页。

〔27〕 唐纳德·克鲁梅:前引文。

〔28〕 理查德·潘克赫斯特:前引书,第 11 页。

〔29〕 琼斯和门罗:前引书:第 132—133 页。

〔30〕 罗伯特·科纳万:《非洲史》(Robert cornevin, *Histoire De L Afrique*)巴黎,1966 年,第 2 卷,第 204 页。

〔31〕 斯文·鲁滨逊:前引书,第 270 页。

〔32〕 理查德·格林菲尔德:前引书,第 171 页。

〔33〕 理查德·潘克赫斯特:前引书,第 61 页。

〔34〕 斯切普宁和斯切普宁娜:《埃塞俄比亚》(A. H. cmenyhuh, N. I. cmeny Hu-Ha jopuonua, Mock-ta, 1965),第 9 页。

〔35〕 理查德·格林菲尔德:前引书,第 175 页。

〔36〕 爱德华·尤伦道夫:前引书,第 89—91、92—93 页。

〔37〕 理查德·潘克赫斯特:前引书,第 18、19、396—397、106、288—289 页。

〔38〕 理查德·格林菲尔德:前引书,第 175 页。

〔39〕 L. H. 甘恩和彼德·杜格南编:《殖民主义在非洲,1870—1960 年》

(*Colonializm in Africa*, 1870—1960。Cambridge,1969)第 1 卷,第 420 页。

〔40〕 甘恩和杜格南:前引书,第 435—437、440、452—453、450、453—454 页。

〔41〕 爱德华·尤伦道夫:前引书,第 89—91、92—93 页。

〔42〕 甘恩和杜格南:前引书,第 435—437、440、452—453、450、453—454 页。

〔43〕 琼斯和门罗:前引书,第 136、156 页。

〔44〕〔45〕〔46〕 甘恩和杜格南:前引书,第 435—437、440、452—453、450、453—454 页。

〔47〕〔48〕 理查德·潘克赫斯特:前引书,第 18、19、396—397、106、288—289 页。

〔49〕《撒哈拉以南的非洲》(*Africa South of the Sahara*,1979—1980),第 345 页。

〔50〕〔51〕 理查德·潘克赫斯特:前引书,第 18、19、396—397、106、288—289 页。

〔52〕 琼斯和门罗:前引书,第 136、156 页。

〔53〕 麦克格劳—希尔:《世界人物传记百科全书》(The McGraw-Hill, *Encyclopaedia of World Biography*) 第 7 卷,第 360 页。

此文发表在《非洲历史研究》(1989 年,第 1—2 期)中。

第二部分
近代东方史专题

第二部分

亚历山大东征

19世纪中叶东方国家的上层改革活动

在东方近代史上,可以看到一个值得注意的历史现象,这就是:大致在19世纪中叶前后,在亚洲和东北非地区的一些主要文明古国,除了已经沦为殖民地的印度以外,大都发生了发轫于上层的改革活动。例如:1848—1851年波斯的密尔扎·塔吉汗改革。以1839年《御园敕令》为顶点的奥斯曼帝国的一系列改革;1841年告终的埃及穆罕默德·阿里改革;1855—1868年埃塞俄比亚的提奥多二世改革。我国从19世纪60年代开始的"洋务运动"和日本的明治维新,也发生在这个时期。[1]

为什么在19世纪中叶前后东方会出现这些改革活动?为什么这些改革发生在那些从中世纪后期以来长期发展缓慢的文明古国?这些改革有什么共同特点,以及如何评价它们的历史地位?

本文想对这些问题做一些初步探讨。

一

上述改革活动发生在19世纪中叶前后不是偶然的,发生在东方一些主要的文明古国也不是偶然的。

世界资本主义的发展,是引起这些改革的最根本原因。

19世纪上半叶,对于近代东方来说,是一个历史转折的重要时期。特别对亚非大陆的主要文明国家来说,就更是如此。

在这以前,西方殖民主义对东方的侵略,虽然已长达300年之久,但始终处于原始积累的初级阶段。原始积累时期以掠夺黄金、香料和黑人奴隶为目标、以赤裸裸的暴力为主要劫掠手段的殖民侵略,给东方带来了巨大的灾难:250万公斤的黄金与1亿公斤的白银从西属拉丁美洲被掠往欧洲；整部落、整部族的美洲印第安人被杀戮殆尽；非洲一亿人口损失在罪恶的黑人奴隶贸易之中；这些就是早期殖民侵略所造成的悲惨后果。不过，在这一历史时期，西方殖民主义侵略为害最烈的地方，一般地说主要还在那些社会发展尚处于较低阶段，或者虽已进入比较发达的阶级社会，但地狭人少、力量较弱的国家和地区。而在那些有着高度发展的国家及社会组织的东方古老文明大国，情况则往往不同。西方殖民侵略在这些地方也造成了许多祸患，但却难以从根本上使它们屈服或遭到毁灭性打击。除印度这一特殊例外，在亚洲和东北非地区，还没有一个重要的文明古国遭到像拉丁美洲和撒哈拉以南的非洲大陆那样的命运。相反，殖民主义者的侵略活动在这些国家有时还会遇到严重挫折。如 17 世纪时，埃塞俄比亚人民在皇帝法西利达斯领导下赶走了为非作歹的天主教耶稣会势力；我国人民在民族英雄郑成功领导下，一举驱逐了当时正处于极盛阶段的"海上马车夫"——荷兰殖民者，收复了祖国的宝岛台湾；等等。

　　从 18 世纪末、19 世纪初开始，情况起了变化。产业革命的进展和完成，使西方的殖民侵略由原始积累进入了"自由"资本主义的新时期。商品市场和原料产地取代了贵金属和黑人奴隶，成为这一新时期殖民侵略活动所追求的主要目标。殖民侵略手段也有了发展和变化。除了赤裸裸的暴力掠夺之外，商品输出越来越具有特别重要的意义。马克思和恩格斯在揭示"自由"资本主义的特征时指出："它的商品的低廉价格，是它用来摧毁一切万里长城、征服野蛮人最顽强的仇外心理的重炮。"[2] 在西方廉价商品这门重炮面前，无论是东方比较高度发展的封建国家组织，还是农业与手工业紧密结合的自然经济，都抵挡不住了。

　　西方的廉价商品，像潮水一样涌向东方。由于遭受了数百年黑奴贸易的浩劫，撒哈拉以南广袤的非洲大陆已被摧残得一贫如洗；拉丁美洲也长期遭到残酷的殖民掠夺和榨取。这些情况，都使它们一时难以成为更理想的商品市场。于是，西方廉价商品的狂潮就自然地更多涌向亚洲大陆及东北非地区一些前此未被根本触动的文明古国。

　　资本主义的商品倾销，从根本上触动了东方诸国古老的封建社会。它瓦解了东方专制主义千百年来赖以生存的经济基础：农村公社及其自给自足的自然经济。它将千百万东方国家的农民和手工业者抛进破产和死亡的深渊，从而使这些国家的社会矛盾空前激化，使东方各国腐朽的封建社会处于无法自拔的危机之中,日趋崩溃、瓦解。

产业革命后,西方的军事工业同样获得日新月异的发展,随之在军事组织、武器装备和战略战术诸方面也有了巨大的变化和进步。东西方之间在军事上的距离急剧地拉大了。即使是往昔雄强一世的东方大国,如奥斯曼帝国、波斯和中国,现在都轻易地被西方殖民者击败。侵略者甚至可以长驱直入,直下东方国家的首都或心脏地区。1798年拿破仑远征埃及(当时名义上是奥斯曼帝国的一个行省)时占领开罗,1856—1860年第二次鸦片战争时英、法侵略军打到北京,都是这样的例子。西方殖民列强就是依仗着它们的这种军事优势,或作为商品倾销的前锋,或作其后盾,加紧进行侵略活动。纵观亚洲和东北非地区,从拿破仑入侵埃及以后的半个多世纪里,西方对东方侵略性的战争,东方对西方屈辱性的议和,几乎就没有间断过。东方各主要的文明古国,面临着沦为半殖民地、殖民地的命运,民族危机急剧加深。

庞大而衰微的奥斯曼帝国,由于它所处的地理位置而首当其冲。从1740年以后,欧洲列强就强行将奥斯曼帝国给予它们的"特权条约"变成不平等性质的条约。经过产业革命,这些特权条约更成为倾销西方商品的顺畅渠道。19世纪前期英、法、俄等西方列强对奥斯曼帝国的激烈争夺,两次对俄战争中的失败,特别是1838年的英土商约,使奥斯曼帝国一步步陷入半殖民地的境地。1853年,沙皇尼古拉一世同英国大使的谈话,实际上表达了他自1825年即位以来长期深思熟虑的思想。他把奥斯曼帝国比作一个"病入膏肓的病夫","情况是一团混乱","看来行将土崩瓦解",提出"英俄两国对此应达成妥善的默契"[3],公开要求同英国瓜分这个"病夫",并露骨地表示了俄国企图占领君士坦丁堡的野心。

波斯的情况也是如此。19世纪初,英法两国的外交使团走马灯式地来到德黑兰,各自为本国攫取最大的利益。其中,1800年英国使节马尔考姆的第一次出使,就使英印商人获准在波斯诸港口免税居留,英国的上等大幅面厚黑呢、铁、钢、铅等商品获准免征关税。1814年签订的英波条约,更规定一切波斯与欧洲国家针对英国的同盟均宣告无效;一切敌视英国的欧洲国家军队均不得进入波斯领土。英国为此给予波斯补助费15万英镑。[4]法国也在1807年左右一度控制了波斯军队的训练大权。沙皇俄国更通过一系列战争向波斯步步进逼,索取领土和商业上的权益。

马克思指出:"资产阶级社会的真实任务是建立世界市场(至少是一个轮廓)和以这种市场为基础的生产。因为地球是圆的,所以随着加利福尼亚和澳大利亚的殖民地化,随着中国和日本的门户开放,这个过程看来已完成了。"[5] 从19世纪初开始的东方各主要文明古国民族危机和社会危机的发生,大体上正同资本主义世界市场的建立过程相一致,由西东渐,直到中国乃至地处亚洲东端的日本。

这种由西方殖民主义侵略所造成的空前社会危机和民族危机,沦为半殖民地、殖民地的命运,如果说还没有被东方各国人民自觉地认识到,至少也被切身地感受到了。

东方各古老文明国家的广大下层群众,由于不能忍受这种殖民侵略和本国封建制度的剥削压迫,奋起反抗了。他们的斗争,如印度民族大起义、波斯巴布教徒起义和我国的太平天国革命,组成了19世纪中叶亚洲近代民族解放运动的初次高涨。这次高潮沉重地打击了殖民侵略势力,显示了东方人民的力量,同时开创了东方近代民族解放运动的先河。

殖民侵略及其所造成的深刻危机,也迫使东方各国的上层统治阶级作出反应。他们已经不能照原来的样子统治下去了。再那样统治下去,他们作为统治阶级的自身存在都将成为问题。于是,东方诸国封建统治阶级当中主张实行改革或对旧的一套有所变更的一翼(它们或是原统治集团的一部分,或是异军突起的新统治集团)便应运而生。虽然各国的国情有着千差万别,但是纵观19世纪前半期,上述进行改革的东方诸国,还没有一个国家的社会内部出现了代表新的资本主义生产方式的新阶级。因此,各国主持和推动改革的力量尽管也有千差万别,但从根本上都没有脱离封建主义的范畴。他们所进行的,也只能是为了维护自己的封建统治的改革。这种改革,在东方那些处在低于封建社会发展阶段的国家和地区,自然是无缘发生的;即使是那些虽已处于封建社会,但却比较弱小、一开始就面临着亡国的严重威胁的国家,如印度支那等地,也是来不及出现的。

这就是19世纪中叶前后,在东方一些主要文明古国中发生改革活动的背景。

二

19世纪中叶东方国家的上层改革活动,内容涉及颇广,每国各有千秋,但在一些重要方面却有明显的共同之处。

军队是国家政权的主要成分。东方封建制度的日益衰败,特别尖锐地表现在它的军队衰败上。这些封建军队,内不能镇压人民反抗,外不能抵御西方殖民主义入侵,这是使东方各国封建统治阶级寝不安席的大事。因此,"强兵"之道,即军事改革,就被首先提上议程,成为东方各国改革的一个中心内容。

东方各主要封建国家都拥有一支庞大的军队。但是,到了19世纪,所有这些军队都已无可挽回地腐败了。

昔日所向披靡的奥斯曼帝国的大军,变成了什么样子呢?"军队的数量太大而没有敌人,他们本身就是自己的敌人,而且对国库而言,他们才是真正的强盗,他们……在敌人还没有来到以前就逃跑了。"[6]这是奥斯曼帝国军队的写照,也可以说是东方各封建大国军队的共同写照。军事改革,首先就要改革这支腐败的军队,这是东方各国改革主持者们的第一个共同着眼点。

奥斯曼帝国的谢里姆三世,早在18世纪末、19世纪初就开始着手解决这个问题。为了取代腐败的近卫军,他采用欧洲方式建立新常备军,从而揭开了近代东方国家军事改革的序幕。新军从1797年的2536人和27名军官,扩大到1806年底的22685人和1590名军官。[7]谢里姆三世改革失败后,素丹马哈茂德二世经过比较充分的准备,于1826年一举消灭了腐朽的近卫军。马哈茂德二世的新军很快就扩充到45000人,炮兵尚未计算在内。而且还计划将这支新军扩大到20万人。[8]

在镇压巴布教徒起义中进行的短暂的密尔扎·塔吉汗改革,也首先着眼于军队,努力巩固、改组军队。他严禁部队及其指挥官的无纪律现象及懈弛行为,严禁盗窃用来支付士兵薪饷的公款。此外,还力图建立一支全波斯的统一军队编制——"门兵制",并打算把军队扩充至十万人。为训练新军,在德黑兰开办了军事学校。

埃及的穆罕默德·阿里掌政之后,一鼓荡除了马木路克旧军事封建贵族势力,因而也就摧毁了他们的武装。他极为注意新式军队的建设。为了训练正规陆军,从农民当中征召兵员,设立专供演习的兵营。此外,还聘请西方军事专家训练军队,并开办步、骑、炮各类兵种的军事学校。到19世纪30年代,埃及已拥有一支20万人的强大陆军。埃及的海军有两万人,战舰32艘,一时成为东地中海的海上强国。

埃塞俄比亚的提奥多二世,也"企图建立一支只用滑膛枪装备起来的正规常备军",并"热衷于采用欧洲的纪律。"[9]他即位后,将一千名士兵交给英国顾问训练。皇帝还亲自参加部分训练,以示重视。军队人数最高时曾达到七八万人之多[10]。

我国的洋务派在开始推行"洋务运动"的时候,也把训练新式军队放在首要地位,即所谓"治国之道,在乎自强,而审时度势,则自强以练兵为要,练兵又以制器为先"。因为他们清楚地看到:"但用旗绿营弓箭刀矛抬鸟枪旧法,断不足以制洋人,并不足以灭土寇。"[11]他们在60年代组织、训练了新式陆军,70年代又创建了近代海军。

为了装备新军,需要发展本国的近代军事工业。在这方面,最积极和有成效的要推埃及的穆罕默德·阿里改革。在这一改革期间,建立了规模较大、设备较新的开罗兵工厂,仅大炮车间就有1500名工人,枪支车间也有900名工人。[12] 1829年修建的亚历山大造船厂,拥有8000名工人。埃及的海军舰只,半数为本国制造。在各国中比较贫穷、落后和闭塞的埃塞俄比亚,在这方面的狂热也不减他国。提奥多皇帝热心搜求欧洲匠师,并派本国人去做助手,制造大炮。为了制造大炮的需要,曾从全国各地搜集黄铜进行熔冶。终于"造成一门埃塞俄比亚前所未见的巨炮","一个人可以钻进炮口而从另一端出来"。这尊7吨重的大炮,用了500人才把它拉上山顶要塞。[13]

"富国",是东方各国改革追求的目标之一,同时也是"强兵"的需要。各国改革中的富国措施,考查起来,大体分为两类。

一类是围绕着军事改革而进行的。无论是筹建新式军队,还是发展新式军工生产,都需要巨额经费。为此,财政方面的改革就势在必行。这一类改革,多从广开财源出发,着重从去除一些封建制度中的多年积弊入手。如波斯的密尔扎·塔吉汗改革,针对卖官鬻爵,巨额的不合理补贴、军官克扣士兵军饷等长期存在的问题,大力整顿财政,诸如大批裁减宫廷侍役,削减官吏俸禄,裁撤王室俸田,剥夺部分僧侣的供养田,等等。结果,在短短的三年里,就解决了长期存在的财政赤字问题。

另一类则比单纯的财政改革范围广阔得多。除了剪除积弊外,更注意从发展生产的角度采取一些措施。奥斯曼帝国马哈茂德二世废除早已过时并瓦解的军事采邑封建制,埃塞俄比亚提奥多二世禁止奴隶贩卖,都有着清除阻碍社会生产向前发展的赘瘤的意义。在这方面,仍以穆罕默德·阿里的改革最为典型。在农业上,他不仅消灭了马木路克土地占有制,废除了包税制度,改革了税制,而且还大兴水利,发展农业生产。在穆罕默德·阿里统治时期,修建了20多条新渠,30座水坝。全国耕地面积从1800年的320万费丹,激增至1852年的450万费丹。[14]同时,还大力扶植棉花、烟草、玉米和稻、麦等经济和粮食作物的种植。在工业上,除军工生产外,还注意发展民用工业。纺织、制糖、榨油、染料等工厂都开办起来。其中,纺织业最有成效,建立了30座纺织厂。穆罕默德·阿里自豪地对法国领事说:"过去埃及为了购买你们的呢绒和丝绸,向欧洲工厂支付许多钱,如今自己开办了工厂,这笔钱就留在埃及不用付了。"

东方各国的改革还有一个共同的突出特点,就是热心学习西方先进科学技术,力图把本国推向近代化。除了对那班实行"鸵鸟政策"的封建顽固派以外,西方科学技术及其他方面的先进,乃是再清楚不过的事实。就连中国的洋务派,也一眼看中了西方的"长技","长技为何?一在战舰之精也,一在机器之利也。"[15]穆罕默德·阿里讲得更坦率,他热切期望派去向洋人学习的本国子弟,"要记住从外国技师那里学来的东西,以便将来能取代他们",并许诺"谁首先学成,政府将给他高薪,提拔他当工长"。至于埃塞俄比亚的提奥多二世,其学习西方"长技"的劲头几乎达到狂热的地步,当一群欧洲传教士带给他一批宗教书籍作礼物时,他却宣称:要是给他一箱英国弹药,他会更为高兴。为了仿制欧式大炮,提奥多竟强求这些传教士充当铸炮工程师。大炮造出后,又宣称这是他一生中最快乐的日子。[16]

应该指出,19世纪中叶的这次向西方学习,从军事操练、军队编制、武器制造、爆破技术,直到民用近代机器工业的创建,范围是相当广泛的。19世纪30年代,奥斯曼帝国的马哈茂德二世甚至打算在行政体制上学习西方。他仿照欧洲样式建立了内政部、外交部和财政部,旧日宫廷的宰相也改称总理大臣。[17]虽然这种学习在今天看来还很表面、肤浅,但作为一股潮流(不是个人的、零星的学习,而是一股学习热潮),对近代东方来说,确实还是开风气之先的第一次。

三

所有上述东方国家的改革,都是以失败而告终的。这是19世纪中叶东方各国改革活动的又一个共同点。这种不幸的结局是怎样造成的?

首先,西方资本主义的殖民侵略是造成这些改革失败的外部原因。处在自由资本主义发展阶段的西方殖民列强,正在"自由"地把东方变为自己的经济附庸,当然不愿意东方真正强盛起来。因此,它们对东方各国的改革抱有鲜明的敌视态度,千方百计地阻挠它、破坏它。

赤裸裸的武装干涉及侵略战争,是西方殖民主义破坏东方国家改革的一个重要手段。不止一个东方国家的改革,遭遇到西方列强所强加的侵略战争。

穆罕默德·阿里统治下的埃及,地处欧亚非三洲的要冲,对于西方殖民列强侵略非洲、亚洲,控制东地中海乃至巴尔干地区,均至关重要。当年拿破仑就曾指出埃及在战略上的意义:"如果法国占有了埃及,英国人在印度就站不住了。"此时西方列强又怎能容忍埃及人自己在这块土地上大搞富国强兵的改革,怎能容忍这个"当时奥斯曼帝国的唯一有生命力部分"[18]像彼得大帝改革后的俄国那样强盛起来,在自己身边不远的近东地区出现一个拥有新式军队和工业的阿拉伯大帝国呢?于是,他们先是挑起1839年的第二次土埃战争,企图假奥斯曼素丹之手摧毁埃及的改革事业。而当奥斯曼帝国军队一败涂地时,就亲自出面进行武装干涉。1840年,英、俄、普、奥四强向穆罕默德·阿里发出最后通牒,英国陆海军向埃及军队猖狂进犯。最后在炮轰亚历山大港的威胁下,终于迫使穆罕默德·阿里屈服。屈服的条件是苛刻的,它使阿里从事改革的半生心血付之东流:全部交出海军舰队,陆军则只准保留18000人;接受1838年的英土商约。埃及也终于沦为西方资本主义的商品倾销市场和原料产地。到1846年,埃及全国的纺织厂就从阿里改革鼎盛时的30座,锐减到3座了。

埃塞俄比亚的提奥多二世，遇到了比阿里更悲惨的命运。当60年代后期苏伊士运河临近竣工、通航的时候，大英帝国就越来越不能容忍在自己未来的生命线上出现一个统一、独立和富强的埃塞俄比亚。1867年，英国借口领事被扣事件，派遣罗伯特·内皮尔率领的侵略军，从印度出发，发动了入侵埃塞俄比亚的战争。英国侵略军达32000人，并拥有一支由2538匹马、16022头骡、5733头骆驼、7071头牛和44只大象组成的庞大辎重队，[19] 在军事上占着绝对优势。1868年，英军攻陷埃塞俄比亚当时的政治中心马格达拉要塞，提奥多兵败自杀，其改革也最后宣告失败。

同样，我们可以看到，19世纪前期的俄土冲突，阻碍或破坏着奥斯曼帝国的改革事业。其中，1806年的俄土战争更直接导致谢里姆三世的倒台和他所实行的那场可说是19世纪中叶东方改革序幕的活动的终结。同样，在某种意义上也可以说，我国的那场历时三十年的"洋务运动"，也正是由甲午战争最后宣告其破产的。

除了公开的武装干涉和侵略战争以外，西方殖民列强还采取种种其他手法来破坏东方国家的改革。这些破坏手段同样使改革化为泡影，最终将东方国家纳入它们的殖民地、半殖民地的轨道。例如，1838年英国迫使奥斯曼帝国签订了英土商约，确定了土耳其进口商品值百抽五的低关税制，同时禁止对任何货物设立专卖制度并允许外国人在奥斯曼帝国境内从事贸易。这样，不闻枪炮声，一纸协定就基本上把奥斯曼帝国此前此后改革的积极成果一笔勾销了。从此，奥斯曼帝国就为西方的商品倾销敞开了大门。不宁唯是，英法两国在50年代还把奥斯曼帝国拉入克里木战争，充当它们的小伙计。奥斯曼帝国名义上是这次战争的胜利者，实际上却在政治、经济诸方面陷入更深地依附于西方的境地。1856年颁布的素丹诏书，表面上看是1839年"御园敕令"的继续，如答应要设立银行，修筑铁路，开凿运河，发展商务，并高唱什么要"设法利用欧洲科学、艺术和资本，施之于改革事业"，等等。但它的基本走向已经改变。银行诚然开设了，但资本全属于英法两国；铁路诚然修筑了，但修筑铁路的特权却授予了外国资本家。奥斯曼帝国的外债，从1854年的7500万法郎，激增至1870年的25亿法郎。土耳其把关税及其他收入作抵押交给债权人，[20] 国家经济命脉落入外国人手中。西方殖民主义者采用非武力的手段，同样使东方国家的改革遭到破坏。

由于当时实行改革的东方诸国社会尚未出现代表新生产方式的近代资产阶级和无产阶级,由于这些国家的农民和手工业者除了旧式农民战争外尚提不出更高的斗争形式,故而这些改革活动只能由封建统治阶级内部的一些有识之士集团或派别来推行。这就决定了这些改革先天带来的根本性弱点。

残暴榨取农民和其他劳动群众,是这些改革的基础。而巩固和强化对人民群众的统治,则是它们追求的根本目的之一。

以埃及为例,穆罕默德·阿里的农业改革,就是靠着榨取农民进行的。为了修筑连接尼罗河与亚历山大港的马哈茂德运河,动用了四十万民工,这些民工全是抓来的农民。他们被人用绳索绑往,押往工地,在工地上受尽折磨,许多人因饥寒交迫和劳累过度而死亡。这条全长80公里的水渠,仅十个月就夺去12000人的生命。穆罕默德·阿里建立阿拉伯大帝国的野心,促使他走上穷兵黩武的道路,随之而来的便是抓丁拉夫、苛捐杂税。埃及的田赋,每费丹最低额从1814年的4.5皮亚斯特增至1833年的11皮亚斯特,增加两倍半,最高额则从45皮亚斯特增至78皮亚斯特,增加半倍多。[21]结果造成农民的大量逃亡和屡次起义。还.1831年,上埃及便有1/4的耕地抛荒。

改革活动的各项内容,包括像建立近代机器工业这样的在当时东方最先进的事业,都打上了深深的封建烙印,带来了致命的弊病。

埃及之建立近代工业,乃是东方各国改革中的佼佼者。但是,它所创办的许多采用机器生产的近代化工厂,基本上都是封建国家所有制。如军事工业由兵部领导,主管人员多是现役或退役军官。机器、厂房费用不列入成本,工厂间相互提供原料不计利润,军工部分的产品直接调拨给军队,不参加市场交换。工人多数是强征来的,身份类似农奴,并且按营连排实行军事编制,没有人身自由。这种封建性的所有制、人身依附制和管理制度,使企业经营得很糟。有的棉纺厂虽然拥有进口的织布机,但为军事部门生产产品的机器,只有半数能够运转。

我国"洋务运动"的情况,在某些方面同埃及很相似。以军工生产部门为例,它的产品也不参加市场交换,直接调给军队而不计产品价格。如船政局所造船舰"派拨各省,并不索取原价分文","制船、用船均属公家,自无庸两相计较"。[22]工人也实行军队管理制度,"庸工杂作,是有健丁,日每八九百人,非以兵法部勒则散而难稽,呼而不应,于是每十人以什长一人束之,每五什长以队长一人束之,派勤能之武弁统焉。……是为健丁营之设。"[23]至于这类企业经营之腐败,则更是毋庸赘言的了。

此外,由于主张实行改革的集团和派别多是封建统治阶级中的有识之士,而没有新的社会阶级和力量作为自己的依靠基础,因此,力量一般比较软弱。改革集团和派别在本阶级所遇到的,常常是盘根错节、势力强大的封建顽固派的拼命反对,而他们对劳动群众的残酷剥削和压榨,又往往使他们得不到人民的支持,因而很容易被国内顽固势力或国外殖民侵略者所摧垮。波斯的密尔扎·塔吉汗,奥斯曼的谢里姆三世和稍后的贝依拉克达尔等人的改革,都是这样而遭到失败的。

东方各国改革的失败,说明了这样一个问题:封建主阶级对病入膏肓的东方封建制度已经开不出有效的药方,它已经无法阻止或扭转东方社会走向半殖民地、殖民地的历史进程。下层劳动群众发动的旧式农民战争失败了,上层统治集团进行的改革活动也失败了。包括亚非大陆上最强大的诸文明古国在内的整个东方,终于沦为西方的殖民地、半殖民地。要救东方,只能靠新的社会力量,新的阶级。

四

应该怎样评价东方各国改革的历史地位,是一个比较复杂的问题。目前学术界对于这些改革的看法,也往往大相径庭,甚至针锋相对。即如对穆罕默德·阿里的改革,也是毁誉纷纭。褒之者认为"它在埃及生活的一切领域里留下了最深刻的影响,奠定了国家经济、社会、政治发展的基础",贬之者则将其斥之为"暴政","为外国资本家的剥削铺平了道路",等等。

为什么占有的历史材料大致相同,而评价却如此不一呢?我们认为,这个问题的解决,一方面需要进一步详尽地占有材料,另一方面也需要有一个统一的衡量标准。本文试图从一个角度提出一点浅见,以供参考。

19世纪中叶东方各国的改革,从推行改革活动的集团和派别的主观目的来看,都是为着维持和巩固封建制度与封建统治的。这些改革活动的努力,又都先后由于西方殖民主义各种形式的破坏、国内封建顽固派的反对及改革本身的先天弱点等原因而遭到失败。那么,能不能根据这一点,即根据它们的主观目的和必然失败的结局来判断它们的历史地位呢? 不能。

一项历史上的事业,例如改革、变法等等,它们实行的主观目的和最后成败的结局,对于评价这些事物无疑有着重要的意义。但是,我们不能把这些作为唯一或主要的衡量标准。

列宁指出,"判断历史的功绩,不是根据历史活动家没有提供现代所要求的东西,而是根据他们比他们的前辈提供了新的东西。"[24] 判断历史人物是这样,判断历史事物也是这样。19 世纪的东方各国改革活动,尽管它们的根本目的是维护一个趋于没落的封建统治,而改革本身又深深地打上了封建的落后、腐朽的烙印,但只要正视历史事实,就可以清楚地看到:这些改革或多或少都是"提供了新的东西"的。

19 世纪中叶东方各国的改革,都是由一些形形色色的历史人物发起和推行的。那么,能不能根据这一点,即根据它们的发起者、主持者来判断这些改革的功过是非呢? 不能。

确实,一场改革活动和发起、主持这场改革的人物二者很难截然分开。这是因为后者毕竟在很大程度上影响甚至决定了这场改革的主观目的、政治倾向和它的进程以及结局。19 世纪中叶东方各国的改革,多失败于西方殖民侵略者之手。而主持这些改革活动的历史人物当中,有提奥多二世那样在反侵略战争中兵败自戕、宁死不辱的英雄,也有李鸿章那样一味妥协、卖国乞和的角色。前者为他推行的改革事业增添了悲剧的色彩,而后者则为其打上了耻辱的印记。对改革主持者的评价,与改革本身的历史地位有着密切关系。但是,也不能简单地用对历史人物的评价,代替对这些历史人物所主持的历史事物的评价。例如,在对待西方殖民侵略者的态度上,提奥多二世显然比在兵临城下的局势下被迫向西方列强屈服的穆罕默德·阿里坚决,结局也壮烈得多。但是,阿里改革在近代东方史上占有更重要的地位,它的深度和广度显然要远远超过提奥多的改革,恐怕也是没有疑义的。

19 世纪中叶东方各国的改革,在客观上确实有着一些积极的、进步的意义。归纳起来,大致有以下几个方面:

第一,在政治上,这些改革多致力于加强中央集权与国家统一。它们按西方的方式组建新军,增强了国家统一、抵御外侮的力量。有的国家还在中央设部、地方上划置新的行政区系统。这些对于削弱地方割据势力,形成近代民族国家有着一定的积极意义。

第二,在经济上,这些改革多致力于学习西方先进的科学、技术,引进西方资本主义先进的生产力。有的除厘旧的积弊,有的积极创办近代工业,等等。这些都为日后资本主义的发展提供了一些必要的前提或基础。

第三,在思想文化上,开始打破闭塞、保守的思想束缚,出现了学习西方的新风气。培养了一批本国的工程技术人材。更重要的是开始有了受过西方资本主义初步教育的近代知识分子。

在评述上述东方国家的改革活动时,对于它们客观上的积极和进步作用,我们应当正视并如实指出。这是历史唯物主义要求我们应有的态度。但是,一个历史事物在客观上有着积极、进步的作用,是否同时决定这一事物本身的根本性质也是积极的、进步的,则要具体情况具体分析。

众所周知,马克思对于英国在印度的殖民统治的客观历史结果,曾给予详尽的阐述。他在《不列颠在印度统治的未来结果》一文中明确指出,英国在印度的统治所带来的诸如政治统一、新式军队、自由报刊、土地制度、新知识阶层,以及电报、蒸汽机等等,都不以人们意志为转移地对印度的未来有着积极的意义。马克思还极深刻地指出:英国的殖民统治,"在亚洲造成了一场最大的、老实说也是亚洲历来仅有的一次社会革命"。[25]

上面列举的种种后果,尤其是那场亚洲最大的和历来仅有的一次社会革命,客观上不能不说是有着巨大的进步意义。然而,我们能因此而判定英国对印度的殖民侵略和统治,是具有进步性的统治,或者干脆说它是进步统治吗? 显然,这样做将是荒谬的。马克思在指出英国对印度统治产生的客观后果时,仍然对这一统治本身采取严厉批判的态度,指出它"给印度斯坦带来的灾难,与印度斯坦过去的一切灾难比较起来,毫无疑问在本质上属于另一种,在程度上不知要深重多少倍"。[26] 而且,就是在谈到英国殖民主义"充当了历史的不自觉的工具"而造成社会革命等客观上进步的作用时,马克思也着重强调:"英国资产阶级看来将被迫在印度实行的一切,既不会给人民群众带来自由,也不会根本改善他们的社会状况,因为这两者都不仅仅决定于生产力的发展,而且还决定于生产力是否归人民所有。""在大不列颠本国现在的统治阶级还没有被工业无产阶级推翻以前,或者在印度人自己还没有强大到能够完全摆脱英国的枷锁以前,印度人民是不会收到不列颠资产阶级在他们中间播下的新的社会因素所结的果实的。"[27]

诚然,马克思在这里评论的是压迫民族同被压迫民族之间的关系,但对近代东方国家的改革的评价问题,仍是有启发的。

那么,同样具有上述客观积极作用的东方各国的改革,又由什么决定它们的根本性质究竟是进步还是反动的呢?

毛泽东同志指出,在近代中国诸矛盾中,"帝国主义和中华民族的矛盾,乃是各种矛盾中的最主要的矛盾"[28]。这个分析,同样适用于整个近代东方。帝国主义(包括它的前身自由资本主义)和东方各民族的矛盾乃是近代东方各国诸矛盾中最主要的矛盾。评价东方国家的改革,归根结蒂要抓住这个最主要的矛盾来考察。看它在新的历史条件下,在祖国受到殖民主义、帝国主义侵略、凌辱时,起了什么样的作用,是否在新的历史时期,提供了以前所没有的"新的东西",是否对反抗殖民主义、帝国主义侵略和保卫民族独立、统一作出贡献。

近代中国的历史,从一个方面说,就是"帝国主义和中国封建主义相结合,把中国变为半殖民地和殖民地的过程"[29]但是,这个"相结合"并不是一蹴而就的。它是贯穿在中国变为半殖民地的全过程中,一步一步实现的。如果不看到两者还有矛盾的一面,而且在开始的时候还以矛盾为主,到后期才以勾结为主,勾结中仍有矛盾,那么,近代西方资本主义、帝国主义列强向我国发动多次侵略战争,如两次鸦片战争、中法战争、中日战争以及八国联军战争,就难以理解了。近代东方诸国的情况也大抵是这样。因此,我们认为:在分析19世纪中叶东方国家的改革时,要把上述改革(包括它们客观上的积极作用)放在殖民主义、帝国主义同该东方民族的矛盾中来考察。具体地说,就是看当时推行改革的封建主阶级,尤其是主持改革的集团和派别,它们在帝国主义和本民族的矛盾中的地位怎样,它们同殖民主义、帝国主义的关系是以矛盾为主,还是以勾结为主?它们所实行的改革,究竟是沿着同殖民主义矛盾的方向展开,还是循着同殖民主义勾结的道路滑行?如果是前者,就无疑是进步的;如果是后者,则尽管其客观上有着某些不以人们意志为转移的积极作用——尽管我们应予阐明,而不是回避这些客观作用——但从根本上说却是反动的。因为这样的改革在最根本点上,没有提供出新的历史时代所要求的"新的东西":对殖民主义、帝国主义侵略势力进行抗争。

用这一尺度来衡量,东方各国的改革就呈现出不同的情况。

埃及和埃塞俄比亚的改革,显然属于前者。因为在穆罕默德·阿里和提奥多二世进行改革的时候,西方殖民主义的侵略势力从正规的意义上说,还刚刚侵入他们的国家。穆罕默德·阿里就是靠着参加、组织和领导埃及人民反抗拿破仑侵略战争和1807年抗英战争而崛起掌握政权的。提奥多二世的改革,从某种意义上讲,正是在西方殖民主义日益渗入的威胁下,古老埃塞俄比亚民族作出的反应。阿里的崛起,打断了刚刚开始的埃及沦为半殖民地、殖民地的过程。他所进行的各项改革,如巩固国家统一,促进生产发展,创办近代工业,加强军事力量等等,都是在同殖民主义矛盾的态势下展开的,并使埃及半殖民地、殖民地化的过程推迟了30年。因此,是一场有相当深度和广度的进步改革活动。而提奥多改革,更是发展到与殖民侵略者水火不容的地步,直至那场以坚持到底而失败的正义抗争。所以,尽管其深度与广度远不及埃及,也不及奥斯曼和中国,但仍是进步的历史事业。

奥斯曼帝国的改革,由于是一系列的改革所组成,前后又历经半个多世纪,故而比较复杂。自从1740年特权条约变质为不平等条约以来,西方殖民主义对它的入侵已有相当长的时间。在这一段时期里,奥斯曼帝国已开始了它沦为半殖民地、殖民地的过程。奥斯曼的封建主阶级已经不止一次在败北的情况下,向西方列强特别是沙俄妥协、屈服。因此,它的改革和改革的推行者显得软弱得多。1838年英土商约和50年代克里木战争之后,奥斯曼帝国已基本上沦为半殖民地。故而它的改革的第二阶段,即1856年诏书以后,尽管在经济上不无客观积极因素和效果,但性质已完全是反动的了。

我国的"洋务运动",在东方各国的上层改革中是起步最晚的。从外部条件看,它的发生、发展和失败同西方资本主义向帝国主义转变的过程大致相吻合。从内部条件看,从它发端之日起,我国沦为半殖民地社会的路,已经走了二十年。在这期间,我国封建统治阶级已经两次被西方殖民者发动的侵略战争所打败,有了两次屈膝投降、丧权辱国的记录,并且还在创造另一个更加罪恶的记录:同侵略者勾结起来共同镇压太平天国革命。此时帝国主义同中国封建主义的"相结合"不仅已有一段历史,而且正在一个高潮上。"洋务运动"的三十年,正是向帝国主义过渡的西方列强步步进攻、中国封建统治阶级步步屈服,直至基本上完成两者"相结合"的过程(比较完整的"相结合",应该在八国联军侵略战争之后)。因此,从全过程来看,"洋务运动"时期中国封建主阶级同外国资本主义、帝国主义虽有矛盾的一面,但勾结的一面显然是主要的。而作为这一时期中国封建统治阶级重要实践活动的"洋务运动",尽管在某些时候、某些地方反映了封建统治阶级同殖民主义有矛盾的一面,但总的走向仍是对后者的妥协与勾结。正是在这个意义上我们说:尽管在客观的社会意义上,"洋务运动"在深度和广度上使其他一些东方国家的改革只能望其项背,但从根本性质上来讲,我们却不能肯定它,不能称之为一个"具有进步性的运动",更不能认为它是什么进步性质的改革。

注 释

〔1〕 日本明治维新与其他东方国家的改革有着共同的时代背景,但结果却是使日本成为东方唯一发达的资本主义国家。这是由于日本的内部条件,使它能脱出一般上层改革的格局,而发展成一场近代资本主义民族民主革命运动。这个问题需要专门探讨,本文暂不论述。

〔2〕《马克思恩格斯选集》第1卷,人民出版社1972年版,第255页。

〔3〕 爱弗斯利、齐罗尔:《土耳其帝国》,1923年伦敦版,第294、295页,

〔4〕 参见珀西·西克斯:《波斯史》,1930年伦敦版,第301、309页。

〔5〕《马克思恩格斯全集》第29卷,第348页。

〔6〕 雷斯涅尔、鲁布佐失主编:《东方各国近代史》第1卷,第81页。

〔7〕 参见S. J. 肖、E. K. 肖:《奥斯曼帝国和现代土耳其史》第1卷,1976年剑桥版,第262页。

〔8〕 参见爱弗斯利、齐罗尔:《土耳其帝国》,1923年伦敦版,第262页。

〔9〕 理查德·潘克赫斯特:《埃塞俄比亚经济史》,1968年亚的斯亚贝巴版,第561页。

〔10〕 参见《剑桥非洲史》第5卷,第75页。

〔11〕《洋务运动》(一),第43页。

〔12〕 参见杨灏城:《穆罕默德·阿里经济改革的几个问题》(以下关于阿里改革

的阿拉伯文资料,均转引自此文),载《世界历史》1980年,第五期。
〔13〕 理查德·潘克赫斯特:《埃塞俄比亚经济史》,第586页。
〔14〕 参见马尔罗:《英埃关系,一八〇〇年——一九五三年》,1954年伦敦版,第50页。费丹是埃及土地丈量单位。当时1费丹相当于中国的6.3市亩。
〔15〕 《洋务运动》(一),第13页。
〔16〕 参见理查德·潘克赫斯特:《埃塞俄比亚经济史》,第10页。
〔17〕 参见米列尔:《土耳其简明史》,1948年莫斯科版,第64页。
〔18〕 《马克思恩格斯全集》第9卷,第231页。
〔19〕 参见罗伯特·科纳万:《非洲史》,1966年巴黎版,第2卷,第204页。
〔20〕 参见米列尔:《土耳其简明史》,第83页。
〔21〕 参见里夫林:《穆罕默德·阿里在埃及的农业政策》,1961年伦敦版,第126、130页。
〔22〕 《洋务运动》(五),第374、365页。
〔23〕 《沈文肃公政书》卷四,第29、30页。
〔24〕 《列宁全集》第2卷,第150页。
〔25〕〔26〕〔27〕 《马克思恩格斯选集》第2卷,第67、63、73页。
〔28〕〔29〕 《毛泽东选集》,合订本,第594、595页。

本文发表在《历史研究》1981年第4期中。

15世纪中西三大航海活动比较初探

在人类发展的漫长历史上,15世纪是属于海洋的。在这一世纪中,东西方先后出现了三项历史上空前的伟大航海活动:

1405—1433年,我国郑和率领的远洋船队,曾七次跨南海、渡印度洋,远航西亚直至东非海岸;

1415年,葡萄牙人占领北非休达以后,逐步沿非洲西海岸南下。经过几十年的努力,终于由瓦斯科·达·伽马船队成功地绕过好望角,在1498年抵达印度;

1492年,西班牙国王派哥伦布横越大西洋,直航美洲。

在时间上,我国郑和的远航比西方早大半个世纪;

在规模上,郑和首次远航,大艨宝船62艘,人员27800人,宝船长44丈,宽18丈,[1]"体势巍然,巨无与敌,蓬、帆、锚、舵,非二三百人莫能举动"。[2]而达·伽马船队仅有船4艘,船员140—170人,其中两艘大船排水量过100—200吨。哥伦布首航美洲的船队则是3艘船,88人。最大的"圣·玛丽亚"号仅120吨,34米长。[3]

在交往范围上,我国的郑和船队周航南海、印度洋,先后抵达亚非数十个国家和城邦。而达·伽马船队仅在东非沿岸稍作停留,即直驶印度。哥伦布的航行更只限于同西印度群岛的居民有所接触。

但是,西方新航路的开辟,奏响了新的资本主义时代的序曲,带来了一个面貌改观的近代世界。而郑和的远航,在一定意义上却成了东方封建制度威武雄壮的绝唱,在我国古代航海史上后无来者。

这鲜明的对比,是怎样形成的?

一

从历史现象上观察,中西三大航海活动的出现,有着一些相似或共同的背景。

一是在它们的发轫地中国与西班牙、葡萄牙,在航海活动之前不久,都刚刚结束了一场大规模的、带有古代民族斗争性质的战争。伊比利亚半岛信奉基督教各族的"光复"("列康吉斯塔")运动,经过长期艰苦斗争,终于推翻了阿拉伯人的统治,并在斗争中逐步形成了西班牙和葡萄牙两个欧洲民族国家。我国 1351 年爆发的元末农民战争,也带有古代民族斗争的性质。这场战争推翻了腐朽的元朝,汉族地主阶级掌握了国家政权,建立了明王朝。伊比利亚半岛上阿拉伯人同我国元朝统治者对国内各族人民实行的民族压迫,在时间、内容和性质等方面均不相同,但这类民族压迫毕竟是阻碍社会发展、造成社会动乱的因素。消除了这种因素,东西方伟大航海事业的故乡就获得了稳定发展的前提。

二是中央集权的专制王权,分别在西、葡和中国建立或得到极大强化。在科学技术不发达的古代,人类大规模征服海洋的事业,需要雄厚的人力和物力的支持,故而一般表现为国家的活动。因此,统一的中央集权的强大国家,就成为 15 世纪东西方伟大航海活动的另一前提。朱元璋建立明朝后,采取了一系列措施,将我国的专制主义中央集权制度推向其巅峰阶段。大体同时,伊比利亚半岛上也开始了专制王权形成的过程。1479 年,伊萨贝拉和斐迪南联姻后,大力加强新形成的统一的西班牙国家的王权。他们依靠中小贵族和城市的支持,打击教会及世俗大封建主的势力,逐渐使大封建主变成无害于王权与统一的宫廷贵族。王权与国家统一的支柱——军队大大加强了,建立了由 500 人组成联队、12 个联队组成军团的常备军制,并增强了炮兵。[4]国会也沦为专制王权的工具。

三是人类航海技术与知识的长期积累与交流。古代东西方许多民族都有悠久的航海史,因而也有悠久的海舶建造史。我国近年发现的广州秦汉时期的造船场,就可以造长 30 米,宽 6—8 米、载重 50—60 吨的海船。[5]唐宋以后,造船业更为发达。摩洛哥大旅行家伊本·巴图塔记载的中国海船有 4 层甲板。[6]在西方,希腊、罗马的航海业也素称发达;伽太基能建造既适于地中海、也适于大西洋航行的船。[7]到了中世纪晚期,欧洲造船业也进一步发展,西班牙和葡萄牙均可建造 4 桅海船。

在航海知识方面,我国汉代就记载了从南海直至印度东海岸的航路,[8]唐代贾耽,更记下了从广州直抵波斯湾头的详尽航程。[9]上述这些记载以及阿拉伯、印度等地人民长期积累的航路知识,无疑为郑和远航提供了坚实的基础。而达·伽马绕过好望角以后的东半程航线,又大致正同郑和的航线吻合。此外,我国罗盘的发明及其经阿拉伯人传入欧洲,对三大航海活动无疑发挥了极重要的作用。

但是,当我们向更深一层探究,就会看到,在中西伟大航海事业的背景和前提中,已经伏下了造成两者日后极大差异的那种本质上不同的因素。

我国的郑和远航,是明帝国盛极一时的对外表现。这类表现,自秦汉以降,在我国大一统的封建王朝兴衰交替的历史上,曾多次以不同的形式和程度规律性地出现过。明代初年的发展,又一次再现了这种规律性的现象:在大规模战乱之后,新王朝比较注意发挥上层建筑的积极作用,采取各种措施,促进了以农业为主的社会经济的恢复和发展,造就了强大的国力,而强大的国力又导致封建皇权对其威德远扬的强烈追求。从根本上讲,推动郑和航海的力量,正是来自上述皇权对外追求威望与声誉的要求。它的主要目的,是通过"耀兵异域,示中国富强",[10]达到"帝王居中,抚驭万国"和"四夷慕圣德而率来"[11]的局面。

从明朝立国到郑和出航,只有三十余年的时光。在这段时间里,明代的统治者同历代开国之君一样,除了创建新朝当务之急的军政大事(明代还多出一个"靖难"之役)以外,在经济方面只来得及、也只能全力以赴地做好一件事,那就是恢复和发展封建经济的最主要部门——农业。在这方面最突出的措施有:

召集流亡、屯田垦荒。如:"洪武三年,帝以中原地多荒芜,命省臣议,计民受田";"五年,诏:流民复业者各就丁力耕种,毋以旧田为限",七年,命诸将在各地屯田,命李善长等"抚谕诸屯,劝课农事","天下卫所州县,军民皆事垦辟"。[12]

轻徭薄赋,休养生息。如:"洪武二年,诏以海内戡定,民尚未甦,免山东、北平、燕南、河东、山西今年夏税、秋粮。其北京、河南,除徐、宿等州已免外,西抵潼关,北界大河,南至唐、邓、光、息,一体蠲免。"[13]像这样较大规模的减免之事,洪武、永乐时期,曾有多次。

兴修水利,发展生产。朱元璋立国之初,便"诏所在有司,民以水利条上者,即陈奏"。[14]"洪武二十七年……乃分遣国子生及人才遍诣天下督修水利。凡开天下郡县塘堰四万九百八十七处,河四千一百六十二处,陂渠堤岸五千四十八处。"[15]

这些措施实行的结果,是农业的迅速恢复和发展,以及由此带来的社会财富的积累与国力的雄厚。"洪、永、熙、宣之际,百姓充实、府藏衍溢。……土无莱芜,人敦本业……故上下交足,军民胥裕"。[16]

封建社会的农业经济作为一种同家庭手工业密切结合的自给自足的自然经济,它的发展和高涨,并不要求大规模的对外经济交流作为自己的必要补充。但是,却为封建王朝大规模的对外活动提供了物质基础。正是农业高涨带来的雄厚国力,使郑和远航有了可能。永乐一朝,包括"中官造巨舰通海外诸国"在内的诸般大举,"供亿转输,以钜万万计,皆取给户曹",而当时的理财能臣夏原吉竟能"悉心计应之,国用不绌";[17]正是农业高涨带来的雄厚国力,使永乐时期有条件"遣使四出招徕……北穷沙漠,南极溟海,东西抵日出没之处,凡舟车可至者,无所不届。……盖兼汉唐之盛而有之,百王所以莫并也"。[18]郑和的航海活动,就是这"兼汉唐之盛"的皇权威德远扬的重要内容之一。

在郑和远航的动因当中,社会经济发展的需要究竟占有什么样的地位呢?我们认为,就当时的实际情况说,经济的因素只能居次要地位。诚然,自唐代以后,随着封建社会内部商品经济的发展和人们物质文化生活的进步,我国同东方诸国的海上贸易日益频繁。到了南宋,由于"经费困乏,一切倚办海舶",[19]海外经济交流的地位更为重要。这种情况历元代而不衰。中世纪阿拉伯世界的几位大作家马苏迪、伊德里西和伊本·巴图塔,都曾记述过我国海舶远抵波斯湾、亚丁以及控制中印之间海上贸易的盛况。这些都说明,海上贸易的发展,在我国是有其社会经济需要的。不过,郑和远航却显然不是以这种社会需要作为主要动因的。明初经济的恢复和高涨,自然包含了手工业和商业恢复和发展的内容。但这一时期手工业和商业的发展需要,同郑和航海活动之间,并无明显的内在联系。这一则是从明初几十年的经济史料中还看不到商品经济在明中叶以后那种巨大的活跃和高涨;二则是明初统治者顽固遵循中国历代封建王朝"重本抑末"的老传统,特别严厉地压制民间对外贸易。洪武时,就"禁濒海民不得私出海";[20]成祖即位后下诏,又重申"遵洪武时事例"禁治"沿海军民人等……私自下番,交通外国"。[21]很明显,明廷严禁的"私出海"和"私自下番",所压制的正是发展海外贸易的社会需要。

西、葡两国的远航,尽管也同样受到封建王权的倡导与支持,却还有着更深一层的社会经济背景。

中世纪晚期,资本主义生产关系的萌芽在欧洲封建社会内部产生和发展起来。商品经济和资本主义的发展,封建国家和王公贵族公私开支的剧增,使西欧各国对交换手段,尤其是贵金属的需求急剧增加。此时,货币已逐渐取代土地成为社会财富的象征。在人们心目中,有了黄金就有了一切,"就是要把灵魂送到天堂也是可以做到的"。可是,1300—1450年间,欧洲旧金银矿产量日减,而1450年以后德国发现和开采的白银也远不敷欧洲经济发展的需要。这样,马可·波罗游记中所描绘的东方遍地黄金的情景,以及欧洲对东方商品日益增多的需求,就刺激着欧洲人的贪欲,推动着他们打破阿拉伯人、土耳其人的垄断,开辟通往东方的新航路。开辟新航路和获取贵金属的疯狂要求一致起来,因而也就同资本主义发展的客观需要一致起来。这也就是恩格斯所说的:葡萄牙人和西班牙人"地理上的发见——纯粹为了营利,因而归根结底是为了生产而作出的"。[22]这种开辟新航路的要求,甚至突破国界,成为整个西欧社会经济发展的需要。如果说整个西欧是火山,西、葡两国就是火山口。欧洲封建社会内部升腾着的新经济因素的地下火,就以达·伽马和哥伦布远航的形式喷出,一泻万里,直达东、西印度。

二

15世纪东西方的伟大航海活动,都极大地扩大了世界各民族之间的联系与交往。但是,两者所带来的交往在性质上却迥然不同。

达·伽马和哥伦布的远航,给亚非拉各族人民带来了一个整整持续了300年的殖民主义暴力掠夺的时代。而他们的远航本身,就是这种赤裸裸的暴力劫掠的开端。

1492年,在首次抵达美洲的哥伦布船队面前出现的,是善良、和平的西印度群岛人民。哥伦布本人就记载说:"无论向他们要什么东西,只要有,他们从不说一个不字。……而且无论你回送他们什么微不足道的东西,他们都立即表示满足"。[23]

然而,对这些手无寸铁的善良人民,哥伦布们却干了些什么呢?

当哥伦布第一次踏上西印度群岛时,就用暴力捕捉了几个印第安人,以获得岛上情报。[24]

在哥伦布二航美洲期间,海地印第安人苦于殖民主义者无穷的需索、揭竿而起准备反抗时,哥伦布立即实行野蛮镇压,他还把战争中俘获的印第安人变为奴隶,并将其中500名运往欧洲。[25]

哥伦布"榜样"在前,其他殖民者效法于后,而且暴力劫掠愈演愈烈。仅在西印度群岛,西班牙殖民强盗就实行了种族灭绝性的屠杀。他们"不放过小孩、老人、妇女、产妇,把所有的人全杀光","他们从母亲的怀里夺下婴儿,把脑袋往石头上撞","他们在火刑柱上把印第安人活活烧死"。[26]"西印度群岛至少约有一百万印第安人在这样的大破坏中被毁灭了。"[27]

葡萄牙殖民者的所作所为,比起他们的西班牙伙伴来毫不逊色。

继达·伽马之后来到东方的葡萄牙卡布拉尔船队,首先劫掠了一艘满载香料的东方穆斯林商船。当这一海盗行径理所当然地遭到反击后,作为报复,卡布拉尔竟劫掠了十艘穆斯林商船,达·伽马二次抵达印度时,更野蛮炮轰卡里库特。[28]

葡萄牙殖民者的野蛮劫掠,还可以从东方国家的历史资料中得到印证。1505年,东非城邦蒙巴萨的统治者致信马林迪的统治者说:葡萄牙人"带给我们烈火和毁灭",他们用"武力恐怖对我们的城镇狂肆暴虐,以致不论男女老少,甚至无辜幼儿,也都不免一死。……他们从我们城镇抢去的战利品,数量之巨简直无法向你言喻。"[29]

这里,人们还不应该忘记,早在达·伽马航行前半个世纪,即1441年,沿非洲西岸南航的葡萄牙殖民者就已开始了猎取黑人奴隶的罪恶勾当。这种罪恶活动发展得如此迅速、猖獗,以至到16世纪初,已造成刚果王国的人口锐减。[30]

同西方殖民者相反,郑和的远航活动,基本上是与亚非诸国进行和

平友好的政治、经济和文化交流。根据历史资料,这些和平交往大致有下列几种活动:

一是通过"敕封"与"赏赐"等形式,开展外交活动。1405年,郑和首次出航,就"赍敕往谕西洋诸国,并赐王金织文绮绵绢各有差"。[31] 如敕封古里国王,"永乐五年,朝廷命正使太监郑和等赍诏敕赐其国王诰命银印"。[32] 第三次出航期间,又敕封满喇加国王,"赐以双台银印,冠带袍服,建碑封域,为满喇加国"[33], 等等。此外,还对外国寺院进行赐予,通过宗教活动联络两国之间的感情。如第二次出航期间,就曾奉命布施于锡兰山寺:"永乐七年,皇上命郑和等斋捧诏敕、金银供器,彩妆织金宝幡,布施于寺。"[34]

二是使节之迎送。郑和首次远航归来,就有"诸国使者随和朝见"。[35] 此后,出航时常有送各国使节回国的任务。如第五次出航时,"满剌加、古里等十九国遣使朝贡,辞还,复命和等偕往"。[36] 第六次出航,"忽鲁谟斯等十六国使臣还国,赐以钞币表里,遣太监郑和等……就与使臣偕行"。[37]

以郑和为首的中国使团和船队所到之处,受到各国人民隆重、热烈的欢迎。我国使者向各国致送礼品,各国使者来华也携带许多珍贵礼物,其中有些还是我国人民"前所未有闻"的珍奇动物。如第五次出航时,"忽鲁谟斯等进狮子、金钱豹、西马;阿丹进麒麟,并长角乌哈兽;木骨都束进花福鹿并狮子,卜喇瓦进千里骆驼并驼鸡,爪哇进糜里羔兽"。[38]

三为进行贸易。郑和船队也是一支庞大的海上商队。在船队人员的编制中,就专门列有"买办",[39] 所到之处,进行贸易。如第六次出航,曾分䑸到阿丹国,"国王即谕其国人,但有珍宝,许令贸易。在彼买得重二钱许大块猫睛石,各色雅姑等异宝,大颗珍珠,珊瑚树高二尺者数株。又买得珊瑚枝五柜,金珀、蔷薇露、麒麟、狮子、花福鹿、金钱豹、驼鸡、白鸠之类而还"。[40] 又如祖法尔国,"中国宝船到彼……王差头目遍谕国人,皆将乳香、血竭、芦荟、没药、安息香、苏合油、木别子之类,来换易纻丝,磁器等物"。[41]

四为调解各国之间的关系。当时,满剌加与暹罗两国交恶,暹罗"素欲侵害"满剌加,满剌加遂王遣使来华,"乞朝廷遣人谕暹罗无肆欺凌"。明廷遂在郑和第七次出航时,"令和赍敕谕暹罗国王"。[42]

当然,作为一个强大的东方封建帝国,明廷派郑和远航,"耀兵异域",宣扬大明帝国的皇威,就不能不带有它暴力的一面。所到之处,"宣天子诏,给赐其君长,不服则以武力慑之"。[43]可见,以武力为后盾,乃是这一航海活动的一条原则。即使是和平交往,那些敕封、赏赐等活动,也都不能不打上"天朝"那种居高临下的烙印。这种"率土之滨,莫非王臣"的封建主义烙印,自然是我们应当看到的。不过,在整个航海活动中,暴力毕竟只是次要方面。七次远航,较大的武力行动只有三次。而这几次也往往是由于对方"剽掠商旅……诈降而潜谋邀劫",[44]或对我使节"侮之,欲加害……潜发兵五万余,出劫和,且断归路",[45]因而不得已采取武力解决的方式。

为什么在同一世纪里进行的东西方航海活动,会具有暴力与和平两种截然不同的性质和特征呢?这是由于它们各自的社会状况所决定的。

对于西方来说,欧洲封建经济的高度发展,以及封建统治阶级的日益奢华,都需要越来越多的东方商品,例如冬储肉类必备的大量香料,用作高级日用消费品的纺织品、瓷器、象牙,等等。尤其是如前所述,对贵金属的需求更为猛烈,"因为十四世纪和十五世纪的蓬勃发展的欧洲工业以及与之相适应的贸易,都要求有更多的交换手段,而这是德国——1450—1550年的白银大国——所提供不出来的"。[46]正是由于这个原因,"葡萄牙人在非洲海岸、印度和整个远东寻找的是黄金;黄金一词是驱使西班牙人横渡大西洋到美洲去的咒语"。[47]

然而,此时的欧洲资本主义经济因素,尚处在其发展的早期阶段,即资本主义家庭手工业和手工工场阶段。日后那门摧垮无数东方国家自给自足经济的"重炮"——廉价商品,此时尚未铸就。因此,这时的西方工业产品,无论是数量或质量,均不敌东方传统悠久的精美手工艺品。这样,在同东方的交往中,西方不仅拿不出足够数量和质量的商品来进行交换,以大量吸收东方的金银,反而要拿出许多金银输往东方,使欧洲本来就急需增加的交换手段更加紧缺。

既渴望东方的金银与精美商品,又拿不出东西来进行交换。出路只有一条:赤裸裸的暴力掠夺。

我国的郑和远航,虽然也带有经济方面的因素,但如前所述,比较起来政治方面的因素更占主要地位。它的目的,重点在精神上的输出,而不在物质上的输入。这就决定了暴力只是这一航海活动中与各国交往的后盾,以及只有在特殊情况下才使用的辅助手段。

而且,即便是从经济意义上讲,郑和远航也全然无需暴力劫掠。因为,作为一个社会经济高度发展、自给自足的东方封建大国,中国并不像西方那样急需海外商品及贵金属。即使对某些商品有着特殊需要,也完全拿得出足够的精美物品与之交换。事实也正是如此。不仅郑和远航,而且在包括朝贡在内的整个对外经济交流中,明廷始终遵循着"厚往薄来"的原则。从明朝立国起,这个方针就已基本定了下来,洪武五年,朱元璋就指示,对国外来使,"其朝贡无论疏数,厚往薄来可也"。[48] 显然,即使是经济交流,也是从政治着眼。

"厚往薄来",我国是有这个物质基础的。郑和远航进一步畅通了中国直抵西亚、东非的"海上丝瓷之路"。仅就当时纺织和陶瓷两项而论,无论数量、品种还是质量上都足以保证我国同亚非诸国经济交流的和平性质。在织造方面,据《博物要览》记载,锦织品一项就有紫宝阶地锦等43种,绫织品则有碧鸾绫等30种。[49] 而明初的彩缎,"皆精密鲜明,足称朝廷赏赍"。[50] 在烧造方面,永乐、宣德年间的产品均极负盛名,"质细料厚"、"光莹如玉"、"一代绝品"。[51]

一边带来的是火和剑,一边送去的是丝与瓷。这就是西方殖民者与我国郑和远航不同性质的鲜明对照。

三

在15世纪东西方航海"竞赛"中遥遥领先的、以中国为代表的东方,正是在这个伟大的航海世纪之后发生的世界形势急剧变化中失去了自己的优势。殖民主义的西方征服、奴役东方的时代开始了。如果说,三大航海活动还不能构成西方超越东方的终极原因,至少也是东西方形势急剧逆转过程本身的决定性因素。

哥伦布和达·伽马的航行,对于西方封建社会内部正在萌发的资本主义经济因素,是一个极有力的促进。

从14世纪开始在地中海沿岸若干城市稀疏出现的资本主义萌芽,逐渐在欧洲诸国得到进一步的发展。而西方两大航海活动的结果,使这种新经济因素的萌芽,迅速长成参天之树。正如马克思和恩格斯所说:"美洲的发现、绕过非洲的航行,给新兴的资产阶级开辟了新的活动场所。东印度和中国的市场、美洲的殖民化、对殖民地的贸易、交换手段和一般商品的增加,使商业、航海业和工业空前高涨,因而使正在崩溃的封建社会内部的革命因素迅速发展。"[52]

新航路开辟之后,巨大数量的贵金属开始如潮水一般涌入欧洲。而我们知道,"在一般商品生产发展到比较高的水平时,一部分人手里积有相当数量的货币",正是资本产生的两大前提之一。[53]

哥伦布本人航行美洲的活动甫告结束,新大陆的金银立即以迅猛的涨势流入西班牙。1511—1515年,流入量已比1503—1505年时几乎翻了一番。[54]另一个统计材料表明,1503—1660年流入母国的贵金属共达447820932.3比索![55]而且大约占此数1/10以上的走私量尚未统计在内。

金银在美洲输入母国货物的总量中占有极大比重。例如,1593年运回西班牙的美洲船货中,金银竟占95.62%![56]

大量贵金属的获得,立即刺激了西班牙工商业的一度飞跃发展。西班牙的塞维尔迅速变为全欧最大的商业中心之一,其人口从1517年的25000人增长到1594年的90000人。[57]在它全盛时代,曾拥有毛、丝织机16000台。

由于伊比利亚半岛工商业相对落后,需要仰给于西欧其他国家和地区,故而新航路开辟的更重要影响,是间接刺激了西欧(如尼德兰、英、法等)工商业的发展。例如,安特卫普就迅速发展成为世界性的贸易中心。1560年左右,这里每年输入的商品价值接近1600万金克朗。[58]

新航路的开辟对于欧洲社会更深刻的影响,还在于它所引起的价格革命。

16世纪中叶,在殖民地开采的金银数量,比欧洲征服美洲前的开采量多4倍;而在欧洲各国流通的硬币总量,在16世纪也增加了三倍以上。这就引起了货币购买力的猛降和工农业产品价格的飞涨。

西班牙首当其冲。16世纪初,价格革命在这里已经开始。以西班牙四个主要地区(安达卢西亚、新卡斯提、老卡斯提—雷翁和瓦伦西亚)的综合统计为例,16世纪的最初25年,物价上涨51.5%;而整个前半世纪则翻了一番还多,1550年比1501年上涨107.61%。[59]下半个世纪又上涨 97.74%。从 1596 年开始,更大的物价飞涨到来了。1601 年的物价,竟上涨到 1501 年的 4.32 倍[60](有的著作更认为达到 5 倍[61])。

从西班牙开始的这场价格革命,迅速蔓延到西欧其他各国。不过,它们的物价上涨幅度则没有西班牙那样大。例如,法国上涨了 2.5 倍;而英国开始得更晚,直至 17 世纪中叶才达到顶点,3 倍于初。[62]

价格革命对西欧社会各阶级的生活影响至深。这方面以西班牙最为典型。例如,1581 年的一份备忘录指出,"物价上涨是如此猛烈,以致大贵族们、绅士们、平民百姓以及教士们都无法靠其收入过活了"。[63] 1600 年,一个名叫弗兰西斯科·索伦德的威尼斯水手报告说:"在整个西班牙都发现极大的匮乏和一切东西都难以言状的昂贵。"[64] 同年的一份国会致国王的备忘录还抱怨说:"由于物价飞涨,困乏和疾病肆虐于全国,乞丐、小偷和妓女数量增多。富人只有靠抵押财产才能过活,而穷人则正饥困而死。"[65]

西班牙的情况不是孤立的。欧洲各国都先后出现了这种情景。这就是马克思所说的:"一方面是工资和地租跌价,另一方面是工业利润增多……土地所有者阶级和劳动者阶级,即封建主和人民衰落了,资本家阶级,资产阶级则相应地上升了。"[66]

由于西班牙的价格上涨早于并高于英、法等西欧诸国,结果就使西班牙商人不愿再致力发展本国工业,而宁愿依赖他国产品的输入。于是,在西班牙本国工商业衰落的同时,西欧其他国家的工商业和资本主义得到了长足的发展。例如,法国的纺织品等在西、葡和美洲得到广阔的销路。而在英国,价格革命所带来的刺激更引起了 16 世纪下半叶的那场小规模的产业革命。结果,到了 17 世纪末,蓬勃发展的法、英、荷等国,竟喧宾夺主,几乎控制了西班牙同新大陆的贸易。当时,每年由法国输往塞维尔的货物大约价值 2000 万里弗。其中,600 万里弗是运往新大陆的。而从新大陆运回塞维尔的货物中,法国得到 1400 万里弗,荷兰得到 1000 万里弗,英国也得到 600—700 万里弗。[67]

新航路的开辟,就是这样迅速而根本地影响和改变着原始积累时期的西欧经济和整个西欧社会。至于黑人奴隶贩卖对西欧原始积累所起的巨大推动作用,则更是毋庸赘言了。

四

在15世纪那个历史时代,郑和同他所率领的数万中华民族的优秀儿女,在"洪涛接天,巨浪如山"的海洋上云帆高张,"昼夜星驰,涉彼狂澜,若履通衢者",[68]前后近三十年。他们把自己的青春、精力、甚至生命,都献给了浩瀚无际的海洋,献给了祖国的航海事业。他们的活动,创造了人类征服海洋历史上的空前壮举,极大地丰富了人类航海知识的宝库;他们的事业,扩大了古代中国人民同亚非各国人民的友好交往,促进了彼此之间互通有无的经济文化交流。

作为这一伟大航海活动的具体组织者和领导者的郑和,更是我国历史上一位杰出的航海家和外交家,这位初航时正值"壮岁旌旗拥万夫"、而罢棹时已是白发曦然的海洋征服者,同他领导的航海事业一样,是我们中华民族的自豪,永远值得我们崇敬和纪念。

那样庞大的船队,那样优秀的海员,那样杰出的统帅,如果在一个更为进步的历史时代,必将会创建何等更加辉煌的业绩!然而,由于时代和社会条件的局限,郑和的远航,没有造成,也不可能造成哥伦布和达·伽马航行那样的后果。

这种时代和社会条件的局限性,集中表现在当时已进入晚期的封建专制制度上。

那么,这岂不是说:郑和远航事业的促成和它的局限,都是由当时专制主义中央集权制决定的么?

正是。

在郑和远航的年代,资本主义萌芽作为一种明显的社会现象,尚未在中国封建社会内部出现。而由于当时封建专制制度的制约,郑和的航海活动,对此后百年左右产生的资本主义萌芽,也未能产生明显的促进作用。

同哥伦布和达·伽马航海开辟了(当然是用暴力)广阔的财源相反,郑和的航海活动,在经济上却是一项相当沉重的负担。

每次航行本身,都要支持近三万人的经年消费。而为了反复宣扬大明帝国的皇威与皇德,这一活动前后延续了近三十年。仅此一项开支,数不在小。而且每次沿途所到之处,"开读赏赐",又必须与帝国的地位相称，一去数十国，开销亦颇可观。故成化年间便有人评论"三保下西洋，费钱粮数十万"，[69]当非妄说。这种只顾威德远扬，不管经济效益的活动，当然是一项相当沉重的负担。而支撑这一负担，即使是在明朝国力鼎盛的时期，也难以持久。成祖晚年，对此已有觉察。一当仁宗即位，那位永乐时期主管财政的能臣夏原吉，就立即提出"罢西洋取宝船"，作为当务之急的几项措施之一。[70]

由于郑和远航，亚非许多国家的使节纷纷来中国访问，有时一次就达一千多人。这自然大大增进了彼此间的了解和友谊，在历史上留下佳话。不过，作为封建帝国的明廷，为了"泽被四海"，大摆排场，"厚往薄来"，所费不赀。永乐十九年，礼部向成祖呈交了一份"来朝赏例"的报告。该"赏例"规定，对外国"来朝"使节的"赏赐"，"三品四品，人钞百五十锭，缎一匹，纻丝三表里"，五品以下各有差，连"未入流"也有"钞六十锭，纻丝一表里"。就连这样慷慨的规格，成祖仍认为可以"加厚"，说："朝廷驭四夷，当怀之以恩，今后朝贡者，悉依品级赐赉；虽加厚不为过也。"[71]至于对来朝的海外王公，其筵宴馈赠，更是不惜千金一掷。这种排场开支，当时就有人上言："连年四方……朝贡之使，相望于道，实罢中国！"[72]

应当指出，上述种种开支与那些纯属封建统治阶级恣意享乐，奢华糜费的消耗不同，它们是有着积极意义的。但它们又毕竟是封建国家的活动。这些巨大的开支，必然转嫁到广大劳动人民甚至一般手工业者和商人头上，加重他们的负担，使本来有可能被农业和工商业所吸收，促进社会经济发展，并在这一发展中逐渐转化为资本的大量财富，直接作为民脂民膏而被专制主义的封建国家所消耗了。

郑和的航海活动，是包含着一些对外经济交流的内容的。这些交流，对于亚非各国的经济、文化发展，无疑起了积极作用。然而，就国内的经济后果而言，由于封建专制制度的规定和约束，也极大地限制了它本来可能发挥的积极影响。

先看输入方面。

郑和的船舶，名曰"宝船"，或"西洋取宝船"。顾名思义，赴西洋取宝乃是明廷给船队规定的一项经济方面的重要任务。何者为"宝"？主要是指珍珠、宝石，以及珍奇异兽。因此，郑和船队所到之处，换取上述"宝"货，就构成双方贸易的一个重要内容。《瀛涯胜览》就详细记载了这方面的交易情形。但是，这些输入品，主要是为宫廷的需要服务，而不是为了社会经济发展的需要服务，因而一般地说，对明代社会经济、特别是工商业的发展，并无促进作用。那些大多是为了满足上层封建统治者特殊需要的奢侈品，于国计民生几乎毫无意义。

除了珍宝异兽之外，郑和船队在海外的贸易，还包括买进番香、没药、象牙、胡椒等货物。但这些采买来的"番货"，又属于封建国家所有，多半收入南京国库，供皇室或朝廷长期支用。如正统元年（1436年），即郑和航海活动结束后三年，"敕王景弘（郑和远航的副手——引者）等，于宫库支胡椒、苏木共三百万斤，遣官运至北京交纳"。[73]这批"番货"虽有相当高的经济价值，可惜基本不参加民间经济交流，因而也就无从活跃社会经济。

尤其值得注意的是，有的货物，如"番香"，在我国历史上一直是为民间所大量需求的。开展此项海外贸易，本来可以从一个侧面促进国内商品经济的发展。然而，明廷却严禁民间贸易和使用番香番货，违者"必置之重法"。还进一步规定："两广所产香木……亦不许越岭货卖"，[74]以免番香掺杂其中。城门失火，殃及池鱼，连国内的商品交流也受到限制和打击。郑和船队奉命所进行的番香等贸易，不过是明朝专制政府上述政策的另一种表现形式罢了。

再看输出方面。

郑和远航时的输出品，主要是丝织品和瓷器，还有铁器等。

这些输出品当中，有很大一部分是明代官手工业的产品。对于这部分官手工业的发展，郑和远航无疑有一定的刺激作用。如瓷器生产，明初景德镇有官窑20座，宣德年间发展到58座，不能不说同郑和远航贸易有关。不过，官手工业无论从物料的供给，还是从内部生产关系上看，都是封建经济的一部分，促进它的发展，从主要方面讲仍是强化封建经济。

除了官手工业产品外，还有一部分输出品取自民间。如洪熙元年仁宗下令停止远航时，决定"但是买办下番一应物料……其未买者，悉皆停止"；"各处买办诸色纻丝、纱罗、缎匹……悉皆停罢"。[75]这"买办"的对象，就是民间工商业。

郑和远航对这一部分民间工商业影响如何，还可以深入发掘材料，继续研究。不过，上面那道关于停罢买办下番物资的"圣谕"中，有一段话倒很说明问题,就是命令派往各地"买办"的"官员人等,即启程回京,不许指此为由,科敛害民"。

历代封建王朝的"官买",对社会经济与人民生计实在是一种弊政。"半匹红绡一丈绫,系向牛头充炭值"。这两句脍炙人口的诗句,就是古来封建"官买"的真实写照。"名称买办,无异白取",[76]明代史料证明了明代"官办"与历代毫无二致的特性。连圣旨上的煌煌天言,也说不许"科敛害民",更可见"科敛"之凶,害民之烈!

在中世纪晚期,民间的海外贸易,往往可以成为资本主义萌芽发生的诱因之一。当资本主义因素萌生以后,这种贸易又可以成为原始积累的重要手段。海外贸易的盛衰,甚至能够影响到资本主义萌芽的生长或消亡。14世纪曾最早在意大利等地稀疏出现的资本主义萌芽的命运,就是这方面的例子。可惜,在我国从明初开始,就"片板不许下海",严禁民间交通海外。而明廷派遣郑和船队远航,自然也就起到了巡弋和震慑作用,具体、有效地执行了这一海禁政策。这一点,当然不利于民间海外贸易的发尽。我们只要留意,便不难看到:有明一代著名的福建海商,"成弘之际,豪门巨室,间有乘巨舰贸易海外者",[77]正是在郑和航海活动结束之后才发展起来的。

郑和的远航,既然不是像哥伦布和达·伽马的航海活动那样,主要根植于社会经济发展需要的土壤,而是根植于封建帝国国势鼎盛与皇权膨胀需要的土壤,它就不可能持久,终于随着大明帝国鼎盛时代的结束而告终。

注 释

〔1〕《明史·郑和传》。
〔2〕巩珍:《西洋番国志》。
〔3〕L. Bertrand & C. Petrie, *The History of Spain*, London, 1956, p. 177,又说140吨,见S. D. Madariaga, *The Rise of the Spanish American Empire*, London, 1947, p. 6.
〔4〕R. Altamira, *A History of Spanish Civilization*, London, 1930, p. 117.
〔5〕见1977年2月27日人民日报。
〔6〕见Ibn Battuta, *Travels in Asia and Africa*, London, 1929。
〔7〕见Strabo, *The Geography of Strabo*, New York, 1917。
〔8〕《汉书·地理志》。

〔9〕 《新唐书·地理志》。
〔10〕 《明史·郑和传》。
〔11〕 《明成祖实录》。
〔12〕〔13〕〔14〕 引自《明会要》,第53、54卷。
〔15〕 《明太祖实录》。
〔16〕 《明史·食货志》。
〔17〕 《明史·夏原吉传》。
〔18〕 《明史·西域传》。
〔19〕 顾炎武:《天下郡国利病书》。
〔20〕 《明太祖实录》。
〔21〕 《明成祖实录》。
〔22〕 恩格斯:《自然辩证法》,《马克思恩格斯选集》第3卷,人民出版社1972年版,第524页。
〔23〕〔24〕 *The Spanish letter Of Columbus to luis de Sant Angel*, London, 1893, p. 13.
〔25〕 G. R. Potter, *The New Cambridge Modern History*, Cambridge, 1957. V. 1. p. 431.
〔26〕 周一良、吴于廑:《世界通史资料选辑》(中古部分),商务印书馆,1964年版,第307—308页。
〔27〕 福斯特:《美洲政治史纲》,第42页。
〔28〕 G. R. Potter, 前引书,第426—427、450页。
〔29〕 Freeman-Grenville, *The East African Coast*, Oxford, 1962, p. 111.
〔30〕 B. Davidson, *The African Past*, London, 1964, p. 191—192.
〔31〕 《明成祖实录》。
〔32〕 马欢:《瀛涯胜览》。
〔33〕〔34〕 费信:《星槎胜览》。
〔35〕〔36〕 《明史·郑和传》。
〔37〕〔38〕 《明成祖实录》。
〔39〕 《郑和家谱·随使官军员名条》。
〔40〕〔41〕 马欢:《瀛涯胜览》。
〔42〕 《明宣宗实录》。
〔43〕〔44〕 《明史·郑和传》。
〔45〕 《罪惟录·锡兰国》。
〔46〕 恩格斯:《致康·施米特》,《马克思恩格斯选集》第4卷,第481页。
〔47〕 恩格斯:《论封建制度的瓦解和民族国家的产生》,《马克思恩格斯全集》第

21卷,第450页。
〔48〕《明太祖实录》。
〔49〕参见郑鹤声、郑一钧编:《郑和下西洋资料汇编》,齐鲁书社,1980年版,第222—225页。
〔50〕《明宣宗实录》。
〔51〕参见郑鹤声、郑一钧前引书,第222—225页。
〔52〕马克思、恩格斯:《共产党宣言》,《马克思恩格斯选集》第1卷,第252页。
〔53〕列宁:《卡尔·马克思》,《列宁全集》第21卷,第44页。
〔54〕G. R. Potter,前引书,第426—427、450页。
〔55〕〔56〕 E. J. Hamilton, *American Treasure and The Price Revolutions in Spain*, Harvard, 1934, p. 34, 192, 292.
〔57〕 *Encyclopedia Britannica*, 1978, V. 20, p. 1094.
〔58〕关于安特卫普等城市的兴盛,参见 G. R. Elton, *The New Cambridge Modern History*, V. 2. p. 58—69.
〔59〕〔60〕 E. J. Hamilton, : *American Treasure and The Price Revolutions in Spain*, Harvard, 1934, p. 34, 192, 292.
〔61〕〔62〕 G. R. Potter,前引书,第453—454页。
〔63〕 E. J. Hamilton, *American Treasure and The Price Revolutions in Spain*, Harvard, 1934, p. 34, 192, 292.
〔64〕〔65〕 G. R. Potter,前引书,第453—454页。
〔66〕马克思:《哲学的贫困》,《马克思恩格斯全集》第4卷,第166页。
〔67〕G. R. Potter,前引书,第453—454页。
〔68〕《天妃灵应之纪》碑,转引自郑鹤声、郑一钧,前引书,第42页;巩珍:《西洋番国志》,中华书局,1961年版,第53页。
〔69〕严从简:《殊域周咨录》。
〔70〕《明史·夏原吉传》。
〔71〕〔72〕《明成祖实录》。
〔73〕《明英宗实录》。
〔74〕《明太祖实录》。
〔75〕《明仁宗实录》。
〔76〕《皇明经世文编》第58卷。
〔77〕张燮:《东西洋考》。

本文发表于《北京大学学报》(哲学社会科学版)1983年第6期。

论近代亚洲资产阶级早期政治活动的性质和作用

19世纪70至90年代,亚洲各国普遍出现了资产阶级的早期政治活动。如奥斯曼帝国的米德哈特宪政活动,波斯马尔考姆·汗的宪政宣传,印度国大党的成立及其早期活动,以何塞·黎萨为代表的菲律宾宣传运动,朝鲜开化党人的活动和我国的戊戌变法,等等。这是继19世纪中叶前后东方诸国上层改革活动出现的又一规律性的历史现象。

这一规律性的历史现象,已经引起过一些学者的注意。本文愿在前人研究的基础上,进一步作些探讨。

一

近代亚洲资产阶级的早期政治活动,是亚洲近代历史发展的一个重要里程碑。它的出现,在客观上是由西方殖民侵略造成的。

19世纪70年代以后,西方资本主义开始逐渐向帝国主义过渡,故而对东方国家的侵略也日益带有两个新的特点:一是在商品倾销的同时,开始对东方实行资本输出;二是为了确保商品倾销,特别是资本输出的地盘,开始在东方瓜分势力范围,更加严密地控制东方诸国,直至实行武力征服和占领。而作为亚洲国家的日本,在明治维新后走上了近代资本主义、帝国主义的发展道路,迅速加入西方殖民列强的队伍,转而成为危害周围亚洲国家的凶恶侵略者。

殖民列强瓜分世界的斗争,带来了19世纪70年代以后东方诸国普遍的民族危机。对于尚未最后沦为殖民地的各国来说,此时的危机已不再是什么被"打开大门"的忧患,而是整个民族和国家沦亡的临头大难了。

19世纪70年代,亚洲最后一个未被触动的国家——朝鲜,被打开了大门。随着日朝江华条约的签订,西方殖民列强接踵而至,援例签约。自1877—1883年,短短七年间,朝鲜的进出口总额增长了十四倍,日本对朝商品输出增长十倍以上,而欧美诸国更高达几乎十九倍。[1]朝鲜急剧沦为殖民列强商品倾销和原料掠夺的对象;至1895年甲午战争结束后,二十年不到,竟沦为亚洲首先摆脱了殖民地命运的日本的第一个殖民地。

朝鲜急剧沦亡的命运,是整个亚洲未亡诸国命运的缩影。与朝鲜同时,各国均以这种可怕的速度滑向殖民地的深渊。

1878—1879年,英国发动了第二次入侵阿富汗的战争;1885年,又发动第三次侵缅战争,并于次年吞并了缅甸,1883年,法国继70年代正式占领越南南圻(今南部)后,又出兵中圻(今中部),强迫阮朝签订顺化条约,次年吞并了越南。

在西亚,也是自70年代起,英、俄殖民者急剧加强了对波斯的争夺,实际上已经开始了瓜分波斯的过程。1872年,英国抢先下手,通过"路透租让"行动,企图将波斯的铁路修建、矿山、银行等全部经济命脉一"揽"无余。此举虽未得逞,但终在1889年获得建立波斯帝国银行的特权,次年又获得在波斯的烟草专卖权。俄国则步步反击,不仅竭力破坏英国的计划,而且提出自己的种种经济特权要求。同时还加紧实行"南进政策",从60—80年代,先后占领塔什干、撒马尔汗、基瓦汗,浩汗和土库曼,对波斯步步紧逼。90年代初,波斯向英国借款50万英镑。紧接着,俄国也向它贷款100万英镑。[2]波斯在经济、政治、军事诸方面均受到两强的胁迫与控制,局势十分险恶。奥斯曼帝国的情况也更加恶化。在帝国一片衰败、各种矛盾十分尖锐的局势下,拥有1200万名嫔妃、2000名仆役、数以百计的乐师等,总数在6000人以上的素丹宫廷依旧挥霍无度。[3]凡此种种,使帝国财政日绌,被迫大举外债。自1863—1874年间,大规模举债十次。仅1870—1874年的五年中签订的奴役性借款就近30亿法郎,外债总额更高达53亿法郎。终因无力支撑而于1875年宣布财政破产,由殖民列强控制的奥斯曼"国债管理局"掌握了帝国几乎全部最重要的财源。与此同时,俄国积极插手奥斯曼帝国境内斯拉夫各族的分立运动;奥匈帝国则乘机攫取波斯尼亚和黑塞哥维那;英国也强占了塞浦路斯;列强开始抛弃它们以前提出的

"保障奥斯曼帝国领土完整"的伪善口号,要公开肢解这个早已腐败透顶的老大帝国了。

我国的情况同上述亚洲各国几乎完全一样。康有为曾尖锐地指出:"俄北瞰,英西睒,法南瞵,日东眈,处四强邻之中而为中国,岌岌哉!"他大声疾呼,指出当时中国形势危急,犹如"寝于火薪之上"。[4]这个比喻,不仅对中国,而且对于正在沦亡中的亚洲各国,都是很贴切的。

至于早已沦为殖民地的亚洲诸国,则面临着更为深重的民族灾难。例如,据一位英国经济学家的估计,自 1876—1900 年,当时的英属印度竟有 2600 万人死于饥馑。这个数字,相当于上一个 1/4 世纪(即 1851—1875 年)的 5 倍。[5]

如此空前深重的民族危机和民族灾难,在亚洲各国引起了什么反响?

亚洲各国的封建统治阶级,早在 19 世纪中叶前后,就曾在西方自由资本主义侵略狂潮的刺激下,作出过自己的反应:它们当中有的集团参加和领导了反抗殖民侵略和殖民统治的武装斗争,有的集团则主持并推行了旨在挽救业已腐朽衰败的东方封建制度的上层改革活动。但所有这些抗争和改革大都先后遭到失败。经过这一场较量,东方封建统治阶级进一步匍匐在西方殖民列强脚下,两者进一步勾结起来。因此,在早期帝国主义带来的新的民族危机和灾难面前,亚洲封建主阶级已再无余勇可贾。尽管其中的若干成员还能坚持民族气节,个别国家和地区的封建主集团甚至还能抵抗一二,但从整个东方的情况来分析,封建主阶级、特别是它们的当权派已是"垮掉的一代"。从朝鲜闵妃集团卑躬屈节、引狼入室的卖国行径,到我国那拉氏统治集团"宁赠友邦,不予家奴"的无耻作为;从嗜血暴君奥斯曼素丹哈米德二世,到昏庸专横的波斯国王纳斯雷丁,都鲜明地表现了这种不可救药的特征。波斯的纳斯雷丁公然声称,他就是喜欢被一群昏庸的朝臣所包围,这些朝臣最好不知道布鲁塞尔是一座城市还是一颗卷心菜。[6]而当奥斯曼帝国财政破产在即,法国大使假惺惺地对土耳其政府未能搞好公路建设与财政管理表示遗憾时,奥斯曼帝国的一个权贵竟用法文 banque(银行);route(公路)和 banqueroute(破产)作文字游戏,回答说:"Attendez un peu, Excellence, nous aurons l'un et l'autre, des banqueset desroutes, enfin la banqueroute."[7](阁下,别着急,我们既会有银行,也会有公路,最后还会有破产)"银行"也罢,"公路"也罢,最后反正是"破产"。对待祖国的命运全然是一种玩世不恭的态度。

这种民族危机在东方国家广大下层群众那里遇到了极为强烈的反抗。特别是面临生死存亡关头的各国人民群众,在他们丧失了封建主阶级这个千百年来民族矛盾尖锐时刻的天然领袖之后,并没有向殖民强盗低头。相反,他们揭竿而起,在 19 世纪末掀起了朝鲜甲午农民战争,中国的义和团运动,越南的黄花探起义,波斯的反烟草专卖斗争,等等。他们的抗争精神可歌可泣,他们的英雄业绩永垂史册,他们对帝国主义侵略者的沉重打击和对延缓自己祖国沦亡所起的作用均应充分肯定。但是,他们的物质和精神武器如长矛大刀、宗教符咒等毕竟已陈旧不堪。这种旧式农民战争的斗争模式,毕竟属于一个逐渐逝去的旧的时代。在近代亚洲的历史上,它们是旧的一章的终结,而不是新的一章的开始。它们和亚洲封建主阶级不同之处在于:后者是以丑剧的形式醉生梦死、沉沦下去,从而彻底否定了自己,而前者则是以悲剧的形式努力抗争,埋葬了自己的昨天。

二

封建统治阶级的可耻屈服,下层劳动群众的悲壮失败,意味着古老的东方已走到了自己的尽头。然而,一个新的东方也同时正在这绝处萌生。在逐步扩大的殖民列强对东方的资本输出刺激下,亚洲各国社会内部出现了一些尽管相当微弱,却极为重要的新因素。

在经济基础方面,近代资本主义新经济因素开始在 70—90 年代出现并初步发展起来。

我国的情况在亚洲诸国当中相当典型。在外国资本之后,民族资本主义的近代企业也兴办起来。据统计,1872—1898 年,我国国内兴办的新式企业共计 133 个。[8] 仅 1895—1898 年,新办的较大规模的厂矿企业就有五十余家,资本总额达到 1200 万元。1897 年张之洞的一个奏折,很清楚地反映了这一发展趋势。他说:"数年以来,江、浙、湖北等省陆续添设纺纱、缫丝、烘茧各厂约三十家。此外机造之货,沪、苏、江宁等处,有购机制造洋酒、洋蜡、火柴、碾米、自来水者。江西亦用西洋养蚕、缫丝之请。陕西现已集股开设机器纺织局……四川已购机创立煤油并议立洋蜡公司。山西亦集股兴办煤铁,开设商办公司。至于广东海邦,十年以前即有土丝、洋纸等机器制造之货……似此各省气象日新,必且愈推愈广。"[9]

这种趋势,在其他亚洲国家也程度不同地发展着。为了殖民侵略和统治的需要,"欧洲列强最先把近代通讯与交通设施引进亚洲国家。对于像波斯这样的半殖民地国家,英国从60年代开始敷设电报线,逐步将其主要城市纳入自己的通讯网,作为进一步侵略的触角。而在印度这样的殖民地,则直接修建铁路。1860—1890年,印度铁路线从1300公里猛增至25600公里。其中仅60年代末修成的那格浦尔至孟买一线,就取代了以往成千上万辆牛车运输,扩大并加速了棉花输出和英国工业品的输入,结果立即使中部各省的对外贸易倍增。"[10]铁路的修建,无疑在印度和其他亚洲国家起着"现代工业的先驱"[11]的作用。

银行也是这样。1863年,英、法资本家获准在奥斯曼帝国建立具有国家银行职能的奥托曼银行;后来,法国里昂信贷公司在伊斯坦布尔设立支行;1888年,西欧几家银行又建立了萨罗尼加银行。在波斯,1889年建立了英国资本经营的波斯帝国银行,其创办资本为百万英镑,拥有发行钞票的权利。[12]银行的建立,将亚洲各国卷进世界金融流通领域,同时也将近代金融活动规律引进亚洲社会,从而为它们近代资本主义的发展增添了一个有力的杠杆。

近代资本主义的工矿业也开始在亚洲各国逐渐发展起来。其中,印度是发展最快的一个。印度的近代企业创办很早。19世纪中叶,英国人已在印度开办煤矿与麻纺厂。印度人自己也几乎同时办起了棉纺厂等近代企业。到80年代初已有近代企业二百余个。从有关经济史资料中可以看到,第一批印度企业家多半是由买办转化而来的。他们当中,有的原是贩卖鸦片的商人,有的原是英国公司的掮客,有的则出身于专为东印度公司造船的家族,等等。[13]除了买办外,也有从土地所有者身份转化而来的,如钦德瓦达地区的四家棉纺织企业主中,有的就是地主,或是马拉特的婆罗门。[14]此外,还有少数的民间手工业,在极其艰难困苦的条件下挣扎过来,被迫适应资本主义潮流,逐步发展成资本主义的手工工场。在有的地方,这类手工工场开始使用了飞梭。[15]奥斯曼、波斯这一类半殖民地的东方封建大国,虽然也出现了若干资本主义近代企业,但其发展程度则要远落后于印度,甚至落后于同属半殖民地类型的中国。例如,直到 19 世纪中叶以后,奥斯曼帝国的采矿业在许多地方仍然采用封建国家征收劳役地租的形式进行生产。只有个别的商人采取包买形式向政府购得购买矿石的垄断权。[16]显然,这种现象只表明商业资本流向采矿业的某种趋势,还远不能说出现了近代资本主义的采矿业。

因此,从经济意义上讲,亚洲一些主要国家的近代资本主义在 19 世纪 70—90 年代虽已出现,但力量尚很微弱,发展也不平衡。此时,亚洲各国的资产阶级只能说刚刚形成,或处于正在形成的过程中。

从上层建筑的领域看,在这一时期,西方资本主义的精神文明通过种种渠道在亚洲各国传播开来,产生了亚洲第一批具有近代色彩、力图向西方资本主义学习的知识分子。

赴欧美留学,是亚洲各国知识青年接触西方文化、在世界观上获得新信念的一条十分重要的途径。我国从 19 世纪 70 年代开始向欧美派遣留学生。这些留学生回国后多有贡献。如严复就曾翻译了赫胥黎的《天演论》等著作,比较系统地介绍了西方资产阶级的政治社会学说和自然科学。80 年代,朝鲜也派使团前往日本和欧美,考察其经济、政治与文化教育等情况,使团成员中的一些开化党人由此大大开阔了自己了解外部世界的视野。[17]菲律宾上层家庭出身的青年则被送往马德里和欧洲其他国家去学习,在那里接受了西方资产阶级的思想、文化,特别是资产阶级革命的影响,返回菲律宾后纷纷投身到启发本国人民近代民族意识的宣传运动中。正是在他们当中涌现出近代菲律宾民族解放运动的杰出启蒙者何塞·黎萨。

开办新式学校,实行西方式教育,是亚洲各国新型知识分子形成的主要途径。亚洲各国,特别是殖民地各国开办新式学校的时间,一般都早于开办近代企业。例如,菲律宾从 1836 年开始兴办学校,至 1866 年,在 1900 个村庄办起了学堂,入学的青少年男女共 23 万人。1892 年,学校数量达到 2137 所,还开办了高等学校,教授西班牙文、历史及自然科学,等等。[18]印度则更早在 1817 年就在加尔各答建立了印度学院。此后 40 年间在孟加拉和印度各地兴办了大量学校。1857 年,更在加尔各答、孟买和马德拉斯办起了三所大学,还有许多从属于它们的学院和学校。[19]这样,逐渐在印度社会中出现了一个受过英国式教育的知识分子阶层。奥斯曼帝国在 1868 年开办了一所按照法国大学预科模式建立的学校,又建立了英国式的海军学校。此外,还陆续建立了各种军事学校及医学专科学校等。[20] 甚至教会的活动也在客观上传播了西方资本主义文化。如英、美传教士们在波斯的一些城市里影响了上千的人们。在他们开办的学堂里,青少年们受到欧洲文化教育。此外,波斯国王也开办了一所学宫,聘请了一批欧籍教师,对上层家庭子弟进行了多少带有近代性质的教育。[21]

应该指出,所有这些新式学校,首先都是由西方殖民主义者和东方封建统治者们开办的。他们开办学校的本意,是要培养为自己服务的忠顺奴才。但这些原想培养奴才的学校,却按照历史发展辩证法的无情逻辑,造就出一代新人。这些掌握了西方资产阶级新思想、新文化的青年,用新的眼光观察自己备受压迫和欺凌的祖国,从而作出新的判断和抉择。奥斯曼帝国的青年知识分子从西方教育中学到了"祖国"、"宪法"和"议会"这些崭新的概念及事物,[22] 他们就将"祖国"、"宪法"和"议会"大写在自己的旗帜上,去拯救日益被肢解的奥斯曼国家。印度的青年知识分子读了密尔顿"我仿佛看到一个高尚而强大的民族,像一个沉睡后的好汉奋起抖动那难挣脱的锁链"的文字,便自然联想到印度的情况,发出了"我仿佛看到高尚而强大的印度民族在沉睡之后奋起,以非凡之神勇奔向进步"[23] 的呼声。印度民族解放运动的著名活动家提拉克在1885年时就指出了西方教育导致近代印度爱国主义的产生。他说:"现在,我们逐渐被爱国主义的精神所鼓舞。我们当中的爱国主义的产生,是由于英国的统治和教育。英国教育给我们灌输了古代和现代的历史知识。它使我们了解了古希腊和罗马人的爱国主义的成果。我们还了解到,当他们失去了爱国主义时,他们的历史便怎样地屈从于外国的统治。"[24] 话虽不尽准确,却反映了这样一个事实:千百年来长期处于分裂、割据的印度,正是从自己的殖民统治者那里,学到了要求摆脱这种统治的近代资产阶级民族意识。

综上所述,我们可以看到:由于近代资本主义经济的产生和逐步发展,由于西方资产阶级文化通过种种途径日益广泛的传播,在19世纪70—90年代,亚洲诸国的资产阶级正在凝聚、形成并发展起来。这个阶级的经济部分(或躯干部分)即资本家多半由买办、官僚和封建地主转化而来;这个阶级的思想部分(或头脑部分)即近代资产阶级范畴的知识分子则多半由上层阶级的青年子弟转化而来。总的看来,这个刚刚形成或正在形成的亚洲资产阶级是很弱的。这不仅表现在数量上（人数少、近代资本主义企业少），而且表现在质量上（同殖民统治者和本国封建统治阶级有着千丝万缕的、深深的关系）。不过，同西方资产阶级比较起来，年轻的亚洲资产阶级又有一个值得注意的特点，这就是：由于亚洲各国的近代资本主义主要不是由自身土壤中生长起来的，而是西方殖民主义侵略客观上造成的结果，所以亚洲社会的近代资本主义因素，并不像西欧国家那样，首先发生在经济基础的深刻变化中，然后在上层建筑（政治、思想、文化）诸方面得到反映，而是几乎同步由外部世界移植的。而且，由于思想、文化的移植与传播，要比工矿企业的开办更简单，更少花费，故而上层建筑方面的变化完全可能比经济基础方面发生得更早、更快。这样，从新生的亚洲各国资产阶级的构成上看，相对而言，其思想部分比经济部分产生得更早，发展得更迅速，因而也就更有力量。在西欧，资产阶级在封建社会内部长期凝聚着自己的经济实力，资本家集团还在自己尚未完全从市民阶层中分裂出来时就已举旗奋起，登上阶级斗争的舞台。而在东方，亚洲近代资产阶级从它诞生之时起便头重脚轻，呈现出某种精神上、思想上的早熟性。它的思想部分视野开阔、感觉敏锐，即知识界是先行者。他们比较了解外部世界的现状及其发展趋势，比较深刻地看到了东方封建制度无可挽救的腐朽性质，因而也就更加清醒地看到东方民族所面临的严重危机。他们所掌握的先进的科学、文化知识，使他们认定走资本主义近代化的道路是拯救祖国的唯一出路。因此，提出了学习西方资本主义（甚至学习日本明治维新）以改造东方的政治要求。他们不仅是亚洲资产阶级的先知先觉部分，同时也是亚洲各民族的先知先觉部分。在近代亚洲诸民族的形成和发展史上，他们从一开始就起了某种先锋和桥梁的作用。面对着19世纪末期的空前的民族危机与灾难，这个新近刚刚形成（或正在形成）的、精神上相对早熟的亚洲资产阶级，便在形势紧迫、不容准备的情况下匆匆作出了自己的反应，开始近代亚洲资产阶级的早期政治活动。

三

亚洲资产阶级早熟的特点，决定了这个阶级的知识界率先登上政治舞台。因此,它们的早期政治活动,首先就集中在制造舆论上面。无论是殖民地还是半殖民地,绝大多数亚洲国家的资产阶级都是从宣传活动开始登台亮相的。

办报纸,是它们普遍迈出的第一步。

在整个亚洲,办报的历史要以印度为最长。早在18世纪末,英国人就开始在加尔各答办起一些报纸。1853年,印度人哈利斯·钱德拉·穆克吉创办了《印度爱国者》报。对于在东方国家办报——哪怕是英国人办报——的危险性,殖民统治者当中有人是看得很清楚的。早在1822年,一个英国驻印度的殖民官吏就曾预言:自由报纸和外来统治两者是势同水火,互不相容的,因为前者的首要任务正是使国家摆脱后者的桎梏。[25]果然,报纸在印度发展很快,影响迅速扩大。1877年,仅孟买管区就有62种印地文报纸,北印度有大致同样数量的印地文报纸,孟加拉有28种,南印度则有20种,总发行额大约10万份。[26]这些印度人所拥有和编辑的报纸一般都支持民族主义事业。另一个材料表明,1877年在英属印度共有644种报纸。受过教育的印度人都养成了读报的习惯,甚至没有文化的人也喜爱聚集在车站大厅或杂货铺里听人读报。[27]

在菲律宾,1822年发行了第一种报纸《博爱》。40年代以后,报业明显发展。继1843年《菲律宾周报》之后,又印行了《国家之友》、《星》、《希望》等报纸。自1822年至1860年,共创办16种报纸。[28]在奥斯曼帝国,19世纪60、70年代,那梅克·凯末尔等人在巴黎、伦敦和日内瓦等地创办了《自由报》等一系列报纸。这些报纸通过各种渠道秘密运回国内,不胫而走,广为流传,对广大群众,特别是青年学生产生了巨大影响。据一位亲历者后来回忆,学生们纷纷传阅那梅克·凯末尔等作家被禁的作品,并在校园里讨论犯禁的问题。[29]波斯的马尔考姆·汗也在国外办起了《法言》报,尽管受到波斯反动政府的百般查禁,但仍通过走私,偷运入境,在国内流传。[30]

我国的报业,起步比其他亚洲国家要晚,但在戊戌变法的前几年发展很快。从1895—1898年的短短几年中,先后办起了《中外纪闻》、《强学报》、《时务报》、《国闻报》等多种。其中,梁启超在上海创办的《时务报》,每期印行万余份。

除了办报宣传外,亚洲资产阶级开始建立自己的政党或政治组织。

资产阶级政党是一个国家资产阶级成熟的重要标志。一般地讲，西方资产阶级在领导人民向封建主阶级进行革命斗争时，尚未组织政党，至多不过在革命进程中出现过某些代表资产阶级一定阶层或集团利益的松散的政治派别。西方资产阶级政党都是在资产阶级革命胜利以后相当一段历史时期才出现的。最早出现的英国的辉格党和托利党，距离1640年英国革命已一个多世纪了。已经拥有长期统治经验的西方资产者把政党作为进一步维护本阶级统治的阶级斗争的工具。而在亚洲，当年轻的亚洲各国资产阶级将自己渴望学习的目光转向西方的时候，就自然注意并引进西方资产阶级政党这一现成的组织形式及其活动手段。这样，还在亚洲正规意义上的资产阶级革命爆发以前，东方资产阶级已经拥有了政党。尽管在开始的时候，它们建立的这些政党还很不完善，有的甚至只能称作政党的雏型，但这毕竟是东方年轻的资产阶级的一个特点，一种优势。

亚洲资产阶级建立政党的最早的尝试之一，是土耳其的新奥斯曼党人作出的。1865年，那梅克·凯末尔、伊布拉欣·塞南西、齐亚·贝等一小群著名的记者、作家、教师、官吏和军官，学习了法国、德国、匈牙利、意大利和波兰的经验，仿照法、意秘密政党的模式，建立了新奥斯曼党，成员大多数是20—30岁的青年知识分子，245人[31]（由于该组织的秘密性质，故而实际人数显然要更多些）。继新奥斯曼党之后，印度在70年代出现的一系列政治组织的基础上，于1885年建立了国大党。朝鲜建立了开化党。菲律宾在1892年建立了菲律宾联盟。我国则在戊戌变法前夕，成立了强学会等政治组织。

掌握了宣传手段，建立了政治组织，在这两者结合的基础上，亚洲各国资产阶级开展了积极的、按其人数来说是能量惊人的政治活动。

在19世纪70至90年代的早期政治活动中，亚洲各国资产阶级都提出了一系列改革要求。这些要求集中到一点，首先就是政治上实行宪政。在一定意义上我们甚至可以说，这股政治潮流，就是一场宪政运动。

我国戊戌变法时期，维新派要求光绪皇帝学习日本的明治维新。学什么呢？"考其维新之始，百度甚多，惟要义有三：一曰大誓群臣以定国是，二曰立对策所以征贤才，三曰开制度局而定宪法。"同时，又引进欧美制度，"近泰西政论皆言三权：有议政之官，有行政之官，有司法之官。三权立,然后政体备"。[32]他们积极主张逐步推行西方议会政治,要求光绪皇帝"特诏颁行海内士民,令公举博古今、通中外、明政体、方正直言之士,略分府县。约十万户,而举一人……名曰议郎……凡内外兴革大政,筹饷事宜,昔令会议于太和门,三占从二,下部施行,所有人员,岁一更换,若民心推服,留者领班。著为定例,宣示天下。"[33]

在土耳其,新奥斯曼党人的代表如那梅克·凯末尔、伊布拉欣·塞南西等人撰写文章,进行宣传,集中要求改变国家君主专制的政治制度,而代之以君主立宪制度。对当时报刊的研究结果也表明:报纸上"最重要的题目乃是奥斯曼国家的立宪制议会的改革",是介绍"欧洲君主立宪,执政者受法律或宪法制约"等情况的。[34] 1876年,新奥斯曼党人在米德哈特领导下,经过一系列斗争直至发动宫廷政变,一度掌握了政权,并颁布了土耳其历史上的第一部宪法,从而将奥斯曼帝国的这场宪政运动推到当时亚洲资产阶级早期政治活动的高峰。宪法规定,设置一个内阁和一个由选举产生的议会,并按照欧洲的形式授予各民族以按比例的代表权。还着重申明国内所有臣民,不论种族和教派都一律平等,以及其他一些自由、民主的权利。这次活动失败后,直到90年代,新建立的青年土耳其党人仍在致力于争取宪政的斗争。他们要求"新建的政府必须建立在宪政的支持之上,要保证法制以避免专政",认为"此乃解决奥斯曼帝国问题的钥匙",并宣称:"土耳其人已经成熟到可以实行宪政的程度了。"[35]

在波斯,马尔考姆·汗创办报纸、撰写小册子,中心论题就是要求一部正式的法典,并且召集议会。

在印度,早在1852年,加尔各答的印度协会致英国议会的请愿书中已包含有宪政的最初要求。1867年,班纳吉(后来国大党第一任主席)就曾在英国发表长篇演说,要求"在印度实行代议制的、责任制的政府"。[36]他还具体建议在印度建立两院制。1874年,另一个著名的印度资产阶级活动家帕尔更在文章中明确声称:他们活动的目的就是走向自治,走向为印度介绍宪政的政府。[37]国大党成立后,在相当长的一段时间内(即1885—1905年)的主要活动就是进行宪政宣传,故而这一时期又称为宪政时期。

除了宪政要求外,亚洲各国资产阶级在这一阶段还提出了相当广泛的改革要求。如我国的谭嗣同主张:在经济上,发展工矿业,"尽开中国所有之矿,以裕富强之源"。发展商业,实行保护关税政策:"设商部,集商会,立商总,开公司,兴保险,建官银行。……出口免税,进口重税。"在文化上,大办教育:"广兴学校,无一乡一村不有学校,而群才奋。"[38]波斯的马尔考姆·汗要求妇女自由和简化波斯文字。[39]印度的改革者们也提出发展本地工商业,反对一夫多妻制和种姓制,以及教育救国等主张。

四

如何评价近代亚洲资产阶级的早期政治活动?

长期以来,我国学术界对这些活动评价较低。究其原因,主要有两个方面。一方面,人们往往喜欢拿这些资产阶级的早期政治活动同当时的下层人民群众的斗争相比较,结果是抑此扬彼,褒贬分明,强调下层人民的斗争性和资产阶级害怕群众、不敢同群众结合的软弱性;另一方面,又将这些资产阶级的早期政治活动同后来的资产阶级革命派领导的斗争相比较,强调批评它们走改良主义道路。

这样贬低亚洲资产阶级的早期政治活动,不能认为是全面、准确和恰当的。

先看第一种褒贬。在19世纪70至90年代这一历史时期,亚洲各国同时出现了上层资产阶级早期运动和下层人民的斗争。这种情况,以我国的戊戌变法和义和团运动最为典型。我认为,将这两种类型的运动加以比较,不仅是允许的,而且是必要的。问题在于怎样比较。

我不赞成一褒一贬的比较办法。既不赞成过去很长一个时期褒义和团而贬戊戌变法的比较,也不赞成近年来一些文章贬义和团而褒戊戌变法(乃至洋务运动)的比较。而是认为:应该在两者皆褒的前提下进行比较,努力作出全面的、科学的评价。

义和团运动这一类当时亚洲各国下层人民的斗争,尽管有这样或那样的弱点,但仍是应该充分肯定的。它的功绩,主要表现在:在民族存亡的危急关头,发扬了东方各国人民的爱国主义优良传统,发扬了东方各国人民的不屈于压迫、酷爱自由的革命传统,面对着凶焰万丈的帝国主义强盗,英勇搏斗,以死相拼,大长了东方各国人民的志气,大灭了帝国主义的威风;他们的反抗精神,为后代留下了宝贵的精神财富。

然而,如果从时代高度这一角度和标准来衡量,我们便不难看到:戊戌变法这一类当时亚洲各国的早期政治活动,尽管也有这样或那样的弱点,但比起义和团一类的下层人民的抗争,其水准整整高出一个层次,一个时代。

戊戌变法一类的活动,首先也是一场救亡运动。亚洲各国的资产阶级早期活动家们,是旗帜鲜明的爱国者。他们面对帝国主义列强瓜分狂潮,为自己祖国和民族的命运忧心如焚;他们进行"公车上书"等各种活动,大声疾呼,希望挽狂澜于既倒;他们提出各项改革的主张,最首要和急于达到的目的,便是使自己的祖国强盛起来,避免沦亡的命运。在这一点上,戊戌变法同义和团是一致的。早期的资产阶级活动家们同下层群众之间尽管彼此没有联系,但都在孤军奋战的情况下,将自己的才智、心血乃至生命献给了危难中的祖国,他们都是可歌可泣的。

不过,比起义和团一类下层人民运动的爱国主义,戊戌变法一类的资产阶级运动具有一些崭新的特点。他们的视野,突破了东方国家前资本主义自然经济的制约,能从全球帝国主义瓜分狂潮的大趋势来认识自己祖国的严重局势,因此能比处在中世纪生活环境下的群众少一些盲目性,多一些自觉性。特别应该指出的是,他们的救国理想,已不是向宗教祈求马赫迪等救世主带来幸福的"千年王国",更不是扶保一个什么原封不动的"大清"之类的东方封建帝国。他们的救亡目标,是要把自己的国家变成西方资本主义国家、明治维新后的日本那样的强国。因此,他们的爱国主义,实际上已经是属于近代资产阶级民族主义范畴。他们的活动本身,正是亚洲各国近代民族形成的标志。这在东方的历史上,不能不说是一个前所未有的高度。

戊戌变法一类的活动,比起义和团等下层人民的斗争来,还具有另一个重要的新特点,这就是它们要求变革东方君主专制制度。近代东方下层群众的抗争,一直持续到 19 世纪末,这种没有先进阶级领导的自发斗争,即使在水平最高的时候,也从未超出平均主义的要求。他们所憧憬的平等和自由,只是一种无法实现的善良愿望。然而,亚洲资产阶级的早期活动家们终于超越了这根矗立了千百年的历史横杠,达到了新的境界。他们所致力的宪政运动,要求逐步实行西方资产阶级国家的代议制,一下子抓住了东方社会变革的一个核心问题——资产阶级民主主义。他们的民主要求,尽管还十分幼弱,但这种属于近代范畴的思想上和政治上的高度,也是近代东方任何轰轰烈烈的旧式农民战争式的斗争不能望其项背的。

因此,我们说:在19世纪70至90年代的亚洲国家上、下两层同时进行的运动,一个意味着旧时代的终结,一个标志着新时代的开始,两者交叉进行,各自都起了积极的历史作用。但总的看来,早期资产阶级政治活动起点更高,内容更深刻,前景更宽广,因而理所当然地应得到更积极的评价。

再来看"改良主义"的这顶帽子。

什么是改良主义?

改良主义,本来是有其特定含义的。它指的是国际共产主义运动中反对无产阶级革命,主张在不触动资本主义制度的范围内实行微小的社会改良的资产阶级和小资产阶级思潮。对于这种改良主义,马克思主义经典作家们从来是毫不含糊地坚决反对的。马克思很早就批判了"资产阶级社会主义者所拚命鼓吹的'资本和劳动的协调'"。[40]列宁则批判了那种"抹杀现代俄国社会经济关系的对抗,硬说可以用一般的、照顾到一切人的'振兴'、'改良'等等的措施来办妥一切,硬说可以调解和统一"的论调,指出:他们"是反动的,因为他们把我们的国家描绘成一种站在阶级之上从而适宜于并能给被剥削群众以某种重大的和真诚的帮助的东西。"[41]

显然,19世纪70至90年代的亚洲各国资产阶级早期政治活动,同上述这种特定意义的改良主义之间是风马牛不相及的。但是,这些被冠以"改良主义"的亚洲资产阶级早期活动,难道不是由于概念的容易混淆,在相当长的一段时间里承受过对上述特定含义的改良主义批判所带来的压力吗?"这鸭头不是那丫头,头上那讨桂花油"[42]那种于平白无故中所受的影响,是早就应该彻底澄清了。

那么,除了上述特定意义的、国际共产主义运动中的改良主义之外,是否还有更为广义的改良主义呢?

这是一个相当复杂的问题。因为,除了特指意义上的改良主义之外,英文中的Reform,俄文中的Рефoрма,都既可以理解为改良,也可以理解为改革,两义相通,无褒无贬。不过,在我国由于孙中山革命派登上历史舞台后,同康、梁一派激烈辩论,后者被称为"改良派"。因而汉语"改良"一词含有了贬义,"改良主义"的概念也被扩大了。再考查无产阶级革命领袖们的论述,列宁讲过,历史上的改良活动只不过是革命斗争的"副产品","因为它反映了那种想削弱和缓和这种斗争的失败的尝试"[43]。斯大林也讲过,"不能把任何改良叫作革命","不能期望……用改良的方法,用统治阶级让步的方法,使一种社会制度悄悄地过渡到另一种社会制度"[44]。他们虽未提出新的广泛意义上的"改良主义"这一概念,但我们从这一角度去领会,似乎也可以说,在人类社会的历史发展中,那种主张局部改革而不触动原有社会制度基础、主张和平渐变而反对革命突变的思想体系,可以称之为广义上的改良主义。

亚洲资产阶级的早期政治活动,是否属于这种广义上的改良主义范畴呢?

在很大程度上也不是。

考察一下当时亚洲资产阶级早期活动家们所提出的主要要求,无论是颁布宪法,召开议会,实行三权分立,还是开发资源,保护关税,发展资本主义工商业,抑或是移风易俗,革除陋习,推行西方资产阶级文化教育,等等,哪一条不是自觉地、直接地触及千百年来东方封建制度政治、经济和思想文化领域最根基的东西呢?只要把这些活动的内容同19世纪中叶东方诸国封建上层所主持的那些改革活动相比较,便不难看到,两者之间在主、客观上都有着本质的不同。19世纪中叶东方封建上层的改革,才是为了维护封建制度的基础,而19世纪70至90年代的亚洲资产阶级早期政治活动,恰恰是开始要触动这个根基。很明显,"改良主义",即便是广义上的"改良主义"框框,对于这些活动也已经不那么适用了。

戊戌变法时期的梁启超有一段话,很说明问题。他对当时我国的严重局势和各种政治集团的态度作了一个生动的比喻,指出:"今有巨厦,更历千岁,瓦墁毁坏,榱栋崩析……风雨猝集,则倾圮必矣。而室中之人……酣嬉鼾卧……或惟知痛哭,束手待毙……又其上者,补苴罅漏,弥缝蚁穴,苟安时日……此三人者,用心不同,漂摇一至,同归死亡。善居室者,去其废坏,廓清而更张之,鸠工庀材,以新厥构。"[45]反对"补苴罅漏,弥缝蚁穴",主张"廓清而更张之",清楚地表明了戊戌变法的活动家们的思想已经在很大程度上超出了改良主义的范畴。他们同那些"漂摇一至,同归死亡"的小修小补的改革者们之间,已有本质上的区别。他们不再与旧制度"同归死亡",而是要另辟新生之路了。

当然，正因为是资产阶级的早期政治活动，正因为当时亚洲各国的资产阶级及其活动家们都刚刚或者尚未完全从旧的封建窠臼中挣脱出来，旧的东西仍然在他们的思想和行动上起着某种支配作用。他们是背着"昨天"的沉重历史负担，在"今天"进行，为"明天"而奋斗的。所以，他们的思想和活动，不可避免地会打着留恋往昔、不愿同旧制度决裂、倾向自上而下的渐变、害怕革命的突变等烙印。如我国的康有为等人，就眼睛向上，主张"变法本原，非自京师始，非自王公大臣始不可"。[46]即使是在宣传宪政时，也不断重申"至会议之士，仍取上裁，不过达聪明目，集思广益，稍输下情，以便筹饷，用人之权，本不属是，乃使上德之宣，何有上权之损哉？"[47]时时流露出一种软弱惶惑的心情，而奥斯曼帝国直到青年土耳其党活动的时候，仍然表示不希望推翻素丹君主制，因为它对维持秩序是必要的。他们的座右铭就是："秩序和进步！"[48]

所有上述这些烙印，可以称之为"改良主义色彩"。由于亚洲各国的国情差异甚大，在近代资本主义的发展程度和资产阶级状况等方面，不同地区，不同类型的国家之间，往往很不相同。故而这些早期资产阶级政治活动的改良主义色彩的浓厚程度也不相同。在某些国家、某些阶段上，例如印度国大党成立的初期，这种改良主义色彩甚至还占过某种优势。不过，从总体和发展趋势来看，比起这些运动的资本主义根本性质来，其改良主义色彩只是次要的，居于第二位的东西。

即令就运动的改良主义色彩或成分而论，也不能一概抹杀和否定。

诚然，无产阶级的革命领袖们对一般意义的改良和改良主义，评价也较低。但他们的评价，只是着重从将改良与革命严格区别开来这一角度出发作出的。对改良或改良主义的活动本身在历史上究竟起过什么样的作用，作用的程度如何，则应遵循具体情况具体分析的原则，实事求是地作出恰当的估价。一般地讲，看一场历史上的改良和改良主义（当然是指广义的）运动究竟是否值得肯定，关键在于看当时是否存在着革命形势。如果根本不存在革命的形势，或者革命形势尚未成熟，那么这时的改良主义活动便是积极的，进步的，应予肯定。如果革命形势已经基本成熟，已经到了不仅下层群众不愿照旧生活下去，而且统治阶级也不可能照旧不变地维持自己的统治的时候，改良或改良主义的活动便是消极的，甚至反动的，必须予以否定。

拿这个标准再去衡量本文研究的对象,我们就会看到:在 19 世纪 70 至 90 年代这一时期的亚洲诸国,并不存在后来于 20 世纪初才出现的革命形势。因此,即便是对运动中含有的那些改良主义因素,也应在指出其历史的和阶级的局限性的情况下,给以一定的积极评价,而不宜不作分析地贬低或抹杀。

综上所述,亚洲资产阶级的早期政治活动,一方面由于提出了一系列属于近代资产阶级的变革要求,在相当程度上突破了改良主义的范畴;另一方面又由于它们没有,也不愿号召下层群众投入自己的斗争,未能从根本上提出号召群众的革命纲领,在不同程度上又带有某些改良主义的色彩。所以,它们虽不应再被归入改良主义一途,也还不能看做是正规和比较完全意义上的革命,而应称为资产阶级革命的序幕和准备。

大约一个世纪以前,年轻的亚洲资产阶级在它们刚刚形成时,就迎着民族危亡的惊涛骇浪登上历史舞台,进行了一系列政治活动,力图学习西方资本主义,改弦更张,挽救自己的祖国。尽管它们带有许多先天的弱点和程度不同的改良主义色彩,但在当时的历史条件下,它们是时代的前驱,它们的活动,为后来的资产阶级革命准备着近代民族主义和民主主义两面旗帜,代表着时代的方向。它们的尝试虽然失败了,但这种可贵的尝试,在亚洲历史上却是空前的,揭开了近代亚洲历史上的新的一章。

亚洲,正是在它们所进行的这些性质上全新的历史性活动中,逐步摆脱了沉睡的状态。

亚洲觉醒的日子,已经为时不远了!

注 释

〔1〕 苏联科学院编:《朝鲜通史》,莫斯科,1974 年俄文版,第 236—337 页。
〔2〕 尤普敦:《伊朗现代史》,哈佛,1961 年英文版,第 9 页。
〔3〕 诺维切夫:《土耳其史》,列宁格勒,1978 年俄文版,第 243 页。
〔4〕 《戊戌变法》,第 4 册,第 384 页。
〔5〕 《印度民族解放运动和提拉克的活动》,莫斯科,1958 年俄文版,第 167 页。
〔6〕 珀西·西克斯:《波斯史》,伦敦,1930 年英文版,第 395 页。
〔7〕 诺维切夫:《土耳其史》,第 243—244 页。
〔8〕 详见《近代史资料》,1954 年第 2 期。

〔9〕 《张文襄公全集·奏议》卷四五。
〔10〕 《印度民族解放运动和提拉克的活动》,第163页。
〔11〕 《马克思恩格斯全集》第2卷,第73页。
〔12〕 珀西·西克斯:前引书,第372页。
〔13〕〔14〕 《印度民族解放运动和提拉克的活动》,第176、173页。
〔15〕 《印度民族解放运动和提拉克的活动》,第175页。
〔16〕 诺维切夫:《战前土耳其经济纲要》,莫斯科—列宁格勒,1937年俄文版,第89页。
〔17〕 苏联科学院:《朝鲜通史》,第340页。
〔18〕 古柏尔:《1898年的菲律宾共和国与美帝国主义》,莫斯科,1961年俄文版,第58—59页。
〔19〕 马宗达:《印度自由运动史》第1卷,加尔各答,1962年英文版,第290页。
〔20〕 沃格:《土耳其》,伦敦,1930年英文版,第15页。
〔21〕 珀西·西克斯:前引书,第394页。
〔22〕 莱姆索尔:《青年土耳其党》,普林西顿,1957年英文版,第3页。
〔23〕〔24〕〔25〕 马宗达:前引书,第332、339、307页。
〔26〕 苏达:《印度的宪政发展和民族运动》,密鲁特,1956年英文版,第45页。
〔27〕 苏达:前引书,第49页。
〔28〕 古柏尔:前引书,第58页。
〔29〕 莱姆索尔:前引书,第19页。
〔30〕 《麦克格劳—希尔世界人物传记百科全书》第7卷,1973年英文版,第118—119页。
〔31〕 诺维切夫:《土耳其史》,第245页。
〔32〕 康有为:《应诏统筹全局折》,《戊戌变法》第2册,第199页。
〔33〕 《戊戌变法》第2册,第152—153页。
〔34〕 诺维切夫:《土耳其史》,第248页。
〔35〕 莱姆索尔:前引书,第43页。
〔36〕〔37〕 马宗达:前引书,第367页。
〔38〕 《谭嗣同全集》,第389—430页。
〔39〕 《麦克格劳—希尔世界人物百科全书》,第119页。
〔40〕 《马克思恩格斯选集》第2卷,第283页。
〔41〕 《列宁选集》第1卷,第66页。
〔42〕 《红楼梦》,人民文学出版社1982年版,第874页。
〔43〕 列宁:《再论杜马内阁》,《列宁全集》第11卷,第57页。
〔44〕 斯大林:《和英国作家赫·乔·威尔斯的谈话》,人民出版社1952年版,第

23页。
〔45〕 梁启超:《变法通议》,《饮冰室文集》卷一。
〔46〕 《戊戌变法》第 4 册,第 132 页。
〔47〕 《戊戌变法》第 2 册,第 187 页。
〔48〕 莱姆索尔:前引书,第 25 页。

本文发表在《世界历史》1984 年第 6 期。

近代东方民族解放运动的宗教色彩

近代东方民族解放运动,特别是发生在19世纪亚非各国的反对殖民侵略、奴役和反对封建压迫的斗争,大都带有某种宗教色彩。我国的太平天国革命和义和团运动,朝鲜的甲午农民战争,伊朗的巴布教徒起义,阿富汗人民的两次抗英战争,印度尼西亚的蒂博·尼格罗起义,苏丹的马赫迪大起义以及非洲许多国家和地区人民反抗帝国主义瓜分和掠夺的斗争,无不具有这一特点。

为什么19世纪的东方人民总是一再非要罩上宗教的法袍、念过神秘的咒语才能揭竿举义?在这些斗争中,宗教色彩起过什么作用?随着东方民族解放运动的发展,其宗教色彩本身又有着怎样的变化规律可寻?

一

马克思在论述我国太平天国革命时指出"运动一开始就带着宗教色彩,但这是一切东方运动的共同特征"。[1]近代东方民族解放运动的这种共同特征,是它们共同的社会状况和历史发展趋势所造成的。

对于亚非各族人民来说,19世纪是一个特殊悲惨的世纪。在这一世纪之初,由于欧美列强产业革命的进行与完成,西方殖民侵略者开始向东方各国实行更大规模的征服和掠夺。商品倾销,摧毁了东方、特别是亚洲社会生产的经济基础——农业和家庭手工业紧密结合的自然经济。到这一世纪之末,随着西方资本主义向帝国主义的过渡,殖民列强又疯狂展开了对非洲大陆的瓜分和对亚洲势力范围的划分,使数以十计的东方国家最终沦为半殖民地和殖民地。

有着自己灿烂古代文明的东方,从来没有作为一个整体,经历过

19世纪这样深重的灾难,因而也从来没有作为一个整体,掀起过19世纪那样波澜壮阔的抗争。19世纪中叶,亚洲人民掀起了近代第一次民族解放斗争高潮;19世纪末,在亚洲第二次民族解放运动高涨的同时,非洲人民被迫进行了全洲范围的反抗帝国主义瓜分的斗争。所有上述这些斗争可歌可泣,业绩不朽,但从它们赖以产生的社会条件看,历史早已决定它们当中绝大多数旧式农民战争的悲剧形式和结局。而它们的宗教色彩,正是这种悲剧不可或缺的旋律。

在阐述19世纪中叶英国殖民统治下的印度社会状况时,马克思提出了一个十分精辟的论点:"印度失掉了他的旧世界而没有获得一个新世界。"[2]马克思的这一论断对于19世纪的整个东方具有普遍意义。尽管东方各国情况千差万别,然而从它们在19世纪的发展历程和趋势来看,基本上都在走着一条已经失去或正在失去自己的旧世界,而又尚未获得新世界的道路。19世纪后期,随着资本输出开始在对东方的殖民掠夺中占有一定的地位,因而在一些东方国家也开始出现新的近代资本主义经济。不过,"资本输出是在二十世纪初期才大大发展起来的"。[3]所以,就整体而言,东方各国上述的基本状况还只是刚刚开始发生的变化。

在这种状况下爆发的东方民族解放斗争,特别是大规模下层群众的运动,其思想武器就只能向那个已经或正在失去的旧世界去寻找,即向那个矗立在旧的物质世界基础之上,而又在一定程度上独立于这一基础的旧的精神世界去寻找。而那个旧的精神世界所能提供给19世纪广大东方人民的,充其量也只能是中世纪农民战争所需要的精神武器:运动的宗教外衣。

列宁指出:"在宗教外衣下表示政治抗议……是各国人民在一定发展阶段上共有的现象。"[4]19世纪的各东方国家大体处在上述那个共同的"一定发展阶段上",这就是近代东方人民斗争"共有的现象"——大都带有宗教色彩的奥秘所在。

二

19世纪东方民族解放运动的宗教色彩大致可以分为两种类型。

一种类型是,当西方殖民主义对东方国家实行殖民征服或者殖民统治时,东方国家人民同殖民侵略者、统治者之间的民族矛盾急剧尖锐起来,上升为主要矛盾。在这种情况下,东方国家人民一般采取民族起义或民族自卫战争的形式,同西方殖民主义者展开直接、正面的冲突。此时,与国内阶级战争不同的是,下层人民群众往往将保卫和拯救祖国的希望寄托在本国封建统治阶级身上。封建统治阶级也比较容易以民族利益代表者的面貌出现,掌握民族斗争的领导权。一般地说,"统治阶级的思想在每一时代都是占统治地位的思想。……那些没有精神生产资料的人的思想,一般地是受统治阶级支配的。"[5] 在民族矛盾尖锐的时刻,情况就更是如此,故而东方国家原有的、为统治阶级所提倡的宗教,即可提供反抗西方殖民者的现成的精神武器。

亚非广大地区的许多国家都尊崇伊斯兰教。因此,伊斯兰教"圣战"就成为近代东方民族起义和民族自卫战争最常见的形式。在"圣战"的旗帜下,从南太平洋印度尼西亚的蒂博·尼格罗反荷起义,直到地中海滨阿尔及利亚的阿卜杜拉·喀德尔抗法战争,广大东方穆斯林国家的人民掀起了反抗殖民侵略和压迫的斗争。甚至在遥远的西苏丹地区,哈吉·奥马尔也曾集合了一万五千名义军,将"圣战"大旗直指从西非海岸向内陆扩张的法国殖民者。[6]

在信奉基督教的埃塞俄比亚,当 1895 年意大利帝国主义悍然发动侵略战争,妄图一举吞并这个东非文明古国时,埃塞俄比亚人民在孟尼利克二世皇帝统率下,抗击侵略者。而鼓舞他们奋勇杀敌的口号之一,就是"为了(基督教)信仰!"[7]

在两种以上宗教并行或多神教流行的国家和地区,当发生反对殖民主义者的民族起义时,一般也是利用本国原有的宗教作为精神武器,但情况往往比一神教国家较为复杂。在这些国家和地区,或者如印度民族大起义那样,伊斯兰教和印度教僧侣分别用本宗教号召自己的信徒投身起义,但为了民族起义的大局不得不收敛本宗教的锋芒,结果使大起义的宗教色彩相对减弱;或者如我国义和团与东非马及马大起义那样,利用本国原有的多神教或原始宗教,直至巫术,等等。"神发怒,佛发烦,一同下界把道传","升黄表,焚香烟,请来各等众神仙"。[8] 我国义和团运动中这一著名的揭帖,典型地反映了在帝国主义列强侵略、瓜分的严重威胁下,中国人民利用比较原始的多神教实行抗争的情况。

在民族矛盾为主的情况下,近代东方诸国人民所进行的抗争可以沿用原有宗教来武装自己,但这种简单的沿袭,同时也造成了运动的宗教色彩本身的单调。由于民族矛盾掩盖了各阶级的社会和政治矛盾,因而这种类型的民族解放运动,在其宗教外衣之下,除了一般的民族要求以外,没有包含更为丰富和深刻的社会和政治要求。

另一种类型是:当西方殖民主义的侵略使东方国家的社会发生结构性的震动,从而造成这些国家内部阶级矛盾空前激化时,东方国家的人民往往采取国内战争的形式,即采取下层劳动群众(破产及面临破产的农民及手工业者)起义的形式,对当时的社会危机和隐蔽在这一社会危机之后的民族危机作出反应。西方的殖民侵略尽管是造成这种起义的终极原因,但起义的矛头更直接地还是指向国内反动统治者。此时,东方国家的下层劳动群众由于同统治阶级处于尖锐的阶级战争状态,故而不会,也不可能沿用本国原有的、为统治阶级所提倡的宗教作为自己的精神武器。他们需要创立一种新的宗教,推出一尊被统治阶级视为洪水猛兽的"异端"新神。他们将"异端"新神尊奉为正统,而把正统旧神指斥为"异端";他们将旧神赶下祭坛,目的正是为了剥去环绕着旧制度的那层神圣的光环,从而最终将统治者驱下宝座。因此这种类型的民族解放运动的宗教色彩,较之前一种类型包含着丰富得多,也深刻得多的社会和政治要求。

我国太平天国起义的领袖洪秀全等人,以历史上前所未有的气概,明确、大胆地否定了一切为统治阶级所倡导的宗教和思想体系,将"菩萨神佛"等均归入邪神"阎罗妖"之列,甚至在一定程度上鞭挞了孔子这位"大成至圣先师";同时,又放弃了我国历史上农民战争曾长期利用过的各种宗教(如白莲教等)旗帜。他们从西方传来的基督教那里引进了新的宗教外壳,吸收了其中某些思想材料,并加以质的改造,创立了新的拜上帝教,作为发动农民和其他下层劳动群众起义的工具。在这领宗教外衣的掩护下,洪秀全号召"天下凡间我们兄弟姐妹……相与挽已倒之狂澜",去迎接"天下一家,共享太平"[9]的理想未来。太平天国的志士们提出了《天朝田亩制度》那样的革命纲领,向往着"处处平均,人人饱暖"的社会。而为了使这一理想中的社会神圣化,仍然要用宗教外衣将它红装素裹:"此乃天父上主皇上帝特命真主救世旨意也。"[10]

伊朗的巴布教徒起义,是这方面的又一典型。巴布教的创立者巴布(赛义德·阿里·穆罕默德)指出,以往的先知们提出的法典只适应当时那个历史时代的需要,随着人类的日益成熟,每一位新先知都带来新的神示,故而那些过时的旧神示和法典就被取代而不再有效了。[11]在这一新的宗教掩盖下,巴布提出要由新先知在人世间建立公正和幸福的新世道,并提出了一系列经济和其他方面的改革要求,如重视生产,反对乞讨,号召善待儿童,以及保障个人财产、商业与赢利自由,降低关税,提高妇女地位,等等。[12]

随着19世纪下半叶西方列强瓜分世界活动的增强,东方各国的民族危机空前严重。于是,第一种类型的民族解放斗争便日益普遍和激烈。虽然由于受到民族危亡决于旦夕的客观形势制约,这一时期东方民族解放斗争未能在宗教外衣下提出像19世纪中叶那样全面、系统的社会与政治要求,但从总体来看,它们的深度与水准,仍然有着明显的进步。这主要表现在:宗教外衣下包含的民族要求十分鲜明。它表明东方各国人民对殖民主义、帝国主义这个主要敌人,帝国主义与本民族之间的这一主要矛盾的认识,比19世纪中叶更加清楚,更加深刻了。因而反对殖民主义,反对帝国主义的斗争目标十分明确。例如,我国太平天国的起义者们对西方殖民者的认识还比较肤浅和模糊,称他们为"洋兄弟",认为"既系同拜上帝,皆系兄弟……总属一条道路也"。[13]甚至希望他们"协助我天兵歼灭妖敌"。[14]这种模糊认识经过半个世纪帝国主义侵华的惨痛教训,到了义和团时代发生了质的变化。从"反清灭洋"到"扶清灭洋","灭洋"始终是义和团英雄们斗争的矛头所向。他们指名提出几个主要的欧美帝国主义国家作为自己的斗争对象,要让"大法国,心胆寒,英美德俄势萧然",把这些侵略强盗"全平完",迎来"一统太平年"。[15]这个认识虽仍有其片面之处(如包含着盲目排外的思想),在当时却是难能可贵的一个进步。

朝鲜的甲午农民战争,可以说是19世纪晚期带有宗教色彩的东方国家人民斗争的典型。在外国帝国主义侵略和本国李朝当权反动集团卖国的形势下,他们没有盲目地追随本国统治阶级,也没有置民族危亡于不顾,只限于提出自己的阶级要求,而是在宗教外衣之下全面、独立地提出了反帝、反封建的要求。他们创立了"东学教"这一新的"异端"宗教,鲜明地提出"尽灭权贵,逐灭夷倭"的口号,对李朝反动政府和武装到牙齿的日本侵略者展开英勇卓绝的斗争。

三

宗教色彩对于近代东方民族解放运动曾经起过怎样的作用呢?

作为一种精神武器,它对当时只能接受这种精神武器的广大东方人民群众起过巨大的动员与号召作用;作为一种宗教组织,它为经济生活闭塞、文化极端落后的广大东方人民群众提供了斗争的组织形式和领袖集团。

生活在东方社会的以农民为主体的劳动群众,犹如一盘散沙。这是由他们自给自足的自然经济条件所决定的。即使由于西方殖民侵略导致了这种自然经济的逐步瓦解,使大批依附于其上的劳动群众失去了自己的生存条件,他们千百年来的精神生活仍然决定了他们是一盘散沙。在当时的历史条件下,能够将处于这种散沙状态的千百万东方农民聚合起来、组织起来的力量,很大程度上正在于运动的这种宗教色彩。正是这种宗教色彩,给他们民族的、社会的和政治的要求加上了一层"神圣"的光轮。对于被中世纪的历史条件压迫得麻木了的广大东方农民和其他劳动者来说,这层"神圣"的光轮在某种定义上使他们获得了一次思想解放:他们坚信自己的要求受到超人的力量的支持。这种献身神圣事业的思想,激起了他们的狂热,打破了他们平时在种种精神桎梏下所形成的诸如安于现状、逆来顺受等弱点,使他们本质的内在反抗精神的能量释放出来,对平时不敢触动之敌进行抗争。

在阿富汗抗英战争中,"圣战"的号召给了普通的农、牧民以极大的精神力量。他们面对侵略者的大炮,"以空前豪迈的气概高举战旗,继续前进"。[16] 那些通常身穿白色服装的普通的阿富汗部落成员,被英国报刊称为"伊斯兰教白袍勇士"。[17]

在朝鲜甲午农民战争中,东学教的纲领,吸引了越来越多的群众;东学教的组织为起义提供了全琫准、金开男等杰出的领袖;而对神秘的咒语和祈祷的信仰,对驱邪符和其他宗教特征之魔力的信仰,使农民们相信,他们是敌人所无法伤害的。[18]

穆罕默德·阿赫美德向群众宣传自己是受命降世救民的马赫迪,使他得到大批农、牧民追随者,终于掀起了轰轰烈烈的苏丹马赫迪大起义。在马赫迪的讨敌檄文中,警告英国侵略者说:"真主是唯一的真神,不会受你们的武器和士兵的蒙骗,而你们却指望这些士兵来同真主的士兵作战",还指出谁若是否认马赫迪,就是"低估真主的力量"。[19]在这种义军神助的宣传鼓舞下,起义军战士们"都变成不顾死活的狂热者,完全置生死于度外","像滚滚波涛……向前冲击"。[20]他们的无畏气概,曾得到恩格斯的高度评价。[21]

坦桑尼亚马及马及起义的发动者们,宣传从鲁菲季河中获得一种"仙药",不仅能祛邪免灾,而且可刀枪不入,使德国人的枪弹化为水。[22]他们借散发这种"仙药",吸引了各地的群众,鼓舞了他们对德国殖民征服者进行斗争的信念。与此同时,还将前来领取"仙药"的群众按小队编组,通过跳一种名叫"利金达"的军事舞蹈,进行短期的基本军事训练,终于在1904年掀起了那场历时三载、席卷整个坦桑尼亚南部的大起义。

当然,作为一种基本上属于前资本主义时代范畴的精神武器,近代东方民族解放运动的宗教色彩本身有着它明显的历史局限性,它的宗教迷信方面以及那些在宗教外衣掩盖下的若干落后的、违背历史发展方向的要求,如我国义和团作为斗争口号提出的"拆铁路,拔电杆,紧急毁坏火轮船"[23]等,都已同19世纪那个蒸汽机和电力的时代,显得是那样的不调和。那种口念咒语、赤手空拳去同现代化武器硬拼的场面,更给运动涂抹了浓郁的悲剧色彩。

不过,既然在19世纪的绝大部分时间内,东方国家还提不出比宗教外衣更先进的精神武器来发动和组织群众,既然在19世纪末东方早期资产阶级活动还仅限于提出一些如君主立宪之类的要求,而且连这些温和的要求都不敢拿来发动群众,我们就不应过分苛求当时民族解放斗争的宗教色彩所带来的消极方面。在指出这些消极方面的同时,应该看到这是东方在历史长河进步中的必然阶段。在那个历史阶段中,由宗教色彩所武装和动员起来的东方民族解放运动,不仅沉重打击了西方殖民主义、帝国主义的侵略和东方封建主义的统治,更为重要的是:它们曾将各东方国家不同地区、不同部落或民族,不同阶级或社会集团的人民团结到一起,为了一个统一的目标展开了反对殖民主义、帝国主义侵略和本国封建压迫的斗争,并在斗争中进一步沟通了各国内部各地区、各民族之间经济、文化的交流,从而大大激发和培育了各东方国家人民统一的民族意识和爱国主义精神。这些都为东方各国近代民族的形成奠定了物质和精神基础。

四

近代东方民族解放运动的宗教色彩,是在东方各国一定的历史发展阶段上的历史现象。因此,从总的发展趋势上看,随着东方社会内部近代资本主义的发展和东方资产阶级、无产阶级登上历史舞台,这种带有宗教色彩的、旧式农民战争式的运动就逐渐被一种更高级的斗争——资产阶级民族民主革命所取代。

19世纪下半叶,西方殖民列强为了加紧榨取和掠夺东方的需要,在一些东方国家先后开办了若干近代化的通讯、交通设施和工矿企业。同时,一些东方国家本民族的近代工业企业也开始兴办起来。特别是一批最早接触西方文化、教育的知识分子,力图仿效西方以改变本国的落后、屈辱地位。因而在70—90年代,许多东方国家出现了早期资产阶级的政治活动。不过,这些活动的群众基础单薄,影响范围有限,尚无法取代带有宗教色彩的旧式农民战争形式的斗争。

大致在19世纪末和20世纪初,帝国主义对东方侵略的重点开始由瓜分转向殖民"开发",显示出某种阶段性。帝国主义对东方各国资本输出的强化"大大加速那里的资本主义发展"。[24] 于是,东方国家资产阶级的力量明显增长起来。他们开始尝试扮演历史的主角,充当人民的代表和领袖。他们从西方资产阶级的思想武库里借来了新的思想武器——资产阶级民族主义和资产阶级民主主义两面旗帜,用以号召群众。他们不再主要靠神的权威激发群众对超凡力量的热情,而是力图用人的尊严来唤起人们对自身的信心。这样,东方国家,首先是亚洲的土耳其、波斯、印度和中国,在20世纪初爆发了一系列比较正规意义上的资产阶级革命或革命运动。"亚洲的觉醒"标志着东方各国人民开始告别带有宗教色彩的、旧式农民战争类型的民族解放运动的历史阶段。

然而,历史是复杂的、曲折的。上述这种取代和转化,绝不是一蹴而就的。千百年来长期统治并渗透到东方社会各个领域的宗教势力及其影响,是十分强大的。西方殖民者总是竭力保持旧的前资本主义剥削形态,作为自己统治和掠夺东方的补充手段,这就更使得包括宗教在内的一切东方国家旧上层建筑的残余得以长期保存和延续下来。加之,我们还要看到,东方各个地区和国家之间,情况又是千差万别。例如,亚非两大洲发展就不平衡。由于亚洲近代资本主义与资产阶级的形成和发展早于非洲,故而19世纪末、20世纪初的一系列亚洲革命运动(从1896年菲律宾独立战争到1911年我国的辛亥革命)便开始摆脱披着宗教外衣的旧式农民战争形式。而这时的非洲大陆,带有宗教色彩的民族解放运动却方兴未艾,正在势头上。即使是在亚洲,国与国之间发展也不平衡。特别是那些穆斯林国家,由于一神教的长期控制,比起多神教流行的国家,摆脱宗教色彩是一个更为艰巨和漫长的历程。

然而,历史总是向前发展的。随着东方国家的社会进步和人民革命的不断成熟,运动的宗教色彩日趋减弱,民族的、社会的、政治的要求日趋鲜明、突出,这是东方各国人民斗争的一个不可逆转的根本发展趋势。

注 释

〔1〕《马克思恩格斯全集》第15卷,第545页。
〔2〕《马克思恩格斯选集》第2卷,第64页。
〔3〕《列宁选集》第2卷,第784页。
〔4〕《列宁全集》第4卷,第213页。
〔5〕《马克思恩格斯选集》第1卷,第52页。
〔6〕 米彻尔·穆尔编:《历史百科词典》(*Dictionaeire Encyclopedique Djhistoir*,巴黎,1978年)。
〔7〕 甘恩和杜格南编:《殖民主义在非洲》(L. H. Gain & P. Duignan, *Colonialism in Africa*, 1870—1960),剑桥,1969年版。
〔8〕 中国近代史资料丛刊《义和团》第1册,第112页。
〔9〕〔10〕 中国近代史资料丛刊《太平天国》第1册,第91—92、321—322页。
〔11〕 珀西塞克斯:《波斯史》(*A History of Persia*, London, 1930)第2卷,第342页。
〔12〕 凯迪:《革命的根源》(N. R. Keddie, *Roots of Revolution, an interpretive history of modern Iran*, New Haven & London, 1981),第50页。
〔13〕《太平天国史料》,中华书局1959年版,第133页。
〔14〕《太平天国》第6册,第909—910页。
〔15〕《义和团》第1册,第112页。
〔16〕〔17〕 阿·福莱彻:《阿富汗》(A. Fletcher, *Afghanistan, Highway of*

Conquest, New York, 1965),第 141、307 页。
〔18〕 苏联科学院东方研究所编:《朝鲜史》(AH CCCP Институт Востоконовение, История Корей, Москва, 1974)第 1 卷,第 356 页。
〔19〕 霍尔特:《苏丹马赫迪国家》(P. M, Holt, *The Mahdist State in the Sudan*, 1881—1898, Oxford, 1958),第 64 页。
〔20〕 迈基·希贝卡:《独立的苏丹》,第 37 页。
〔21〕 参见《马克思恩格斯选集》第 4 卷,第 93 页。
〔22〕 罗契:《东非史》(R. Reusch, *History of East Africa*, New York, 1961),第 322 页。
〔23〕 《义和团》第 1 册,第 112 页。
〔24〕 《列宁选集》第 2 卷,第 785 页。

此文发表在《史学月刊》1985 年第 4 期。

近代东方的沉沦和日本的崛起

——19世纪日、中成败的比较

在19世纪中叶西方列强打破中国和日本"闭关"、"锁国"状态的前后,这两个国家曾有着许多相似或共同之处。内部,它们都处在封建社会的晚期,封建制度开始走向衰落,资本主义萌芽正在逐步发展;外部,它们都面临着沦为半殖民地和殖民地的危机,并先后踏上这条道路。

然而,当中国和其他东方国家沿着这条充满屈辱的道路滑下去的时候,日本却例外地,在近代亚洲第一次民族运动高潮中脱颖而出,成为唯一摆脱了殖民地、半殖民地命运的东方国家,走上了近代资本主义的发展道路。

于是,日本和以中国为代表的东方各国在上个世纪资本主义现代化方面的成败得失,长期以来吸引着志士仁人的目光,激发着专家学者的反思。日本不飞则已,明治维新,一飞冲天。中国百折不回,虎门销烟、金田起义、戊戌变法、辛亥革命,屡欲腾飞,屡腾而未飞。对比鲜明,原因何在?

为了使我们对近代日、中成败因素的探讨尽量避免随意性,首先有必要从两国的最基本情况出发,即:在19世纪中叶,中国是一个拥有1000余万平方公里土地和4亿人口的封建大国。相比之下,日本这个封建国家,则是一个只拥有大约40万平方公里土地和3000万人口的小国、岛国。

正是基于上述基本国情,井上清教授提出了一个重要论点:虽然在经济上、在资本主义萌芽的发展上,日、中两国并无阶段上的差距,且就局部地区(如中国长江下游、苏松五府地区)而论日本甚至远不及中国,但从全国平均密度来看,则日本的资本主义发展显然超过中国。[1]

我以为，井上清教授正确地提出了对比日、中资本主义经济因素的"密度"论，但我们还应进一步考察这一"密度"论的对比意味着什么。

当我们将"密度"论放在上述日、中两国基本国情的背景之下，就不难看到下列情形：

首先，"密度"论表明：在国内统一市场的形成进程和商品经济、资本主义因素对自然经济的冲击程度方面，日本领先于中国。作为小国和岛国的日本，由于有统一的货币与度量衡，由于有向称发达的交通（陆路以江户为中心，五条干线分别通往京都、岐阜、甲府、日光和青森，此外还有支线；海路则有江户至长崎、江户至大阪、江户至奥羽和北海道至下关等四条主要航线以及各地之间的短程航线），遂至国内统一市场条件较中国为高，商品货币经济更易扩散、渗透到广大农村地区。

其次，"密度"论还表明：就城市的工商业中心意义而言，日本也超过中国。日本新兴工商业城镇的典型——桐生和足利，从18世纪中叶至19世纪中叶的百年间，人口从1000人增加至四五千人，乍一看去，联想到我国晚明时期，苏松、杭、嘉、湖地区曾涌现数十个新的工商市镇，大者人口逾万，小者亦五六千，似乎绝不逊色。但从全国来看，19世纪日本城市人口在全国比重相当可观，而且农村人口流向城市的趋势也甚为强大。幕末时期的史料记载，"无论在哪里，农家生长的人民，都羡慕町人的荣华，一有机会就投身商业"。幕府官吏估算，1785年，贫苦农民破产而脱离农村的人口，约140万人。按两国人口比例，这相当于我国上千万的农村劳动力涌入城市。另外据统计，1843年，江户人口29.5%系"别处生人"，其中绝大多数显然是流入的破产农民。幕末大阪两个町统计，雇佣工人比例分别占20%—33%和20%—25%。这两个城市的统计数字，也反过来说明日本城市的吸收能力，证实了它们作为工商业中心的经济意义。

综上所述，可以判断，除了北海道等少数地区比较落后外，日本全国各地经济发展比较均衡。旧的封建经济的瓦解和新的资本主义经济因素的冲击，在势头上也是相对均衡的、强大的。此时的亚洲，同为岛国的菲律宾和印度尼西亚根本无法望其项背。可以讲，除了中国，没有任何一个国家能与之比较。

"密度"论对中国则意味着：尽管就局部地区而论中国占有某种优势，但从全国范围讲，绝大部分地区处在封闭、落后状态，自给自足的自然经济基本上未受到触动。这也就意味着,中国封建的专制主义中央集权制政权尽管到19世纪中叶已十分腐败,但这个腐败的庞然大物却可以从全国广大地区的闭塞和落后状态中吸收取之不尽的力量,来遏制局部先进地区资本主义新经济因素的发展。对于反映这种新经济因素要求的局部地区的呼声,它完全可以动用广大落后地区的压倒优势将其窒息。例如,明末葛贤领导的苏州城市贫民暴动,能迅速聚集起上万民众。但这一颇具规模又在一定程度上反映了资本主义萌芽发展要求的斗争,却迅速遭到反动统治当局的镇压,并未形成对中国封建社会的结构性震动。而1837年的日本大盐平八郎起义,虽然开始时仅数百人参加,却在日本引起巨大的影响,作为城市贫民与农民反封建斗争趋向合流的创举,加速了日本封建社会的衰败。

我以为,由上述"密度"论所表明的日、中两国封建社会内部资本主义因素情况的差异,构成了两国后来走上不同道路的基本经济背景。

为什么会产生这一经济背景上的重大差异呢?追根溯源,盖出于两国不同的封建土地制度。

日本的封制土地占有形态,是近似于西欧的领主所有制。正如马克思所指出的那样,"日本有纯粹封建性的土地占有组织和发达的小农经济,……它为欧洲的中世纪提供了一幅更真实得多的图画"。[2] 原则上,日本的领主土地实行长子继承制。土地不得买卖与分割。这种领主所有制一般说来比较稳定。同时,封建领主和他们属下的武士又兼任地方各级官吏。这种领主—官吏体制下的封建剥削者、统治者集团,其主要收入直接来源于领主经济、特别是领主土地制度下的农业生产。因此,无论是领主及其手下的武士,还是由他们兼任的各级官吏,都同土地有着直接而密切的联系。领主土地的经营、管理状况,对于他们有着切身的利害关系。在这种情况下,日本的封建主阶级尽管同一切剥削阶级一样贪得无厌,尽管信奉的也是"农民像芝麻,越榨越出油"一类的信条,但切身的利害关系往往在无形中决定着他们对农民的剥削度(当然,这一剥削度也时时由于剥削者贪得无厌的本性而被突破,结果引起农民的抗争)。故而日本封建主的座右铭,除却"芝麻越榨越出油"之外,也还有另一类的内容,如对待农民"要不使其死,也不使其生","不要让他们困难,也不要让他们自由"。这样,在日本封建领主土地所有制下面,就为农民经济的发展留下了相对稍多一些的罅隙或余地,也就为商品货币经济向农村的扩展和渗透留下了相对稍多一些的余地或条件。

中国则不同。自商鞅变法,"废井田,民得买卖"之后,中国封建土地制度的基本形态就从领主所有制逐步转化为地主所有制。随着商品经济的发展,土地买卖的自由程度日益提高。土地的自由买卖及其他一些因素(如封建权贵的强占与豪夺等)必然地引起周期性的土地兼并与社会动乱。进入封建社会晚期以后,土地买卖与兼并的活动更加频繁。以土地买卖为核心因素的各种动因,造成了中国土地占有的流动性。所谓"千年田,八百主"说的就是这种土地占有的流动性质。"老子做大官,儿子吸大烟,孙子披麻片"的现象,越是到封建社会晚期,越是屡见不鲜。《红楼梦》里所说的"金满箱,银满箱,转眼乞丐人皆谤",以及秦可卿托梦王熙凤,劝她多置田产,以留后路。[3]《儒林外史》里所描述的范进中举,其妻原是胡屠户之女,"一双红镶边的眼睛,一窝子黄头发。……鞋也没有一双,夏天跐着个'蒲窝子'";一朝发迹,"果然有许多人来奉承他:有送田产的;有送店房的;还有那些破落户,两口子来投身为仆,图荫庇的"。[4] 所有这些都反映了中国土地、财产占有关系的相对不稳定状况。

这种土地占有关系的相对不稳定状况,在地主阶级、特别是中、小地主(或称庶族地主,非身份地主,一般经济地主)阶层中间,造成了一种不稳定的社会心理或者集团心理。正是这种土地占有的不稳定状态以及随之而来的不稳定感,决定了地主阶级(哪怕是中、小地主)更加敲骨吸髓地剥削农民,力求不断扩大其土地占有,在不稳定中求得稳定。

矗立在这一封建地主占有土地制度之上的,是中国专制主义中央集权制度和它的官僚集团。从经济上考察这个官僚集团,可以清楚地看到它与领主——官吏体制下的日本官僚集团的明显差异。中国的封建官僚集团,为地主阶级的阶级统治服务,也是地主阶级的重要组成部分。即使是范进一类出身寒门者,在"三年清知府,十万雪花银"之后,也会广置田产,成为官僚地主(或身份地主、缙绅地主)。但这个集团又毕竟不同于一般经济地主。他们的生存,从根本上讲虽然依赖于封建土地制度,依赖于地主经济,但他们的直接收入——官俸,却相对独立于土地。他们同封建领主,甚至同一般经济地主不同,无论丰年、灾年,其收入是固定的、有保障的。故而比起封建领主及领主—官吏体制下的日本官僚,比起中国一般经济地主,他们更不关心土地和附着在土地上的农民。况且,中国的封建官僚,如能沿着官僚品级的阶梯一步一步上升,共收入则更可以不断增加。而为了向上爬,就更要拼命榨取百姓,一方面增加国库收入以显示自己的"政绩",一方面为自己搜刮钱财,并打通关节,向上钻营。特别当封建王朝衰败,自我控制和调节机制松弛时,上述现象便格外严重。

这样,中国地主阶级的两大集团,无论是一般经济地主,还是官僚及官僚地主,在剥削和榨取农民方面有一个共同特征:就是不顾农民死活。赤地千里,饿殍遍野的情况,屡屡见于史籍。中国人民向来是勤俭、智慧的。据有的学者估算,早在西汉初年,即公元前2世纪,我国农民的人均年产量和土地平均亩产量已分别达到2700公斤和140—150市斤,高于英国12、13世纪的同类标准(2320公斤和97.57市斤)。[5]即使这一估算对中国偏高或对英国偏低,也可以从一个侧面反映我国古代农业生产的惊人成就。然而我国广大农民,特别是贫苦农民的生活,从晁错笔下的"卖田宅,鬻子孙",到欧阳修笔下的"其场功朝毕而暮乏食","则又举债",再到顾炎武笔下的"至有今日完租而明日乞贷者",两千年一直在饥寒交迫与倒毙沟壑间挣扎,直到喜儿和杨白劳!究其根源,正是中国封建地主土地所有制的性质以及建立在这一土地制度之上的专制主义中央集权制的官僚制度的性质,决定了中国封建地主阶级对农民剥削的特别残酷。"地主阶级这样残酷的剥削和压迫所造成的农民的极端的贫苦和落后,就是中国社会几千年在经济上和社会生活上停滞不前的基本原因。"[6]农民阶级越是极端贫困,就越是无法进行扩大再生产甚至难以维持其简单再生产,中国农业与家庭手工业紧密结合的状态就越是呈现出其特有的顽固性,男耕女织的生产模式就越是难以打破。这样,留给中国农民经济发展的罅隙,留给商品货币经济向广大农村扩展、渗透的余地就微乎其微了。这是中国资本主义萌芽发展最根本的障碍。尽管在少数富庶地区,在晚期封建社会内部萌生出资本主义新经济因素,但它们向全国广大地区的扩展,必然遇到难以克服的阻力。即使是在这些少数富庶之区,已萌生的新经济幼芽也同样遇到种种遏制,发展是十分缓慢的、曲折的。正是基于上述原因,我们可以看到,在我国商品经济最称发达的纺织业中,棉织业的自种、自纺、自织的自然经济状态占有巨大优势。"纺"与"织"两个生产环节紧密结合,分离程度很低,社会分工甚不发达,严重阻碍了资本主义萌芽的生长。丝织业中,缫丝一环也极为顽强地依附在农民家庭经济中。而日本恰在这两项上,资本主义经济因素占有明显优势。它的棉织业凝聚了资本主义手工工场的精华,它的缫丝行业中商品经济和资本主义萌芽也得到相当的进展。

探讨历史上两个民族的成败得失,从经济上寻求底蕴是重要的。但仅仅从经济根源上寻求答案,或简单地在经济根源之外再并列上政治、思想和文化等方面的原因,则都是不够的。近代日本和中国(以及其他东方国家)的成败得失,原因很复杂,各种因素之间彼此纠结,不是呈线型(既非单线型,亦非复线或多线型),也不是呈轴心型,而是呈网络型。两国的晚期封建社会,如同两张立体的网络。我们的任务是要探讨日本的明治维新何以能突破这一网络,而中国从洪秀全到孙中山,何以始终未能突破这一网络。

如果用网络状的观点考察近代日本和中国,那么两国封建社会的经济制度本身,既组成自己独立的子网络系统,同时又构成两国大的整体网络系统中的一条基本经线。

从经济制度,特别是土地制度的子网络系统的角度看,我认为,日本封建经济制度(主要是土地制度)所形成的网络,比起中国来,相对要宽疏一些,比较有利于商品货币关系向广大农村渗透,比较便于资本主义幼芽的萌生。一旦资本主义新经济因素产生后,由于这一网络比较宽疏,也就比较容易存活和生长。相反,由于中国封建经济制度(主要也是土地制度)所形成的网络比较细密,故而中国虽很早就出现了颇称发达的商品货币关系,却很难向广大农村、向农业生产中渗透、扩散。这样资本主义的幼芽就比较难以萌生,萌生了也比较难以存活,容易萎消,不易发展。

从两国整体大网络系统的角度看,我认为,日、中两国封建经济制度又好比两大网络中的两条基本经线,各自与其他经、络线组成大网络系统。而在其他各种经、络线中,最重要的便是两国的封建政治制度因素。日、中两国的封建政治制度,一方面作为两国大网络系统中的另一条基本经线,同经济制度的基本经线交错纠结,一方面本身又构成独立的子网络系统,影响、制约着两国社会的发展。

日、中两国各自都有一整套封建政治制度来保护其封建土地关系。而两者的政治体制，又都鲜明地打上了其土地制度的烙印。矗立在中国封建地主土地所有制上面的，是专制主义中央集权制的封建政权体系；而矗立在日本封建领主土地所有制上面的，则是中央集权与地方分权结合的幕藩体制的封建政权体系。两者在维护旧的封建制度与遏制新的资本主义因素方面，职能上并无二致，效果上却迥然有别。

中国的专制主义中央集权制，自秦汉以降，发展到明、清两代，达到巅峰阶段。一个幅员辽阔、人口众多的国度，一个自然经济极为分散的社会，特别是这个社会中地主和农民两大阶级之间虽壁垒森严、矛盾尖锐，但其成员之间身份相对不稳定与流动的复杂状态，必然要求强有力的专制集权的政权体系来维系。因此，就古代的条件而言，封建的中央政权对各地的控制，必然是极其严密的。中央政权的决策和政令，均可以比较有保证地一贯到底。这样，就产生了两个后果。

第一，中央专制政权压制资本主义萌芽的各种反动政策与措施，可以一贯到底。例如，我国封建统治者长期奉行的"重本抑末"政策，总的来讲，到封建社会晚期便日益严重，阻碍着商品经济和资本主义因素的发展。为了打击工商势力，封建政权极力压低商人的政治地位，宣扬鄙视工商的社会观念。在经济上则更是经常采取"迁徙"、"拔富"，甚至"籍没"等手段，破坏工商业者在某一地区久费经营才建立起来的商业联系网，直接掠夺其多年积累的财富，甚至像达摩克利斯剑那样威胁着他们生命、财产的根本安全。这种情况，在其他东方国家封建专制政权下，甚至更为严重。恩格斯在论及奥斯曼帝国的政治制度时就曾指出，土耳其的统治，也和任何其他东方国家的统治一样，与资本主义制度是不相容的。被榨出的剩余价值是丝毫躲不开帕沙（帝国各省区总督）们的掠夺之手的；资本主义得利的首要条件——商人人身及其财产安全——是不存在的。而且，在一统江山的专制皇权控制下，工商业者始终没有如西欧自由城市那样能有一块基地，发展成为独立的经济力量和政治力量。同西方的城市是资本的摇篮相反，东方的城市乃是封建王公的营垒。中国的工商业者，同其他东方国家的工商业者一样，无论何时何地，都处在无权无势、任人宰割的境地。同时，工商业者不安全的社会心态和中国地租剥削率（连同高利贷剥削率）稳定持高的社会现实，使工商业者的剩余资本半被迫、半自愿地流向土地，转向自然经济，转向封建经营。在"以末致富,以本守之"的观念支配下,商人"以货殖为务,有田万顷",成为一种带有规律性的现象。直至清代,仍一如既往,上至绅富,下至工贾,"赢十百金,莫不志在良田"!

第二,在政治上不利于近代革新力量的成长。由于封建中央集权政治的严密控制,又由于腐朽、守旧的势力必然在封建专制政权体系中占据主导地位,那些政治上的开明、有识之士,那些愿意观察世界、顺应时代潮流的政治家势必在这一制度束缚之下难有作为。如林则徐,在他同代封建官吏集团中已属凤毛麟角,然而皇帝的一纸诏书,就将他禁烟活动的全部功业彻底摧毁。他在悲愤地抒发"青史凭谁定是非"的感情时,仍然念念不忘"宝剑还期借尚方"!这使我们自然联想到,清初著名的思想家、诗人龚自珍虽"劝天公重抖擞,不拘一格降人才",奈何"天公"之子——"天子"、皇帝不抖擞,神州依旧是"万马齐暗究可哀"的局面。戊戌变法时,那拉氏发动反动政变。六君子就义菜市口,康梁亡命走扶桑,革新派在中华大地上,更无寸土可避匿。

日本则不同。适应于它的封建领主土地所有制基础的,是幕藩体制。这种政治体制,同西欧专制王权之前的状况有些相近。德川幕府对其下大约260家大封建领主,即大名的控制,尤其对那些"外样大名"(指1600年德川家康取得决定性的关原之战胜利后向其归服的大名)的控制能力,远不及中国的中央封建政权。各藩在政治上实际是半独立的。在各藩领地之内,大名拥有司法、行政、军事和财经大权。在某种意义上,将军不过是全国最大的大名;幕府不过是直接控制着全国20%土地的相对中央集权的政权。这种状况,相应也产生了两个后果。

首先,幕府的反动政策难以贯彻到底。如19世纪40年代,幕府在"天保改革"中实行一系列强化封建制度的措施:以"禁止奢侈"、"矫正风俗"为名,强迫人民极端节约,禁止农民持兵习武、结党滋事;发布遣返令,实行"还人",将流入城市的农民遣返回乡;废除手工业同业公会,向商人征收巨税;减免封建主债务;等等。但由于对各藩控制力弱,因而在许多地区未能贯彻实行。相反,西南诸藩如长州、萨摩等竟能反其道而行之,进行一系列进步的藩政改革,如咨询下议,破格用人,公开财政,减免租税,奖励西学,购炮练兵,等等。并提出了日后构成明治维新核心内容的"殖产兴业"与"富国强兵"的响亮口号。

其次,在幕藩体制下,由于幕府与各藩势力彼此有着某种程度的抵消,因而客观上在经济方面为工商业的发展,在政治方面为革新力量的成长都带来一些有利的条件。比起身受禁榷制度和官工商制度钳制的中国同行来,日本工商业者的日子好过得多,有着更多的活动余地。在分散的、半独立(同时也就是半孤立)的大名统治下,城市承受的封建政治统治压力较弱,而作为工商业中心的经济意义较强。于是,我们看到:在幕、藩体制的罅隙中间,日本历史上曾一度(15—16世纪)出现了类似西欧那样的自由城市,如堺、尼崎、平野和桑名等。[7] 这些自由城市向幕府与大名纳税,但它们又利用封建主之间的矛盾,取得了相对的自主权,有的已实际上形成反抗封建势力的城市国家。像堺这个城市,就拥有自己的武装和城市自治机构"会合众",被当时的西方传教士用来同意大利的威尼斯相比。在德川幕府的后期,日本工商业者的势力已相当可观。据估计,18世纪末时日本全国财富15/16已归商人。特别是那些大商人,"千里控制之权,已半归其手","虽身在公门,非常恭谨,心中却气吞千乘"。许多大名、武士,甚至幕府本身都成为他们的债务人。故而当时流传着"大阪的豪商一怒,天下大名惊惧"的话。在政治方面,革新力量也可以利用幕藩之间的矛盾,在帮助一些地方"雄藩"富强的过程中,逐渐参与藩政,掌握实权,为革新派开辟地盘,并以此为基地,进而与中央宫廷的开明公卿联络,组织倒幕联合力量。即使一时受挫,形势出现反复,也可退保雄藩,接纳中央及四方失势的宫卿、志士,静待时机,以图东山再起。

如果说经济和政治因素在近代日、中成败比较中,是两个总网络里交错、纠结的大纲,那么,思想、文化诸方面的因素,则是使这两个大网络系统细密、完整的络线。它们伴随着人的活动,渗透到社会各个方面。它们有形无形地巩固着封建政治制度,又同政治制度一道,维系着各自封建的经济根基。与此同时,它们也同经济、政治因素一样,自身也构成独立的子网络系统,对社会起着影响和制约作用。于是,当我们着眼于经济、文化领域时,就会发现,西方资本主义势力冲击到日本和中国这两大东方文明网络上时,两者的反馈,是颇为不同的。

中国是一个有着数千年历史的文明古国,是人类文明的摇篮之一。在中国人心目中,这种文明对内是千年一贯的,对外是"泽被四海"的。于是,在它的积极方面背后,沉积着它的消极方面:容易盲目自大,抱残守缺。这个消极面,是近代以前中外经济、文化交流中,我国长期居于单向输出的地位所致。(这里,且不论近代以来产生的盲目崇外的民族自卑观念。)

中国这个文明古国,同时又是一个封建专制的大国。体现在思想、文化上,则是思想、文化的专制主义。特别是两宋以后兴起的理学,在封建统治阶级大力推崇和倡导下,成为在全社会居于支配形态的思想体系。这种思想体系渗透到盲目自大、抱残守缺的社会心理中去,使后者具有时代和阶级的内容,构成了封建社会晚期中华民族民族心理和民族文化的一个重要负面特征。正是这样一种民族心理和民族文化的负面特征,支配着上至天子公卿、下至庶民百姓的思想和活动。正因为如此,利玛窦虽早已来到中国,但西学在本来应成为它在华传播的主要媒介层——中国封建知识分子集团(士大夫)那里长期推广不开;正因为如此,西方文明的先进的、进步的方面,在中国下层劳动大众中长期受到冷遇甚至抵制;正因为如此,当1793年英使马加尔尼来华,试图为新近完成产业革命的大英帝国打开中国市场时,面对着当时各种先进的西方科技成果,乾隆皇帝却表现了完全偏执的、盲目拒绝的态度。我们还看到,在《南京条约》签订后二十年,反应迟钝的清朝政府才开设了同文馆培养翻译人才;三十年后,才开始向美国派遣少量留学生。

日本民族自古以来就曾吸收中、朝、印等国的古代先进文化。在了解和认识其他民族文明的价值方面的能力,远远超过中国。在思想文化上,日本受中国儒学影响颇深。幕府倡导"五伦道德","大义名分",如"君有君道,父有父道,为臣尽忠,为子尽孝"之类,叫做"固定化"政策。但一来儒学毕竟是舶来品,故而其在日控制力不若在中华;二来既然日本在政治上的封建专制主义控制不及中国严密,精神上的控制亦必然随之而松散。因此,自1720年德川吉宗下令洋书解禁后,西学(在日本称"兰学")如"滴油入水而布满全池",[8] 百余年间进展迅速。据统计,1744—1852年,日本出版西学译著达500余部,译者共117人。"兰学"学者们还开始聚会,进行交流。1796年和1798年,江户两次兰学学者聚会,参加者104人,有医生、幕臣、藩士、译者和庶民等。西学的研究,大大开阔了日本人的视野。当中国的士大夫还在致力八股、皓首穷经时,日本先进的知识界已经具有新的、基于近代科学的宇宙观,认识到"地者,一大球,万国分布,所居皆中,任何一国,皆可为'中土'"。当乾隆皇帝傲慢拒绝接受西方先进科技成果时,日本的兰学家们已在举行西历新年的"新元会",欢呼"九千里外存知己,五大洲中如比邻"了。

幕藩体制的松散,使西南诸藩较易于将自己的领地变成传播兰学的场所,以求在西方文明冲击的大动荡和分化局势中自立、自强。如萨摩藩主鼓励人民学习西文,首府鹿儿岛更成为兰学的传播中心之一。同时,日本交通比较发达、便利,民族市场发展的程度较高,经济、文化交流频繁,也是兰学传播的有利条件。例如,日本著名兰学家绪方洪庵,出身足守小藩下级武士之家,二十年间招收弟子639人(一说上千人),均为来自全日本各地的武士、市民和农家子弟。他的弟子学成返回各地后,又设帐授徒,传授西学。故而其一人之弟子和再传、三传弟子即上千逾万。

甚至反动的幕府,也能对开国后的局势作出远比清廷灵活、迅捷的反应。1355年,即开国的次年,幕府即在长崎设立海军传习所,并派人赴荷兰学习。同时,还在旧有机构的基础上,扩充设置"蕃书调所",培养外事与西学研究人才。

综上所述,可以清楚地看出,日中近代成败的客观原因,是由于日本社会诸方面构成的网络系统比中国较为宽疏,宜于资本主义新因素——无论是物质因素还是精神因素——的产生、渗入和发展。

在对中、日两国晚期封建社会进行网络式的考察和比较之后,我们还应强调指出,从主观条件上看,明治维新前,日本已逐步形成了领导人民冲破这一腐败、守旧封建网络的社会力量,而中国和其他东方国家则不具备这一力量。

日本领导革新的社会力量,就是从下级武士和草莽志士中间涌现出来的一批精英,一批维新志士。

日本的武士,不劳而食,以战为业,生活靠的是从封建领主那儿领取的俸米。这是领主封建剥削所得的一部分。因此,武士阶层原属于封建的范畴,属于封建剥削者的营垒。他们为领主服务,靠一整套封建伦理道德来维系他们同主人的关系。他们效忠主人的精神,甚至发展到剖腹殉主的畸形地步。

但是,随着封建社会晚期商品货币经济的发展,封建大名们的财政状况日趋恶化。"大小诸侯,因穷人日多,以至难于维持政务,尤其对于陪臣须裁减三成或半数,甚至其余人也遭到减薪"。大批得不到全禄的武士,陷于悲惨的境遇。尤其是对于那些原本只能得到俸米35石左右,生活相当于普通农民的下级武士来说,俸米裁减至半,即意味着难以养家糊口,维持温饱。为了寻找生活出路,他们当中的许多人只得典当武器,而武器是他们的身份标志,是他们的骄傲与尊严。还有的改行行医、任教,甚至屈身"末业",从事手工业、投靠商家充当养子。

在这金钱钝化了佩刀的时代,武士们随着经济地位的变化,其政治态度与伦理道德也发生明显变化。"为君尽忠,乐于服务的家臣稀少",许多人甚至发展到"恨主如仇"的地步。值此徬徨无定之际,兰学的广泛传播,使他们接触到西方文明的新鲜风气,并比较易于接受这种新风。因此,可以概括地讲,幕末时期封建经济的衰微与瓦解的潮流,将他们逐渐从封建营垒中瓦解、分化出来;开国前后新的资本主义经济因素潮流,西方物质文明和精神文明潮流,又将他们逐步冲入资本主义经济和精神范畴之中。他们当中的精英分子,在跳出个人天地的圈子,思考国家、民族出路问题的时候,逐步看清了国家的险恶环境,立志变法图强。如久坂玄瑞看到,"由于中国长发贼(指太平军)势盛,所以英法不能全力向我国用功,万一长发贼向英法屈服,英法一定会入寇我国"。另一位革新志士高杉晋作在1862年考察上海后指出,"上海地方虽属中国,但实际上也可以说是英法的属地","我国人必须留神,决不能出现中国那样的情况"。对于日本的出路,他们已将学习的目光投向西方资本主义列强,"觉彼之文物制度颇有优于我处,乃隐怀移植之志望"。

这种要求改革的下层武士知识分子,尽管其思想与政治态度还十分复杂,带有大量旧的传统社会的东西。但从主导面看,他们已经日益归属于近代资本主义范畴,而脱离了旧的封建主义范畴。他们对当时日本民族面临着的沦为半殖民地、殖民地的危机有着比较清楚的认识;他们有着明确的近代民族独立发展的意识,有着强烈的学习西方资本主义以改造日本的要求。他们不是个别人,而是一大批,一个集团,至少是一个正在形成的集团。这个集团背后,又有着雄厚的社会基础:数十万日趋贫困、破产的下层武士,连同其家属不下一两百万人。这样强有力的改革领导集团,是当时包括中国在内的任何东方国家所没有的。在中国,在近代尖锐的民族危机和社会危机中,也曾涌现过如林则徐、魏源那样的上层知识分子精英的代表和洪仁玕那样的下层知识分子精英的代表。他们的思想、著述和活动,发扬了中华民族的浩然正气,符合了时代的发展要求。他们的业绩,至今令人景仰、发人深思。可惜,无论是在清廷,还是在天朝,他们均属凤毛麟角,即使一时得居高位,也是孤掌难鸣。在他们周围,清廷内外有的是贪官、庸吏、恶竖和权奸;天朝上下,即使是出色的义军将领,也打上了旧时代、旧阶级的落后印记。如李秀成:"迷迷蒙蒙而来,糊糊涂涂而作";如赖文光:"古之君子,君辱臣死,大义昭然。惟一死以报邦家,以全臣节。"

因此,同样的民族危机和社会危机,在其他东方国家和中国只能引起下层旧式农民战争和封建上层的改革活动,而在日本则由于具备了新型的下级武士、草莽志士精英组成的领导集团,引出了一场近代资本主义范畴的革命和改革。尽管这场革命与改革不可避免地带有极大的局限性,埋伏着日后日本民族的一切悲剧因素。

从时间上说,日本明治维新和中国太平天国起义同属19世纪中叶近代亚洲第一次民族运动高涨;从层次上看,明治维新大体与戊戌变法处于近代资产阶级运动的同一阶段。明治维新成功了,而太平天国和戊戌变法(还有两者之间那个颇有争议的洋务运动)却先后遭到失败。在这成败之间,外部国际条件起了什么作用呢?

关于戊戌变法失败同外部国际环境的关系,人们意见比较一致。尽管西方列强对光绪皇帝与维新派领袖的个人命运不乏同情与关切,但在19世纪末期,正是帝国主义瓜分世界的狂潮年代。当时,西方殖民列强和日本正在争先恐后地划分它们的在华势力范围。戊戌变法的外部局势十分险恶。就那一段历史时期的世界殖民主义潮流而论,西方殖民列强已很难允许东方国家、特别是像中国这样一个物产丰饶、人口众多的掠夺对象,独立地走上资本主义现代化的道路。此时在金融资本支配下的列强政府,也完全有力量动用强有力的经济、外交和军事手段达到它们破坏东方革命的目的。对于这样一个险恶的外部环境,中国维新派领袖梁启超早在当时就有清楚的认识。1898年10月6日,流亡日本的梁启超在致日本首相大隈重信的信中,就对比了明治维新与戊戌变法的国际条件,指出,"贵邦三十年前,外患未亟,其大忧仅在内讧,故专恃国内之力,而即可以底定。敝邦今日如以一羊处于群虎之间,情形之险,百倍贵国。"[9]

日本明治维新时的外部环境,确是得天独厚。从东方世界自身状况看,近代亚洲第一次民族运动的高潮,沉重打击了殖民列强的侵略势力。在这场革命风暴打击下,它们被迫吸取教训,调整政策。

从西方资本主义世界的情况看,带头叩开日本大门的美国,经过1861年至1865年的南北内战,正处于战后恢复时期,南部各州尤其面临着重建的艰难任务。70年代以后,又大力投入西进运动。因此在相当一段时间,美国在远东的活动锐减。日本的北方强邻俄国,自克里木战败后,一面需要恢复,一面也集中注意力于1861年改革等繁巨的国内事务中。法国在60年代后期,一面集中注意力于欧洲大陆,警惕着由普鲁士主持进行的通过王朝战争统一德国的活动,一面陷入侵略墨西哥战争的泥潭之中。至于列强中的主角英国,已如前所述,在印度大起义后大幅度地调整了自己的殖民政策,各殖民强国都处在对东方侵略的相对和平的微妙间歇期。

日本的地理位置,同明治维新的外部国际条件也有着某种联系。马克思指出,"资产阶级社会的真实任务是建立世界市场(至少是一个轮廓)和以这种市场为基础的生产。因为地球是圆的,所以随着加利福尼亚和澳大利亚的殖民地化,随着中国和日本的门户开放,这个过程看来已完成了。"[10]这就是说,日本处在资本主义世界市场建立过程中的最后一个环节。对于以大英帝国为首的西方殖民列强来讲,日本确实令它们有鞭长莫及之感。而对于与西欧近在咫尺的埃及穆罕默德·阿里改革,那就卧榻之旁岂容他人鼾睡,必用武力与外交手段将其摧毁而后快。

正是基于上述种种内外条件,日本遂得以在世界自由资本主义向早期帝国主义过渡的前夕,例外地逸出了东方国家的共同轨道,避免了沦为半殖民地、殖民地的命运,走上了独立发展的资本主义现代化道路,变成一个殖民主义、帝国主义强国。

注　释

〔1〕　井上清:《日本近代史》前言,商务印书馆1959年版。
〔2〕　《马克思恩格斯全集》第23卷,第785页。
〔3〕　《红楼梦》,人民文学出版社,1957年,第125页。
〔4〕　《儒林外史》,作家出版社1955年版,第40、36页。
〔5〕　参见庞卓恒:《西欧封建社会延续时间的根本原因》,《历史研究》1983年第1期。

〔6〕《毛泽东选集》合订本,第619页。
〔7〕参见周一良:《亚洲各国古代史》(上册),高等教育出版社1957年版。
〔8〕参见吕万和:《西学与明治维新》,《天津社会科学》1984年第1期。
〔9〕《新党某君上日本政府政党论中国政变书》,中国近代史资料丛刊《戊戌变法》,第2册。
〔10〕《马克思恩格斯全集》第29卷,第248页。

此文发表于《世界历史》1988年第3期。

第三部分
亚太区域史研究

太平洋贸易网与中国

在人类文明的发展史上,海洋一直起着特殊的作用。浩瀚无际的海洋,给人类带来困难也带来便利,带来挑战也带来希望。早在新石器时代,一些濒海而居的族群就开始了探索和征服海洋的活动。随着第三次社会大分工即商业的出现和发展,各民族之间通过海上交通与贸易的往来日趋频繁。天长日久,便形成了海上交通与贸易的网络,这就是历史上形成的海洋贸易网。

世界历史上第一个比较正规意义上的海洋贸易网,是古代地中海贸易网。比起广袤无垠、风云变幻的大洋,地中海相对封闭的内陆海特征,使它更适合古代生产力条件下人类的航行活动。在希腊、罗马时代,地中海连同与它比邻的黑海和红海,形成了一个繁荣的海洋贸易网。在一定意义上,正是千帆交错、万邦汇聚的地中海贸易网,支撑了古代希腊、罗马奴隶制文明的繁荣。进入中世纪时代,欧洲的封建文明在罗马帝国的废墟上蹒跚摸索,古代地中海贸易再难恢复其昔日的荣光。然而,在更广阔的视野上,人们可以看到:在古代陆上丝绸之路演变、发展的同时,勃兴了以海上丝绸之路为核心的古代印度洋贸易网。这个印度洋贸易网以波斯湾、阿拉伯半岛和红海为北缘,以东非沿岸和南亚、东南亚为其两翼。阿拉伯、印度、波斯、斯瓦希里,乃至中国的商人,在这里织就了一个规模空前的大洋贸易体系。

近代资本主义的准备和兴起,使世界经济重心再一次向西摆回欧洲大西洋沿岸。以建立世界市场为己任的西方资产阶级"到处落户,到处创业,到处建立联系",[1]当然不会以建立某一个局部的海洋贸易网为满足。它把人类对海洋的征服推向地球上每一片海域,破坏、利用或改造了古代世界旧有的各海洋贸易体系,逐步建立起一个完整的全球海洋贸易网。不过,这个全球性的资本主义海洋贸易网络,毕竟有它的核心和主要组成部分。这就是继古代地中海和印度洋贸易网而崛起的近代大西洋贸易网。

一

同其他海洋贸易网相比较,太平洋贸易网是最年轻的一个。浩瀚无际的太平洋,在人类古代生产力的条件下,难以产生频繁的、全洋性的海上交流。不过,这并不意味着,在这片浩瀚无际的大洋的某些局部海域不可以形成某种地区性的海洋交通与贸易网络。事实上,这种局部性的古代海洋贸易网,在太平洋西缘确曾存在过。这就是以中国为中心,从东北亚的朝鲜、日本到东南亚地区的海上贸易网。

古代中国对东北亚地区的海上交通和贸易,首先是从渤海开始的。从汉武帝遣楼船将军"从齐浮渤海",[2]到唐代派大规模舰队自山东莱州"泛海趣平壤",[3]都说明中朝之间的海道早已是轻车熟路。正是在这种背景下,我国东北地区的渤海国同日本有着频繁的海上交往。据统计,渤海使日本 34 次,日本使渤海 13 次,使团规模大者 359 人,小者 22 人,一般为 105 人;使船少时 1 艘,多时达 17 艘。[4]《渤海国志长编》记载了日本"内藏寮与渤海客回易货物","听诸市人与客徒私相市易",表明唐代日本同我国东北地方王国之间频繁的官、私贸易。至于日本同我国中央政权的交往,仅 839 年至 907 年,海上往还即达 30 余次,[5]其航行路线也从隋唐以前的近海航行发展到跨海航行。一般从九州出发,至长江口一带登陆。唐宋时期,明州(今宁波)一直是通日本、朝鲜的重要港口,"南则闽广,东则倭人,北则高句丽,商舶往来,物货丰衍"。[6]当时,宋钱大量流入日本,在日本作为流通手段,对日本经济的发展,起了极为重要的作用。[7]1976 年发现的韩国新安古沉船,经打捞、鉴定,初步判断为元代自宁波或福州驶往日本的华船。该船打捞物品中,陶瓷器共 19792 件,绝大多数是宋、元制品;而铜钱仅 1982 年就捞起 18 吨,皆唐至元时所铸。[8]当时中日海上贸易之盛况,由此可见一斑。到了明代初年,大明帝国更制定了详备的朝贡贸易制度,规定了日本来华的三条海上贡道。中国商船也常自普陀山航至长崎。

中国同南洋即东南亚地区的海上交往也由来已久。《汉书·地理志》就记载了从我国广东沿海港口经都元、邑庐没、谌离等国直至遥远的黄支国的航程。学者们大抵认定,这段史料中的黄支,即南印度的建支,而中途的都元、邑庐没、谌离等国则均应在马来半岛以东的太平洋地区。[9]为了获取珍珠等货物,早在公元前1世纪时,汉代的商业触角就已相当频繁地伸入这一带,不仅熟知了航程,而且形成了"蛮夷贾船,转送致之"的比较复杂的海上交通与贸易机制。在这个贸易网中,中国商船完全可能参与最初的一段航程。事实上,华船也有这个能力。据考古学鉴定,秦汉时期广州造船场已能建造宽6至8米,长30米,载重50至60吨的木船,[10]完全能够行驶远洋。

东南亚太平洋海域各古代民族,在南海贸易中也起了十分重要的作用。从公元2世纪到6世纪,扶南国崛起于东南亚,称雄于暹罗湾及附近海域。"扶南国伐木为舡(即'船'),长者12寻(合32公尺),广肘8尺,头尾似鱼,皆以铁镊露装。大者载百人。"[11]公元3世纪末撰写的《南州异物志》还记载了航行于南海的外国商船:"外域人名船为'舶',大者长二十余丈,高去水三二丈,载六七百人,物出万斛。"这些都说明,当时南海上行驶的外国商船甚至优于华船。

隋唐以降,随着中国封建社会进入高度发展的成熟时期,航海工具也有了巨大的改进。唐代造出了长达50至60米的"埤仓"巨舶,可载五六百人。宋代特别重视建造利于破浪、善走南洋深水的海船;"上平如衡,下侧如力",结构坚固,性能良好。泉州造船工场制造的福船,底尖上阔,首尾高翘,吃水深达4米,载重数百吨,被誉为最优秀的海船。特别是11世纪,宋代海船在全世界率先使用指南针导航,"舟师识地理,夜观星,昼则观日,阴晦观指南针"。[12]这样,就从根本上改变了汉代"蛮夷贾船,转送致之"的状况。中国商船可以直航南海各地,乃至深入印度洋海域,直抵波斯湾头。唐代贾耽已详记了这一海路航程。当然,这并不是说,海外商舶在南海贸易网中的地位便无足轻重。相反,由于阿拉伯、波斯、印度商船的加入,其力量较此前更加可观。据《宋史·食货志》记载:"凡大食、古逻、阇婆、占城、勃泥、麻逸、三佛齐诸蕃,并通贸易。"中国"以金、银、缗钱、铅、锡、杂色帛、瓷器市香、药、犀、象、珊瑚、琥珀、珠琲、镔铁、鼍皮、玳瑁、车渠、水精、蕃布、苏木等物"。综上所述,可以清楚地看到古代海上丝路的繁忙景象。至15世纪末,太平洋西端的马六甲已发展成为一个重要的国际贸易中心,以致初抵此地的西方殖民者惊叹说:"谁要是成了马六甲的主人,谁就扼住了威尼斯的喉头。"[13]古代海上贸易,促进了整个东南亚地区的进步和繁荣。

上述以中国为中心,从东北亚的日本、朝鲜到东南亚的海上贸易网,从地理分布上呈半环形。我们可以称之为古代西太平洋半环贸易网。不过,当我们仔细加以考察,便不难注意到,这个西太平洋半环贸易网并不是面向太平洋,而是面向印度洋的。其轨迹延伸入印度洋海域,成为古代印度洋贸易网的重要内容。大量的中国丝绸、瓷器等物品,通过这一半环从海上西流,再换回海外各种珍奇物品。从中国尚不具备远洋航行的时代起,就依靠东南亚和南亚各民族人民的帮助,以"蛮夷贾船,转送致之"的方式西去印度洋。到中国拥有远洋续航的巨舶之后,中国海上贸易的触角,更频繁伸向遥远的波斯湾、红海和西印度洋各地。郑和的航海活动,就其经济意义而言,正是将古代西太平洋半环贸易网的作用发挥到了极点。

二

发轫于西欧的开辟新航路的活动,揭开了历史的新篇章,也揭开了太平洋贸易网的序幕。哥伦布和达·伽马的航行虽然都没有到达太平洋海域,却在逻辑上为未来的太平洋贸易网织下了第一针。特别是哥伦布的航行,目标十分明确,就是按照地圆说的指引,从欧洲大西洋海岸向西探索,从海上寻找一条抵达印度、日本和中国的新路。1819—1521年麦哲伦的环球航行,第一次自觉地从东向西横渡太平洋。可以认为,这次航行标志着太平洋贸易网形成的开端。从这时起,直到18世纪,是太平洋贸易网的形成时期,令人注意的是,在这一时期,不是太平洋沿岸各民族,而是来自外太平洋的欧洲殖民主义者,充当了太平洋贸易网的主角。

在近代太平洋贸易网形成的早期,西班牙人曾起过突出的作用。是他们,将古代西太平洋半环贸易网扩大为跨洋贸易,建立了中国——菲律宾——拉丁美洲这一新的海上贸易体系。1573年,两艘大帆船满载着22300件中国瓷器及其他货物,从马尼拉驶往墨西哥的阿卡普尔科;次年,6艘大帆船自阿卡普尔科驶抵马尼拉。从此开始了长达两个半世纪的马尼拉大商帆贸易。由于当时菲律宾尚较落后,物产贫乏,所以马尼拉大商帆的起点,表面上在马尼拉,实际上在中国闽、广、浙沿海地区。自马尼拉运往美洲的货物,实际上主要也是由中国商船运到马尼拉的丝货和瓷器,以及茶叶、香料、铜铁、珠宝工艺品,等等。这些商品经大商帆转运美洲市场,一般可获 600%—800% 的高额利润。[14] 如此巨大的利益,使西班牙商人、殖民官吏不断打破王家限令(每年限 2 艘,每艘限 300 吨)。每年航行的大商帆常常是 3 艘或 4 艘,每艘则常达 700 吨、1000 吨,甚至 2000 吨以上。[15] 作为对丝、瓷等中国商品的交换物,西班牙人能从美洲运出的,当时几乎只是白银。在 16 世纪末,世界贵金属开采量的 83% 归西班牙所有,当时秘鲁的银价贱得像街上的石头一样。[16] 华商赴马尼拉贸易,也是"直以有佛朗机银贱之故"。[17]

马尼拉大商帆贸易开辟了太平洋近代跨洋经济、文化交流,刺激与推动了中国、菲律宾和拉丁美洲三方面的社会发展。大商帆贸易使参加这一贸易的各方均有受益,其中首推菲律宾和马尼拉。"吕宋本一荒岛,魑魅龙蛇之区。徒以我海邦小民,行货转贩,外通各洋,市易诸夷,十数年来,致成大会。亦由我压冬之民教其耕艺,治其城舍,遂成阻区,甲诸海国。"[18] 西班牙殖民者也承认,"没有中国人,这个城市(马尼拉)就不可能存在或维持下去,这是天经地义的事实"。[19] 大商帆贸易也活跃了西属拉美的经济。阿卡普尔科从一个只有 250 户的默默无闻的小渔村,迅速发展成"一个人口众多的城市"、"世界最著名的集市"。[20] 以这里为中心,海陆商道辐射向墨西哥、秘鲁和拉丁美洲各地。当时,"载运着中国丝货的走私船舶沿太平洋海岸往来如梭"。[21] 近代太平洋贸易网的东缘,竟是以走私贸易的形式开始编织的。华瓷、华丝的输入,还促进了当地手工业的发展。仅以陶瓷业为例,1793 年,墨西哥的普埃布拉城已有 49 家制瓷工场,成为美洲著名的制瓷业中心。[22] 对中国来说,马尼拉大商帆贸易刺激了中国手工业产品的出口,促进了手工业的发展和沿海口岸的繁荣。美洲一些农作物如烟草、番薯、玉米等的传入,也为中国农业生产增添了新的内容。更为重要的,则是美洲白银的大量流入。据估计,自 1571 年至 1821 年的 250 年间,自西属美洲运抵马尼拉的白银共约 4 亿比索,其中约有半数流入中国。[23] 这就有力地促进了中国商品货币经济的发展,有利于资本主义经济因素的萌生。要言之,马尼拉大商帆贸易体系的建立,其意义远不只在于它是旧有的海上丝绸之路的拓展与延伸,而在于它归属于资本原始积累范畴所具有的新内涵,更在于它为日后正规意义上的资本主义太平洋贸易网所作的准备。

与西班牙人建立马尼拉大商帆贸易体系的同时，葡萄牙人也在太平洋西缘积极活动，在原有的西太平洋古代半环贸易网的基础上，经营其果阿——澳门——日本贸易体系，以及澳门——马尼拉——日本贸易体系。每年5月前后，葡萄牙大商帆从果阿启航。大商帆一般为600—1600吨，载客500—600人。船载胡椒、苏木、象牙、檀香等印度特产，以及由里斯本东运的手工业品与美洲白银。大商帆乘夏季西南季风，经马六甲到达澳门，将船货换购丝货、棉布、黄金等，于次年夏季再乘季风北上日本平户、长崎。将中国丝货等换购日本白银、漆器等，乘秋季东北季风返航澳门，再用白银购买中国丝货、瓷器，自澳门返回果阿。在上述航程中，葡萄牙人可获利5万—6.5万英镑。[24] 17世纪的葡萄牙史家说："我们的大商帆每年从日本载来白银，价值超过百万金币。"[25] 另据估计，16世纪的最后25年间，日本生产的白银半数外流。大部分流往澳门，每年达50—60万两；17世纪前30年，更增长到每年100余万两，甚至高达200—300万两。[26] 葡萄牙人甚至插手马尼拉大商帆贸易体系。澳门在一段时间里，甚至曾经成为这一贸易体系的起点之一。据估算，1631年以前，由马尼拉输往澳门的白银达1400万两，约相当于永乐元年至宣德九年（1403—1434年）中国官银矿总产量之2.1倍，万历年间明国库岁入的3.8倍。[27] 在经营长崎——澳门——马尼拉贸易的同时，葡人继续将其殖民触角南伸，开辟了对大、小巽他群岛的贸易航线，将酝酿、形成中的近代太平洋贸易网扩及南洋群岛。

从17世纪中叶前后，太平洋贸易网进入了它形成的第二阶段。由于荷、英、法等新殖民列强进入太平洋角逐圈，西、葡两国的势力急剧衰落下去。早在16世纪初，荷兰东印度公司成立后，就开始打击葡萄牙人势力。1603年，荷兰人在柔佛港外抢掠了一艘1500吨的葡萄牙大商帆，并将劫掠的1200大捆生丝运回阿姆斯特丹抛售；同年，荷兰船队又在澳门抢劫了一艘驶往日本的葡萄牙大商帆，劫得生丝2800大捆，在阿姆斯特丹售得140万荷盾。[28] 17世纪30年代，荷兰人进而封锁、控制了马六甲。另一方面，西班牙人在1588年丧失了无敌舰队后，也迅速失去海上霸权。马尼拉大商帆贸易也频遭骚扰。荷兰人在西太平洋大肆抢劫从中国福建诸口岸驶往马尼拉的商船，而英国人等则在东太平洋邀劫马尼拉大商帆。可以说,马尼拉大商帆贸易尽管到1815年才正式结束,但它自18世纪下半叶起,便渐渐难以为继了。

17—18世纪,荷、英、法等国为了扩张自己的商业利益,继西班牙人之后,在太平洋进行了规模空前的探查活动。以18世纪70年代前后英国詹姆斯·库克三次航行为完成标志的探查活动,使太平洋海上交通网打破了马尼拉大商帆航线的狭窄视野,扩大到环太平洋的几乎每一片海域。荷、英、法等殖民列强极大地扩张了它们在太平洋、特别是西太平洋的商业活动(包括它们从陆地打到海洋的商战)。太平洋贸易网终于形成。

在16—18世纪近代太平洋贸易网的形成时期,由于西方殖民主义的入侵,中国在古代西太平洋半环贸易网中那种中心地位发生了变化。西方殖民主义者营造新的太平洋贸易网的过程,就是封建的中国逐步丧失自己在以往西太平洋贸易中主角地位的过程。据记载,1510年,当葡萄牙人初抵马六甲时,每年有8—10艘中国商船到达那里,到1513年仅有4艘。[29]而荷兰人仅在1617年一年便劫掠了10余艘从中国驶往马尼拉的商船。

不过,中国海上贸易地位的变化或下降并不是遽然发生的。在近代太平洋贸易网的形成时期,中国不再是主角,却仍保持了重要角色的地位。明初,尽管实施了"片板不许下海"的禁令,但闽、广等沿海地区,对外走私仍甚为活跃。早在1444年(正统九年),广东潮州居民55人,载货出洋,到爪哇走私交易。[30]1542年(嘉靖二十一年),福建漳州人的26艘船到琉球贸易,同时到达的还有广东潮阳的商船21艘。[31]另外,1544—1547年(嘉靖二十三至二十六年),到日本走私贸易,因风漂至朝鲜而被解送回国的福建人即达1000人以上。[32]1567年(隆庆元年)明政府部分开放海禁以后,每年到海外从事合法贸易的商船,从1589年的88艘,上升到1597年的137艘。[33]17世纪初期,中国与印度尼西亚群岛的贸易相当频繁。当时中国是印度尼西亚胡椒的重要购买者。每年从印度尼西亚运往中国的胡椒达5万袋,约2000吨,占印尼胡椒总产量的5/6。[34]驶往印尼的中国商船,每年多为5艘,每艘800吨上下,乘员400—500人。[35]至于中菲之间,贸易更为频繁。17世纪下半叶,每年常有30—40艘中国商船抵达马尼拉。中国对日本贸易也是长兴不衰。明末,中国海商常不顾禁令,"潜通日本贸易财利"。1609年

（万历三十七年）就有 10 艘华船抵达萨摩。[36] 到清朝前期，每年赴日本的中国商船常在百艘上下。据统计，1662—1839 年，航日华船总数达 6200 艘。[37] 由此可见，中国海外贸易，在马尼拉大商帆贸易与西太平洋贸易中仍占有重要的、不可或缺的一席。

三

产业革命在欧洲的进行与完成，使太平洋贸易网在 19 世纪步入其大发展时期。19 世纪中叶，资本主义世界市场最终形成，近代太平洋贸易网也终于形成了。

这个新的海洋贸易网，带有强烈的时代和阶级属性。马克思指出："对于一种地域性蚕食体制来说，陆地是足够的；对于一种世界性侵略体制来说，水域就成为不可缺少的了。"[38] 资本主义、帝国主义的对外殖民扩张，正是一种世界性侵略体制。在 19 世纪的大部分时间里，太平洋贸易网是西方自由资本主义商品倾销和原料掠夺的网络。这一点，已是不争的事实。值得注意的是，从 18 世纪下半叶到 19 世纪中叶，在太平洋贸易网中出现了两项畸形的活跃的贸易：毛皮贸易和苦力贸易（此外，还有西方殖民主义者打入中国的鸦片"贸易"）。

18 世纪六七十年代，英国航海探险家詹姆斯·库克就曾预言海獭等的皮毛将是无价之宝。当库克船队抵达广州后，有的海员竟将 6 先令买的毛皮，卖到 100 美元以上。从此，掀起了北太平洋毛皮贸易热。美、英、俄等国纷纷卷入。以美国为例，东海岸商人和波士顿船主积极参与这项贸易。1793—1818 年间，大约有 100 多艘美国商船驶入西北太平洋海域。其捕获量亦相当惊人。仅 1804—1805 年就猎获海獭皮 11003 张；1805—1806 年更增至 17445 张。当海獭资源渐渐匮乏之后，海豹也成为捕杀对象。美国"海神号"商船仅在 1785 年和 1793 年就曾分别载运了 13000 张和 80000 张海豹皮到广州出售。从 1793 年起，仅智利的马萨弗埃罗岛在 7 年中运往广州的海豹皮就达 300 万张。由于皮毛贸易，促进了中国同中、南太平洋诸岛的经济交往。那里不仅成为太平洋两岸贸易的中转补给站，而且还将檀香、海参、珍珠等特产运往广州，在中国大受欢迎。

19 世纪中叶，太平洋上又兴起了骗掠中国劳动力出口的罪恶的

"苦力贸易"。苦力贸易的起点最初在厦门。从1847年至1853年3月,从厦门共输出了苦力8281名。[39]目的地有哈瓦那、悉尼、火奴鲁鲁、秘鲁和加利福尼亚等地。英国殖民者是苦力贸易的主角。在厦门六个苦力贸易代理行中,竟有五个是英国人开办的。50年代中期以后,苦力贸易的中心转移到葡萄牙人统治下的澳门。特别是1856年至1864年期间,每年从澳门运出的苦力高达15000—20000名。[40]此时,苦力贸易的航线主要是从厦门、澳门到美洲。此外还有澳洲航线。秘鲁的卡亚俄成为主要的苦力输入港之一。苦力在越洋航程中的死亡率,高达24%—33%,抵岸后又遭到极端残酷的压榨。连英国殖民者自己也承认,苦力贸易是一项"事实上的奴隶贸易"。[41]在产业革命以后的相当一段时间里,近代太平洋贸易网仍需要苦力贸易、鸦片贸易来充实自己的内容。这也表明,这一最新的大洋贸易网的编织,饱含着殖民主义的罪恶与卑污,以及太平洋各被压迫民族,特别是中华民族的牺牲和血泪。

从19世纪末到本世纪30年代,太平洋贸易网又服务于早期帝国主义的殖民瓜分、开发与掠夺。纵观第二次世界大战以前的太平洋贸易网,可以看到这样一个特征:从总体上看,它继续保持了一种纵向的辐射状,即以北大西洋资本主义心脏地区为轴心,辐射向太平洋各殖民地、半殖民地国家和地区。尽管从19世纪末以来、特别是第一次世界大战以后,美、日两国地位急剧上升,并隐然有霸主之势,但外太平洋殖民列强在相当大的程度上,依然保持着太平洋贸易网控制者的地位。[42]在古代西太平洋半环贸易体系中居支配地位,直到近代早期太平洋贸易网形成阶段仍居重要地位的中国,此时已丧尽了以前的优势,沦为西方的经济附庸,在纵向辐射型的太平洋贸易网中沦为消极的被辐射、被剥削的角色。

四

第二次世界大战,在很大程度上改变了世界的面貌,也改变了太平洋贸易网的面貌。战后近半个世纪以来,太平洋贸易网有两个重要的变化。第一个变化是政治的,就是说:中华人民共和国等亚洲社会主义国家的建立与发展、战后亚洲民族独立国家的建立与发展、冷战格局的形成与变迁,都直接影响和制约着太平洋贸易网的发展和走向。由于种种非经济的原因,亚洲社会主义国家在相当程度上被隔离在太平洋贸易网之外。80年代中期以来,随着冷战格局的逐步解体,改革开放的中国重新以积极、活跃的姿态回到太平洋贸易网中来。在半个世纪里,太平洋贸易网经历了由割裂到复合的重大转变。

第二个变化则是经济的,即太平洋贸易网从外太平洋殖民列强控制的局面下彻底摆脱出来,由旧日的纵向辐射型,逐步演化为环洋横向联系型。这个巨大变化,是战后太平洋地区经济大高涨与太平洋贸易网空前发展与繁荣所造成的。

日本的经济起飞,是环太平洋贸易网战后勃兴的第一个关键因素。战后的日本,几乎是一片废墟。50年代初,连杜勒斯都低估了日本的经济,认为"日本产品在美国几无前景可言"。[43]然而,曾几何时,日本人因风乘势,创造了震惊世界的经济奇迹。日本自然资源的极大局限,决定了它的对外依赖性,因而也在相当程度上决定了它同环太平各国和地区的巨大贸易额。1983年,日本对环太平洋地区的出口额已达到1140亿美元,占其总出口额的77%;进口额达1103亿美元,占其总进口额的87%,日本进口粮食的90%,燃料的90%,工业原料的94%,都来自环太平洋地区。日本和美国是环太平洋地区最大的贸易伙伴,其贸易额约占这一地区贸易额的一半以上。日本同亚洲"四小"和东盟诸国的贸易总额,1985年已达591.39亿美元。[44]日本在墨西哥、秘鲁、智利等主要太平洋拉丁美洲国家中的进口对象中,自80年代中期已居第二位,仅次于美国。

亚洲"四小"和东盟诸国的经济起飞,是战后太平洋贸易大发展的重要支柱。例如韩国,从1962年至1978年,其出口贸易额由每年0.5亿美元激增至127.1亿美元;进口额由4.2亿美元激增至149.2亿美元。仅同期出口额计,平均年增长率为41.6%,居世界第一位。在大致同时期,新加坡、中国香港和台湾地区也发生了大致相似的飞跃。值得注意的是:亚洲"四小"的贸易伙伴主要在太平洋内,如新加坡出口对象依次为美国、马来西亚、日本和中国香港等,在中国香港1985年的出口贸易中,44.5%对美国,只有6.6%对英国。[45]东盟国家(新加坡除外)步亚洲"四小"后尘,发展可观。它们的外贸也集中在太平洋地区。80年代初,对太平洋国家与地区的贸易额已占东盟出口的70%左右,进口的 60% 左右。

战后,南太平洋地区也发生了巨大的变化。这不仅表现在澳大利亚和新西兰已跻身于发达国家的行列,更表现在它们的对外经济联系,已从过去的面向英国和西欧,转变为面向太平洋。第二次世界大战前,澳大利亚与东亚的经济联系几乎微不足道。50 年代中期起,情况逐渐变化。六七十年代,澳日贸易首先起跳。1939 年,澳大利亚外贸的 41.64% 是对英国的,而日本只占 4.22%,到 1979 年,英国在澳大利亚出口中仅占 4%,进口中仅占 10.9%,而日本则分别占 23.8% 和 17.6%。[46] 美国在澳大利亚外贸中仍保持了举足轻重的地位。1983 年,美国占澳大利亚出口的 10.2%,仅次于日本,居第二位,占其进口的 21.9%,居于榜首。1973—1982 年,澳大利亚对中国、亚洲"四小"与东盟国家的出口额分别增长 8.6 倍、6.8 倍和 3.6 倍。[47] 特别是近十多年来,澳中贸易有了令人鼓舞的发展。1976 年,澳中贸易总额仅 2.96 亿澳元,1979—1980 年度即激增至 10.45 亿澳元,[48] 以后大致保持着这一水准。从 70 年代中期起,新西兰出现了日益面向亚洲太平洋的同样趋势。美国、日本和澳大利亚等亚太国家和地区,在新西兰的对外贸易中所占比重已近 50%。[49] 此外,南太平洋诸岛国的外贸伙伴,也依次为澳大利亚、日本、新西兰和美国,均为太平洋国家。

太平洋两岸的两个大国——美国和中国,尤其值得注意。一方面,社会主义中国改革开放的大潮,使中国在太平洋贸易网中的前景极为光明。另一方面,美国发生的经济重心西移的重大转变也令人瞩目。1981 年,美国对东亚贸易额超过其对欧贸易额 150 亿美元;1983 年,这一差距扩大到 300 亿美元。[50]

总之,当今的太平洋贸易网,已在世界贸易中占有举足轻重的地位。据太平洋经济委员会所列资料,1980 年世界出口贸易总额为 18590 亿美元,其中太平洋地区为 6098 亿美元,约占 32.9%。[51] 应该说,这一势头在保持中仍有增强。

当前,21 世纪将是太平洋世纪或亚太平洋时代的呼声,正引起广泛的注意与讨论。在研讨这一问题时,深入地、全方位地对太平洋贸易网进行研究,显得格外重要。从新航路开辟算起,近代太平洋贸易网的形成、发展与繁荣,已历经了 500 年。我们看到:正是这张大洋贸易网,将极其分散,甚至彼此孤立、隔离的环太平洋地区逐步编织得日益紧密。在一般自然地理意义上,又给它注入了经济的、政治的、文化的内容。

太平洋贸易网的形成、演进和发展历程,绝不仅仅是经济的。它同国际政治与文化交流都有着密切的联系。自太平洋贸易网形成之日,其实质便是西方殖民主义、资本主义对东方的剥削。迄今它仍有经济竞争的因素,更有发达与落后等矛盾因素。这是我们在考察包括太平洋贸易网在内的人类社会进步历程中绝不应忽视的。就国际关系而言,近代太平洋贸易网的形成过程,也就是古代"华夷秩序"瓦解,新的资本主义国际关系在太平洋地区建立的过程。在文化交流方面,除经济交流本身就属于广义文化(含物质文化)交流范畴外,在精神文化上,可以说绝大多数西方文化的"载体":商人、传教士、外交官,都是经由太平洋贸易网而"舶来"东方的。

太平洋贸易网500年的发展史,同中国关系至深。一方面,西方殖民主义者在编织和发展太平洋贸易网的过程中,使中华民族从古代国际关系和经济文化交流中的主角、强者和影响者,逐步沦为西方的附庸,也带给中国人民无尽的耻辱和灾难。另一方面,不以人们意志为转移地,太平洋贸易网给中国带来了先进资本主义的东西。从洪秀全到毛泽东,近代以来中国的改革家、革命家们,正是经由这一贸易网获得世界的先进成果,直至马克思主义,终于历尽劫难,缔造了新中国。

今天,在争取建立冷战后新秩序的艰难工作中,中国也必将充分利用太平洋贸易网所带来的机遇,勇于交流,长于取舍,善于消化,以推进自己社会主义现代化的宏伟大业。

注　释

〔1〕《马克思恩格斯选集》第1卷,人民出版社1972年版,第254页。
〔2〕《史记·朝鲜列传》。
〔3〕《资治通鉴》卷一九七。
〔4〕参见佟柱臣:《渤海国海路考》,《太平洋》,海洋出版社1987年试刊。
〔5〕木宫泰彦:《日中文化交流史》,商务印书馆1980年版,第12页。
〔6〕《乾道四明图经》卷一,转引自藤田丰八:《宋代之市舶司与市舶条例》,商务印书馆,第51页。
〔7〕据日本文献《和语连珠集》记载:"上古本邦无铜,以异邦输入之铜铸造。"转引自郭沫若:《出土文物二三事》,人民出版社1972年版,第35页。
〔8〕席龙飞:《朝鲜新安海底沉船的国籍和航路》,《太平洋》,海洋出版社1985

年版。
〔9〕王赓武:《南海贸易与南洋华人》,香港中华书局1988年版,第30—31页。
〔10〕《人民日报》1977年2月27日。
〔11〕《太平御览》卷七七一。
〔12〕朱彧:《萍洲可谈》卷二。
〔13〕哈里森:《简明东亚史》(Brain Harison, *A Brief History of East Asia*),伦敦,1954年版,第64页。
〔14〕舒尔茨:《马尼拉大商帆》(W. L. Schurz, *The Manila Galleon*),纽约,1959年版,第137页。
〔15〕舒尔茨:《马尼拉大商帆》,第193—194页。
〔16〕布莱尔和罗伯逊编:《菲律宾群岛》(*The Philippine Islands*, 1493—1898, ed. By E. H. Blair and J. A. Robertson),克利夫兰,1903—1909年版,第27卷,第153页
〔17〕〔18〕《皇明经世文编》卷四三三。
〔19〕〔20〕舒尔茨:《马尼拉大商帆》。
〔21〕麦克兰:《西属中美洲社会经济史》(Murdo J. Macland, *Spanish Central America, A Socioeconomic History*, 1520—1810),伦敦,1973年版,第165页。
〔22〕沙丁、杨典求等:《中国和拉丁美洲关系简史》,河南人民出版社1986年版,92—93页。
〔23〕陈达:《中国移民的劳动条件》(Chen Ta, *Chinese Migrations with Special Reference Labour Conditions*),华盛顿,1923年版,第105页,关于此问题的深入研究,见全汉升:《明清间美洲白银的输入中国》,载《中国经济史论丛》第1册。
〔24〕范·洛尔:《印度尼西亚商业与社会》(J. C. Van Leur, *Indonesian Trade and Society*),海牙,1955年版,第162页。
〔25〕博克塞:《远东葡绅》(C. R. Boxer, *Fidalgos in the Far East*, 1550—1770),海牙,1948年版,第6—7页。
〔26〕全汉升、李龙华:《明中叶后太仓岁入银两研究》,《中国文化研究所学报》第5卷第1期。
〔27〕梁方仲:《明代国际贸易与银的输出入》,《中国社会经济史集刊》第6卷第2期。
〔28〕张天泽:《中葡贸易》(Tien Tse Chang, *Sino-Portuguese Trade*, 1514—1644),莱顿1933年版。
〔29〕梅林—罗埃罗伊斯:《亚洲贸易与欧洲影响》(M. A. P Meilink-Roeloyse,

Asian Trade and European Influence),海牙,1962 年版,第 76 页。

[30] 《明英宗实录》。
[31] 《皇明经世文编》卷二一九。
[32] 《明世宗实录》。
[33] 《明神宗实录》。
[34][35]　范·洛尔:《印度尼西亚商业与社会》,第 125、198 页。
[36] 〔日〕松浦章在《明代末期中国商船的日本贸易》(《中国史研究动态》1990 年第 4 期)中指出,中国船货仍以绢丝、绢织品、砂糖、药剂为大宗。
[37] 中村新太郎:《日中两千年》,吉林人民出版社 1980 年版,第 226 页。
[38] 马克思:《十八世纪外交史》,转引自《历史研究》1978 年第 1 期,第 15 页。
[39][40]　颜清煌:《苦力和清朝官吏》(Coolies and Mandarins, by Yen Chin Huang),新加坡大学出版社 1982 年版,第 42、55 页。
[41] 颜清煌:《苦力和清朝官吏》,第 44 页。荷兰学者布列曼从更广阔的视野上讨论了殖民时期亚洲劳动力移民的问题,参见布列曼:《殖民时期亚洲的劳动力移民与乡村的变化》,(Jan Bremen, Labour Migration and Rural Transformation in Colonial Asia),阿姆斯特丹,1990 年版。
[42] 1877—1907 年,日本外贸总额从 5000 万日元增至 92700 万日元,30 年激增 18 倍多,见戈洛文:《二十世纪太平洋问题》(N. Golovin, The Problem of the Pacific in 20th Century),伦敦,1922 年版,第 25 页。第一次大战期间,日本更上升为第四商船大国。但直到 1929 年,日本在世界贸易中仅占 3%,而英国占 13%。见《新编剑桥世界近代史》,中国社会科学出版社 1987 年版,第 454、489 页。不过,在对华贸易上,第一次大战后,日、美已双双超过英国。
[43] 美国国家政策研究中心:《太平洋盆地:观念与挑战》(Center for National Policy, Pacific Basin: Concept and Challenge),华盛顿,1986 年版,第 38 页。
[44] 汪于麟:《2000 年太平洋地区南北关系展望》,《亚太经济》1987 年第 4 期。
[45] 辛克莱、斯图亚特编:《太平洋盆地经济手册》(Sinclair, W., Stuat ed, The Pacific Basin: An Economic Handbook),伦敦,1987 年版,第 144、143 页。
[46] 克拉克:《澳大利亚简史》(Manning Clark, A Short History of Australia)。
[47] 林汉隽:《澳大利亚对外经济关系中的东亚地区》,《亚太经济》1987 年第 5 期。
[48] 冯和麦克拉斯:《从畏惧到友谊》(Edmund S. K. Fung and Colin Mackerras, From Fear to Friendship),昆士兰大学出版社伦敦纽约 1985 年版,第 223、262 页。

〔49〕 武桂馥等:《太平洋的崛起》,人民日报出版社 1991 年,第 49 页。
〔50〕 美国国家政策研究中心:《太平洋盆地:观念与挑战》,第 38 页。
〔51〕 转引自王鼎咏:《亚太地区劳动密集型制品贸易》,中国太平洋历史学会编:《太平洋》1987 年第 1 期(试刊)。

本文发表于《世界历史》1992 年第 6 期。

太平洋时代和中国

近年来,"21世纪将是太平洋世纪或太平洋时代"的呼声甚高,并且在国际学术界、政界和财界获得越来越广泛的注意和认同。

21世纪果真将迎来一个太平洋世纪或太平洋时代吗?在什么意义上,我们说太平洋时代将要来临?这个时代将有哪些特征?它和中国未来的发展有着怎样的关系?

我国是太平洋地区的主要国家之一,同上述问题有着切身利害的关系。为了深入讨论这些问题,我们需要做一番历史的和现实的考察。

一

追根溯源,关于太平洋时代的思想,始于19世纪中叶。1852年,美国的著名政治家、日后成为美国国务卿并购买了阿拉斯加的西华德参议员就曾预言:美国在大西洋的利益将下降,而"太平洋,它的海岛及遥远的大陆地区将成为很久以后世界的主要舞台"。[1]这一观点,在本世纪初由另一位美国政治家西奥多·罗斯福加以充分地、明确地发挥。他指出:"地中海时代随着美洲的发现而结束了。大西洋时代正处于开发的顶峰,势必很快就要耗尽它所控制的资源。唯有太平洋时代,这个注定成为三者之中最伟大的时代,仅仅初露曙光。"[2]

西华德和老罗斯福的观点,无疑打着鲜明的时代和阶级的烙印,带有浓重的美国国家发展战略考虑的色彩。但太平洋时代的思想源自美国却不是偶然的。因为,只有美国这个环太平洋地区第一个近代民族,才能提出"时代"这一属于近代范畴的思想。

不过,毕竟是由于源自政界和更多地出自政治考虑,太平洋时代的构想,从一开始就先天不足,缺乏科学论证,颇有些急就篇的意味。这种先天不足的证明之一,就是本世纪 20 年代曾出现过的那股太平洋热。当时,第一次世界大战刚刚结束,美国和日本这两个太平洋国家地位大为上升,华盛顿会议又将全世界的目光吸引到太平洋地区。因此,"20 世纪将是太平洋时代"的说法,一时甚为热闹。[3] 不过,那股太平洋热很快就被法西斯掀起的全球性战争所粉碎。今天回顾起来,本世纪上半叶那股太平洋热,充其量仅仅是一次预热而已。

当前这次"环宇争说太平洋"的热潮,则源自 60 年代的日本。1966 年,日本的小岛清教授首先提出了"太平洋共同体"的构想。次年,当时的日本外相三木武夫作了题为"亚洲太平洋外交和日本经济合作"的演讲,指出"亚洲的贫困用亚洲自己的力量不可能解决,至少要在亚洲太平洋这样的广域中找出解决的途径。日本担负着作为亚洲和太平洋各国的接触点,并且把二者连接起来的任务。"1979 年,日本首相大平正芳提出了"环太平洋经济圈"的构想。这一构想经过反复研讨、论证,已成为日本长期发展的国家战略。1980 年,日本环太平洋合作研究小组还提出了关于环太平洋合作构想的工作报告。今天,日本正以举国一致的姿态,迎接太平洋时代的到来。

对此,美国自然不甘落后。1966 年 7 月,美国总统约翰逊发表了《太平洋国家宣言》,强调美国作为一个太平洋国家,关心正在形成的亚洲新形势。70 年代初,美国兰德公司向政府提出一项报告,建议重视环太平洋地区的经济发展。1975 年福特总统发表"新太平洋主义",重申美国是太平洋国家。1978 年,基辛格指出:"太平洋将是 20 世纪末、21 世纪世界性事务的中心";次年又指出:"世界的重心正逐渐从大西洋转移到太平洋地区。"里根总统在 1984 年访华前夕也发表谈话,认为"整个太平洋盆地将是世界的未来"。1993 年,克林顿总统又提出了"新太平洋共同体"的主张。

值得注意的是,韩国、东盟诸国、澳大利亚和中国,以及几乎所有环太平洋国家,对于太平洋时代的思想均日益抱有积极认同的态度。

欧洲,作为外太平洋的力量,对"太平洋时代"的问题也越来越采取重视的态度。1985 年,法、德、意等国人士召开国际会议,研讨的主题就是如何应对"太平洋的挑战"。由密特朗总统指示建立的法国太平洋研究所的专家们更明确指出:"世界的重心正不可挽回地远离我们的海洋,太平洋将是 21 世纪的地中海。"[4]

应该说,这次关于太平洋地区的前瞻,比起本世纪初那次太平洋热,有着充分得多、也坚实得多的依据。但仔细考察起来,其薄弱之处同前一次太平洋热颇为相似,即着眼于政治多而科学论证不足。因此,对"太平洋时代"这一课题做一些扎实的科学论证,就成为国际学术界一项严肃而迫切的任务。

二

在人类社会漫长的发展历史上,总有一些国家、民族和地区高擎火炬,走在各个不同历史时期人类文明由低向高发展阶梯的前列。一些地区或民族的某种文明发展了、繁荣了,并以波浪式推向周边地区,刺激、影响那里文明化的进程,逐渐形成与其他地区相比独领风骚的局面。当这一地区或民族越过该文明发展的顶点而滑坡、衰落之际,往往又会有一些新的地区、国家或民族以某种新的文明崛起,取而代之。由此循环往替,不断嬗变。因此,各地区、各民族发展不平衡,始终是人类社会发展的一个规律性的历史现象。

据此,人们常常在历史上那些独领文明演进之风骚的地区、国家或民族之后冠以"时代"二字,用以界定人类历史发展的阶段性,如"希腊、罗马时代"、"地中海时代",等等。这种以地区、国家或民族命名时代的界定标准,同以社会经济形态命名(如奴隶制时代、封建制时代等)和以生产力发展水平命名(如石器时代、铁器时代等)一样,都是人类历史发展阶段性的界定标准之一。这几种标准,彼此之间有着一定联系,有时甚至可以一起使用,并行不悖,使人们的界定更科学、更清楚、更符合历史实际。比较起来,以地区、国家或民族命名时代的标准,更多地含有一些约定俗成的意味。

自西奥多·罗斯福以来,谈论太平洋时代者多离不开"地中海时代——大西洋时代——太平洋时代"的三段式,即人类社会从历史上的地中海时代,发展到大西洋时代,现在又将进入太平洋时代。从约定俗成的意义上说,这种三段式的概括,确是一种浅显明白、容易脍炙人口的提法。但从历史发展的客观实际看,它却有着严重的缺陷。

大致说来,人类文明发祥于几个大河流域。在这以后,当希腊、罗马奴隶制繁荣时期,地中海地区曾在人类文明史上大放异彩。以地中海为中心地区,古代希腊、罗马的奴隶制文明曾影响到广大的周边地区,南及撒哈拉,东南至红海地区,东北至黑海地区,西出直布罗陀海峡,北至高卢与英伦三岛。时间长达几个世纪。因此,被人们称为"地中海时代"。

"地中海时代"的称谓是可以继续沿用的。因为它毕竟比较形象地反映了人类古代历史上那光芒四射的一幕。但如果将"地中海时代"简单地用来代表人类文明发展史上的第一个阶梯,就未免有失偏颇。古代世界人们心目中的天地是狭小的。在希腊、罗马文明鼎盛时期,生活在地中海地区的人们心目中的世界,主要就是地中海及其周边地区。今天,我们可以将其称为古代地中海世界。当时,这一世界的主要角色希腊人和罗马人自然将自己认作世界的中心,而把周边地区、民族称为蛮族,将南方周边地区以外的陌生世界与居民统称为"埃塞俄比亚"(意为"晒黑的面庞")。然而,即使是在那个时代,希腊、罗马人也知道遥远的东方有一个"赛里斯"(即"丝")国[5]或"秦"国[6],并受其文明的吸引,千方百计从陆上和海上开辟东通丝绸文明的古代丝绸之路。事实上,除了希腊、罗马为中心区的古代地中海世界以外,矗立在人类社会大致同一文明梯层的,还有以秦汉帝国为中心区的古代东亚世界,以印度河流域为中心区的古代南亚世界,等等。将"地中海时代"代表人类文明的第一个梯层,就完全忽视了与希腊、罗马文明同样璀璨的古代东方诸文明,忽视了人类古代文明多元化的历史实际,是一种以偏概全的概括。"地中海时代"所能代表的,充其量不过是人类文明史上第一梯层的一个重要组成部分。

根据老罗斯福首倡的那个三段式,紧接于"地中海时代"之后的,是"大西洋时代"。在这里,"欧洲中心"论的影响再一次显露了峥嵘。因为在近代欧洲资产阶级的心目中,一部欧洲中世纪的历史,就是在希腊、罗马的废墟上,在黑暗的中世纪条件下蹒跚摸索的历史。人们赖以走出这黑暗的,是文艺复兴和启蒙运动。在这里,欧洲中世纪尚不足道,更何况世界其他地区?!

其实,在人们通常所说的"地中海时代"和"大西洋时代"之间,并非一片空白。姑且不谈"黑暗的"欧洲中世纪仍旧发展着西方文明的传统,并构成中古时代人类多元文明中的一个重要内容,我们特别要指出的是,在"欧洲中心"论的视野之外,东方世界的传统文明孕育出了中古时期的两大东方文明圈,即以儒学为灵魂的东亚文明圈和以伊斯兰教为核心的印度洋文明圈。

以中华唐宋帝国为中心区的中古东亚文明圈,继秦汉帝国之后一脉相承,经魏晋南北朝时期民族大融合而获得新的生命力,再次崛起。在政治上,以中华帝国为中心的古代东亚国际关系体系——即所谓"华夷秩序"——已发展到成熟阶段;在经济上,同样以中国为中心的朝贡贸易也日趋完备,从而形成了古代西太平洋地区的半环贸易网;在文化方面,儒学已突破国界,在日本、朝鲜、越南等周边国家的社会生活中占有日益重要的地位,发挥着广泛的影响。尤其应该强调的是,中古东亚文明圈的核心——中国所推出的四大发明西传欧洲,对日后大西洋时代的到来起了突出的作用:火药西传及近代火器的出现,引起了欧洲军事制度、装备,乃至战略战术的全面革新,使过去固若金汤的中世纪封建城堡变得易于攻破;指南针西传及罗盘在航海业中的使用,推动了新航路的开拓,便利了近代殖民主义从欧洲向全球的扩张,从而加速了资本原始积累的进程;造纸和印刷术的西传与应用,是文艺复兴与欧洲资产阶级启蒙运动必不可少的物质前提。甚至被理想化了的儒学,也成为欧洲启蒙运动先驱们思想库中的营养品。[7] 总之,没有中古东亚文明的引进及其影响,仅仅靠着希腊、罗马文明传统的基础,欧洲在 16 世纪揭开世界的新时代——资本主义时代,以及这一新时代展开的规模之大,力度之强,都是难以想象的。

"地中海时代——大西洋时代——太平洋时代"三段式的思路还忽略了中古时期的印度洋文明圈。原来,自公元 7 世纪伊斯兰教兴起、阿拉伯人建立了横跨欧、亚、非三洲的大帝国以后,伊斯兰文明以阿拉伯半岛为中心迅速向四外扩展。伊斯兰文明的流播,主要在欧洲基督教文明圈和东亚儒学文明圈之间的中间地带。这样,在公元 10 世纪前后,就形成了以阿拉伯半岛和波斯湾地区为北缘、以东非沿岸斯瓦希里诸城邦和印度次大陆直至马六甲以西地区为两翼的中古时期的印度洋文明圈。同东亚文明圈相比较,中古时期的印度洋文明圈的政治联系极为疏松,其中心区阿拉伯帝国因内部不断分裂与纷争,呈明显之弱势,难以形成古代东亚"华夷秩序"那样的国际关系体系。其政治格局是分散的、多元的。经济联系比较紧密,是这个文明圈赖以存在的主要基础。自古以来,印度洋的海上贸易就相当繁荣。公元前 1 世纪,汉代的中国商人远去印度洋地区贸易,靠的就是"蛮夷贾船,转送致之"[8]的办法。公元初年,当罗马人掌握了印度洋信风的秘密之后,打通东方航路的势头大大增强。每年从埃及驶往印度洋的商船总数,高达120艘。[9] 1945年以来,在南印度东海岸阿里卡梅杜发现的古代商埠,出土了大量罗马时期的钱币与文物,更是明证。进入中古时期以后,印度洋作为东西方海上通道意义倍增,性质却起了很大变化。从古代的线型通道发展成为网络型通道。阿拉伯、波斯、印度各地与东非斯瓦希里诸城邦的商船穿梭往返,组成了一个完整的印度洋贸易网。当时,阿曼的商船出入于东非诸港;波斯湾常见印度洋舶来的帆樯,马六甲停泊着来自东非的船舶,阿拉伯世界的商人则乘船在印度洋各处奔波。仅仅法蒂玛时期的埃及,卡里米大商人集团就有数以百计的商船在印度洋游弋。[10]印度洋地区以一个完整的海洋贸易体系承担着东西方交流通道的任务,同时这一海洋贸易网的繁荣又促进了印度洋地区众多中古文明的繁荣。

中古时期上述两大东方文明圈是互相吸引、互为表里的。东亚文明圈的人们不断西去印度洋,从那里获取物质与精神财富。从玄奘、法显取经,到郑和下西洋取宝,都是如此。同样的,印度洋文明圈的人们亦心羡中华文明。据说,先知穆罕默德有一条教训称:"学问,即便远在中国,亦当求得之。"[11]阿拉伯帝国第二代哈里发曼苏尔奠都巴格达时也宣称:"这里有底格里斯河,可以使我们接触像中国那样遥远的国度,并带给我们海洋所能提供的一切。"[12]因此,从比较完整和准确的意义上,在"大西洋时代"之前,应该加上两个中古时期领先的东方文明圈:东亚文明圈和印度洋文明圈。以地区命名,或者可以称之为"印度洋——西太平洋时代"。

由于西欧资本主义的勃兴,历史的钟摆再一次摆向西方。这样,人类历史从古代罗马帝国和秦汉帝国在东西方各领风骚的局面,演进到中古时期东方文明(含东亚与印度洋两个文明圈)占有优势的局面,现在又发展到西方文明独占风流的局面。从16世纪开始,"大西洋时代"到来了。[13]大西洋时代的内容,是欧洲(以后还有北美)资本主义近代文明的发展、繁荣与演进。同古代和中古时期不同,以欧美为中心区的资本主义文明,确实以种种形式占有、流播和影响了整个世界,因而"大西洋时代"的命名,应该是当之无愧、没有争议的。只是从更严格的意义上说,称之为"北大西洋时代"更为贴切。因为在南大西洋两侧,一边是饱受黑人奴隶贩卖之苦难的黑非洲,另一边是长期挣扎在西班牙、葡萄牙殖民统治下的拉丁美洲。它们的近代历史,灾难深重、血泪斑斑,黑暗落后,遑论"时代"?!

上述历史考察表明,某一个地区、国家和民族的文明领先地位并非一成不变,而是始终处在一种发展不平衡的动态态势中。即使是在人类历史上极其重要的"大西洋时代",也是可以被取代的。

那么,接过"大西洋时代"历史接力棒的,将是"太平洋时代"吗?

三

第二次世界大战结束半个世纪以来,太平洋地区发生的变化,确实天翻地覆,令人刮目相看。

环太平洋地区所有的古代民族,无一例外,都是被西方殖民主义、资本主义的大潮卷入近代的。太平洋地区近代历史的第一章,就是环太平洋地区诸古代民族屈服于西欧近代资产阶级诸民族的历程。除了美国和日本这两个特殊的例外,从亚洲到美洲,所有的太平洋地区各民族都沦为西方的殖民地、半殖民地或附属国,在大西洋时代中处于一种消极、被动、外缘及依附的地位。这种消极、依附的地位不解除,太平洋地区根本不可能进入世界文明发展的主流。所以,回顾起来,在本世纪20年代,当绝大多数太平洋地区的民族还处于被压迫、被奴役状态时就提出什么"太平洋时代",实在是一种侈谈。

第二次世界大战以后,太平洋地区各国人民经过各种途径,赢得了国家的独立,从而获得了讨论"太平洋时代"可能性的第一个前提。由于太平洋诸国基本上都是单一民族或一个民族占压倒多数的多民族国家,因而民族问题比起中东、非洲、前南斯拉夫和苏联来要简单得多。国与国之间因民族和疆土问题而引起的争端也相对要少。这些因素,对于保持这一地区国际关系与各国内部的稳定,都是积极的。

太平洋地区经济方面的变化和动向,尤其引人注目。

首先,是东亚地区经济的群体飞跃。先是自 60 年代以后日本战后经济崛起的奇迹,接着是东亚"四小"的经济飞腾;80 年代以来,东盟诸国(新加坡除外)奋起直追,呈现了东亚新"四小"之态势。进入 90 年代,泰国年经济增长率超过10%;马来西亚达到9%;印度尼西亚为7%;最迟缓的菲律宾也达4%左右。与此同时,中国改革开放15年间,年经济增长率也达到9%;1992年初邓小平南行讲话以来,更连续高居两位数字。近年来,越南经济也获得长足之进步,同日本、中国、特别是东盟的合作更加活跃。总之,东亚经济的群体飞跃有目共睹,毋庸赘述。

其次,是太平洋地区的西方发达国家明显向太平洋地区倾斜。

立国之初,美国本是一个典型的大西洋国家。燃起独立战争烽火的北美十三个州,全部在美洲大西洋沿岸。独立之后,美国不断向西开拓疆土。19世纪40年代的"俄勒冈热"的结果,确立了美加西部边界,将今日华盛顿与俄勒冈两州纳入美国版图;1846—1848年美墨战争之后,美国进而据有今日加利福尼亚州等地,终于成为一个太平洋国家。但长期以来,美国的重心仍在大西洋一侧,特别是新英格兰地区。直到太平洋战争期间,麦克阿瑟将军的"太平洋第一"的战略主张,仍屡次受到马歇尔将军的"大西洋第一"战略主张的压制。第二次世界大战结束后,美国出现了经济重心逐渐西移的趋势。本世纪40年代,美国的工矿产品72%的生产集中在它的东北部地区。到了70年代,东北部地区的工业生产比重下降到46%。美国的工业重心,特别是所谓"朝阳工业"如飞机制造、电子和电脑制造、石油、太空工业等,已经明显西移。与此同时,美国的人口分布与流动也出现了同样的趋势。1980年,美国东北部地区的人口比1950年增加1.25倍,而西部的人口在同期却增加了2.14倍。其中,太平洋各州在航天工业中就业人数占全国总数的42%,在光学仪器工业中就业人数占全国总数的1/3左右,在高科技方面的人口素质也反超东北部地区。在这方面,加州的崛起是一个最典型的说明。80年代,加州这个昔日美国首位农业大州,同时成了国家主要的工业大州。加州的实际生产总值已占美国实际生产总值的1/9,如果作为一个统计单位,加州在世界的主要工业国中排在第八位。难怪美国有人说,"在统治了200年之后,美国东部衰退了,起而代之的是以加州为中心的新美国"。[14]

在美国对外关系方面,情况更为明显。从对外贸易看,1961—1981年,美国同亚太地区的贸易额在美国对外贸易总额中所占比重由15%上升到近25%;而同西欧地区的贸易额所占比重则从32%下降到约

25%。到 1983 年,美国同亚太地区的贸易额在美国对外贸易总额中所占比重已超过同西欧贸易额的 24%。[15] 1986 年,亚太地区在美国外贸总额中所占比重进一步上升至 36%,而西欧部分则降到 25.7%。[16] 从对外投资看,从 1975 年到 1982 年,美国在亚太地区的私人投资总额由 59.5 亿美元增加到 128.5 亿美元,增长达 3.8 倍;而同期美国在西欧同类投资则由 495 亿美元增加到 998 亿美元,只增长 1 倍。亚太地区的投资环境也无疑对美国资本具有很大吸引力。例如,1981 年美国在西欧私人投资的利润率为 12%,而在亚太地区则为 22%。1982 年在东盟更高达 56%!因此,1982 年美国对亚太地区投资已达 12.9 亿美元,加上对华投资,已超过当年美国对西欧投资的 13.2 亿美元。[17] 进入 90 年代以来,美国经济重心西移之势更加不可逆转。90 年代初,亚太地区已成为美国最大的贸易伙伴。美国同该地区的年贸易额已超过 3000 亿美元。这个数字超出美国对大西洋地区年贸易额 1/3。[18] 另一统计数字表明,1992 年美国对亚太一侧的外贸额占其外贸总额的 36%,比其对欧贸易高出 50%。[19]

加拿大也显示了对亚太地区越来越浓厚的兴趣。经济重心的西移在这里更加明显和迅速。

加拿大濒临大西洋的东部四省地位日衰,其工矿业早在 70 年代中期就仅占全国工矿业总值的 8.6%;而靠近太平洋的西部和中西部四省,其工矿业产值已占全国的 83.6%。[20] 由于较少受人权等政治因素的干扰,加拿大与亚太地区经济关系的发展比美国更积极、更稳定。1994 年加拿大总督率各省省长访华,突出地表明加拿大寻求在亚太地区建立伙伴关系的积极性。

另一个典型的例子是澳大利亚。始于 1788 年的澳大利亚近代史,从囚犯流放地到以牧羊业立国,号称"骑在羊背上的国家",再到淘金业、采矿业、农业及近代工业的依次发展,澳大利亚始终唯大英帝国的马首是瞻。1939 年,澳大利亚对外贸易的 41.64% 是同英国进行的,而对日本贸易仅占 4.22%;该年,在澳大利亚公路上奔驰的客车,64% 是英国制造或是英国零件在澳大利亚组装的,而日本出产的客车比重尚不足 1%。战后初期,英国卷土重来。1952—1953 年,澳大利亚对英出口一度高达出口总额的 41.3%。但此后便一直下降,1949—1950 年度至 1965—1966 年度期间,澳大利亚出口总额中,英国从 52% 下滑到

26%;美国从10%上升到24%;日本则从0上升到9%。[21] 1971年,英国加入欧共体,作为澳大利亚的市场进一步崩塌。澳大利亚对英出口仅占其出口总额的9.2%,从英进口则占进口总额的20%;澳大利亚对日出口已上升到其出口总额的27%;对东南亚和美国也分别上升到12%。澳大利亚已成为太平洋经济体系的一部分。[22] 到了1979年,英国的份额进一步剧降到仅占澳大利亚出口额的4%;进口额的10.9%;而日本则跃升到占其出口额的28.8%,进口额的17.6%。[23] 尽管有过严重的政治干扰,澳大利亚与中国的经济关系仍在不断地发展。中华人民共和国建立之初,两国几乎断绝了一切经济往来。1964—1966年,澳大利亚对中国出口额为1.35亿澳元,占其出口总额的5.11%;[24] 改革开放以后,澳中贸易进展更为迅速,1978—1979年,双方贸易总额为5.79亿澳元,至1981—1982年,就上升到8.93亿澳元。[25] 三年之间,跃升54%! 正是在上述发展趋势的大背景下,澳大利亚总理弗雷泽早在1979年就同日本首相大平正芳发表联合声明,倡导太平洋经济合作,从而使澳大利亚成为环太平洋地区第一个积极响应日本关于"太平洋时代"构想的国家。如今,向北方即亚太地区倾斜,已成为澳大利亚的既定国策。澳大利亚摆脱了历史上长期东张西望、依赖英美的传统格局,成为太平洋地区合作的积极倡导者和参与者。

再次,是环太平洋地区经济合作与交流的内聚力日益增强。环太平洋内部经济联系纽带的迅速拉紧,如今已是不争的事实。

自80年代以来,环太平洋各国家(地区)之间贸易的增长,已明显超过它同外太平洋地区贸易的增长。按贸易百分比计算,1978年美国对太平洋地区的输出占其对外输出的40%,输入则占50%;日本则分别为55%和58%;澳大利亚为65%和55%;新西兰为53%和66%;菲律宾更高达82%和90%;泰国也有72%和63%;等等。从那时以来,这种情况一直持续,无大波动。1992年,在日本的对外贸易中,美国占其出口总额的28.8%,进口总额的22.4%;东南亚则分别为30.7%和24.7%;欧共体仅占18.4%和13.4%。日本同东南亚地区的贸易日益增长。1990年,日本对该地区出口为827亿美元,1991年增至962亿美元,1992年达到1043亿美元。日本同韩国贸易占韩国进口的1/4和出口的1/6。1989年两国贸易额达295.5亿美元。据台湾地区统计,1989年日本与台湾地区贸易额达250.78亿美元。[26] 从60年代起,日本便积极打入资源丰富、市场广阔的太平洋沿岸的拉美国家。到 70 年代,日本对拉美贸易额已增长 20 倍,投资也增长了 11 倍。再以中国为例,1992 年,中国进出口贸易总额达 1656 亿美元,比 1978 年增长 5.2 倍,在世界主要贸易国家中的地位,从第 32 位上升到第 11 位。这一年,中日贸易额达 289.3 亿美元,中韩贸易额达 82 亿美元,中俄贸易额达 80 亿美元,中国和东盟贸易额为 85.6 亿美元,中国内地同台湾地区贸易额为 90 亿美元,同香港为 325 亿美元。如果再加上中美(据中国统计,1993 年为 276.5 亿美元)、中澳(1987 年为 16.2 亿美元),以及中加、中国与拉美太平洋沿岸国家的情况,可以毫不夸张地说,中国的对外贸易,绝大部分是在太平洋地区内进行的。在对外投资方面,也呈现了大致相似的状况。

环太平洋地区,正在高速发展的同时,逐步地、明显地走上经济一体化的轨道。

除了上述政治和经济因素之外,从未来学的眼光,环太平洋地区也被看好。例如,伴随着人口与人们社会需求的增长,粮食与能源问题将给人类带来更大的压力。太平洋盆地将是未来世界上最重要的粮食供应地。仅就目前而论,世界市场上的小麦,90% 是由太平洋盆地供应的。其他谷物的 80% 也是由太平洋盆地供应的。能源和其他原料,如石油、天然气、水力、矿藏、森林等资源,太平洋盆地均有丰富之储藏。此外,太阳能、风能与海洋资源的利用和开发,在太平洋地区均有广阔的前景。尤其是太平洋地区高科技的集中与发展,如美国、日本在微电子技术研究方面的领先,美国的硅谷、日本的硅岛、韩国的大德、台湾地区的新竹科学工业园区、新加坡的肯特港科技区和北京中关村高科技区等的发展,更为未来的资源开发提供了有利条件。

正是基于上述各种积极因素,"21 世纪将是太平洋世纪或太平洋时代"的展望,才获得日益广泛的认同。

四

太平洋地区的前瞻,是积极的、令人鼓舞的。

然而,事物还有另一个方面。

如果仅仅从经济上看,太平洋地区经济崛起的势头令人重视,太平洋地区拥有的潜力令人鼓舞,太平洋地区经济一体化的前景令人乐观。在下一个世纪里,这一地区很可能成为全世界经济最活跃、发展速度最快、变化幅度最大的地区;在世界经济的天平上,它也极有可能超越以西欧为中心的北大西洋地区,成为世界经济重心之所在。

但是,当我们谈论太平洋世纪或太平洋时代,即以太平洋地区命名一个世纪,特别是命名一个历史时代的时候,就绝不可以局限于以经济作为唯一的衡量标准。经济条件固然十分重要,但仅仅靠这一根支柱,是支撑不起一个历史时代的。

当我们谈论历史上的地中海时代(我们已经指出了这一命名的弱点)和大西洋时代时,除了考虑到这两个时代的中心地区——古代希腊、罗马和近代西欧、北美——经济上领先于周边地区和世界之外,着眼点恐怕应该是古代希腊、罗马古典奴隶制文明和近代欧美资本主义文明在其整体发展层次与程度上领先、支配和影响其周边地区和世界。同样地,当我们讨论太平洋时代的可能性与现实性的时候,太平洋时代的内涵则应该界定为:这一地区在一体化和整个文明总体发展程度上领先于世界,对世界的发展起着历史性的积极作用与影响。其中,政治方面的稳定、协调,文化方面的交流、融会,同经济方面的发展与合作占有同等重要的地位。

如果从上述全方位的角度观察问题,那么显而易见,太平洋地区的现状距离太平洋时代还有相当长的路要走。

在政治方面,尽管比起世界上很多地区,目前太平洋地区政治上相对安定。面临冷战后纷乱一时的国际关系格局,太平洋地区诸国都在谋求互相理解、互相接近,力争用和平、对话的手段,求同存异,解决争端,甚至将争端暂时搁置,以期在合作中寄望将来。同时,对于若干国家内部的问题,也力求通过本地区国际社会共同施加积极影响,争取妥善解决。尽管如此,政治制度的不同,意识形态的对立,国与国之间历史上传统的敌对与这种敌对带来的创伤与痕迹,新出现的对待各种问题的不同立场,凡此种种,都使太平洋地区政治上紧密合作与一体化趋势,带有某种难以明朗和未可预期的色彩。至少比起欧共体来,差之甚远。

在文化方面,问题更为突出。欧共体各国,有着西方文化的共同背景。即使将东欧地区考虑在内,情况仍无根本性的变化。基督教文明的共同历史传统和近代资本主义发展大体相似的历程,特别是长期以来彼此关系的紧密,都造成了欧洲一体化的深厚基础。与此同时,在希腊、罗马文明的基础上,特别是在近代以来西方资本主义文明长期领先和高度发展的基础上,欧洲诸国的人口质量和民族素质普遍较高。这些优势,都是太平洋地区诸国一时难以望其项背的。由于近代以来长期处于被压迫、被掠夺的地位,除了美国、日本等少数国家外,环太平洋地区绝大多数国家、民族和地区贫困、落后,人口质量和民族素质较低。近年来虽有所改善,但高档次的人口质量和民族素质的养成,毕竟不是可以一蹴而就的。文化背景方面的问题更加尖锐,环太平洋地区各国(地区)在文化背景方面的差异和分散,同欧共体相比,恰恰形成一种鲜明的反差。在古代,由于新旧大陆间的隔离,美洲印第安文明同欧亚大陆诸文明彼此十分陌生。近代以来,美国、加拿大、澳大利亚等国形成与发展起来的西方文化同中国以及东亚诸国的东方文化(且不论东南亚地区的伊斯兰文化与佛教文化)又分属人类东西方两大文化体系。这两大文化的冲突、融会,更将是一个极为复杂和艰难的历程,绝难在短期甚至中期内见其功效。

即使是在最令人乐观的经济方面,也有不少棘手的问题有待解决。历史上遗留下来的南北对立,在太平洋地区各国(地区)的经济交往中,几乎时时处处都在显现,并由于政治、文化上的对立与分野而更加尖锐;发达国家之间的经济摩擦,也常起激化的波澜;早在1983年,日本就有专论文章,称日美经济摩擦将是"永久的课题"。[27] 在发展中国家之间实行南南合作,也因彼此之间经济利益的冲突而多有障碍。目前环太平洋各国(地区)的经济发展,正处在不同梯次的水准上。高低之间、各梯次之间的差距,无论是比起欧共体这样比较富裕和先进的地区,还是比起非统组织这样比较贫困和落后的地区,都要大得多。如何处理好各梯次间以及同一梯次国家(地区)间的经济交流与合作的关系,妥善解决它们之间的矛盾,如何逐步缩小这种梯次差距等问题,都有待于花大力气去解决。

综上所述,我认为:太平洋世纪或太平洋时代的到来,不是短期或中期内容易实现的事。从完整和准确的意义上讲,太平洋时代到来本身,应该是一个比较长的历史过程。这个历史过程的内容是丰富的,涵盖着政治、经济、文化等各个方面。其中,就经济方面而言,如果目前的发展势头得以保持下去,估计到下个世纪中叶,世界经济的重心有可能转移到太平洋地区。即使如此,恐怕也只能是太平洋时代的初期阶段。太平洋时代的来临,既是一个缓慢的历史过程,又是一项艰巨的历史任务。对于太平洋时代到来的长期性和艰巨性,我们应该有充分的估计和思想准备。这样,方可减少一些盲目性。

不过,我们也无须因此而悲观起来,以为太平洋时代是一个空中楼阁或遥遥无期的事。环太平洋地区的种种优势与趋势所预示的方向,确实正指向太平洋时代。就以文化领域为例,欧共体地区诚然共享西方文明的传统,这种单一的文化背景诚然也更有利于那里一体化的历史进程,但换一个角度想,同时有着东西方两大文明传统的太平洋地区,在走向交流、合作与一体化过程所必然产生的两大文化传统的冲撞、融会未必全然是消极的。因为差距巨大的两种文化传统互相冲撞,正可能产生新的、更有新鲜活力的一种新的文化、新的文明,层次更高,更加灿烂辉煌。因此,有理由说,太平洋时代的到来,虽然是一个比较缓慢和艰难的过程,然而它一旦到来,其生命力和新鲜活力将会很强。它所持续的时间,可能比历史上的地中海时代和大西洋时代更长,内容也更加丰富多彩。

五

我们将要迎来一个什么样的太平洋时代?或者说,太平洋时代将有怎样的特征?

"历史活动是群众的事业,随着历史活动的深入,必将是群众队伍的扩大。"[28] 既然太平洋时代的到来既是一个历史过程,又是一项历史任务,那么,伴随着现代人类历史活动自觉性的不断增强,上述历史活动中人的主观能动性就成为一个不可忽视的重要因素。比起历史上的地中海时代和大西洋时代,太平洋时代将带有深刻得多的大规模人类自觉活动的印记。

今天,当太平洋时代的曙光已清晰可见时,环太平洋各国(地区)大都基于国家和民族的利益,构筑自己迎接太平洋时代的战略,怀抱自己对未来太平洋时代的构想。例如,日本早在80年代初就由其环太平洋合作研究小组提出了经过反复论证的关于环太平洋合作构想的工作报告,明确了日本的国家发展战略。[29]在经济方面,日本提出了亚太经济合作的"飞雁模式"(The Flying Geese Pattern)。其中,日本将在这一雁阵中担任头雁角色,而其他太平洋国家(地区)将依次以雁翼形式分列展开。对于日本提出的上述飞雁模式,美国未必欣赏。对于太平洋时代,美国有着自己的设计。早在1984年,兰德公司在邀请战略问题专家们探讨美国国家发展战略时,专家们就指出:"美国若想只花最小的代价而保持世界盟主的地位,应首先控制太平洋地区。"近年来,美国朝野人士对制定这方面的战略构想更加积极。美国前国务卿贝克认为,美国对亚太地区的参与是"生死攸关的利益",并对APEC组织的意义、任务和作用,作了全面的发挥。美国著名亚洲问题专家罗伯特·斯卡拉皮诺明确指出,"在所有意义上美国都是亚洲太平洋的一部分,美国不能贸然撤退"。斯卡拉皮诺还进一步提出,美国首先需要使APEC不断发展,而"APEC最终将包括所有的区域国家,必须朝着支援后进国家和确立更加开放的国家间经济交流体制的方向发挥主导权"。[30]对于美国朝野上层的这种构想,我国有关人士评论说:"美国要在亚太地区建立的共同体是一个类似扇形的辐射结构,共同体的基地在美国,以美国为核心,向西辐射;以日美同盟为轴心,作为这一共同体的骨干;以美国与南朝鲜、东盟、澳大利亚等国的双边关系作为这一结构的基础;以亚太经济合作作为扇面纤维结构,将共同体内各国联结到一起并且将这一结构逐渐向中国、俄罗斯辐射,最终将这些国家也纳入共同体内"。[31]在苏联瓦解和冷战结束之际,美国就有人提出要建设"第二个美国世纪"。[32]其实,上述美国关于太平洋时代的构想同"第二个美国世纪"的构想一样,都是从美国国家战略利益出发的。对于美国、日本的构想,太平洋地区其他国家均有各自不同的态度,同时也有各自不同的对策。例如,马来西亚总理马哈蒂尔在90年代初提出的关于东亚经济集团构想,就反映了一些亚洲国家对美、日等国的警惕。总之,环太平洋地区的每个国家都在为本国的发展争取太平洋时代的最佳位置。

尽管如此,各国在考虑本国的最佳利益时,毕竟认识到,今天,环太平洋所有国家(地区)有着一个超越国家和地区集团的共同利益。不顾这个大局,太平洋地区的发展势头将在各种内部矛盾和摩擦中消耗殆尽,所谓太平洋时代,不过是一句空话。当前,环太平洋地区作为一个现代意义上的地区,首先应该组织好自己。正如一位北美学者所指出的,"90年代是建立体制的时代。这一过程将既起自东亚,又跨越太平洋。由此而产生的特殊的融合,将成为面向下个世纪太平洋秩序的主导因素"。[33]

我认为,我们要迎接的和创立的太平洋时代,应有下述特征。

自古以来,无论是地中海时代,还是大西洋时代,都有中心区与外缘区之别。双方的关系,是前者靠牺牲后者而获得发展与繁荣的关系。中心区的领先地位,在很大程度上正是建立在边缘区落后的基础上的。这种情况,在西方古典奴隶制时代(即所谓地中海时代)和西方近代资本主义时代(即所谓大西洋时代),表现得尤为突出和鲜明。未来的太平洋时代,中心区和边缘区的分野虽一时难以泯灭(在历史的长波段发展上,这种分野正是应该在太平洋时代逐渐淡化的),但双方的关系,则应该变历史上的那种依附关系而为平等、互利与共同繁荣的关系。

然而,平等、互利和共同繁荣的关系,不等于没有矛盾、摩擦乃至冲突,不是一种无差别境界。当今的世界,还是一个以国家、民族利益为根本利益的世界。国与国之间政治、经济、文化的冲突是自然的、难以避免的。未来的太平洋地区也不例外。同时,历史上的,特别是大西洋时代的那些特征,如压迫的、盘剥的不平等关系,还会以很大的惯性延伸下来。但是,这些矛盾、摩擦与冲突,应该用政治的、经济的和文化的手段来调解、整合,求得和平的解决。显然,太平洋地区,作为未来人类文明的领先区,理应在这方面起表率作用。

伴随着经济、文化关系的日益密切,以及科学技术,特别是信息的高速发展,世界一体化的历史进程明显加快。在历史上,人类的文明化本来就是与世界一体化同步进行的。在所谓地中海时代,就是希腊、罗马的古典文明以波浪形式向四外扩散其影响,在古代生产力低下的条件下,将地中海、红海、黑海以及大西洋沿岸相当众多的古代民族纳入这一文明的光照之下的历史进程。而大西洋时代,则是西欧近代资本主义文明以地球为舞台四外流播、以近代世界市场为网络,将世界各民族都纳入资本主义文明的辐射之下的历史进程。未来的太平洋时代,应该是一个自觉的、开放型的时代,即以太平洋地区一体化进程,积极影响世界,力促世界一体化的进程,并在世界一体化进程中发挥突出的带动作用。

六

中国是一个太平洋国家,而且是太平洋地区的主要大国之一。太平洋地区的发展大势,对中国有着深刻的影响;同时,中国的发展,也会反转过来影响太平洋地区。其作用有时甚至是举足轻重的。

从历史上看,中国和太平洋地区的关系大致可以划分为三个时期。

在古代,中国是太平洋地区历史运动的主角。中国是古代世界四个大河流域文明发祥地之一。幸运的是,从那以后中华文明始终能一脉相传,一以贯之。因此,在古代东亚世界,中国一直处于一种文明领先地位。以中华帝国为中心区,从东北亚到东南亚,历史上曾经形成过一个古代西太平洋半环贸易网,进而形成过一个古代西太平洋半环文明圈(又称古代东亚文明圈,还有称古代汉文化圈的)。在古代生产力的条件下,能在西太平洋这样广大的地区内组成一个半环形贸易网和文明圈,应该讲是殊非易事。中华民族在这一古代文明圈中,确实起了核心、倡导和组织的作用。从汉武帝遣中官黄门远赴海外,到煊赫一时的郑和下西洋,这种核心、倡导和组织的作用基本上不曾间断过。

不过,西太平洋地区上述那种古代意义上的、低层次的一体化雏形趋势,并未朝着环太平洋一体化的方向发展。相反,在某种意义上,却呈现出一种外太平洋方向的发展趋势。从希腊、罗马时代起,以地中海文明圈为代表的西方就开始同以印度、中国为代表的东方发展了日益增强的经济、文化交流。丝绸之路、香料之路,从陆地到海上,由小到大,呈现一次又一次的繁荣。到了中古时期,盛极一时的印度洋贸易网不仅囊括了印度洋地区几乎所有的古代民族,而且吸引了西太平洋亚洲的众多民族。我们甚至可以说,以中国为中心的古代西太平洋地区,在经济文化发展与交流上呈现出一种向印度洋倾斜的态势,是古代印度洋贸易网的一个重要的后援体和外部补充。

古代西太平洋地区之所以面向印度洋而非面向太平洋发展,确实有一个十分重要的因素,即中古时期印度洋地区灿烂的物质文明与精神文明的巨大吸引力和东太平洋地区美洲印第安文明的相对落后与闭锁状态。但是,如果究其根本原因,恐怕还在于西太平洋古代半环文明圈缺乏使环太平洋地区一体化的根本动力。处在前资本主义社会发阶段的中华帝国,其政治、经济、文化等综合总体力量,充其量只能支撑起西太平洋半环贸易网与文明圈,而无力支撑起跨越广袤无比的整个太平洋地区文明一体化的重负。而这一历史任务,只能留待以建立世界市场为己任的近代西方资产阶级来完成。

到了近代,当西欧资产阶级以地球为自己历史活动的舞台,"到处落户,到处创业,到处建立联系"[34]的时候,古代西太平洋半环文明圈早已越过了自己的巅峰阶段,很快就伴随着同样衰疲了的印度洋文明圈,连同整个太平洋地区一齐沦为大西洋时代的边缘区,沦于一种附庸地位。而作为古代西太平洋半环文明圈核心的中华帝国,也经历了同样的地位转化的过程。近代中国积贫积弱,自然只能担任被侵略、被欺凌的角色。

在古代,太平洋东西两翼地区,基本上是在彼此隔绝的条件下各自独立发展的。只有到了近代,近代殖民主义和资本主义兴起的历史条件下,才使太平洋地区一体化有了可能。中国在近代以来太平洋一体化的历史进程中,是被来自外太平洋的力量卷入这一历史大潮的。它失去了古代的辉煌与优势,也失去了古代历史上核心和主角的地位。当然,在这个积贫积弱、被动屈辱的大时期中,中华民族并非全然无所作为。中国人民日益自觉的、可歌可泣的抗争,无疑是使中国变消极被动为积极自觉的历史角色的重要转化条件。特别是中国革命的胜利和中华人民共和国的成立,对于太平洋地区殖民主义体系的瓦解,起了突出的作用。

今天,历史的钟摆又一次指向东亚地区。太平洋时代的历史大潮,奔流高涨,再一次将亚太地区突显出来。冷战后世界秩序中多元与无序状态的发展,更给各国一个群雄逐鹿、大显身手的挑战和机遇。拥有中华民族往昔全部的辉煌与屈辱、成功与挫折,中国将再次扮演历史的主动与积极角色。在迎接太平洋时代的历史进程中,中华民族将进入这一时代的主流,成为这一时代的核心民族之一,并为这一时代平等、合作、协调与一体化的主旋律,谱写出远比古代更加辉煌的乐章。

注　释

[1] Lawrence H. Battistini, *The Rise of American Influence in Asia and the Pacific*, Michigan State University, 1960, p. 83.

〔2〕 武桂馥等:《太平洋的崛起》,人民日报出版社1991年版,第1—2页。

〔3〕 受这一热潮影响,本世纪二三十年代,我国出现了一批有关太平洋和太平洋时代的书籍和文章。例如,杨人楩教授就指出,"显然人类活动的重心已由大西洋而移到太平洋,愈到最近,愈觉到本期可称为太平洋时代"。(杨人楩:《高中外国史》下卷,北新书局,1934年版,第568页)

〔4〕 参见陶大镛:《从亚太经济崛起看"太平洋世纪"的前景》,载《太平洋》1987年第1期,第7页。

〔5〕 H. Yule and Cordier ed., *Cathay and the Way Thither*, London, 1915, p. 14.

〔6〕 成书于公元1世纪的《红海回航记》提到Thine国,指中国。Thine,译"支尼"或"秦尼",应为"秦"之对音。参见W. H. Schoff, *The Periplus of the Erythraean Sea*, New York, 1912。

〔7〕 L. Maverick, *China, a Model For Europe*, Texas, 1946, Part II, A. Rowbtham, *Missionary and Mandarin*, UC Press, 1942, p. 281;又参见伏尔泰:《路易十四时代》,商务印书馆1982年版,第39章。

〔8〕《汉书·地理志》

〔9〕 Strabo, *Geography*, XV11, p. 798.

〔10〕 R. Oliver ed., *The Cambridge History of Africa*, Vol. 3, 1977.

〔11〕 Abdullah al-Mamun al-Suhrawardy ed., *The Sayings of Muhammad*, London, 1941, No. 273.

〔12〕 Al-Tabari, *Annales*, Vol. 3, Leiden, 1964/1965, p. 272。

〔13〕 马克思指出:"资本主义时代是从十六世纪才开始的。"(《马克思恩格斯选集》第2卷,第222页)

〔14〕 参阅武桂馥等:前引书,第41页。

〔15〕《经济日报》1984年7月31日。

〔16〕 日本《东洋经济》1983年6月25日。

〔17〕 美国《商业现况》1983年8月号,转引自武桂馥前引书,第39页。

〔18〕 James Baker 1991年11月美国《外交》季刊上撰文;又,1992年美国同东亚贸易额达3480亿美元,比美国同欧洲2270亿美元相比多53%;1993年,这一差距进一步拉大为3613亿美元与2292亿美元,多58%。(李长久:《亚洲经济崛起与"太平洋世纪"来临》,《太平洋学报》1994年第1期。)

〔19〕 美国助理国务卿洛德1993年8月31日的讲话,载《人民日报》1993年9月2日。

〔20〕《加拿大年鉴1976—1977》,第1020页。

〔21〕〔22〕 杰弗里·博尔顿:《澳大利亚历史1942—1988》,北京出版社1993年

版,第 106、205 页。

〔23〕 Manning Clark, *A History of Australia*, Ringwood, 1986, p. 233.

〔24〕〔25〕 Edmund S. K. Fung and Colin Mackerras, *From Fear to Friendship*, St. Lucia, 1985, p. 53、262.

〔26〕 参见台湾《台经》1989 年第 7 期。

〔27〕 日本《东洋经济》1984 年 7 月 31 日。

〔28〕 《马克思恩格斯全集》第 2 卷,第 104 页。

〔29〕 参见罗元铮:《太平洋经济共同体》,中国财经出版社 1981 年版。

〔30〕 本人在 1991 年于柏克莱加州大学访问研究期间参加的一些国际学术研讨会上,曾多次听到斯卡拉皮诺教授阐述这一思想。

〔31〕 陆琛:《美国的太平洋共同体构想》,《北京周报》1992 年 5 月 5 日。

〔32〕 Henry Grunwald, *The Second American Century*, Time, Oct. 8, 1990.

〔33〕 Paul M. Evans, *The Emergence of East Asia and It's Implication for Canada*, International Journal, XLV11 (Summer 1992), p. 504.

〔34〕 《马克思恩格斯全集》第 1 卷,第 254 页。

此文发表于《北京大学学报(哲学社会科学版)》1995 年第 3 期。

"华夷秩序"论

在人类历史上,自从国家产生以来,就有了国与国的关系问题。伴随着文明的进步,国家越来越多,国与国的关系,自然也就从两国之间的双边关系,扩大到一角、四方以至多边关系。这样,就会不断形成某种国际关系的格局或体系。

从比较完整和正规的意义上说,16世纪以后逐渐形成的近代国际关系体系,乃是近代资产阶级构筑的第一个全世界规模的国际关系体系。然而,在近代以前,古代世界中也曾在不少地区产生过古代类型的国际关系格局。出现于东亚地区、自汉代直至晚清的"华夷秩序"[1],就是古代世界大大小小国际关系格局中发展得最为完整的一个。

今天,对于这个以昔日中华帝国为核心的古代类型的国际关系体系进行一番剖析,不仅深具学术价值,而且对于我国人民和世界各国人民共同努力,构筑一个真正意义上的和平、合作、进步的世界新秩序,实有必要。

一

"华夷秩序"的形成、发展、兴盛与衰亡,乃是一个漫长的历史过程。迄今为止,在人类文明的发展史上曾经出现过许许多多大大小小的、雏形的或比较成熟的、地区的乃至全球性质的国际关系体系。但是,可以毫不夸张地说,包括近代以来资本主义国际关系体系在内,没有一个有如"华夷秩序"那样源远流长,一以贯之。

正本清源,所谓华夷之说,缘起于我国上古华夏族体的形成时期。它所界定的,主要是黄河流域,特别是黄河中下游地区的华夏族体同今日中国境内的其他族体之间的差异,以及这种差异所带来的一切问题。

上古时期,生产力发展水平低下,人口不多,华夏族体尽管在不断发展、壮大,占有黄河流域广大生存空间,并不无自傲地将自己生息、繁衍之地视为世界之中心,甚至明确自称"宅兹中国"、"惠此中国,以绥四方",[2]但周边的其他族体仍常常在华夏地区迁移、流动。这就是历史上所讲的"南夷北狄,往来不绝如线"。可见,南方的"夷"和北方的"狄",同中原的华夏,处在一种对立而又交错、交流的状态。在当时的历史条件下,华夏对夷狄,很自然地难免有一些由于文明比较先进而带来的优越感与偏见,却绝未发展到近代资本主义那种系统的种族歧视。从最初的字义上讲,"夷"乃带弓之人。又,据《越绝书》的解释:"习之于夷。夷,海也。"且"自淮以北皆称夷,自江以南则曰越",夷越一家,均指滨海而居的古代族体。[3]可见,上古时期"华夷"分野的观念,主要还是为了维持我国中原地区正在形成中的华夏族体血统纯净的需要,即所谓"裔不谋华,夷不乱夏"。华夷观念所反映的,是中国境内华夏族体与其他族体之间的对立与交流关系。

秦始皇统一中国,建立了空前规模的秦帝国,中国的对外关系,自此在理论上被提上日程。北击匈奴,南征南越,东使"蓬莱",筑长城以守之,设郡县以治之,遣徐福以求之,设使秦祚绵长,在此基础上确实可能出现若干对外关系的生长点。然而,不旋踵间,二世而亡,秦帝国仅仅为日后"华夷秩序"建立了一个前提框架。

汉承秦制,建立了前后延续四百载的两汉帝国。中华古代文明,正式是在两汉时期达到一个繁荣昌盛的高峰期。国祚绵延、体制完备、经济繁荣、国力强盛的汉帝国,自然有着对外扩大政治影响,进行经济、文化交流的需求。

在汉帝国的北方,是广袤无垠的草原地区。生活在这一草原地带的游牧民族,受到自然条件与社会条件的制约与驱动,不断周期性地南下压迫、入侵中原农耕地带,造成中国历代汉族王朝所谓"外侮"的永恒主题。"汉下白登道,胡窥青海湾",从汉初开始,除卫青、霍去病、窦宪、窦固等极少数情况外,大汉帝国面对北方匈奴,基本上处于被动的守势,根本无法建立什么秩序,是有华夷而无秩序。而匈奴以北今日中国境外地区,更是人烟绝稀的西伯利亚地区。森林无际,渺无人烟,遑论国际秩序!

故而汉代中国的对外关系,只能向东、西、南三个方向发展,这也是自汉唐以至明清中国发展对外关系的先天性取向。

向东,中国人面对着浩瀚无际的世界第一大洋——太平洋,太平洋东西的超长跨度以及气象、洋流等风险条件,加之美洲印第安文明的迟晚发展,使古代中国对深入太平洋一事始终踯躅不前。在这个方向上的对外交往,仅限于朝鲜半岛、日本列岛及琉球群岛。

向西,经河西走廊、天山与昆仑两山之间越过葱岭,数条古老的商路蜿蜒西去,与中亚、西亚、地中海世界相连。与汉帝国并驾齐驱,处于同一古典文明梯次的罗马帝国,雄强一世,富难匹敌。罗马文明,以地中海为中心,流播四方,同汉代中华文明,各踞东西,交相辉映。罗马文明与中华文明的相互吸引,造成古典丝绸之路的繁荣;商路沿途,邦国林立,更有中介波斯,乘势而起。大汉朝廷,自张骞凿空,到班超父子经营西域,最初的驱动力,有一个重要因素,乃是对付北方匈奴的战略考虑,即所谓"断匈奴右臂"。这种政治动因,却极大地推动了中西交通与经济、文化的交流。汉代向西方伸出的触角,以甘英出使大秦即罗马帝国为标志,曾远至波斯湾东岸。汉代对西域的经营,使今日中国境内新疆地区的一些邦国开始内附,终于在历史的长河中融入中华民族大家庭。至于中亚以远诸国,汉帝国即使想建立或营造以中国为核心的国际秩序,恐怕也是有心无力。北有匈奴虎视眈眈,丝绸古道烽燧相望,始终是一副惨淡经营的架势。葱岭以西诸国,均属"绝远"之地,全凭丝绸古道一线相牵。对于汉帝国来说,这些"绝远"之国来使则喜出望外,断交则无可奈何。罗马帝国,即中国史籍中的大秦,在古代中国人心目中实际上已属分庭抗礼的地位。东汉"桓帝延熹九年,大秦王安敦遣使自日南徼外献象牙、犀角、玳瑁,始一通焉"。[4]这其中的"献"字,恐怕只是汉帝国统治者的自我安慰而已。同样地,波斯在安息王朝时代,据中国史料记载,"其属大小数百城,地方数千里,最为大国"。当张骞第二次出使西域时,曾派遣副使访问安息。安息王派大将率领两万人马出迎数千里。不久,"汉使还,而后(安息)发使来观汉广大,以大鸟卵及黎轩善眩人献于汉"。[5]中华与波斯之间,完全是对等关系,是两强的友好交往。这其中的"献"字,同样有假,同样是当时中国人(这一次是我们伟大的史学家司马迁)笔端流露出的大汉意识。至于丝路上其他中小国家,慕名遣使前来中国,虽可能出自对古代中华文明心仪、欣羡之情,却很难与中华帝国形成某种稳定的国际关系体系。它们同中国之间,极而言之也只能营建一种丝绸之路的国际秩序,即共同维护丝绸古道的安宁与畅通。我们知道其中有各种错综复杂的因素,两千年丝绸古道常因变乱而被遮断。故而在这一方向上,中华帝国的对外交往也难以有什么营建国际关系体系方面的作为。

南方,成了自汉代以来中华帝国在对外关系方面可以畅行其志的地方。东南亚广大地区自然资源丰富,利于人类发展。无论是大陆还是群岛,自古以来均有人类频繁的活动。这一地区西接印度洋,同印度洋地区人民的往来也向称密切。在古代,这一地区邦国林立,风云变幻,兴衰往替者,何止数十百个。古代海上丝绸之路,将东南亚、南亚广大地区星罗棋布的邦国织在一起,以中国为核心组成一个海上贸易网。海上丝路上诸邦国的兴衰,与这条海上商道的贸易状况有着密切关系,因而在不同程度上受到同中华帝国关系的制约。所以在这个方向上,中华帝国的对外活动有着较大的主动性和制约力。不过,中华帝国在南方的对外交往活动,在汉代尚属初级阶段。雄才大略的汉武帝平定南方以后,在今天广东濒临南海一带设置了儋耳、珠崖、南海等郡,并派遣属于黄门的中官译长带领招募来的人员从雷州半岛等地出发,探查海上向南方和西方的通道。《汉书·地理志》上那段为学者们所熟知的记载,根据学者们的考证,其大致的路线是经今天越南、柬埔寨、泰国,进入暹罗湾,在缅甸东岸登陆,走一段陆路以后,再乘船沿江而下,进入孟加拉湾;又西航至印度次大陆东岸,最后到达斯里兰卡,由那里回航。不过,限于当时我国的造船水准、航海知识与技术,到达遥远的印度科罗曼德海岸,则要由东南亚乃至南亚各地的商船转运,即所谓"蛮夷贾船,转送致之"。这一段记载了都元国、邑卢没国、谌离国、夫甘都卢国和黄支国等,说它们"自武帝以来,皆献见"。这些国家遣使来华的"献见",是有别于罗马、安息来汉使节的"献礼"的。它们不像罗马、波斯,没有帝国的国力,没有高度发达的古典文明,它们与中华帝国的交往,从一开始就存在着国势、文明发展程度等方面梯次上的差距。正是这些梯次上的差距,使它们有可能被吸纳入中华帝国长期营造的"华夷秩序"中去。

这样,我们可以看到,发轫于上古时代的"华夷"观念,在汉帝国时期开始被引入中华帝国的对外关系中。汉朝的使节前往南亚、东南亚,要不断换乘"蛮夷贾船",而这些"蛮夷"之国,又都遣使来华"献见"。中华与"蛮夷"之间,逐步发展起一种古代类型的国际关系体系,即所谓"华夷秩序"。

两汉时期,"华夷秩序"作为一种古代国家关系体系,尚处于形成即雏形阶段。其表现为:第一,纳入这一秩序的国家还很少。在比较明确的意义上,只有东方的日本、朝鲜,以及南方的都元国、邑卢没国、谌离国、夫甘都卢国和黄支国等。朝鲜在三韩时期,约于公元前109年前不久,辰国(马韩目支部落)使者曾赴汉欲觐见汉武帝,因朝鲜王卫右渠的阻碍,未能实现。44年(东汉建武二十年),韩廉斯人苏马諟等诣乐浪郡朝贡,光武帝因封苏马諟为汉廉斯邑君,使属乐浪,四时朝谒。日本则在东汉初年,57年,即"中元二年,春正月,东夷倭奴国王遣使奉献"。[6]安帝永初元年(当日本景行天皇三十七年,即107年),"冬十月,倭国遣使奉献"。[7]倭国或倭奴国还接受了东汉皇帝的赐封印绶。"汉倭奴国王印",是"华夷秩序"早期的有力证明。至于东南亚、南亚的都元国等,则记载更为简单,"自汉武帝以来,皆献见"而已。许多日后纳入"华夷秩序"的国家,有的如越南尚处于北属郡县时期,有的则尚未形成或名不见经传。第二,这一秩序尚未成形,格局尚不稳定。这一点,以位于今克什米尔一带之罽宾国最为典型。据记载,"自武帝始通罽宾,自以绝远,汉兵不能至,其王乌头劳数剽杀汉使"。以后时来时绝。时人杜钦认为该国"自知绝远,兵不至也。有求则卑辞,无欲则骄嫚,终不可怀服"。[8]第三,双边交往还处在较低层次。不过是你来"献见",我赐印绶,再做点生意而已。在中国方面,对外关系的思路、体制等方面都有待完备。

从国祚短长的角度看,隋唐帝国颇有些秦汉帝国翻版的意味。大唐帝国将中国古代社会和中华帝国推向一个新的巅峰期。唐代的中国,雄强一世,气宇恢弘,贞观大治,开元全盛,高度发达的中华文明,璀璨辉煌,流光四溢,对周边以及远方的国家和民族,有着强大的影响和吸引力。正是在隋唐时代,"华夷秩序"跃上了一个新的台阶,从某种意义上讲,"华夷秩序"是在这一时期,在比较正规意义上形成了。

唐帝国建都长安,国势强大时,仍首重对西方的关系。此时,昔日的罗马帝国、波斯帝国早已烟云过眼。葱岭以西的中亚乃至南亚诸国欣羡大唐文明,纷纷向"华夷秩序"靠拢。首先是那个在汉代"数剽杀汉使"、"隋炀帝时,引致西域,前后至者三十余国,唯罽宾不至"的罽宾国,[9]在贞观年间两度遣使来朝;"开元七年,遣使来朝,……诏遣册其王为葛罗达支特勒";"二十七年,其王乌散特勒涵以年老,上表请以子拂菻罽婆嗣任,许之。仍降使册命。天宝四年。又册其子勃匐准为袭罽宾及乌苌国王。仍授左骁卫将军"。[10]罽宾之外,"又有勃律国,在罽宾吐蕃之间。开元中颇遣使朝献。八年,册立其王苏麟陀逸之为勃律国王。朝贡不绝"。[11]这勃律国,即今克什米尔西北部的 Baltisan 地区。值得注意的是,印度在盛唐之时也曾进入"华夷秩序"圈。在中国古籍中对印度有各种称呼。据《新唐书》载,"天竺国,汉身毒国也,或曰摩伽陀,曰婆罗门……分东西南北中五天竺,皆城邑数百"。"乾封三年,五天竺皆来朝。开元时,中天竺遣使者三至;南天竺一,献五色能言鸟,乞师讨大食、吐蕃;丐名其军,玄宗诏赐怀德军。使者曰:'蕃夷惟以袍带为宠。'帝以锦袍、金革带、鱼袋并七事赐之,北天竺一来朝。"[12]此外,"崮失密,或曰迦湿弥逻(今克什米尔)……开元初,遣使者朝。八年,诏册其王真陀罗秘利为王;间献胡药。天木死,弟木多笔立,遣使者物理多来朝,且言:'有国以来,并臣天可汗,受调发,国有象、马、步一种兵,……有如天可汗兵至勃律者,虽众二十万,能输粮以助。诏内物理多宴中殿,赐赉优备,册木多笔为王,自是职贡有常。'"[13]

正当大唐帝国全盛、并将"华夷秩序"圈向中亚以至南亚地区推进之时,继罗马、波斯帝国之后,西方崛起了一个新的大帝国和一种新的文明——阿拉伯帝国与穆斯林文明。阿拉伯人在圣战的大旗下东征西讨,建立了地跨欧亚非的大帝国,也经营着自己的穆斯林国际关系体系,我们或者将其称为穆斯林秩序。阿拉伯文明与中华文明这古代世界的两大璀璨文明之间,必然彼此吸引、互相交流。阿拉伯与中华帝国这两强之间,因为相距实远,彼此也终将建立一种相安的外交关系。然而,伴随着穆斯林秩序的东扩,它与西向推进的"华夷秩序"之间,不可避免地会有一场碰撞与摩擦。

阿拉伯帝国势力的东扩,一路征战,顺之者犹可,逆之者亡。据记载,当时大食(即阿拉伯帝国)的势力已伸张到吐火罗、波斯、安国、曹国、石骡国、米国、康国、骨咄、胡密等处。另据研究,677年,阿拉伯人到达了喀布尔,并首次攻入次大陆,直到茂艾三部芦(Multan),在喀布尔与白沙瓦平原遭受阿拉伯人数次劫掠后,伐挐国(Banu)也遭受了同样的经历。于是,那些非穆斯林地方统治者也不得不向这些阿拉伯人进奉贡品,并承认它们的宗主国地位。此时,次大陆的西天竺的状况是"今被大寔(即大食)来侵,半国损也";新头故罗则是"见今大实(即大食)侵,半国损也"。[14] 此时,阿拉伯人与唐帝国在乌荼国(即乌苌国)也展开了外交争夺战。"贞观十六年,其王达摩因陀诃斯遣使者献龙脑香,玺书优答。大食与乌苌东鄙接,开元中数诱之,其王与骨咄、俱位二王不肯臣,玄宗命使者册为王。"[15] 这一时期,了解到西方这一国际情势的唐帝国也加强了在这一方向上的外交乃至军事活动。例如,迦湿弥逻国"其国四周山为外廓,总开三路以设关防,东接吐蕃,北通勃律,西门一路通乾陀罗,别有一途常时禁断,天军行幸方得暂开"。[16] 可见,唐朝的军事活动已及克什米尔一带了。

总之,倭玛亚王朝自从 7 世纪 70 年代征服呼罗珊(Khurasan,今伊朗东北部)地区以后,就以呼罗珊为基地不断东征。阿拉伯帝国势力向东向北方向推进的行动,压迫着大批中亚地区大小王公贵族纷纷向唐帝国寻求支援与保护,连印度王公也"乞师讨大食"。萨珊波斯末代君主伊嗣侯三世之子卑路斯,则干脆携子泥涅斯投奔长安。一时间,中亚的康、安、石、史、曹等昭武九姓国和吐火罗、支汉那、骨咄、俱位等国也不断上表长安求援,这就导致唐与阿拉伯关系的紧张。

750 年,倭玛亚王朝被阿拔斯王朝所取代。新王朝政治重心东移,终于与唐帝国兵戎相见。751 年,阿拔斯王朝的呼罗珊总督阿卜·穆斯林和唐朝的安西四镇节度使高仙芝分别应中亚地方王公的请求而出兵,双方在怛逻斯开战,唐军被阿拉伯军击溃。怛逻斯之役后确立了阿拉伯人在中亚乃至南亚地区的优势。大唐帝国向这一地区推行"华夷秩序"虽一度成绩可观,却终因穆斯林秩序的东扩而受阻。此后中华帝国的历代王朝(除元朝外)基本上对西方采取守势或攻势防御战略。"华夷秩序"经营之重心则进一步转向海路,转向东方。

660 年和 668 年,唐与新罗先后灭百济和高句丽,从而结束了朝鲜半岛上的"三国"时期。强盛的新罗王国基本上统一了朝鲜半岛,并与唐帝国建立了十分密切的关系。可以说,从唐代比较正规意义上营建"华夷秩序"时开始,我国的近邻朝鲜,就是其中的基本成员。由于是毗邻而居,当中华帝国强盛之时,往往妄自尊大,对朝鲜这个东邻,有时竟怀"不利于孺子"之心。隋炀帝征伐高丽、唐太宗征伐高丽,直至唐助新罗出兵灭百济与高句丽,均是明证。世界上没有人不犯错误,也没有一个民族不犯错误,连一贯热爱和平、绝少对外侵略的中华民族亦难例外。朝鲜人民英勇抗击了隋、唐帝国的入侵,与中国建立了国与国的关系,成为"华夷秩序"这一古代国际关系体系中的成员,这是朝鲜民族斗争的结果。当然,由于历史的渊源,由于国势大小强弱的客观实际,也由于中华文明毕竟居于领先地位,朝鲜不得不委曲求全,承认中华帝国之主流地位,从现实出发,主动列入"华夷秩序"的内圈。新罗时期,朝鲜不断派遣并奉使入唐朝贡。唐朝也不断派遣宣慰使、册命使前往新罗。新罗还派人入唐宿卫。新罗王子金守忠入唐宿卫归国时,曾携四文宣王、十哲、七十二弟子图等大量资料;新罗入唐宿卫学生梁悦,在唐德宗为避兵乱、幸奉天(陕西乾县)时,从难有功,被命为右赞善大夫。[17]新罗文化发达,因而唐在遣使新罗时格外慎重。例如,738年,唐玄宗闻新罗圣德王薨,特遣使往祭。他选择了左赞善大夫邢璹说:"新罗号为君子之国,颇知书记,有类中国。以卿惇儒,故持节往。宜演经义,使知大国儒教之盛。"[18]

同中国一衣带水的日本,在汉代曾最早进入雏形时期的"华夷秩序"。南北朝时代,"倭国"、"倭人""万里修贡"、"遣使献方物"、"恭修贡职"的活动,有增无减。中国方面亦一贯待之以怀柔笼络之道。南朝宋孝武帝时,封"倭国王世子兴为安东将军",梁武帝时,也有"征东大将军"之封。[19]然而,日本天皇很早就怀有一种强烈的、与中国对等的意识。608年(日本推古天皇十五年,隋炀帝大业三年),日本"遣使朝拜",国书中出现了"日出处天子(即日本天皇自称)致日没处天子(即隋炀帝)"的字句,隋炀帝"览之不悦",斥之"蛮夷书有无礼者",次年即遣使赴日责难。在会见隋使时,日本天皇自承"我夷人避在海隅,不闻礼义……今故清道饰馆,以待大使,冀闻大国维新之化",又派人随中国使臣来华"请贡方物",事情才算平息。[20]唐代隋兴,中国跃上封建社会空前繁荣的巅峰,成为亚洲文明的中心。处在以氏族制与部民制为基本形态的奴隶制社会末期的日本,急于寻求国家出路。因而,不断派遣使团访华,密切两国关系,全方位吸收中华文明的先进成果成为日本的基本国策。遣唐使的派遣,对日本大化改新的成功,起了突出的作用。大化改新的过程,在日本对外关系方面,就是日本介入"华夷秩序"圈的过程。

大唐帝国的强盛与阿拉伯帝国的崛起,在中亚地区虽然由于极为错综复杂的地缘政治原因引发了武装冲突,但穆斯林文明与中华文明之间的互相吸引毕竟是历史的主流。据说先知穆罕默德有一条圣训称:"学问即便远在中国,亦当求得之";[21]第二代哈里发曼苏尔奠都巴格达时亦说:"这里有底格里斯河,可以使我们接触像中国那样遥远的国度,并带给我们海洋所能提供的一切。"[22]正是在隋唐时期,海上丝绸之路获得了空前的巨大发展。中国造船业有了长足进步,不仅可以建造能载 600—700 人的海舶,还早于欧洲人九百多年,掌握了密隔舱的技术,并从根本上改变了汉代"蛮夷贾船,转送致之"的状况。中世纪阿拉伯的著名作家、旅行家和地理学家们,如苏莱曼、马苏迪和伊德里西,都记述了中国船舶常航行到波斯湾和红海。唐代贾耽,更记载了从广州直航波斯湾头以及位于红海口的亚丁的详尽航程。[23]海上丝路的开辟,使东南亚地区诸多国家与民族和中国的关系大大密切,也使中华帝国营造的"华夷秩序"不断向南方推进。失之东隅,收之桑榆。在陆上失去的对南亚的影响,从海上却又收了回来。

马来半岛与中国的关系,可以上溯到 3 世纪。吴王孙权遣使康泰、朱应访问过马来半岛上的耽兰洲、蒲罗中国、乌文国。5、6 世纪,丹丹、盘盘、狼牙修等多次遣使南朝;7 世纪,隋炀帝派常骏出使赤土国(今马来半岛东北部),受到热烈、隆重的接待。常骏归国时,赤土王子那邪迦随行回访,亦受到隋朝的隆重礼遇。[24]有唐一代,丹丹、盘盘、罗越等国仍经常遣使修好。

斯里兰卡,又名师子国。"总章三年,遣使者来朝。天宝初,王尸罗迷迦再遣使献大珠、钿金、宝缨、象齿、白氎。"[25]

我国历史上的宋代,是一个相当特殊的时期。一方面,它一直积弱,在北方辽、金、西夏政权压迫、封锁下始终处于守势。另一方面,它的社会经济发展得异常繁荣;对外关系尤其活跃,中华古代四大发明多在此时外传。唐代比较完备地建立起来的"华夷秩序",只是到了宋朝方得到认真的充实。

有宋一代,伴随着北方契丹、女真、蒙古等游牧民族的不断南侵,疆土日蹙。尤其是南渡以后,"一切倚办海舶",[26]促进了海上丝路的繁荣。海上商路的发展与繁荣,刺激了沿途许多港口的兴旺以及此前名不见经传的邦国的涌现与崛起。"华夷秩序"因而也就在这个方向上大大扩展了。

同朝鲜一样,越南民族经过长期的发展、奋斗,终于在 968 年由丁部领统一越南,建立"大瞿越南国",从而结束了将近 11 个世纪的"北属"时期。975 年(开宝八年),宋朝封丁部领为"安南都护检校太师交趾郡王",直到 1174 年(淳熙元年),宋朝才正式册封李英宗(天佐)为"安南国王"。自此,越南作为一个国家,加入了"华夷秩序",成为这一古代国际关系体系的内圈成员。据统计,终宋之世,交趾的朝贡次数达 50 次以上,[27]在东南亚地区首屈一指。

宋代中国与马来半岛诸国关系相当密切。1001 年(咸平四年)丹眉流(又作登眉流、单马令、丹马令)国王多须机遣使打吉马等九人来华朝贡,双方互赐珍贵礼品[28]就是一例。

977 年(太平兴国二年)和 1082 年(元丰五年),位于文莱的渤泥国,也曾两次遣使来北宋修贡。[29]

菲律宾群岛原在海上丝路主航道之外,但群岛人民早已跨越南中国海同中国有所交往。不过,直到宋代,我国正史上才出现关于中菲关系的明确记载:"摩逸国民(即麻逸)太平兴国七年(982 年)载宝货至广州海岸。"[30]从此,菲律宾也进入"华夷秩序"圈。

"华夷秩序"圈随海上丝路推进,一直到达南亚地区。9 至 13 世纪兴起的南印度科罗曼德海岸的注辇国,就曾主动介入这个古代国际关系体系。"真宗大中祥符八年,注辇国王遣贡真珠等。译者道其言曰:'愿以表远人慕化之心。'至神宗熙宁十年六月,此国亦贡方物。上遣内侍劳问之,乃此国也。"[31]

甚至远在非洲东岸的层檀国,也在宋代遣使入贡[32],成为"华夷秩序"大潮澎湃中得自印度洋绝远西岸的回声。

位于东北亚的朝鲜,在宋代更加巩固了它在"华夷秩序"中的基本成员的地位。993 年至 1019 年,高丽王朝同我国北方的契丹进行了一次战争。高丽与契丹的敌对,自然加深了高丽王朝与大宋王朝的盟友关系。为了避开契丹人的势力,在高丽方面的要求下,宋朝开明州(今宁波)为专通高丽的港口。自此,高丽贡使频频经宁波港修贡。宋使也络绎不绝前往高丽交流。特别由于有牵制北方强敌之作用,高丽在大宋王朝经略的"华夷秩序"中的地位,更为突出。

唯一例外的是日本。

894 年,日本决定停止派遣遣唐使,结束了唐代两百年间中日官方使节往返的局面。此后,直到明初,中日之间一直没有官方往来。就日本而言,遣唐使之停罢,外部原因是唐帝国已跌入衰颓阶段,而内部原因则是财力窘迫,平安时代的统治者们思想消极、自我闭锁。故而北宋立国后,虽主动要求恢复官方往来,希望将日本重新拉回"华夷秩序"之中,但并无结果。直至南宋时期,日本镰仓幕府兴起,有兴趣同中国交往。可惜进入 13 世纪中叶以后,南宋王朝时刻面临亡国之危,哪里还有心思和精力去营造什么"华夷秩序"呢?

蒙古民族入主中原后,建立了元朝。元帝国幅员辽阔,亦曾盛极一时,海陆交通,畅达无阻。元帝国统治者虽继承了"华夷秩序"的框架,但从忽必烈起,就没有真正吸纳这一秩序的内涵真谛。他们所要建立的,实际上还是一种"蒙古式的和平"。[33] 这种"蒙元秩序",使元朝七次征伐朝鲜;在 1274 年和 1281 年两次远征日本;还派兵攻伐缅甸。这种"蒙元秩序"之运作与"华夷秩序"相较,就大异其趣了。

明清两代,迎来了"华夷秩序"的全盛与顶峰时期。在这一时期,这一古代东方国际关系体系终于具备了自己清晰的外缘与日臻完善的内涵。

大明帝国,以郑和远航事业为代表,终于在前代的基础上织成了一张古代世界空前规模的"华夷秩序"的国际关系网络。

郑和七次下南海。入印度洋的远航壮举,将几乎全部海上丝路商道上的邦国,即亚非大陆西太平洋至印度洋滨海而居的民族和国家,一齐吸纳到"华夷秩序"中来,令这一国际关系网络,具有空前之规模。特别要指出的是,这一时期前来中国修好朝贡的,不仅国家数目多、使团规模大、次数更加频繁,而且规格高,常有一国之君亲自率团来朝,明确、自觉地吸纳中华文明。

郑和远洋船队,"维绡挂席际天而行","云帆高张,昼夜星驰",跨南海,渡印度洋,遍访亚非大陆 37 个国家和地区。其中第五、六、七次都曾远航非洲东海岸,直接访问了摩加迪沙、布拉瓦、马林迪等城邦。郑和下西洋,积极开展了大明帝国的对外政治与经济活动,招致了许多国家派遣使团来华访问。船队出海与返航也常负有迎接各国使节的任务,如郑和第五次出航,就"送摩骨都束(今摩加迪沙)等十五国贡使返国";第三次返航时,就"附古里等十九国贡使来朝"。各国来华使团,规模亦日益扩大,因为大明帝国对外政策一直坚持要厚往薄来的原则,令使臣们所获甚丰。永乐二十一年(1423年)忽鲁谟斯等国到中国的使臣达1200人。还有一次,西洋古里一国使团人数也竟高达1100人。

位于今天文莱的渤泥王国的君主在海外诸邦国中率先亲自来华。永乐六年(1408年),渤泥王麻那惹加那乃率王妃、王子、公主及陪臣150余人泛海来贡,于八月到达当时明帝国的首都南京,受到明廷的隆重接待。同年十月,渤泥王病逝于"会同馆",临终遗嘱"体魄托葬中华"。明王朝以王礼将其葬于安德门外。

15世纪初,马来半岛南端崛起了一个新的强国,即马六甲(又译为满剌加)王国。郑和下西洋,船队以此地为重要基地,修建仓库,贮存船货、粮食,均受到王国的支持。马六甲国王拜里迷苏剌本人于永乐九年(1411年)采办方物,率妻、头目等540余人,浩浩荡荡地访问了中国。从永乐九年到宣德八年(1433年)间,马六甲国王祖孙三代前后到中国访问5次,每次都受到大明皇帝的厚礼接待。

郑和"下西洋"的远航活动中,曾一次派分遣船队访问了份属"东洋"的菲律宾群岛,大大密切了中国和菲律宾的关系。永乐十五年(1417年),苏禄东王、西王和峒王,各率家眷、随从等340余人访问中国。归国途中,苏禄东王不幸病逝于德州,明成祖朱棣命葬以王礼,并亲为文,树碑墓道。[34] 此外,蜂牙施兰国王嘉马银也于1406年、1408年和1410年连续3次访华。[35]

在东北亚方面,明代所建"华夷秩序"曾一度达到其最高点。在朝鲜半岛,李成桂于1392年夺取了高丽王朝的天下,建立了李朝。李朝时期的朝鲜和明朝时期的中国之间,建立了"华夷秩序"中从观念到体制上都堪称楷模的关系。从大明帝国方面看,是"东国年年修职贡"的局面,而从李王朝方面看,则是"礼仪成邦慕圣朝"的境界。[36]

同时,琉球(今日本冲绳)同中国的关系,在明代有了飞跃。据记载,琉球"汉、魏以来,不通中华。隋大业中,令羽骑尉朱宽访求异俗,始至其国;语言不通,掠一人以返。后遣武贲郎将陈稜率兵至其国虏男女五百人返。唐、宋时,未尝朝贡。元遣使招之,不从。"[37] 就是这个长期以来"不通中华"、"未尝朝贡"的琉球王国,却后来居上,在明朝时期不仅进入"华夷秩序"圈,而且与中国交往频繁,体制详备,几乎同朝鲜、越南并驾齐驱,骎骎乎凌驾于他国之上。计有明一代267年(1368—1644年)里,琉球对中国修贡凡182次。从洪武五年(1372年)大明立国之初开始,到崇祯十七年(1644年)明朝灭亡为止,可以说与大明帝国相始终。清朝建立后,自1644年至1867年,琉球朝贡又达100次以上。

最值得重视的,是日本在明初,曾一度,恐怕也是日本历史上唯一的一次,主动、明确地加盟"华夷秩序"。我们知道,自唐朝末年停罢遣唐使以来,数百年间,日本一直游离于"华夷秩序"圈之外。日本国同那些位于"绝远"的亚非邦国不同,那些国家距中国太远,且社会状况在政治、经济、文化诸方面与中国差异极大,因而时来时绝,对"华夷秩序"保持着一种游离状态。如果说日本在很长的历史时期里也对"华夷秩序"采取一种游离的态度,那不是由于它距中华"绝远",而恰恰是它与中国仅仅"一衣带水"的接近,不是由于它的社会诸系统同中国差异极大,而恰恰是它相当饱和地吸纳了中华文明,创造出一种几与中华文明同步的高水平的大和文明。由于地处岛国,它成功地抵御了元帝国两次粗暴的征伐;由于主动、创造性地吸纳了中华文明,日本在吸纳"华夷秩序"时也将自己放在主动的地位上,不是被动地接受它、承认自己"夷"的地位,而是主动地采取"拿来主义",为我所用,将自己置换为"华"的地位。直到明洪武年间,对于朱元璋要日本称臣入贡的要求,日本怀良亲王仍进行了尖锐的抨击,指出:"乾坤浩荡,非一主之独权;宇宙宽洪,作诸邦以分守。盖天下者,乃天下人之天下,非一人之天下也!"对于明太祖的武力威胁,怀良亲王则大义凛然地宣称:"闻天朝有兴战之策,小邦亦有御敌之图。闻又陛下选股肱之将,起精锐之兵,来犯臣境,水泽之地,山海之洲,自有其备!岂能跪途而奉之乎!"[38]

日本的上述态度,到了明成祖时期发生了一百八十度的大转变。1403年,朱棣篡位成功,改元永乐,日本幕府足利义满即以"日本国王源道义"的名义,遣使来贺,称臣入贡,以属国自居,称颂朱棣"明并曜英,恩均天泽,万方向化,四方归仁",还接受"大统历",表示愿意奉明"正朔"。自此,日本重入"华夷秩序"圈,时时来贡,双方进行官方的"勘合"贸易。明朝统治者规定日本"十年一贡,人止二百,船止二舟,不得携军器,违者以寇论"。[39]笔但利之所在,趋之若鹜。日本船队常常随贡使排山倒海而来。仅景泰四年(1454年)一次,到达中国的日本商人竟达1200人之多。嘉靖年间,倭患大起,日本才又一次游离于"华夷秩序"之外,直到近代"华夷秩序"崩塌。

二

"华夷秩序"是在古代世界的社会条件下产生的一个有理念、有原则和有着自身一套比较完备体制的国家关系体系。由于长期以来，中华帝国乃是古代东方，特别是东亚地区的主要大国，因此这一体系的理念、原则和体制的构建，中国自然起了某种主导作用。

中华民族的主体汉民族及其前身——华夏族体，是在中国的中原地区，即黄河流域开始凝聚和形成的。华夏族体的凝聚本身，就是许许多多部落、部落联盟汇聚的结果。至于汉民族，千百年间吸纳、汇聚的远近各方的族体则更为众多。不过，无论是自愿汇聚也好，冲突融合也好，从华夏族体到汉民族的形成与发展，以汉民族为主体的中华古代文明的辉煌进步，其所赖以生存的基础，仍是中国中原地区，即黄河乃至长江流域的农业。伴随着中华文明的发展，中华民族发展的历史长河中，曾出现过汉、唐、明、清那样的统一的大帝国。

中华帝国始终是一个以农业文明为基础的国家。因此，古代农业文明自然给它打上了深深的印记。从总体讲，农业文明缺乏游牧民族那种迁徙流动、尚勇好武的基因，也缺乏海洋民族那种搏击风浪、冒险交易的风格。在达到一定水平之后，特别是建立了疆域万里的大帝国之后，农业社会所需求的稳定、安定，就立刻在中华帝国的立国理念、原则、体制中突现出来。中华帝国的生存、发展需要儒学，而儒家学说也为要适应中华帝国发展的需求而不断演进。然而，万变不离其宗，帝国向儒学所索取的，儒学供帝国所需要的，最根本的一条就是：如何保持、深化帝国社会的稳定。于是，君君、臣臣、父父、子子的框架，修、齐、治、平的框架，孝悌力田的框架等等，将古代中华帝国、古代中国社会框架在稳定直至超级稳定之中。皇帝、大臣以至各级官吏，自社会顶端以降，用这一套套框架治理国家、约束民众，得其所哉。至于阶级社会所固有的剥削、压迫乃至"吃人"的本质，则是这些忠、孝、仁、义、礼框架的阴面。一旦帝国晚期社会下层民众不堪其苦，挺而暴起，突破了这些框架，那么中华帝国就会周期性地发生"礼崩乐坏"的状况而有待一个新的王朝来重新收拾局面了。

外交是内政的延伸。

"普天之下,莫非王土;率土之滨,莫非王臣",在这一理念原则下,古代中华帝国各王朝的统治者开疆拓土的努力,可以说达到了极致。到了大清帝国,其疆土本已大于今日我国。汉、唐、明、清帝国的规模,可以讲是古代社会生产力条件下中华帝国规模可达的极致。在这个极致以外的地区、民族与国家,同中华帝国之间,自然就有一个古代国家之间的关系问题。

于是,农业文明对稳定、和平的基本需求的特征,以及为了这种稳定、和平需求应运而生的儒学那些"君臣父子"、"忠孝节义"等框架,也自然延伸到帝国对外关系的基本理念与原则之中。质而言之,就是要求帝国周边及远近各国,在"君臣父子"等儒学学说框架原则下,同中华帝国建立和平、稳定的关系。

"自古帝王临御天下,中国属内以制夷狄,夷狄属外以奉中国",这就是历代中国封建帝王的世界观、宇宙观,也是中国封建主义皇权所追求的国际关系体系——"华夷秩序"的根本理念与原则。这一秩序的基本内涵,就是:以中华帝国为中心,在中国封建皇权的约束和保护下,建立国际和平局面。在中华封建文明的影响与制约下,促进各国的进步与繁荣。

我们今天已无法读到汉武帝派张骞凿空时让其带往各国的"国书",但"罢黜百家,独尊儒术"的汉武帝,其"国书"中那些"儒术"之内容,应该是不难想见的。况且,"人体解剖对于猴体解剖是一把钥匙",[40]我们从后代中国君王、特别是大明帝国皇帝的言论中,无疑可以清楚地看到这些千百年间一以贯之的理念与原则。

明太祖朱元璋即位之初,遣使赴各国"宣谕",就讲得很明确:"朕既为天下主,华夷无间,姓氏虽异,抚宇如一";"自古为天下主者,视天地所覆载,日月所照临,若远若近,生人之类,无尔欲其安土而乐迁;必以中国治安而后四方外国来附";"夷狄奉中国,礼之常经,以小事大,古今一体"。[41]

明成祖朱棣讲得更清楚:"朕君临天下,抚治华夷,一视同仁,无间彼此。推古圣帝明王之道,以合乎天地之心——远邦异域,咸使各得其所;闻风向化者,争先恐后也!"[42]

"华夷秩序"所倡导的,是以中华帝国为中心的辐射关系,也是以中华帝国君临天下的垂直型国际关系体系。在这一秩序中,所有所谓"夷狄"国家对中国的关系,应是一种以臣事君和以小事大的关系,一种对高度发达的中华文明怀有"向化"之心,"慕圣德而率来",以至终于被"导以礼义、变其夷习"的关系。

晋朝时《鼙鼓歌》中的《洪业篇》歌词唱道:"宣文创洪业。盛德在秦始。圣皇应灵符。受命君四海。万国何所乐,上有明天子……大赦荡萌渐,文教备黄支。"[43]这里歌颂的是,中华的文治教化已经泽被远在南亚的黄支国。

428年(南朝宋文帝元嘉五年),师子国(今斯里兰卡)国王刹利摩诃南致宋文帝书中写道:"伏承皇帝道德高远,覆载同于天地,明照齐乎日月,四海之外,无往不伏,方国之王,莫不遣使奉献,以表归德之诚。或泛海三年,陆行千日,畏威怀德,无远不至。"[44]

同年,天竺伽毗黎国国王月爱致书宋文帝,讲得更明确:"今以此国群臣吏民,山川珍宝,一切归属,五体归诚大王足下。……大王若有所需,珍奇异物,悉当奉送;此之境土,便是王国,王之法令,治国善道,悉当承用。"[45]

1015年(宋真宗大中祥符八年),南亚注辇国国王罗茶罗乍遣使来贡,其"国书"中表示忠诚曰:"窃念臣……世居夷落,地远华风……是敢倾倒赤诚,遥瞻丹阙。任土作贡,同蝼蚁之慕膻;委质事君,比葵藿之向日。"[46]其对中华帝国的一片丹心,无以复加,简直好比"葵花向太阳"了!海外诸国,无论大小远近,只要是这样做了,就会得到中国君王的嘉奖。

《全唐文》卷十六,中宗栏目载有褒天竺国使臣诏曰:"中天竺国大首领大野迷地罗梵摩等,殊邦慕德,重译来朝,是加褒奖,用以诚心。"

唐玄宗开元二十一年册崮失密国(克什米尔)王木多笔文曰:"奕叶归顺,远舒诚节,修职贡之礼,受藩落之奇……可不勉欤!"

位于今文莱的渤泥王国,其国王麻那惹加那,诚心欣羡中华文明,亲"率妃及弟妹、子女、陪臣泛海来朝",对明成祖极"输悃诚"。朱棣大喜,"慰劳再三",至认为:"朕观其言文貌恭,动不逾则,悦喜礼教,略脱夷习。"[47]中华帝国的统治者称一个外国"番邦"已"略脱夷习",这是一种很高的褒奖之词。

至于朝鲜,由于长期自觉地认同"华夷秩序","事大至诚",且自觉引进中华礼义典章,因而在"华夷秩序"中地位最为突出。明太祖册封高丽王朝恭王时,称赞其"世守朝鲜","恪遵华夏",是为"东土名番"。简直是"华夷秩序"中来朝万邦之楷模了。

"华夷秩序"所倡导的,是域外诸邦对中华帝国以小事大,慕德向化,梯山航海,克修职贡;中华帝国对各国则是抚驭万邦,一视同仁,导以礼义,变其"夷"习。无疑,这是儒家学说在处理中华帝国对外关系时所能构建的理念原则和理想框架。

这个框架所要达到的境界是:域外诸"藩国",如群星参斗,葵花向阳一般,围绕着中华帝国运转、进步。在这一向心、垂直体系之下,"庶几共享太平之福",维持一种"中华和平"模式的国际和平局面。这种"中华和平"式的局面,显然是一种古代农业文明基础上的国际和平局面。

至于"华夷秩序"下的各国之间,则应在中华帝国的监督和保护、保证下,彼此相安无事,即所谓"天地之间,帝王酋长,因地立国,不可悉数,雄山大川,天造地设,各不相犯"[48]以及共享"中华和平"的"太平之福"。尤其不能允许那种无视中华帝国的威德,以强凌弱、以众暴寡的情况发生。

为了落实"华夷秩序"上的上述理念和原则,中华帝国的历代统治者,不遗余力地构建、丰富并逐渐完备了一整套体制,以保证那些理念、原则的具体实施。当然,这一整套体制的发展与完备,也程度不同地得到了"华夷秩序"中各国的支持与配合。

"华夷秩序"在体制上最根本的保证,是中华帝国与诸邦国之间,形成并建立了一套"朝贡"制度。

自汉武帝开始,可以看到外邦来"献见"的记录。这些"献见",可以看做是朝贡制度的形成之始或雏形。其"献见",无论是国度、周期,均几无规律可循。汉成帝时,杜钦就西域罽宾与汉朝的关系对大将军王凤发表的一番游说,就典型地说明了这种无规律状况。他指出,罽宾"自知绝远,兵不至也。有求则卑词,无欲则骄慢,终不可怀服"。进而还指出,所谓罽宾派来的使臣,"无亲属贵人,奉献者皆行贾贱人,欲通货市买,以献为名"而已;这罽宾的"献见","实利赏赐贾市,其使数年而一至云"。[49]

商人冒充使节也好,商人兼充使节也罢,在古代国家之间早期发生交往时,本是很常见的现象。商业、外交,参半而行,并不奇怪。由于中华帝国对外交往时一贯实行"厚往薄来"的原则,这种"实利赏赐贾市"和"行贾"充当使者的现象,一直屡见不鲜。这种情况,直至明代,仍所在多有。如锡兰国人"甚爱中国麝香、纻丝、色绢、青瓷盘碗、铜钱,就以宝石珍珠易换。王常遣使随宝舡方物进贡中国"。[50]

但是,伴随着历史的发展和各国与中华帝国关系之日益密切,朝贡制度毕竟渐渐有了其体制方面的内容。

首先各国贡使的规模、人数、级别日益扩大与提高。许多使臣在本国地位很高,如早在南朝时期,位于尼泊尔境内之天竺伽毗黎国国王月爱在其国书中就郑重其事地推荐其使臣,说"使主父名天摩悉达,使主名尼陀达,此人由来良善忠信"云云。看来,使臣尼陀达出身名门,以至国王还要介绍他的父亲。到了明代,索性国君们亲自率团访华朝贡,足见海外诸邦将同中华交往看做一件大事,作为一种国家行为来对待。由于来使太多,令中国应接不暇,遂定有制度,对各国来朝的周期、人数,乃至船数均作了明确规定。

明太祖朱元璋于洪武七年(1375年)对中书省和礼部大臣下了一道圣谕,指出:"……古诸侯于天子,比年一小聘、三年一大聘;九州之外,则每世一朝,所贡方物,表诚敬而已。惟高丽知礼乐,故令三年一贡;他远国,如占城、安南、西洋琐里、爪哇、渤泥、三佛齐、真腊诸国,入贡既烦,劳费太甚! 今不必复尔,其移牒诸国,俾知之。"[51]

制度如此,但能否遵守实行,则是另一回事。在各种因素的辐辏之下,贡使十分密集,令中华帝国统治者,又欢喜,又烦恼;有时,贡使们又久不至,令中华天子颇为失落。如明初,琉球不断来贡,永乐一朝二十一年中,琉球中山、山南、山北王共朝贡 38 次之多。中山王仍请求"乞如常例,岁一朝贡"时,宪宗皇帝则明确答复说:"自后定例,二年一贡,其许百人,多不过加五人。"[52]

至于日本,则更作为特例处理。"永乐初,诏日本十年一贡,人止二百,船止二艘,不得携军器,违者以寇论。……宣德初,申定要约;人毋过三百,舟毋过三艘。"[53]

在朝贡制度下,又有一套严格的礼仪。

诸"蕃"贡使来朝一般须备国书,即所谓"奉表"。"表"中要求明确称颂中华帝王为"明月所照、天地所交"之地的最高圣明君主。表示自己奉大以诚和一心向化——向往中华文明的追求。

朝见中华天子本身,又是一个极为烦琐的礼仪过程。洪武时期,各国来朝的君王,朝见前先要"于天界寺习仪三日,择日朝见"。朝见时"设蕃王及从官次于午门外,蕃王拜位于丹墀中道,稍西,从官在其后。设方物案于丹墀道东西。……鼓三严,百官入侍。执事举方物案,蕃王随案由西门入,至殿前丹墀西,伫立。皇帝服通天冠、绛纱袍御殿。蕃王及从官各就拜位,以方物案置拜位前。赞四拜讫,引班导方物升殿。宣方物官以方物状中西陛升,入殿西门,内赞引至神前,赞拜,蕃王再拜,跪,称贺致词。宣方物官宣状、承训官宣训讫,蕃王俯伏,兴,再拜,出殿西门,复位。赞拜,蕃王及其从官皆四拜,礼毕,皇帝兴,蕃王以下出。乐作乐止皆如常。"[54] 蕃王朝见,繁文缛节尚且如此,一般朝贡使"礼仪"则更是一路叩拜,拜得天昏地黑。不过,这一套烦琐礼仪,绝对不能将其仅仅看做是贡使们对中华帝国的一番敬服的表示,从根本上讲,这一套礼仪,是中华封建文明的结晶,透过对它的学习,各国贡使能了解到中华帝国不仅是一个国土辽阔、雄强一世的大国,而且具有高深的文明,礼仪的烦琐要表现的正是中华文明内涵之深邃。从而透过这一路叩拜,使文明程度较低的国家,大大加强了向化之心。

朝贡制度的另一面,是天朝大国遣使赴各国之册封。册封天使到各国,首先也须备有国书,即"敕书"。敕书中除了重申中华天朝大国的自我定位之外,对诸"蕃"国的朝贡、向化之心与实际行动表示嘉奖;同时对诸"蕃"王提出要求,要他们"常奉正朔","宁人保国"。所谓"常奉正朔",就是中华帝王向各朝贡国"颁正朔"。所谓"正朔",即中国历法。要求各国奉正朔,就是要求它们接受并遵行中国历法。表面看来,"颁正朔",仅是赠送一本中国历书给各国,似乎颇为简单。实际上,"正朔"内涵极为丰富,集中了中国人民千百年实践对季节、气候的规律性认识,历书内容还涉及许多伦理道德、礼仪习俗,是中华农业文明的集中体现。古代中华帝国就是企图透过颁正朔的活动,将中华文明流播四方。

册封天使到达各邦国,也逐渐形成一套礼仪制度。

"东土名蕃"朝鲜,有一套与来华朝贡同样烦琐的接待天使的礼仪。当执行册封世子任务的明使到达时,"上(朝鲜李朝世宗国王)以便服,朝臣以朝服出迎于慕华楼。使臣将至,上于帐殿之西率群臣躬身迎。……至景福宫,上王(退位之太宗国王)迎命于宫门之外,使臣奉节诰,至勤政殿。上王先拜节诰于上殿庭。入幄次,上率群臣四拜,讫,开殿。使臣亲授诰命于上,上受讫,下庭与群臣四拜,毕,入幄次,服冕服,出,与群臣遥谢,四拜,焚香,又四拜。山呼舞蹈,四拜,入幄次,释服。"[55] 朝鲜订立了这一套礼仪,不仅表示其事大以诚的决心,而且特别表明,她在学习中华文明方面鹤立鸡群,到达了很高的水平。

"汉魏以来,不近中华",唐、宋时"未尝朝贡"的琉球,居然后来居上,在迎接中国册封天使时,也有一套礼仪,直追朝鲜。如康熙二十一年清使汪楫出使琉球,登岸后,琉球国世子遣众官大小百余名随龙庭候于"迎恩亭"下,汪楫捧诏敕安于龙亭,众官行五拜三叩之礼。"天使馆一仿中华官廨制度……有仪官署曰:天泽门,万历中使臣夏子阳题也。"[56] 册封之日,世子一大早就率百官迎候汪楫等至中山殿,行大封拜礼。国王升降、进退、舞蹈、祝呼肃然如式。汪楫在琉球逗留期间,还受到琉球国王七次大宴款待,有迎风宴、事竣宴、中秋宴、重阳宴、冬至宴、饯别宴和登舟宴。

这一套迎接中国使臣的礼仪,其他各国皆有。礼数也颇隆重。最早的,如安息国王就曾派大将率两万人出迎数千里。到了明代,礼数更为周到。如永乐十年和十一年,明成祖两次派遣太监侯显出使榜葛剌(今孟加拉),"其王知我中国宝船到彼,遣部领赍衣服等物人马千数迎接……又差人赍礼象马迎接……其王于正殿设高座。嵌八宝,其踞坐其上,剑横于膝。乃令银挝杖二人,皆穿白缠头,来引导前,五步一呼,至中则止;金挝杖二人,接引如前礼。其王恭礼拜迎诏敕,叩谢加额,开读赏赐。"[57] 又如郑和船队到达阿丹(今亚丁)国时,"王闻其至,即率大小头目至海滨迎诏敕,赏赐至王府,行礼甚恭谨"。[58]

所有这些国家,在礼仪上都会多多少少受到中华文明的影响。以马来半岛为例,马来半岛各王国对中国大明朝廷赠送的蟒服、伞盖等礼品极为重视,妥为保存,并世代沿用。18 世纪初,华汉(Vaughan)等四名英国人遇海难被救,到达柔佛王国首府,看到柔佛国王甚至拥有由 600 名华人组成的王家卫队。[59] 荷兰东印度公司船长托马斯·福莱斯特(Thomas Forrest)曾于 1783 年访问霹雳王国,他记载道:"我从船只停泊地丹戎普都斯乘小船登陆拜见霹雳国王,他在一座高大的房子中很隆重地接待我,房内有冲兵 20 名,穿着黑缎上衣,胸部绣有金龙,戴着满洲人的帽子,完全是中国式的打扮;有的持戟,有的拿矛,也有人拿未上刺刀的滑膛枪。"[60]

正因为如此,当明朝官员初次接触到东来的葡萄牙人时,比较之下,"以其人不知礼,令于光孝寺习仪三日,而后引见"。[61]由此可见,中华帝国对于朝贡体制中的礼仪部分,是高度重视、绝不马虎的。

三

和平、友好、积极,是"华夷秩序"的主流。

古代中华帝国各王朝,除却它们处于末世、十分衰败,或遇北方游牧民族大军压境、朝不保夕的时候,都在努力经略"华夷秩序"。它们经略"华夷秩序"的理念与原则,是千年一以贯之的,即产生于东亚大陆中原地区的中华农业文明的最高代表——儒学的有关理念。

"一"与"和",是所有"华夷秩序"有关理念与原则最本质的东西。这个"一",就是"天生圣人"——中华帝国皇帝。在他之下,"万国来朝进贡,仰贺圣明主,一统华夷";"四夷率土归王命","万邦千国皆归正,现帝庭","万方仰圣君,大一统,抚万民"。总之,要"大一统","一统华夷",中心只有一个,就是中华帝国和它的皇帝。

只要承认这个"一",那么在"一"之下,什么事都好办。因为这个"一",即被承认为"大一统"、"一统华夷"的中华帝国及其"圣明主"——皇帝,所追求的,是给万国千邦带来"和"。

"风调雨顺遍乾坤,齐庆承平时节;玉烛调和甘露降,远近桑麻相接。偃武修文,报功崇德,率土皆臣妾。"[62]你看,"风调雨顺"、"承平"、"调和"、"偃武修文"、"桑麻相接"和"率土臣妾",多么鲜明的一幅大中华农业文明所追求的理想图画啊!

又有一首《太清歌》,更是这种理念的典型,词曰:"万国来朝贡,仰贺圣明主,一统华夷。普天下八方四海,南北东西。托圣德,胜尧王,保护家国太平,天下都归一,将兵器销为农器。旌旗不动酒旗招,仰荷天地。"[63]

只要"天下都归一","万国来朝贡",就一定可以在胜似尧舜那么英明的中华圣明主庇护下,"保护家国太平"。中国帝王对诸"蕃"的敕谕中不是经常描绘一幅"庶几共享太平之福"么,那太平,具体讲还是农业文明的太平,"将兵器销为农器"、"旌旗不动酒旗招"是也。

历史证明,在中华帝国处理对外关系方面,确实做到了有"一"就有"和"。在历史上凡是承认并进入"华夷秩序"圈的国家,中华帝国均以"和为贵"的态度对待之,给予很高的封赠赏赐,并与它们保持和平、亲善的关系。早在汉代,对于来贡之日本,汉朝皇帝即册封其为"汉倭奴国王",并赐印绶,直到南北朝时代,偏安一隅的宋、梁君主,仍册封其为"东安将军"、"征东大将军"。此后,凡来贡之国,一般均有册封,无论地之远近。如唐全盛时,自太宗以至玄宗,均被尊为"天可汗"。唐代之册封,远至中亚、南亚、东南亚各地,如册封崮失密(克什米尔)国王,册封勃律国王、小勃律国王,册封罽宾国王、乌苌国王等,册封室利佛逝国王为宾义王,授右伞吾卫大将军。封赠不限于国君,也泽及贡使。南北朝时代,即封来自南亚天竺伽毗黎国使臣竺扶大、竺阿弥"并为建威将军";唐代中宗时授中天竺国使臣果毅都尉;直至唐末,还授佛齐国贡使蒲粟宁远将军。此后历朝,封赠则愈广。即使是那些亡国之君,只要承认中国"一统华夷"地位的,逃到中国,仍有封赠,如萨珊波斯被大食(即阿拉伯)所灭,其末代君王伊嗣侯之子卑路斯流亡并客死中国,唐王朝仍封他为"右武卫将军"。这一点,充分体现了中华帝国绝不势利、一视同仁、始终待之以礼的态度。

在"华夷秩序"中,只有在否认"一"的情况下,才有不"和"。这方面最典型的事例,是郑和远航时(永乐十四年)与锡兰(今斯里兰卡)发生的武装冲突。郑和出使锡兰,"赍捧诏敕、金银供器、织金宝幡,布施于寺,及建石碑,以崇皇图之治,赏赐国王头目",最初完全是一次和平、亲善之访问。只因锡兰国王"亚烈苦奈尔负固不恭,谋害舟师",直至"潜发兵五万",有所不轨,对"一"的理念大有不敬,郑和才下决心以迅雷不及掩耳之势,"生擒其王"将其带回中国,"归献阙下"。即使是这样,明帝国对他宽大为怀,"寻荣恩肴,俾复归国",将他释放回国,达到"四海悉钦"的良好国际影响。[64] 最终结果仍是"共享太平之福"。

就中华帝国于"华夷秩序"下各邦国之间的关系而言,"和"的内容有三,即:中国不干预各国内部事务;中国对各国交往实施"厚往薄来"原则;中国负责维护各国的国家安全。

在一般情况下,各国统治者处理其内政问题,中国是从不予以干涉的。即使是如朝鲜、琉球这样关系密切的国家,在王位的承袭这样的大问题上,也历来是自己做主,从不需看中华帝国的眼色行事。中华帝国对各邦国新君的"册封",仅仅是一种对既成事实的承认,毫不意味着中国对该国王位继承有什么决定权。例如,琉球国王尚穆,即位于1735年,直到1756年才受到乾隆皇帝的册封。19世纪下半叶,当日本于明治维新后初露野心于朝鲜,并与中国进行外交交涉时,恭亲王奕䜣等奏报与日使谈判经过,即指出:"臣等查朝鲜虽隶属中国藩服,其本处一切政教禁令,向由该国自行专主,中国从不与闻。今日本国欲与朝鲜修好,亦当由朝鲜自行主持。"[65]

作为"华夷秩序"中的盟主,中华帝国在与各"蕃邦"的具体交往之中,总不忘应有的泱泱大国风度。这种泱泱大国风度的体现,就是"厚往薄来"的原则。这个原则,在明成祖那里发挥到了极致。永乐年间,礼部就明廷对前来朝贡各国的国王、妃、世子、陪臣的赏赐的标准,拟了一单子,进呈明成祖。对于这个已经十分优厚的赏赐标准,朱棣仍意犹未尽,批示曰:"虽加厚不为过也!"[66]

"共享太平之福",其终极目标是建立"华夷秩序"下国家间的持久和平。首先,是中国同各邦国之间的持久和平。[66]洪武二年(1369年),明太祖制定了《皇明祖训》,明确指出:"四方诸夷,皆限山隔海,僻在一隅,得其地不足以供给,得其民不足以使令。若其自不揣量,来扰我边,则彼为不祥。彼既不为中国患,而我兴兵轻犯,亦不祥也。吾恐后世子孙倚中国富强,贪一时战功,而无故兴兵,致伤人命,切记不可。"朱元璋开列了朝鲜、日本等"不征诸夷国"的名单,将除了西北方向以外的几乎所有周边国家与地区都包含在内,表明了中国对外关系中坚持和平国策的重大决心。洪武四年,太祖又谕群臣曰:"海外蛮夷之国,有为患中国者,不可不讨,不为中国患者,不可轻自兴兵。……朕以诸蛮夷小国,阻山越海,僻在一隅,彼不为中国患者,朕决不伐之。"[67]这一训谕,勾勒出中国对外和平国策大框架下自卫反击的原则。

除了自己坚持和平国策外,中华帝国还要求"华夷秩序"内所有国家,都要在处理彼此关系上实行和平的政策。这一点,在朱棣派遣郑和出使的敕谕中表示得非常明白:"今遣郑和赍敕普谕朕意,尔等祗顺天道,恪守朕言语,循理安分,勿得违越,不可欺寡,不可凌弱,庶几共享太平之福。"[68]这"不可欺寡,不可凌弱",就是诸国"勿得违越"的原则,只有共同坚持这一原则,才能"共享太平之福"。

如果有谁违越了这一原则,威胁到"华夷秩序"的和平局面,那么,中华帝国则自认为有权力,也有义务通过外交途径,直至采用军事手段进行干预,以维护"华夷秩序"的稳定与和平。

在古代东南亚地区,国家间关系时常出现紧张。如安南就曾"兵据占城",1474年(成化十年),满剌加告安南:"又欲吞本国",1484年占城也侵邻国,真腊就"数被占城侵扰,久留不去"。"苏门答腊及满剌加又诉暹罗国强发兵,夺天朝所赐印诰。"满剌加还不断告状,"诉暹罗见侵状","暹罗谋侵本国"云云。可见,各国均视大明帝国为他们之间关系的最高仲裁者,大明皇帝也以最后仲裁者自居,"因安南使返,敕责其王";"敕占城罢兵修好";"令赍敕谕暹罗责以辑睦邻村,毋违朝令";"自今奉法循理,保境睦邻,庶永享太平之福"! 这些敕谕,还是有一定效果的。如暹罗,1408年即永乐六年,"其王遣使,贡方物,谢前罪"。[69]

在南亚地区,为沼纳朴儿侵榜葛拉事,朱棣于永乐十八年(1420年)特遣侯显出使沼纳朴儿调停,谕以睦邻保境之义。

在东北亚地区,当东土名藩朝鲜遭到日本丰臣秀吉的武力入侵时,大明帝国尽管早已越过了其国势鼎盛时期,却仍毅然发兵,入朝作战,终于同朝鲜联手,粉碎了丰臣秀吉的侵略、霸权迷梦,维护了"华夷秩序"。

在和平、友好的"华夷秩序"下,从东北亚到东南亚、南亚地区,最远至非洲东岸,各国之间的经济、文化交流得以积极、活跃的开展。这种经济、文化交流有力地促进了各国的经济关系与文化的进步。这是"华夷秩序"在历史上的一大积极贡献。

然而,"华夷秩序"并非完美无缺。我们在看到它的和平、友好的积极方面的同时,不应忽视它同时存在的负面,即这个秩序同样有着它的历史的与社会的局限性。归根结底,作为古代阶级社会的对外关系产物,它深深打着古代中华封建帝国对外职能中不平等的阶级烙印。

诚然,"华夷秩序"是和平的。但它的"和",是有先决条件的,这就是所谓"一",即由中华帝国及其统治者——皇帝来"大一统","一统华夷"。因此,从出发点上讲,中华帝国就将自己摆在与其他一切邦国不平等的基础上,即"自古中国居内以治夷狄,夷狄居外以奉中国"。彼此之间,是"治"与"奉"的关系,是"抚驭"与"事大"的关系。中华帝国及其统治者,始终居于"华夷秩序"中居高临下、凌驾一切的地位。因此,在处理自己的对外关系时,一有机会,中华帝国那种傲然自大的大国主义的意识,就会在它的各种运作上打下深深的烙印。

当"华夷秩序"内的邦国违反了上述"一"的原则,哪怕只是中华帝国主观上认为它们违反了这个"一"的原则,即有违中国"大一统"、"一统华夷"的理念,那时的中华帝国,也会将"共享太平之福"的许诺丢到一边,露出狰狞的面目来。这一点在它处理同自己近邻如朝鲜和越南的关系时,尤为如此。

例如,明初安南陈朝君主日煃遣使来贡,被明太祖封为安南国王。后陈氏政权为外戚黎季犛所篡,季犛更名胡一元,建国大虞。不久,传位于其子胡奃。胡奃遣使来贡,明成祖不知详情,也封其为安南国王。未几而察之,认为这一行为既为谋篡,又是欺诈中华帝王。遂发动讨伐战争,前后达二十年,曾一度将安南划入大明帝国的版图,设十五府、三十六州、一百八十县以治之。终于在越南人民的不断反抗下,被迫息兵罢战。

四

"资本主义时代是从十六世纪才开始的。"[70]

近代资本主义以西欧为中心而崛起。以哥伦布和瓦斯科·达·伽马为先导,资本主义的历史大潮,汹涌澎湃,奔流向地球的每一个角落。同以往古代不同,负有建立世界市场更大任务的近代资本主义,所要建立的国际秩序,国际关系体系,不再是地区的,而是世界的、全球的。因此,它势必将伴随着历史的发展,取代世界上任何地区前资本主义的国际秩序。"华夷秩序"自然也不例外。

然而,由于"华夷秩序"是古代世界历史最悠久、水平最高,内在生命力最强的国际秩序,特别是由于这一秩序的核心——中华帝国在明清两代曾发展到十分强盛的地步,而它的腐败、衰颓乃至落后,尚需一个相当长的历史过程,因而资本主义对这一秩序的破坏与取代,也不可能是一蹴而就的。这一破坏与取代本身,也同样经历了一个漫长的波浪式发展历程。大致而言,与近代西方资本主义、殖民主义东来的历程相吻合,"华夷秩序"的崩溃,大致经历了四百年,划分为三个阶段。

第一阶段为前产业革命阶段,时间是 16 世纪到 18 世纪。这一阶段中,先是葡萄牙人和西班牙人的到来,后为荷兰人占了上风。1511

年,葡萄牙人武力侵占马六甲,从此中国丢失了地扼西去印度洋通道的一个最忠实的友好"藩"邦。据记载,葡萄牙人占据马六甲之前,每年到达马六甲的中国商船有8—10艘;而到了1513年,即葡人占据马六甲的第三个年头,到达该地区的中国商船仅有4艘。再据荷兰人17世纪初的报道,从西亚到亚齐已见不到中国的船踪帆影。[71] 葡萄牙人在将中国商船挤出印度洋的同时,也把"华夷秩序"的影响挤出了印度洋。1517年,葡人到达广州,自称佛郎机。本想将这个新来的佛郎机纳入万邦来朝队列的中国人很快就发现了自己的错误,因为"佛郎机夷最为凶狡,兵械较诸蕃独特"。他们"炮声殷地","留驿者违制交通。入都者桀骜争长",这样下去,"南方之祸殆无纪极"。[72]

西班牙人也不甘落后,1565年入侵菲律宾群岛,在那里建立了自己的殖民统治。这样,就将菲律宾群岛也划出"华夷秩序"。16世纪以后,尽管每年仍有30—40艘中国商船南下马尼拉,将船货转上西班牙殖民者经营的马尼拉大商帆,运往美洲,然而从实际上看,马尼拉大商帆贸易已不再是古代海上丝绸之路的量的延伸,而是在这一量的延伸的表面现象之下,发生了质的变化。作为经济手段,马尼拉大商帆已不再由中华帝国所控制,而是由西方殖民者所控制;它也不再为中华帝国的政治利益服务,而是为西班牙殖民帝国服务。而且,即使从纯经济意义上讲,它也不再起集结西太平洋半环贸易网的作用和古代印度洋贸易网的后援作用,而是被纳入了近代殖民主义、资本主义原始积累的经济体系,纳入了正在准备和形成的资本主义世界的经济体系。

17世纪是荷兰人活跃时期。荷兰殖民者全面排挤葡人势力,取而代之。1629年,荷兰人击败了爪哇岛上马塔兰王国的大军,巩固了自己在巴达维亚的殖民统治。此后,荷兰人经过不断蚕食,建立了自己在整个印度尼西亚群岛的殖民统治。"华夷秩序"在印度尼西亚群岛逐次崩塌。

18世纪下半叶到19世纪中叶,产业革命的洪流掀起了近代西方资本主义对外扩张的第二次大潮。1757年进行的普拉赛战役,标志着英国在南亚次大陆实施统治的开始。东印度公司统治下的印度次大陆不仅再也找不到"华夷秩序"的一丝痕迹,反而成为西方殖民主义者摧毁这一秩序的前进基地。以英国、法国为代表的新兴殖民主义者,在这一时期将自己的殖民势力更加迫近中华帝国。英国于1819年发动战争,侵占了马来半岛与新加坡;1824 年和 1852 年又先后挑起两次英缅战争,用武力占领了整个下缅甸地区。与此同时,法国也开始将其触角伸入印度支那半岛。1862 年,法国用武力入侵迫使越南阮朝签订《西贡条约》,占领了南圻地区。不仅如此,西方殖民主义者还发动了两次鸦片战争,直接打击了"华夷秩序"的核心——大清帝国。通过了《南京条约》与《北京条约》这两大条约体系,使中国开始沦为西方列强的殖民地。"华夷秩序"开始从根本上瓦解。

19 世纪下半叶,第三次殖民统治大潮伴随着资本主义向早期帝国主义的过渡而展开。这个大潮的一个特征,就是帝国主义要将世界瓜分完毕,让世界上所有前资本主义民族都沦为它的附庸。中华帝国在 19 世纪末,亦受此浪潮冲击,被列强瓜分势力范围。此时,"华夷秩序"早就只剩下少许外壳残存,列强连这个残存也不放过,必欲彻底摧毁而后快。1883—1885 年,中法战争的结果,法国正式吞并了整个印度支那半岛;1885 年英国发动第一次英缅战争,将缅甸变成自己的殖民地。日本在明治维新后,迅速走上对外扩张之路。1871 年吞并琉球;1874 年入侵我国台湾;经过长期准备,在 1894 年挑起中日甲午战争,次年在《马关条约》中迫使清廷承认朝鲜"独立",中朝藩属关系告终。"华夷秩序"中最后一名成员被划出。不久,随着八国联军侵华战争与《辛丑条约》的签订,中华帝国完全沦为列强的半殖民地。历经近两千年的"华夷秩序"终于寿终正寝。

今天,人类在即将跨入 21 世纪的时候,建立冷战后的世界新秩序,成了生活在这座星球上所有国家和民族的共同要求。但是,我们究竟要建立一个什么样的"新秩序",却人言言殊,其内涵大相径庭。今天的人类社会,是从历史中走过来的。因此,当我们致力于建立新的世界秩序,即新的国际关系体系时,不能不回顾历史,总结历史上曾经存在过的那些"世界秩序"、那些国际关系体系。

自从人类迈入文明社会以来,出现过大大小小的许多个"世界秩序"。当然,除却近代资本主义的世界秩序之外,其余的那些"世界秩序",其"世界"只是古代意义上的世界,如古代地中海世界、古代穆斯林世界,等等。其实,只是某种地区性秩序而已。

在往昔一切国际秩序或国际关系体系之中,诞生于东亚农业文明

土壤中的"华夷秩序",确实给人以鹤立鸡群的感觉。它的卓然独立、它的不同凡响,归结到一点,就是它的"和"字:

"和为贵";

"八方四海庆太平";

"共享太平之福";

"旌旗不动酒旗招";

"天地之间,帝王酋长,因地立国,不可悉数。雄山大川,天造地设,各不相犯"。

政治上和平亲善,经济上、文化上和平往来、友好交流。这种理想、理念和体制运作,无论是"罗马式和平"、"阿拉伯帝国式和平",还是"大英帝国式和平"、"天定命运式和平",都不能望其项背。至于臭名昭著的"大东亚共荣圈",与之相比,"华夷秩序"就"可上九天揽月"了!要言之,我们今天要建立的世界秩序也好,亚太地区的新秩序也好,吸取古代"华夷秩序"中的"和"的精髓与真谛,承袭其"和"的基因,是十分值得重视的。

不过,如前所说,"华夷秩序"也绝非尽善尽美,相反,它打着古代阶级社会深深的印记,带有中华帝国与生俱来的历史和阶级局限性。这个历史和阶级的局限性,归结到一点,就是它的"一":

"万国来朝进贡仰贺圣明主,一统华夷";

"千邦万国敬依从";

"四夷率土归王命"。

政治上君君臣臣,经济上"厚往薄来",文化上赐予,这种理想、理念、礼仪、体制运作,浸透着古代封建帝国居高临下、凌驾一切的大国主义精神。这当然是不可取的。其实,放眼观去,自古以至今,这种以一元论为宗旨的世界秩序的国际关系体系,又何止"华夷秩序"。罗马式和平、阿拉伯帝国式和平、大英帝国式和平、天定命运式和平和臭名昭著的"大东亚共荣圈",却又哪一个不是浸透着"一"?哪一个不是以一个古代帝国或近现代殖民主义、帝国主义国家居于凌驾一切的统治地位呢?就在今天,一些国家在制定自己的对外经济、政治战略时,我们不是仍然依稀可见"一"的影子么?

诚然,近代以来,在一些西方资本主义列强之间,在处理国际关系时,有一种"均势"理论。这种"均势"理论所追求的,似乎有别于"一"与

"和",即以几个西方列强之间的均势来维持和平,即"均势和平"。其实,这种均势和平,不过是几个企图主宰一切的列强之间打来打去,打得彼此都精疲力竭而想出的一种权宜之计。它的基本特征,就是"均"而不能久,因而"和"亦不能久。为何均而不能久,说到底,还是"一"字作怪,那些列强,个个口念圣经,心怀拳经,一旦时机成熟,就要打破均势,企图战胜他国,再建自己主宰的"一统"秩序。

我们今天要建立的"新秩序",应该是彻底抛弃这个"一"的理想、理念,由全世界所有国家、民族共同组建的多元的国际秩序。它应超越人类历史上包括"华夷秩序"在内的一切国际秩序,性质是和平的、平等的,构架是多元的,即真正和平、平等的秩序。

作为世界和亚太地区的主要国家之一,我们中国曾建立过古代最先进、最高水平的"华夷秩序",今天也理应在建设这种全新的和平、平等、多元的新国际秩序中,作出应有的贡献。

注 释

〔1〕 信大清三郎:《日本外交史》。信大清三郎认为"华夷秩序"存在的时间,限于我国明代(1368—1644年)。黄枝连先生将这一古代国际关系格局称为"天朝礼治体制",进行深入探讨。参见《天朝礼治体系研究》,中国人民大学出版社1992年版。
〔2〕 "宅兹中国"见于陕西宝鸡出土周成王时《何尊》。"惠此中国"出自《诗经·大雅·民劳》。
〔3〕 吕思勉:《中国民族史》,第九章。
〔4〕 《后汉书·大秦传》,中华书局标点本,下同。
〔5〕 《史记·大宛传》。
〔6〕 《后汉书·光武帝纪下》。
〔7〕 《后汉书·孝安帝纪第五》。
〔8〕 《汉书·罽宾国传》。
〔9〕 罽宾国的地理位置,学者考证不一。汉唐间亦屡有变化。大致在克什米尔、阿富汗一带。
〔10〕〔11〕 《旧唐书·罽宾传》。
〔12〕 《新唐书·天竺传》。
〔13〕 《新唐书·崫失密传》。
〔14〕 慧超:《往五天竺国传》;耿引曾教授对古代中国与南亚关系进行了系统的整理与研究。参见《汉文南亚史料学》,北京大学出版社1991年版,第

138 页。
〔15〕《新唐书·摩揭它传》。
〔16〕《悟空行记》,转引自耿引曾前引书,第 139 页。
〔17〕朝鲜《三国史记》上,第 275 页;参见陈玉龙、杨通方等:《汉文化论纲》,北京大学出版社 1991 年版,第 211 页。
〔18〕同上。
〔19〕《宋书·孝武帝本纪》;《梁书·武帝本纪》。
〔20〕《隋书·倭国传》。
〔21〕 Abdu Uahal-Mamun al-Suhrawardy ed., *The Sayings of Muhammad*, London, 1941.
〔22〕 Al—Tabari, *Annals*, Leiden, 1964—1965, Vol. IV, p. 272.
〔23〕《新唐书·地理志》。
〔24〕《隋书·赤土传》、《炀帝本纪》。
〔25〕《新唐书·师子传》。
〔26〕顾炎武:《天下郡国利病书》。
〔27〕山本达郎主编:《越南中国关系史》,东京,1975 年,附"越南中国关系年表",计自北宋开宝六年(1173 年)至南宋淳祐十一年(1251 年)越南丁、前黎、李、陈四朝先后向宋入贡达五十七次之多。
〔28〕《宋史·丹眉流传》。
〔29〕《诸蕃志·渤泥国条》,《宋史·渤泥传》。
〔30〕《宋史·阇婆传》。
〔31〕周去非:《岭外代答》,卷二注,辇国条。
〔32〕何芳川:《"层檀国"考略》,《社会科学战线》,1984 年第 1 期。
〔33〕参见黄枝连:《天朝礼治体系研究》,中国人民大学出版社 1992 年版,第 287 页。
〔34〕《明史·苏禄传》。
〔35〕张燮:《东西洋考》,苏禄条。
〔36〕这里所引明使黄洪宪与朝鲜运接使李珥等酬唱诗作,参见黄枝连前引书,第 146 页。
〔37〕《大明一统志》,转引自黄枝连前引书,第 183 页。
〔38〕〔39〕《明史·日本传》。
〔40〕《马克思恩格斯选集》,第 2 卷,人民出版社 1972 年版,第 108 页。
〔41〕《明太祖实录》卷五三。
〔42〕《明史·柯枝列传》。
〔43〕《晋书·乐者下》。

〔44〕《宋书·师子国传》。
〔45〕《宋书·天竺迦毗黎国传》。
〔46〕《宋史·注辇传》。
〔47〕《明史·浡泥传》。
〔48〕《明太祖实录》卷九〇。
〔49〕《汉书·罽宾国传》。
〔50〕巩珍:《西洋蕃国志》,锡兰国条。
〔51〕《明史·占城传》。
〔52〕周煌:《琉球国志略》,第65—66页。
〔53〕《明史·日本传》。
〔54〕《明史·礼志十·蕃王朝贡礼条》。
〔55〕《朝鲜王朝实录》(汉城,国史编纂委员会),《世宗庄宪大王实录》卷三,页5。
〔56〕汪楫:《使琉球实录》。
〔57〕费信:《星槎胜览》,榜葛剌国条。
〔58〕《瀛涯胜览校注》。
〔59〕温斯泰德:《马来亚史》,商务印书馆1958年版,第169页。
〔60〕Victor Purcell, *The Chinese in Southeast Asia*, Kuala Lumpur, 1980. pp. 259—260.
〔61〕胡宗宪:《筹海图编》卷一三。
〔62〕《明史·乐志三·乐章二》。
〔63〕同上。黄枝连先生对于"天朝礼治体系"中的"一"与"和"的述评甚为精当。参见黄枝连前引书,第221—224页。
〔64〕费信:《星槎胜览》,锡兰山国条。
〔65〕《清光绪朝中日交涉史料》卷一,第1页。
〔66〕《明成祖实录》卷一一九。
〔67〕《明太祖实录》卷六八。
〔68〕《郑和家谱·敕谕海外诸番》。
〔69〕分见《明史》各传。
〔70〕《马克思恩格斯选集》第2卷,第222页。
〔71〕 M. A. Meilink-Roeloyse, *Asian Trade and European Influence*, the Hague, 1962, p.76, p.143.
〔72〕《明史·佛郎机传》。

此文发表于《北京大学学报(哲学社会科学版)》1998年第6期。

古代外邦致中华"国书"试辨

自两汉至明清,中华帝国诸王朝两年千一以贯之地经略着一个古代类型的、以中国为核心的"华夷秩序"。作为中华帝王,历代君主在对外关系上所追求的,是一种"中国居内以制夷狄,夷狄居外以奉中国"、[1]"四夷慕圣德而率来"的万邦来朝的局面。

"华夷秩序",有着一整套就古代条件下堪称成熟与完备的理念、体制与运行机制。外邦使节来中华朝贡,除了要进献诸般贡品之外,还有一道不可或缺的手续:用今天的话语,叫做递交国书。这种国书,在古代"华夷秩序"的礼仪体制中称作"表"。

两千年间,来华使团成百上千,难计其数;"表",若堆积起来,怕也早已汗牛充栋了。当然,由于战争、灾乱,以及王朝的兴衰变迁,许多这类"表"早已灰飞烟灭。但中华民族是世界上最重传统、最重历史的民族,保留下来的这类文件,亦尚可观。这类古代国书,自然成为研究中外关系和中外文化交流史的宝贵的第一手资料。从中,可以寻觅那个时代中外交往中的不少信息。

一

"表",对于来华的外邦使团而言,是重要的。越是到了晚近,"华夷秩序"越是成熟,"表"就越是不可或缺。外邦使节来华而未备"表",不予接纳;甚至备了"表"但不合仪制的,也常常被拒绝。

这样,我们所看到的保存在中国古籍中的"表",几乎无一例外,都表示了对中华帝王的极端尊崇,对中华文明的极端仰慕。其内容、格式、文字表达,都非常合乎中华帝国对"华夷秩序"的理念与仪制要求。

举例以证之:

《宋书·蛮夷列传》中保存了南亚地区邦国致中华帝国的国书。[2]

一封是元嘉五年(428年),师子国(今斯里兰卡)国王刹利摩诃南致宋文帝的书信:

> 谨白大宋明主……伏承皇帝道德高远,覆载同于天地,明照齐乎日月,四海之外,无往不伏,方国诸王,莫不遣使奉献,以表归德之诚,或泛海三年,陆行千日,畏威怀德,无远不至……

另一封也是元嘉五年,天竺迦毗黎国(在今尼泊尔南境)国王月爱致宋文帝的书信。其中颂圣之文字,垒垒堆积,达于极端:

> 今以此国群臣吏民,山川珍宝,一切归属,五体归诚大王足下。……王若有所需,珍奇异物,悉当奉送,此之境土,便是王国,王之法令,治国善道,悉当承用。

此外,南朝齐永明二年(484年),扶南王(姓侨陈如,名阇那跋摩)遣使致国书,请求中国协助伐林邑。国书中自白"此国属陛下,故谨具上呈"。也合乎"奉表"的礼仪。

以上几封国书,正值我国南北朝时期,一来"华夷秩序"可说形成未久,二来当时中国南北分裂,南朝诸王朝虽然经济日渐发达,海上对外交流也有所进展,但毕竟不是大一统的帝国,国力也难说多么雄强。但就在这种情势下,我们今天在中国古籍上所看到的外邦之奉表,内容已如上述,颇多恭谦归服之语。

更加表示恭谦归服的国书,还在后来。宋朝大中祥符八年(1015年),南亚注辇国王罗茶罗乍遣使来华,其奉表内容如下:

> 臣伏闻人君之御统也,无远不臻;臣子之推诚也,有道则伏。伏惟皇帝陛下功超邃古,道建大中。衣裳垂而德合乾坤,剑戟铸而范围区宇……

在此番颂圣之后,又有一段自贬与表忠的文字,甚为不堪:

> 窃念臣微类醯鸡,贱如刍狗,世居夷落,地远华风……是敢倾倒赤心,遥瞻丹阙。任土作贡,同蝼蚁之慕膻;委质事君,比葵藿之向日……[3]

我们知道,宋王朝从立国之日起,就面临着来自北方与西方的两个王朝的威胁,这就是辽与西夏。1004年,澶渊之盟,宋与辽结为"兄弟之邦",宋朝皇帝几近威风扫地。在这时,居然能接到上述那样一封"效忠信",其欣喜、陶醉的心态,不问可知。

保存在中国史籍中的这类国书中的文字,果真都是全然可信的史料么?

怕未必!

二

1793年,英国马嘎尔尼使团访华。

此时的英国,早已经过1640年革命和1688年的光荣革命,近代资产阶级的政治体制业已成熟确立;同时,又大致完成了产业革命,资本主义已进入突飞猛进期。大英帝国,羽翼丰满,对海外进行第二次殖民大扩张,称雄环宇,建构"日不落帝国"的时代,已经来临。

在这样的形势下,马嘎尔尼使团所带来的国书,即英王乔治三世致大清乾隆皇帝的书信,其内容自应显示出一个正在崛起的殖民主义强国的气势。果然,英王的国书中关于英中两国的关系,措词如下:

> 贵国广土众民在皇帝陛下统治下,国家兴盛,为周围各国所景仰。英国现在正与世界各国和平共处,因此英王陛下认为现在适逢其时来谋求中英两大文明帝国之间的友好往来。

这段文字表明,英国对中华帝国所构建的"华夷秩序",对大清帝国康乾盛世的情况,是有所了解的;英国欲与"世界各国和平共处"的自况,是伪善的;而英国对英中"两大文明帝国之间的友好往来"的期待,那种对等交往的要求,分寸火候应该讲掌握得还是恰当的。

然而,达于乾隆皇帝御案上的这封执对等态度的国书,经大清译官之手,却变成了"奉表";那一段谋求对等友好往来的文字,也变成了又一篇陈陈相因的卑微者的颂词:

> 如今闻得各处惟有中国大皇帝管的地方一切风俗礼法比别处更高,至精至妙,实在是头一处,各处也都赞美心服,故此越发想念着来向化输诚。[4]

这一谬误,用阿根廷作家博尔赫斯一句调侃话来说,真叫做"原文没有忠实于译文"。(The Original is unfaithful to the translation)[5]在莎士比亚名著《仲夏夜之梦》里,老实的织布匠鲍腾姆中了魔法,头变成了驴的模样。他的同伴大叫道:"老天保佑,鲍腾姆,老天保佑!你可是遭了翻译了!"[6]

乾隆皇帝阅读了这等作过手脚的"国书",给那位"遭了翻译"的英王乔治三世回复了一封居高临下的"敕"书:

> 咨尔国王远在重洋,倾心向化,特遣使恭赍表彰,航海来廷,叩祝万寿,并备进方物,用将忱悃。朕披阅表文,词意肫恳,具见尔国王恭顺之诚,深为嘉许。[7]

这封敕文如果正确译出,送达乔治三世之手,一定令后者哭笑不得。

大英帝国的国书,"遭了翻译"。

那么,古往今来外邦遣使来华的使节们送达中国皇帝御案的那些国书,即表文,又有多少"遭了翻译"?如果后人不加辨析地将这些中华古籍上刊载的国书统统作为可信的第一手资料,又将会在中外关系史领域导出多少误读误判?

这个问题,确实应该引起注意与重视。

三

一般而论,人类进入文明时代,其重要标志就是建立了国家。其形态自小而大,有城邦、酋邦、王国、大王国乃至帝国。所有邦国的统治者,自然都实行自我中心主义,没有一个自愿向其他邦国的君主俯首称臣。特别是发展到王国、大王国乃至帝国阶段,自我中心更甚。钱钟书就说:"古希腊、罗马、亚剌伯人著书各以本土为世界中心。"[8]

不仅那些世界史上著名的强国、帝国,就连偏居海隅的邦国君主、首领,一旦自认为强盛,就会产生那种睥睨四海的心态。且以印度尼西亚群岛的古代邦国为例。

位于加里曼丹东部的古戴国,其碑铭上就镌刻着对其统治者们的颂扬:"非常高贵的大王昆东加陛下,有个有名的王子,名阿湿婆跋摩陛下,他象太阳之神一样";"非常高贵的牟罗跋摩大王陛下";"高贵而有名的国王罗摩跋陛下"。[9]

位于西爪哇的多罗摩王国,其石刻上也镌刻着完全类似的颂词:"高贵的补罗那跋摩王……他是多罗摩国国王,是全世界最勇敢而威武的国王";"伟大卓越的保护者、英勇无比的国王补罗那跋摩陛下";"他成为所有国王的旗帜,发出了无限的光辉"。[10]

又如唐代南海地区兴起的强国室利佛逝王国,石刻文字则有"高贵之众神照临,保护室利佛逝王国……讨伐不臣之爪哇"。[11]

八九世纪,当室利佛逝王国国势雄强之时,其势力扩张至苏门答腊、马来半岛、爪哇、柬埔寨地区。唐朝皇帝曾册封其王,王名刘滕未恭。据考证,此名为古爪哇语,即 Rayeng Way Agong 之音译,意为"大海之王"。[12]

在非洲大陆,古老的千年基督教王国——埃塞俄比亚的君主,自称"万王之王"。

在拉丁美洲,强盛的古代印加帝国,则称为太阳王。

在古代新旧大陆,称号"大海之王"、"万王之王"、"太阳王"的统治者,更不知有多少!

入江昭指出:"国际关系,说到底,就是国与国之间的关系,而各个国家又都有自己的独特的传统,社会与思想倾向以及政治结构。……一言以蔽之,国家是一个'文化体系',国际关系则是各文化体系之间的相互作用。"[13]

因此,在古代历史条件下,在国与国之间的交往中,一个邦国的统治者能向另一个邦国的统治者俯首称臣,绝不是一件轻而易举的事。在这种文化体系之间的互动中,除了直接的武力征服或强大武力威慑外,只有当一国清楚无误、心悦诚服地认识到对方的文明程度明显高于自己时,才可能在国与国的交往中采取宾服或归顺的态度。

在上述论述的观照下,不难发现,古代域外邦国致中华帝国的国书,确实存在着种种虚假的情况。

第一类国书造假者是外商。

晚明来华的西方传教士鄂本笃(Bento de Goes,1562—1607)曾于 17 世纪初从印度取道亚格拉——喀布尔——喀什噶尔前来中国内地,1605 年客死肃州。据他记载,"喀什噶尔人阿吉·阿菲斯从喀什噶尔国王那里买到了赴明朝贡使的特权,因此他就成为商队头领,募集去往中国的人加入他的商队。"鄂本笃也参加了这个商队,到达察里斯(今焉耆)后,"恰巧一支从契丹(即中国)返回的穆斯林商队也来到这里。他们是 1601 年诈称贡使进入契丹宫廷的。因而曾在会同馆住宿。"利玛窦也记载,喀什噶尔的商人团体,"每隔六年,这个团体可以有七十二个人作为上述七八个王国的使者前来向中国皇帝(进献)礼物和贡品;一到规定时间,(首领)就向有关官吏出示他们的国王的信件(证明他们是正式使节)和证明文书"。[14] 其实,边地的中国官员对于这些假冒的贡使,都心知肚明,"诸蕃贪中国财帛,且利市场,络绎道途,商人率伪称贡使",[15] 却依然准许他们以贡使身份进京。

证据确凿。连贡使都是假的,他们所持的国书就更不用说了。当年,在明廷档案库中,这类"表"文自然甚多,其中颂圣的文字,更会令人读个不耐烦。然而所有这类国书,都是当不得真的。我们常说,在古代历史条件下,外交与商业常常是参半进行的。对此,无须苛求。事实上,166 年罗马帝国皇帝安敦(Marcus Aurilius Antonicus, 161—180 年在位)首次派使臣访华,双方建立直接关系,那使臣很可能就是商人,因为从其致送汉廷的礼单上看,多是在红海地区乃至东非采办的物品。两汉以降,此类商人冒充或充当使节的事,所在多有,无足为奇。商人唯利是图乃是本性。为了一个"利"字,假使臣呈送的假国书,其中的阿谀奉承之话,无论多么肉麻,都是写得出来的。完全用不着中国翻译官再从中作假。

第二类,外国在撰写致中华帝国的国书中,由于某种特定的原因而添油加醋大表"恭顺"的情况,也所在多有。

马端临在《文献通考》中就说过:"岛夷朝贡,不过利于互市赐予,岂真慕义而来?"这一评论,在某种程度上应该讲是一语中的。对于亚洲许多文明程度较低的邦国而言,他们对中华文明当中属于高层次的制度文明与精神文明层面的成就,还是难以理解和汲取的。它们所羡慕与追求的,更多是精美的物质产品。

这样一来,有些仅仅是希求"互市赐予",而并非认真宾服中华文明、承认中华帝国为中心的域外邦国,送来的国书,即使表示了某种"向化归诚"之意,其中水分必多。持平而论,这也是一种造假。

这方面的例子,以汉代西域为典型。当时西域有一个强国康居。此国曾遣侍子入汉,汉亦常使康居,看来双方关系相当密切。但康居以汉遥远,有时并不重视汉使,竟将其安排在另一个西域国家乌孙的使节之下。还有一个罽宾国与大汉帝国之间有着使节往还。但罽宾统治者在汉廷看来,桀骜不逊,因为他们"数剽杀汉使"。时人杜钦对此就有评说,认为罽宾"自知绝远,兵不至也。有求则卑辞,无欲则骄慢,终不可怀服"。[16]如此,象康居、罽宾这类邦国,在其"有求"时致送汉廷的国书,其中即使有所"卑辞",也不甚可信。

还有一种情况也需要注意,就是域外邦国在对中华帝国交往时,常有首鼠两端之举动。

南宋时期与高丽的关系,就是如此。一方面,双方经济、文化、政治关系相当密切。高丽因循旧制,对南宋政权照例以藩属自承,那国书即表文自然也依旧是颇称"恭顺"的。但这份"恭顺",也要推敲。因为大宋王朝自立国时起,就是一个积弱国家。到了南宋,偏安一隅,国势更是每下愈况。因而高丽王朝向宋遣使的同时,也遣使当时的中国北方王廷,同样会致送一份国书,表示"恭顺"。这样,当人们使用送到南宋君王御案上的那些表文作史料时,就要慎重判断。

大明帝国鼎盛时期,远在南亚地区的榜葛剌与沼纳朴儿两国都曾遣使来华朝贡。其中,榜葛剌还致送了一件贵重礼品——长颈鹿。此物被中国方面视为瑞兽麒麟,因而大获永乐皇帝之欢心。未几,榜葛剌与沼纳朴儿两国发生矛盾,"沼纳朴儿……侵榜葛剌",榜葛剌国王"赛弗丁告于朝"。结果,永乐大帝派侯显出使沼纳朴儿,要求其王"俾相辑睦,各保境土"。[17]

这条资料明白无误地表明,当时大明帝国经略的"华夷秩序",已经远达南亚地区。"赛弗丁告于朝",就是证明。那封告状的国书,必然表达了一份相当真实的"向化输诚"之意。

然而,就连这条资料,使用时也要慎重对待。

因为,就在榜葛剌遣使向中国告急求救的同时,其国王也派遣使节向当时另一个南亚强国威贾延那加(Vijayanagar)告状。史料说:"榜葛剌王告威贾延那加,受到沼纳朴儿(Djunahpur)的易卜拉欣(Ibrahim,即中文史料上的亦不剌金)入侵。威贾延那加皇帝乃强令沼纳朴儿不得入侵榜葛剌,结果沼纳朴儿停止入侵榜葛剌。"[18]

在中国皇帝的"敕谕"劝诫与威贾延那加皇帝的"强令"之间,最终促使沼纳朴儿停止入侵榜葛剌的决定因素,恐怕还是后者。榜葛剌王赛弗丁致威贾延那加君主的国书,所表示的"恭顺",恐怕会更加情急吧。凭榜葛剌致送大明帝国和南亚强国威贾延那加的上述两封国书的背景,来判断当时华夷秩序在南亚地区的状况,比仅凭"富弗丁告于朝"这一则中国史料作出评断,自会全面、稳妥得多。

第三类,则是中国译官们为了华夷秩序的仪制需要,让外国的国书"遭了翻译"。

如马嘎尔尼"国书"案例,法国学者阿兰·佩雷菲特在评论中英双方矛盾时就指出,这是"两个傲慢者互相顶撞,双方都自以为是世界的中心,把对方推到野蛮人的边缘"。[19]说英王奉表"向化输诚",乃是大清方面一厢情愿的造假。

这类造假,还可以讨论几例。

如帖木儿国书案例。众所周知,暴兴于14世纪末的帖木儿帝国,是一股对外急剧暴力扩张的势力,且东征西讨,几乎无往而不利。帖木儿的野心极大,其终极目标之一,就是武力征服中国。若不是暴死于东征的路上,天知道帖木儿大军会将中国的政治地图改变成何等模样。显然,这个雄心勃勃,一心想灭掉大明王朝的雄主,是不会向大明皇帝"向化输诚"的。

然而,我们却读到一封1394年(洪武二十七年)帖木儿致明太祖的国书,中国史书上称之为"上表颂功德",表文曰:

> 恭惟大明大皇帝,受天明命,统一四海,……万国欣仰,……无有远近,威照临之。臣帖木儿僻在万里之外,恭闻圣德宽大,……又承敕书,……臣无以报恩,惟仰天祝颂圣寿福禄如天地,永永无极。[20]

即使是为了麻痹对方而假意示好,那位雄主帖木耳也不会在朱元璋面前如此自辱吧。

如果历史学家以这封显然是也"遭了翻译"的国书为凭,简单地拿它当作"第一手史料"来判断当时明王朝与帖木儿政权的关系,判断大明帝国初年"华夷秩序"在中亚地区的态势,不是很危险么?!

还有一个案例,是唐代与大食国(阿拉伯帝国)的关系。

据中国史料记载,永徽三年(651年),大食国"始遣使贡献。其王姓大食氏,名啖密莫末腻,自云有国已三十四年,历三主矣……"。从这条材料的口气看,显然采自其国书的内容。既然在中国史官笔下阿拉伯帝国是"遣使贡献",那封国书,也多半被中国官方按藩邦"奉表"处理。

我们知道,651年正是阿拉伯帝国迅速崛起的时候。阿拉伯人在伊斯兰教圣战大旗下正如狂飙突起,大举西征。641年占领开罗,然后乘胜挺进马格里布,征服了北非广大地区,一路所向披靡。在这种情况下,阿拉伯帝国遣使访华有之,但那使节带来的国书,则不会是什么颂圣称臣的文字。

果然,此后的史料可以佐证我们的上述判断。开元初(按:开元元年是713年),阿拉伯帝国又"遣使来朝,进马及宝钿带等方物,其使谒见,唯平立不拜"。"自云在本国唯拜天神,虽见王亦无致拜之法[21]"。请看,连使节都对中国皇帝"平立不拜",哪里会"遣使贡献"？又怎么会呈上朝贡表文呢!

即使是真的称臣颂圣的表文,其中"遭了翻译"造了假的可疑之处,也时时可以找到。

例如,宋朝时地处南亚的注辇国使节娑里三文等人访华,"奉表来贺"。这些使臣"降殿再拜",执礼甚恭,并表示"愿以表远人慕化之诚"。注辇国小势单,对大宋采取低姿态是可能的。然而,其表文中竟然有"窃论臣微类醯鸡,贱如刍狗"的自况,且表忠表到"任土作贽,同蝼蚁之慕膻,委质事君,比葵藿之向日"的地步。其文字之严格对仗,谄媚之令人作呕,更不知让大宋王朝舞文弄墨的官员煞费了几多苦心。个中造假的痕迹,岂不是太明显了么!

三

然而,我们也不要因此而"虚无主义"起来。

古代外邦致中华的国书,有假,也有真。

真国书,即域外诸邦国出于对中华帝国和中华文明真诚仰慕或钦敬等原因而撰写,大体上也未"遭翻译"的国书,其产生的背景可以分作三类。

第一类属于文化深层的交往。这一类国家多半是"华夷秩序"的内圈成员。举凡此类情况,多是因为域外邦国在与中国长期交往中,比较深入地了解了中华古代文明全方位的繁荣与先进,因而自觉地产生学习、汲取中华文明的意识与心态,自觉地承认中华帝国为中心、宗主地位。

此类情形首推朝鲜半岛。这一地区紧邻中国,其文明发展与中国关系极为密切,受中华文明影响至深。在长期交往中,中国在隋唐时期对半岛邦国曾有不利于孺子之心,却在当地人民的坚决抗击下,屡屡败北。此后中国大致对半岛采取和平、怀柔政策。半岛诸王朝也对中国采取"事大"国策,成为"华夷秩序"内圈核心成员国;半岛对中华古代文明采取全方位学习的态度,其古代文明也发展得绚丽多彩。到了大明帝国,朝鲜已成为明太祖心目中:"东土名蕃";明成祖在接待朝鲜来朝的王世子时,发出"朕犹尔父"的宽慰之词。当世子回国垂泪拜别时,这位以严苛著名的皇帝,竟感动得连连说:"终始如一,终始如一!"表明了中华对朝鲜持久不渝的友好态度。在上述背景下,勿庸赘言,在和平时期,双方交往中,朝鲜半岛诸王朝致中华帝国的国书,自然是自觉而合格的"奉表"。

与朝鲜半岛诸邦与王朝的情况相比,汉代以后,日本长期游离于"华夷秩序"之外,只在隋唐时期与明朝初期曾加盟这一古代国际秩序。隋唐时期,日本多次派遣隋使、遣唐使来华,自觉地、全面地学习、吸收先进的中华文明。在相当一段时间里,日本遣唐使是否奉表即递呈国书,一直混沌不清。经日本学者的研究,这种混沌状况,乃是由于锁国之后日本狭隘的民族主义高涨,因而对此讳莫如深[22]。这一判定的依据,在空海《为大使与福州观察使书》:"是以我日本国常见风雨和顺,定知中国有圣,⋯⋯故今我国主顾先祖之贻谋,慕今帝之德化,谨差太政官⋯⋯奉献国信别贡等物。"[23]承认中国"有圣",慕中华之"德化",因而"奉献国信",在这种情势下,遣唐使呈递的国书中的向化输诚之意,则不问可知。

到了大明帝国前期,日本又一度自觉进入华夷秩序圈。当时,室町幕府派遣贡使来华,是十分郑重的。出发前,正副使要向幕府将军辞行,并亲自从将军手里接受表文与别幅,搭船来华,履行在奉天殿觐见明朝皇帝,呈递表文,贡献方物等身为使节所应完成的任务。[24]

当时,室町幕府的执政者将军足利义满遣使来华,奉表,自称"日本国王臣源"。

1401年的表文曰:

> 日本准三后某,上书大明皇帝陛下,日本国开辟以来,无不通躬问于上邦,……特遵往古之法,……献方物,金千两,马十匹……。顿首、顿首、谨言。

1403年的表文曰:

> 臣闻太阳升天,无幽不烛,时雨霈地,无物不滋。矧大圣人,明并曜英,恩均天泽,万邦向化,四海归仁。钦惟大明皇帝陛下,绍垚圣神,迈汤智勇,……啟中兴之洪业,当太平之昌期。虽垂旒深居北阙之尊,而皇威远畅东滨之外。是以谨使僧圭密……,仰视清光,伏献方物……[25]

应该指出,此时之日本,汉学功底极深。其派遣来华使节多为高僧,如虎关师錬就被时人称誉为"可谓座下于斯文不羞古矣"[26]。那国书,即表文的格式,也可谓中规中矩,符合"华夷秩序"礼仪的体制的要求。日本官方,从幕府将军到来华贡使,对于他们呈递给中方的国书中写的是什么内容,表达的是什么态度,是完完全全清清楚楚的。这里,毫无遭到"翻译"的空间!

大致属于这一类型的还有缅甸。我们知道,中缅关系源远流长,相当密切。在华夷秩序中,缅甸虽不属内圈,却也近内圈之边缘。1750年(乾隆十五年),缅甸东吁王朝国王摩诃陀摩耶沙底波帝(Mahadamayazadipati,1733—1752,中文称莽达拉)遣使奉表。表文曰:"缅甸国王莽达拉谨奏:盛朝统御中外,九服承流,如日月经躔,阳春煦物,……至我皇上,德隆三极,道总百王,洋溢声名,万邦率服。缅甸近在边徼,……知中国之有圣人,臣等愿充外蕃,备物致贡,祈准启程,由滇赴京,钦聆谕旨。"[27]

未几而缅甸内部政局大变,中缅交恶。两国发生了一场武力冲突。战争的责任,中方应负较多;战争的结果,则是双方均难以为继。终于,缅甸仍向中国称藩,给足清廷面子;乾隆也被迫见好即收,双方恢复了和平的关系。

双方谈判时,缅方代表盖边怡锡里掬说:"我今日出来见大人……要求天朝大人照古礼行事。"

清方代表提督哈国兴说:"你们王子既系真心打发人来,我天朝经略将军再无不施恩的。"

又,缅使说:"我王子所以打发我来要求天朝照古礼行事。……若天朝要什么规矩"云云。

哈国兴又说:"我们天朝只讲礼,你们须照古礼进表进贡。"[28]

可见,虽然发生了战争,但中缅双方对"华夷秩序",即"古礼",还是有着共识的。

果然,1788年缅王孟云遣使入贡,表文一仍其旧,表达了"向化输诚"之意:"……得罪天朝,蒙发天兵问罪,随蒙宽赦……大皇帝恩德如天,四海臣服,万国归心。……求大皇帝如天之量,恕缅国以前之罪,永得作外域之臣,世世子孙叨蒙圣恩于亿万年矣。"[29]

莽达拉与孟云的国书,虽译词或有藻饰,然而承认中华皇帝为天下共主,自表臣服之意,则是不会错的。

曼同王(Mindon,1833—1875)即位后,于咸丰三年(1853年)遣使闷腊桑邓访华。表文说:"自蒙天朝恩准内附以来,定例十年一贡。……小臣因春间洋匪侵犯,道路梗塞,不能依时输诚。……谨备金叶表文一道,长寿圣佛三尊,驯象五条及土产各物,特遣头目闷腊桑邓等于七月二十四自小国启程。"[30]

这封国书,语句平实,更显真确。文中"洋匪侵犯",指英国殖民者在1852年发动的第二次侵缅战争。战后,英国割据了下缅甸。在此情势下,缅王入贡,更有着向中国求得支持的含意。可惜,此时大清帝国早已今非昔比,长江流域遍地烽烟;加之云南杜文秀起事,关山阻隔,缅使只能望京华而兴叹了。

除了朝鲜、日本,还有越南这些深受中华文明影响且文明发展水平很高的邦国以外,一些域外邦国,立国未久,文明发展程度尚低,骤然与唐宋以后文明已经高度发达的中华帝国交往,对于双方文明间的落差,极感震撼;对于中华文明,从衣冠之华丽、人物之俊雅、建筑之宏伟、物产之丰富、工艺之精绝,到礼仪之完善、学问之深邃,莫不欣羡已极而兴望洋之叹。当中华帝王抱着"怀柔远人"、"厚往薄来"的心态与之交往,就更令这些国家心悦诚服。在这种情况下,它们与中国交往时,其呈递的表文即国书,以一种谦卑的心态俯首自贬,向化输诚的文字则应该大致是可信的。

这方面的例子,以勃泥国(在今文莱境)最为典型。

据《宋史》记载:

"勃泥国……前代未曾朝贡,故史籍不载。"[31] 这说明,勃泥国的出现,乃是由于唐宋以后海上丝绸之路大为繁荣,从而大大促进了东南亚地区文明的进步,不少新兴的邦国迭兴的结果。

北宋太平兴国二年(977年),勃泥国王向打遣使来华朝贡。表云:"为皇帝千万岁寿,望不责小国微薄之礼。"其字细小,横读之,以华言译之,云:"勃泥国王向打稽首拜,皇帝万岁万岁万万岁,愿皇帝万岁寿,今遣使入贡。"这封国书内容主要是希望大宋王朝命占城国不要为难勃泥朝贡使臣。

大明洪武三年(1370年)勃泥国王马哈漠沙遣使来华,其国书竟被中国官方译成一篇绝妙的明代白话文字。表云:

> 勃泥国王臣马合某沙为这几年天下不宁静上头,俺去番邦里住,地呵没至的一segments。今有皇帝的使臣来,开读了皇帝的诏书,知道皇帝登了宝位,与天下做主,俺心里好生喜欢。本国地面,是阇婆管下的小去处,乍消得皇帝记心。这几日前,被苏禄家没道理将歹人来把房子烧了,百姓每都吃害了。记着皇帝诏书来的福荫,喜得一家儿人没事。如今本国别无好的东西,有些不中用的土物,使将头目每替着我的身子,跟随着皇帝跟前来的使臣去见皇帝,愿皇帝万万岁,太子千千岁,可怜见休怪。洪武四年五月勃泥国王马哈某表。[32]

在这篇神似《水浒传》的文字中,除了少数地方如皇帝万万岁、皇太子千千岁之类恐怕有高手指点或经中国方面藻饰之外,勃尼国王马合某沙所流露出来的对中华帝国的倚望之情,应该是真实的。

到了明成祖永乐年间,麻那惹加那乃即位后,亲率使团前来中国访问,受到极为热情、隆重的欢迎。整个中国欢迎仪式所体现出的中华帝国的富强、中华文明之繁荣与高远,给这位勃泥国王的文化冲击(Cultural Shock)异常强烈。因此,当永乐皇帝在奉天门接见他时,麻那惹加那乃情不自禁地发表了颂圣的语言:"天以覆我,地以载我。天子以义宁我,我长我幼,处有安居,食有和味,衣有宜服。利用备器,以资其生。强不敢凌弱,众不敢欺寡,非天子孰使之然也?天子之德,暨于我者,同之天地。……僻陋臣妾,不惮险远,浮诣阙下,以达其成。"又说:"自天子改元之初载,臣国屡丰和。……臣国三老言:中国圣人德教,流溢于兹。臣土虽远京师,然为天子之民,帮矜奋而来觐。"[33]

这段谈话,岂不就是一篇口述国书吗?而这篇口述"国书",放在当时当地的具体情境中考察,应该是情真意切的。这段谈话甚至令明成祖颇为感动,夸奖这位国宾"文言貌恭,动不逾则,悦喜礼教,略脱夷习"。已经渐入脱夷入华之佳境了。

不幸,麻那惹加纳乃国王在访华期间病逝于南京。临终前,他上书给成祖表示,死后"愿体魄托葬中华"。这又可视为一封渤泥国王致中国皇帝的"遗国书"。同样情真意切,未"遭翻译"。

同样对中华文明心向往之的,还有琉球国。此邦自明代与中国建立了朝贡关系以后,迅速切入华夷秩序内圈。有明一代遣使朝贡高达182次;清代朝贡也达100次,直到遭日本吞并。例如,我们读到的明朝成化十六年(1480年),琉球入贡表文,中规中矩:"琉球国中山王尚真奏:臣伏读祖训条章,许臣国不时朝贡。故自臣祖父(尚德)以来,皆一年一贡。迩年巡抚福建大臣以臣国使有违法规利者,令臣二年一贡,此诚臣之罪也。"[34]在又一次奉表中,尚真甚至直白自称对大明天子是"以小事大,如子事父",向化输诚之意,溢于言表。果然,琉球在接待中国使臣时,连宴请名目亦学中国,计有迎风、事竣、中秋、重阳、冬至、饯别和登舟等七大宴。

第三类属于文化浅层的交往。也就是说,当着古代中华帝国各王朝鼎盛时期,中国的国势雄强,此时的远近诸邦国,虽然对中华文明的高度发展了解未深,但慑于中华帝国的国威,需要向中国示好,采取低姿态。在这种情况下,那递呈来的国书,大致应该俯首称臣的。

例如,汉武帝时期,汉帝国发动远征大宛之战。贰师将军李广利西伐中亚费尔干纳盆地的大宛王国,终降之。此役震动了整个西域。"诸所过小国,闻宛破,皆使其子弟从军入献,见天子,以为质焉。"[35]"自汉武击匈奴,通西域,徼外诸国,无不慑汉威。"[36]大国安息也"发使随汉使来观汉广大,以大鸟卵及犁轩善眩人献于汉。及宛西小国欢潜、大益,宛东姑师、扞罙、苏薤之属,皆随汉使献见天子,天子大悦"。[37]此时,那些大大小小的邦国遣子弟和使臣入汉廷,自然是鉴于大汉国威。这些质子与使臣向汉武帝呈上的国书,虽然早已散佚,但那书信中的自贬与颂圣之词,则是不难想见的。这样讲,也并非妄猜。西域地区的罽宾国曾数剽杀汉使。汉朝人评论说它"有求则卑词,无欲则骄慢"。可见,当有求于汉时,那国书中的"卑词",还是有的,并不需要翻译们再无中生有地弄虚作假。

又如唐太宗时期,贞观四年,"二月,……甲辰。李靖破突厥颉利可汗于阴山"[38]。此役同样震动整个西域。这年春天,"西北君长请上号为天可汗";[39]唐太宗半推半就地说:"我为大唐天子,又下行可汗事乎?""群臣及四夷皆称万岁"。大唐帝国此时声威远播,军队常在帕米尔以西活动。域外诸邦来朝,都随班嵩呼万岁,那国书颂圣称臣之词,自然不假。

大唐开元年间,阿拉伯帝国兵锋东向,扩张至亚洲腹地,中亚乃至南亚次大陆北部遭到侵害。此时,唐帝国的国势尚在其巅峰末期。中亚及印度诸邦,频频遣使来唐廷呼救。如康国、安国、俱密等国于开元七年二月,遣使来唐,诉"被大食贼每年侵扰,国土不宁",乞大唐"处分大食",救其"苦难"[40]。"开元时,中天竺遣使三至,……乞讨大食"[41]。特别是吐火罗于开元十五年求救,最为情急:"奴身今被大食重税,欺苦实深,若不得天可汗救活,奴身自活不得,国土必遭破散。"在这种国破家亡的危机下,恳求大唐救助,其国书的内容,称臣颂圣,恐怕是情真意切的。

再如大明永乐年间,郑和下西洋的远航活动,令大明帝国声威远振。郑和远航是和平交流之旅。但由数百艘巨型海舶与数万名"下番官兵"组成的中国远洋船队,也确是当时世界上最强大的海上武装力量,可说是一支真正的无敌舰队。在近三十年的远航活动中,有30多个亚非邦国的人民看到了这支雄强的海上力量,留下了极为深刻的印象。其中,旧港擒海盗,爪哇败伪王,锡兰俘其王亚烈苦奈尔,所引起的震动,不亚于汉武、唐宗。当时,东南亚地区暹罗国欲侵马六甲,马六甲国王向明成祖告状,成祖遣使劝诫暹罗国王,暹罗国王终止其图谋,并遣使来华"谢前罪"。可以判断,马六甲的告状国书,还有暹罗王国的谢罪国书,其中称臣颂圣之内容,应该也未遭翻译。甚至当远在南亚的沼纳朴儿犯境榜葛剌,榜葛剌国王"赛弗丁告于朝",成祖遣中官侯显前往沼纳朴儿劝诫,"至,则其王拜诏,叩谢甚恭",[42]"事成,榜国遂安"。[43]从沼纳朴儿君王态度上看,其遣使来华之奉表,也应是"恭顺"的。

现在,我们对中国史籍上自两汉至明清时期,域外诸邦对中华帝国历代王朝所致送的国书,即表文,可以尝试作一个整体的剖析了。

中华帝国要求域外诸邦来华朝贡所必备的表文,有一个最基本的要求,就是对华夷秩序的认同。这认同,就是承认中华文明为最高度发达的文明;承认中华帝国为万国之中心;承认中华帝王为天下共主。这认同在表文中的体现,就叫作"向化输诚"。

拿上述标准来衡量,当我们使用保存在中国古籍中的那些表文的时候,就需要十分慎重。判断其真假的程度,则应具体情况具体分析。除却那些由商人冒充使节带来的假国书不论,总的趋势乃是,伴随着中华古代文明的不断发展、成熟,伴随着中华帝国诸王朝在大一统方面所作的努力日益成功,同时也伴随着中国周边乃至更遥远异域诸邦国对中国了解日深与其自身发展的种种需求,外邦呈送的表文,对华夷秩序内涵的了解、体认与认同,其程度是越来越自觉、越来越高的。特别是处于这一古代国际秩序内圈的邦国,其表文也就越来越中规中矩,合乎仪制。至于那些地处偏远、文明发展层次较低诸邦国,虽然处于华夷秩序的边缘,但接触到中华文明与中华帝国的繁荣与强盛之后,特别是受到中国"厚往薄来"的待遇之后,其所感受的文化冲击,甚至比内圈诸邦还要更强烈,因此,其表文中"向化输诚"的心态表述,也完全可能是真诚的。

不过,当我们查阅这些真史料时,仍应保持一定的文化警觉,即其中可能出现的、由中国译员们过份修饰的言辞。尽管在古代社会条件下,俯首称臣终难免颂圣自贬,但如果到了过于不堪的境地,史家,特别是中国史家,在使用时还是小心为妙。

有的表文的"真",是形势"逼"出来的。那是它们有求于中华帝国。例如,当某一地区遭到一股强大的外部势力入侵而毫无还手之力时,这一地区诸邦国会不约而同地向中国求助;或者一个国家遭到邻邦的侵犯,也会向中国请求援助或仲裁。凡此情况,其国书之颂圣自贬、对华夷秩序的认同,必然格外情真意切。"有求则卑词"嘛!据此,考量该地区或国家与中国的关系,该地区或国家与华夷秩序的关系,仅可判断为一时之计,否则可能致误。

至于那些域外强大的邦国,无论是陆强还是海强,皆自视为"万王之王"的,当然不会视中华为上邦,视中国皇帝为"共主"。它们致送的表文,如果也出现什么自贬颂圣之词,,那定是"遭了翻译"。此外,还有许多外邦,由于地处"绝远",对中华文明与中华帝国几乎全然陌生,自然也不会轻易在国书中颂圣自贬。史料中凡这类情势下出现的令人肉麻的文字,完全可能是中华朝廷出于四海归服、自我中心的心态而编出来的故事。据此而判断华夷秩序的状况,是完全作不得准的。平心而论,还不如那封气得隋炀帝脸发绿的日本国书,直称"日出处天子致日没处天子",来得可信。

既不盲目轻信,也不动辄虚无,恐怕是我们研判与使用这一类古代国书(表文)——中国古籍上的第一手历史资料——时应持的态度。

注　释

〔1〕《明太祖实录》卷二六,吴元年冬十月丙寅。
〔2〕这一资料爬梳工作,是由耿引曾教授所作。耿引曾:《汉文南亚史料学》,北京大学出版社,1990年,第20—22页。
〔3〕《宋史·注辇传》。
〔4〕葛剑雄:《世界上不止有中文:〈英使马嘎尔尼未聘案〉与〈英使谒见乾隆纪实〉之对勘》,《读书》,1994年第1期,第102页。
〔5〕转引自张隆溪《走出文化的封闭圈》,香港商务印书馆,2002年,第158页。
〔6〕转引自张隆溪,前引书,第158页。按,朱生豪译,吴兴华校:《莎士比亚全集》2,人民文学出版社,1978年,第321页,译文为"天哪!波顿!天哪!你变啦!"朱、吴两位未曾直译原文。
〔7〕《清高宗实录》卷一四三五,乾隆五十八年八月已卯。
〔8〕钱钟书:《管锥集》第4册,中华书局,1979年,第1556页。
〔9〕参见王任叔:《印度尼西亚古代史》(上),中国社会科学出版社,1987年,第329—330页。
〔10〕参见王任叔,前引书,第331—332页。
〔11〕参见王任叔,前引书,第376—377页。
〔12〕参见王任叔,前引书,第388页。
〔13〕[美]入江昭:《文化与权力:作为国际文化关系的国际关系》,转引自《世界史研究动态》,1986年第12期。
〔14〕榎一雄:《明末的肃州》,载《日本学者研究中国史论著选译》九,中华书局,1993年,第584—588页。
〔15〕《明史·于阗列传》。
〔16〕《汉书·西域传》。

〔17〕《明史·侯显列传》，又据《明实录》永乐十八年九月乙亥(十日)条："时榜葛刺国王言,沼纳朴儿国王亦不剌金,数以兵挠其境。"

〔18〕山本达郎:《榜葛拉和沼纳朴儿和底里》,载《日本学者研究中国史论著选择》九,中华书局,1993年,第574页。该文转引自 Abd al-Razak,《印度旅游记》,参见巴黎国立图书馆所藏写本。其作者于1441—1444曾往返印度。

〔19〕阿兰·佩雷菲特:《停滞的帝国——两个世界的撞击》,王国卿等译,三联书店,1993年,第19页。

〔20〕《明史·撒马儿罕列传》。

〔21〕《旧唐书·大食传》。

〔22〕石见清裕:《唐の北方问题て国际秩序》,转引自韩升书评,载《暨南史学》第一辑,暨大出版社,2002年。

〔23〕空海全文载《暨大史学》第一辑,第44—45页。

〔24〕转引自郑樑生:《中日关系史研究论集》(一),台北,文史哲出版社,1990年,第37页。

〔25〕参见释周凤:《善邻国宝记》卷中,第1页,又,汤谷稔编:《日中勘会贸易史料》,东京,国会刊行会,昭和八十五年,第39页;转引自郑樑生,

〔26〕郑樑生,前引书,第50页;

〔27〕《啸亭杂录》卷五,第116页。

〔28〕余定邦:《中缅关系史》,光明日报社,2000年。

〔29〕中国第一历史档案馆藏:《军机处录副奏折》外文类,第300号。

〔30〕转引自余定邦:前引书,第705页。

〔31〕《宋史·勃泥传》。

〔32〕宋濂:《宋学士文集》卷五。

〔33〕胡广:《渤泥恭顺王墓碑》。

〔34〕《明宪宗实录》卷二〇二,成化十六年四月辛亥朔辛酉条。

〔35〕《史记·大宛列传》。

〔36〕赵翼:《二十二史劄记》卷三,《汉使立功西域》[台北]洪氏出版社,1978年,第33页。

〔37〕《史记·大宛列传》。

〔38〕《资治通鉴》卷一九三,唐纪九贞观四年;《新唐书》卷二,本纪云:"李靖俘突厥颉利可汗以献。"

〔39〕《新唐书·太宗皇帝纪》;又,《资治通鉴》作"四夷君长诣阙请上为天可汗"。《唐会要》卷一〇〇,杂录:"诸蕃诣阙,请太宗为天可汗"。

〔40〕《册府元龟》卷九〇九,《外臣部·请求》。

〔41〕《新唐书·天竺国传》。
〔42〕《咸宾录》。
〔43〕《明史·沼纳朴儿传》;前面已讲过,沼纳朴儿止戈,主要有南亚另一强国干预。明帝国也起了一定作用。

近代华侨与中华文明

华侨华人的历史,是人类移民史的一个重要组成部分。它有如九曲黄河,源远流长,婉转奔腾,汇入历史的浩瀚海洋。

从时间上看,它大致可以划分为三大发展时段,即:古代华侨先民时期、近代华侨时期和现当代华人时期。[1]

从空间上看,华侨华人的分布,可以说是遍及全世界。[2]其中,东南亚和北美,是华侨华人最为集中的两大地区。

无论在哪个历史时期,无论在哪个地区和国度,华侨华人都是中华文明的载体。在他们迁徙、繁衍、奋斗、创业的过程中,华侨华人向海外流播了中华文明,同时也促进了中华文明在对外交流中的进步。

本文选取近代华侨这一历史时期,从文明的流播这一角度,力求对华侨在推动中华文明与人类文明进步中的地位与作用,作一番剖析。

一

从某种意义上可以说,比较正规和准确意义上的华侨,乃是近代的产物,是近代西方殖民主义、资本主义发展的产物。

追根溯源,华侨现象可以上溯到秦汉时期乃至更为久远。在漫长的中国古代历史上,由于各种经济的、政治的原因而移往境外远近周边国家的,从来不乏其人。然而,那时的迁徙,带有明显的零散性,甚至或然性。只有向近邻朝鲜与越南的移民,才具有某种规模。而即使是具有某种规模性的移民,也多是在特定的历史条件下出现的,常常是时断时续,缺乏连贯性。依据上述这种历史现象,我们只能称其为华侨的雏形时期或准备时期,也就是古代华侨或华侨先民时期。

"资本主义时代是从16世纪才开始的。"[3]

伴随着近代西方殖民主义、资本主义势力的崛起和东来,广大东方各族人民被这股日益强大的外部力量,强拉着离开了自己旧有的运行轨道,逐渐进入了近代历史时期。正是从这时开始,西方殖民主义、资本主义的发展,在不断制造着大规模持续出现的世界性移民现象的时候,也就制造了大规模、持续出现的华侨。

依照着资本主义发展的原始资本积累、自由资本主义和早期帝国主义的三大阶段,近代历史上的华侨的发展,也相应地可以划分为三个不同的阶段。第一阶段是产业革命前的近代华侨形成与初步发展阶段,时间大致在19世纪中叶即鸦片战争以前,历时约三百年;第二阶段为产业革命后的华侨发展高潮阶段,时间大致在19世纪中叶到20世纪初,历时大半个世纪;第三阶段为帝国主义形成与猖獗时期的华侨稳定发展阶段,时间大致在20世纪初至1945年二战结束,或1949年中华人民共和国成立,历时约半个世纪。

1511年,葡萄牙人占领马六甲,揭开了东南亚地区近代历史的序幕,同时也奏响了近代华侨涌现的先声。[4]此时华侨的祖居地——中华帝国,还处在中世纪的社会条件下。而华侨则比祖国的民众更早地在外力推拉下,进入了近代的范畴。

不幸的是,华侨被外力作用而进入,毋宁讲是跌入的这个近代,却更为野蛮、更为残酷。它失去了中世纪暗夜中还保存着的田园诗般与牧歌式的那层薄薄的温情,有的只是名虽为近代,实际上却是一片血色的黎明。

1565年,西班牙人开始了对菲律宾群岛的殖民征服与统治。

当时,"菲岛经济虽已脱离原始粗笨之产业阶段……但其生产仍未足以应付西班牙之殖民地经营所需要之消费"。[5]西班牙殖民者很快便发现:"此岛(指菲律宾)无法通过贸易来维持",[6]"应该认为菲岛没有什么价值,因为目前我们从岛上所能得到的有益的东西不过是肉桂"。[7]因而,保持和发展与中国的经济关系,对于西班牙殖民当局而言,就成为性命攸关的大事。他们承认,"如果没有中菲之间的贸易,菲岛则无法维持"。[8] 1585年和1590年,菲律宾总督两次派人到闽粤各地招募大批华工。[9]西班牙殖民当局经营了近两个半世纪之久的马尼拉大商帆贸易,直接刺激了菲律宾华侨的迅速增长。仅侨居马尼拉的华侨人数,就从1588年的10000人,上升到1748年的40000人,1896年的100000人。[10]其中,一些华侨乘马尼拉大商帆转道拉丁美洲,结果在16世纪,墨西哥城出现了美洲最早的"唐人街"。[11]

17世纪,荷兰人挟"海上马车夫"的声势,以雄厚的商业资本为后盾,在东方的殖民活动,更超越葡、西两国。荷兰人在印度尼西亚群岛的征服与统治中,也认识到华侨对他们来讲是极为重要的资源。早在占领巴达维亚时,荷兰殖民者就强调招徕华侨为当务之急,认定"由于华侨勤劳而聪明,对巴达维亚的价值至大且巨,没有他们的协助,根本谈不上生活的舒适,他们开垦土地,没有他们,几乎就没有工匠。"[12]因此,荷属东印度总督柯恩就曾下令,命其属下船舶俘掠华人。他还留书后任说:"世间无如华人更合我用者。友好贸易既不可求,现值季风正顺,须再遣战船前往中国沿海,尽量掠其男女幼童以归。一旦与中国作战,特须注意多捕华人,妇女儿童更好。"[13]在上述背景下,印度尼西亚地区的华侨人数也有明显增长。1658年,巴达维亚华侨已超过5000人。[14]到1739年,更上升至15411人。[15]

正是在16至18世纪,东方诸国的不少地方,涌现了早期的唐人街。如17世纪在越南会安,唐人街的华侨居民已达5000人,"名大唐街,夹道行肆比栉而居,悉闽人,仍先朝服饰"。[16]此外,日本长崎也出现了唐人街。侨领林道乾在马来半岛的北大年辟建道乾港,集中了华侨2000人。在众多的唐人街中,首推马尼拉的"涧内"即"帕里安"区最为著名。1602年,该区华侨已达8000人,所开商店达400家之多。[17]

19世纪,伴随着产业革命在西欧和北美的进行与完成,资本主义进入了一个前所未有的大发展时期。产业资本主义的巨大高涨,冲击着全世界几乎每一个角落,也带来了对劳动力前所未有的巨大需求。全球性大规模的移民大潮,呼啸而来,席卷而去,造成了千百万人口的大迁徙,大流动。大批移民从欧洲迁居美洲和澳洲,从亚洲向北美、东南亚与大洋洲流动。华侨,也进入了它在近代发展的第二阶段。

在这一阶段,由于西方殖民主义、资本主义的入侵,中国社会内部开始发生结构性的震动。特别是在东南沿海各省,频仍发生的天灾人祸,迫使大批破产农民与手工业者抛家舍业,浪迹天涯。其中,仅1847—1874年赴东南亚和美洲的契约华工,就达百万之众。在中国历史上,天灾之多,由来已久。例如,福建省从1068年至1911年的844年间,发生饥荒888次,其中漳、泉、莆、仙等17县发生了321次,[18]平均不到三年即发生一次饥荒。广东台山县从1851年至1908年的58年间,有大水灾14次,台风7次,地震4次,大旱2次,瘟疫4次,大饥荒5次,[19]更几乎是年年被灾。由于半殖民地化的社会的动荡,更令天灾的危害大大增强了烈度。大批劳动者既无人救,也无以自救,陷入走投无路的绝望境地,只好将目光投向海外。潮州民谣云:"断柴米,等饿死,无奈何,卖咕哩(苦力)",[20]就是这一时期华侨出洋的生动写照。如果,在近代第一阶段,西方殖民者还要靠暴力掠卖的手段制造华侨,那么在产业革命以后的第二阶段,西方殖民主义、资本主义就"进步"到用大工业机器产品的洪流造成中国自然经济瓦解的办法,来制造"自愿"出洋的华侨了。

数以百万计的,以华工为主要形态的华侨,流向世界各地,主要是东南亚与北美地区。在东南亚,他们在热带种植园、矿山、公路交通、建筑工地以及各种手工业行业中从事繁剧、艰辛的劳动。前往北美地区的华侨,则在采金、铁路修筑等行业中劳动。在世界其他地区,非洲和拉丁美洲的华侨,境遇有类东南亚;而欧洲、大洋洲的华侨,则略似于北美。

19世纪末西方资本主义向帝国主义的转化,使得资本主义新兴地区的持续发展,特别是广大东方殖民地的经济开发日显重要。资本输出的结果,是大规模劳动力的持续需求。这样,海外华侨现象进入了稳定发展的新阶段。同第二阶段相比,第三阶段出洋华侨的数量并没有明显波动,只是从内涵上看,其强制性进一步有所削弱,自由劳动力的情况有所加强。

据估计,从19世纪中叶到20世纪中叶,全世界移民总量达到1亿人的规模,形成了世界近代史上继以黑人奴隶贩卖为主的第一次移民高涨后的第二次全球性移民大潮。在这一历史时期,有6000万人从欧洲涌向美洲、澳大利亚、新西兰和南非等地。[21]南亚地区则有3000万人出外谋生。[22]同样在这一时期,即从鸦片战争到太平洋战争,我国出洋的华侨,总数亦达1000万人以上,[23]占世界移民总量的10%。

二

　　近代华侨的外部文明环境,具有双重的恶劣性。

　　在华侨的祖国方面,中华文明已经越过了自己的巅峰阶段,逐步转向迟滞、落伍与衰颓。可以说,在16世纪到20世纪中叶,也就是近代华侨产生、发展的全过程中,中华文明始终处于一种衰落的下降趋势。

　　从综合国力和文明的总体水准看,明清两代的中华帝国,仍然可以令西方人欣羡不已。明代永乐时期的郑和下西洋,大清帝国的康雍乾盛世,都让西方诸国瞠乎其后。近代世界的历史虽然在16世纪拉开了帷幕,但直到产业革命进行与完成之前,资本主义仍处于生聚的准备阶段,或者称之为初期阶段。当时东来的葡萄牙人和西班牙人,面对着庞大的中华帝国和它高度发达的古代文明,则敬畏与仰慕之心兼而有之。由近代殖民主义本质所决定的狼子野心,无论是葡萄牙人、西班牙人还是荷兰人都曾有过。但它们每一次对中国有所不轨,都碰得鼻青脸肿。没奈何,还是向他们的先驱利玛窦学习,穿儒服,讲汉语,摇摇摆摆地在皇帝驾前称臣,高呼万岁。

　　但是,明清时代的中华帝国,早已失去了汉唐时代的恢弘气宇。昔日包容四海、吸纳百川的中华古代文明,已经丧失了活力。郑和远航,正如昙花一现;康乾盛世,也是表面上鲜花似锦,烈火烹油,实际上"内囊里早已尽上来了"!从明太祖"片板不许下海"的禁令,到清朝禁教、闭关的决策,清楚地表明,这个曾经无比璀璨的古代文明,业已走了下坡。18世纪末乾隆皇帝在处理英国马加尔尼使团访问时,那种对西方工业文明抱残守缺、盲目排斥的态度,更是典型地反映了这种文明下滑时期的消极心态。我们知道,一个拒绝与外部文明交流,拒绝吸取外部文明优秀成果的文明,尽管它表面上再繁荣,也是没有前途和希望的。

　　这种在下降中封闭,在封闭中更加速下降的文明环境,在华侨问题上表现得尤为突出、恶劣。其表现就是完全有悖于文明的弃民政策。如康熙五十六年(1717年)规定,出洋者三年内准予回国,逾期则不得返国。同时下诏,凡久而不归者,"该督行文外国,将留下之人,令其解回立斩";雍正五年(1726年),在谈到流寓海外的侨民时,这位以峻苛知名的皇帝说:"若逾限不归,是其人甘心流移外方,无可悯惜,朕亦不许其归。如此则贸易欲归之人不敢稽迟在外矣"。[24] 再如乾隆五年(1740年),荷兰殖民者在巴达维亚制造了屠杀华侨的"红溪惨案"后,心怀鬼胎,既畏惧清帝国兴师问罪,又希望继续同中国保持和发展商贸关系,遂于次年遣使来华修好。此时的大清帝国,如日中天,完全有力量保护自己的侨民。乾隆皇帝却竟然对荷兰殖民者屠杀华侨的罪行毫不在意,说:"莠民不惜背弃祖宗庐墓,出洋谋利,朝廷概不闻问!"[25]"祖宗庐墓"意识,本是中华古代农业文明中,儒家意识形态中"孝"观念的重要内容。不幸,当中华文明下滑时期,这种高层文明的精华内容,竟被用来作为极不文明的弃民政策的理论依据。

1840年鸦片战争后,中国迅速沦为列强的半殖民地。中华古代文明也进入它下滑的第二阶段。如果讲,在16—18世纪的第一阶段,中华文明的下滑还主要是表现在它的心态危机上,即从对外采取包容、吸收的态度转为闭锁、排斥的态度,那么到了第二阶段,则表现为全面急剧下降,即伴随着中国封建社会的解构,古代中华文明也面临全面的解构危机,渐次从一个独立的文明体系转变为近代西方文明的一个附庸与边缘的、解构中的文明。此时,在大清帝国内部,关于中国文化与西方文化,实质上也就是中华文明与西方文明孰优孰劣的问题,几乎成为了帝国精神上的生死攸关的问题。所谓的"中体西用"说,正是当时对中华文明面临的生存危机,所作出的一种"急救篇"式的反应。

19世纪中叶以后中华文明的急剧下降,带给广大海外华侨的负面冲击,是更加全面、更加强烈的。如果说,在16世纪到18世纪,华侨是中华文明的弃民,那么到了19世纪,遭到抛弃的就不仅是华侨,而是古代中华文明自身了。

具有讽刺意味的是,客观上制约着、决定着朝廷放弃弃民政策的,却是西方产业资产阶级。1860年第二次鸦片战争失败后,清政府被迫与英国首签《北京条约》。为适应英国资本主义在亚洲的殖民开发,条约规定:"凡有华民,情甘出口,或在英国所属各处,或在外洋别地承工,俱准与英民立约为凭……下英国船只,毫无禁阻。"[26] 弃民不弃,本来似应是好事,可是,当自己的祖国文明都遭到历史的遗弃时,呜呼,又夫复何言?!

到了20世纪,中华文明的矮弱化、边缘化及附庸化过程已经基本完成。对于西方资本主义文明而言，中华文明已不能构成任何真正的挑战。中华传统文明影响的下降，已经到达谷底。

诚然，在整个近代历史时期，华侨始终是中华文明在海外的重要的、甚至是主要的载体。然而，必须着重指出的是，近代华侨所背负的，是一个正在以加速度下滑的、逐渐衰颓与落伍的文明，逐渐被历史与时代所无情抛弃的文明。这一文明代表过去，却不代表未来。更要着重指出的是，当时代表着这一文明的中华帝国及其统治集团，始终是以遗弃和鄙视的心态对待华侨的，而且从来没有对华侨提出过任何在推动海外文明交流与文明流播的要求。

这样，我们就自然获得了一个结论：近代华侨在海外进行的文明交流，是在母国文明环境极端恶劣的条件下自发进行的；华侨在海外一切文明交流文明流播的成果，都是他们在孤苦无靠的情况下，以发自内心的坚韧力量创造的。

在华侨移民的外部环境方面，在整个世界近代的历史时期，西方资本主义文明正处在上升、发展甚至其巅峰的态势。这一历史大势给华侨所带来的外部文明环境的恶化，又具有双重性。

从总体上看，近代西方资本主义文明，在16至20世纪的大部分时间里，是一个代表着历史发展方向的先进的文明。相对于古老的、正在下坡的中华文明而言，近代西方文明又是一个强势文明。而且，伴随着近代历史的展开，中华文明愈来愈弱，西方文明愈来愈强，两者的差距则是越拉越大。因此，华侨在海外所进行的中外文明交流、中华文明流播，是在近代西方资本主义文明居高临下的强势压力的环境下运作的。其运作的空间，越来越狭窄。

具体而言，在近代早期亚洲、非洲和拉丁美洲广大地区，华侨所面临的外部环境，是近代西方殖民主义的侵略、征服和统治。在这些地区，华侨所面对的西方文明，又恰恰是西方文明的残暴、野蛮、狰狞的一面，即它负面最集中的表现之处。马克思曾经一针见血地指出："当我们把自己的目光从资产阶级文明的故乡转向殖民地的时候，资产阶级文明的极端伪善和它的野蛮本性就赤裸裸地呈现在我们面前，因为它在故乡还装出一副很有体面的样子，而一到殖民地它就丝毫不加掩饰了。"[27]

在资本原始积累时期，西方列强用赤裸裸的暴力手段制造了近代历史上第一次移民大潮——罪恶的黑人奴隶贩卖。从16世纪到19世纪，大约有1500万非洲黑人奴隶被运到美洲。[28]而这一罪恶贸易给非洲大陆造成的人口损失，总计达1亿人以上。[29]近代早期出洋的华侨，就属于这一波移民潮。因此，他们的命运，也就带有这一阶段鲜明的时代烙印。

近代早期华侨当中，就有相当数量遭遇到与非洲黑奴隶同样的悲惨命运。例如：早期葡萄牙殖民者在我国东南沿海，就曾"掳掠男妇"；[30]"招诱亡命，略买子女，出没纵横，民受其害"；[31]他们将掠掳的华人运到果阿贩卖为奴。直到1622年，还有华人被转运到非洲阿尔及尔去当奴隶。[32]荷兰殖民者则将在苏拉威西岛进行的"盗人制度"[33]扩展到中国，仅在1622年冬就劫走中国船17艘，人员430名。[34]

为了实行殖民开发，西方殖民者用暴力制造华侨；为了巩固殖民统治，西方殖民者又用暴力屠杀华侨。例如，西班牙殖民当局一次又一次掀起对华侨的大规模屠杀。其中，1603年惨案，遇难华侨25000人；1639年惨案，遇难华侨24000人；1662年惨案，遇难华侨25000人；1686年与1762年两次惨案，又分别有300名和6000名华侨惨遭屠杀。[35]以上五次大屠杀，便有8万名善良、无辜的华侨死在殖民者的屠刀之下。又如，荷兰殖民者的残酷迫害，激起巴达维亚地区华侨的愤怒。他们誓言："与其坐而待毙，不如作难而反，庶几死中求生。"[36]结果，殖民当局屠杀该地华侨近万名。大批死难者包括妇孺被投入河中，鲜血将河水染红，史称"红溪惨案"。

产业革命后，当近代史上第二批全球规模的移民大潮应运而生时，从欧洲大陆移往美洲等地的人口，数以千万计。与第一阶段非洲黑人奴隶的情况不同，19世纪的欧洲移民，大多是自由劳动力。他们在新大陆遭受到大机器工业的残酷剥削的同时，也享受到了在前资本主义条件下无缘获得的出卖劳动力的自由。比起中世纪的条件，这毕竟是某种文明的进步与文明的成果。然而，对于大量漂泊海外的华侨包括那些前往资本主义发达的北美地区的华侨来说，享受到上述这种出卖劳动力自由的文明进步的成果，都未免是一种奢望。在这一历史时期，许多华侨以契约华工的形式被运往海外。他们在种植园和矿山等领域十分恶劣、苛刻的条件下从事繁剧的艰苦劳动，其待遇之恶劣，与奴隶几乎相差无几。据估计，从1847年到1874年，赴东南亚和美洲的契约华工，就达百万之众。他们当中的许多人，一仍原始积累时期的旧例，被掳掠、绑架而去,许多人则是被各种花言巧语的"许诺"蒙骗而去。他们当中的绝大多数都未能获得欧洲移民的自由劳工的身份,而是处在强制或半强制劳工的状态。

到了20世纪,经过广大华侨3个世纪的苦斗与抗争,也经过资本主义生产条件历经3个世纪的改良与进步,华侨终于争取到了或多或少的自由劳动力的境遇。自19世纪末、20世纪初,中国留学潮开始规模性涌起。一批批的留学生,为华侨的构成增添了新鲜成分。不过,留学生出洋主要是吸收近代西方文明。然而,在西方殖民压迫和种族歧视的条件下,他们同广大华工、华商一样仍处在低人一等的地位。

综上所述,我们又可以得出结论说:近代华侨在海外进行的文明交流,是在所移居国度文明环境极端恶劣的条件下自发进行的,华侨在海外一切文明交流与文明流播的成果,都是他们在残酷高压的情况下,以发自内心的坚韧力量创造的。

这个发自内心的坚韧力量,就是中华文明的优秀传承。

三

在整个近代历史时期,广大华侨在十分恶劣与艰难的环境下,以坚韧卓绝的精神,为中华文明的进步、中外文明的交汇和中华文明的流播,作出了积极的贡献。

在中华文明的进步方面:

一是汲取、传送近代西方文明中民族主义和民主主义思想,大力支持、参与祖国民主主义革命。生活在海外的广大华侨,最先接触到近代西方文明,特别容易吸收近代民族民主思想,反对中华帝国的专制主义。近代中国早期革命组织与革命领袖多在海外华侨中酝酿诞生和涌现。革命经费则多在华侨中募集。清末,孙中山先生奔走革命,越南华侨李卓峰捐资至财力竭厥,中山"与国债票数十万",卓峰竟付之一炬;又有新加坡华侨林受之"毁家财数十万"以支持革命,至家贫如洗,子女沦为佣工。是以孙中山称:"华侨为革命之母!"华侨,推动了中华文明由古代向近代转化。

二是捍卫中华民族与中华文明的生存。20世纪上半叶,日本军国主义疯狂发动侵华战争,妄图亡我中华。当时,广大华侨青年纷纷回国,投身伟大的抗日民族解放战争,许多华侨子弟参军抗战,甚至献出自己宝贵的生命。南洋华侨青年组织机工队,回国参与军事后勤工作,血洒祖国大地。广大华侨还纷纷捐款支持抗战。美国底特律华侨简夫人自费周游全美劝捐。她大义凛然地宣示:"中国不亡,我愿捐出最后一元;假如中国亡了,我誓不活在这个世界!"正是包括广大华侨在内的全中国人民的奋斗,才使中华民族得以自立于世界民族之林,中华文明得以屹然挺立,有了生存发展的光辉前景。

三是推动中国近代教育的发展。20世纪上半叶,当海外华侨经过长期拼搏,经济境况有所提升后,立即反馈祖国的经济、文化建设,特别是支持侨乡和东南沿海地区的教育。他们创办了一批学校,实行近代教育,为中华文明的现代化添砖加瓦。陈嘉庚先生办学的光辉业绩,就是这方面的典范。

在中华文明的流播方面:

一、流播推广了中华饮食文化;

二、将中华医药学发扬光大于海外;

三、向海外推广了中华的建筑、生产和科学技术;

四、介绍与传播了中华儒学与道教等哲学与宗教;

五、推广与介绍了中华语言、文学和艺术,等等。[37]

然而,如果稍加分类与考察,就不难发现,上述华侨对中华文明流播方面的贡献,带有一个特征,即:比较地集中在文明与文化的物质或器物层面。而在文明与文化的较高层面,即制度文明和精神文明方面,成果则显得偏弱。如果有的话,也多属俗文化中的民间习俗等。

这是为什么?

究竟是哪些因素,严重阻碍并制约了近代历史时期华侨对中华文明更广泛、更高层的流播呢?

我认为,近代华侨对流播中华文明的局限,来自主观与客观,也就是传播主体自身条件和受众客体条件这两个方面的限制。

先看传播主体——华侨。

在整个世界近代历史时期,移民海外华侨的总数,大致有上千万人。在这上千万人当中,其主流形态,或者说绝大多数人是华工。他们出国时的身份,基本上是破产或濒于破产的穷苦农民和手工业者,以及其他社会下层、底层群众。

不过,比较而言,东南亚地区的华侨,与北美地区的华侨,在生存条件与发展道路上,还是有所不同。

首先,东南亚地区有着历史悠久的华侨先民或古代华侨经营工商业的传统,而北美乃至整个新大陆地区,则没有这种历史传统。

1590年,菲律宾首任大主教萨拉查(Domingo de Salazar)在致西班牙国王菲利普二世的信中,对马尼拉的唐人街"帕里安"作了详尽的介绍与赞美。

> 帕里安为这座城市增添了极大的光彩……在这个市场上可以看到中国的各种行业,各种商品以及来自中国的各种稀奇古怪的货物。这些商品已在帕里安开始制造,而且质量比中国制品更好,制造的速度也更快。在帕里安可以找到各行各业的工匠。他们制造的产品,比西班牙所制造的更加精美,而且有时便宜到我都不好意思说起……西班牙人全部放弃经商,因为他们可向中国人购买他们所需要的衣服和鞋,它们都是西班牙式的,价廉而物美。[38]

需要说明的是,帕里安市场上华侨从事工商业的这种盛况,是由来已久了。自唐代以降,中国人逐渐移民至菲律宾沿海地区。到了明代,华侨已逐渐深入其内地。"先是闽人以其地近,且饶富商,贩者至数万人,往往久居不返,至长子孙。"[39]据记载,1589年马尼拉华侨人口已近万人,华商几乎囊括了零售业,以至于西班牙国王训令禁止华人行商和摊贩留住菲岛。[40]显然,这些华商中许多人是早就在菲律宾活动的。同样,在印度尼西亚地区,情况也大体如此。据考察,唐代已有人在这一地区定居。又据爪哇史籍记载,924年有中国大沙船一艘,在爪哇三宝垅附近沉没,船客漂流至岸,献宝物于直葛王,获准定居该地,据云乃华人定居爪哇之始,宋代赵汝适撰《诸蕃志》,提到三佛齐国有中国文字,也是有中国移民的证据。1619年荷兰人占领雅加达,在废墟上建起巴达维亚城,荷兰殖民者就尽力诱使万丹的中国商人逃来巴城。[41]可见万丹早有为数可观的华商在活动。在马来半岛,早期华侨在明初已有记载,如《明史·满剌加传》云:"男女椎髻,身体黝黑,间有白者,唐人种也。"又据《闽都记》:"明永乐时,福洲商人赴麻喇(即马六甲、满剌加之异译),有姓阮、芮、朴、樊、郝等,往麻喇国多年,娶番妇生子……"16世纪初,葡萄牙人方抵马六甲,所绘当地地图已标有中国山、中国溪、中国村、漳州门等。说明在葡人到来之前,马六甲已有早期华侨聚居该地。[42] 又据荷文档案记载,北大年城中的成年男性有一半是华商。[43]

综上所述,东南亚地区的早期华侨,多是以商人身份前往贸易而渐渐居留下来的。定居当地之后,他们的从业范围,大抵也还在工商业的经营领域之内。这样一种传承,在新大陆是不存在的。即使是美洲最早的华侨,那些随马尼拉大商帆前往墨西哥等地的中国移民,他们当中尽管也多商人,但已经是西班牙殖民统治下的被压迫者,属于近代范畴的华侨了。

其次,尽管东南亚诸国特别是其沿海地带在古代已有了相当繁荣的商业活动与商业货币经济的一定发展,但由于该地区的古代文明在整体发展水平上仍明显低于中国,因而在其向近代转化的发展过程中,那里的商品、市场经济的发展空间,即工商业领域,自然比较容易地由华侨先行进入、填补。华侨,即使是由那些国内破产农民和手工业者转化而来的华工,其商品货币经济方面的知识、技能等潜在背景,也要明显优于当地的原住民。更何况在这一地区本来就存在着前辈华商打下的基础,留下的传统,建立的网络。同时,西方殖民者在东南亚地区人口中,因各种因素的限制,始终只占极少数。这个极少数,充其量仅能形成东南亚地区各殖民地薄薄的统治上层。他们根本无法承担,也不屑于承担起当地商品、市场经济运行的庞大而繁杂的任务。于是,在西方殖民掌控殖民地政治大权和经济命脉的条件下,许多原来以华工身份前往东南亚地区诸国的华侨,由于客观的社会需求与机遇,得以转入商品流通领域,承担起商品货币经济网络,特别是这一网络中下层面的编织者的角色,成为东南亚侨居地的工商业者。据 20 世纪 30 年代的统计,1930 年,爪哇及外岛的华商,分别占华人从业人数的 57.6% 和 23.1%,1931 年,缅甸华商占从业华人总数的 41%,在泰国,这一比例在 1937、1938、1939 年分别为 87%、68% 和 49%。[44] 伴随着东南亚地区社会的发展,一批批华侨从华工转化为小商小贩,或小作坊,小工场(厂)主,并逐渐从中涌现出一些佼佼者,个别的更因经营有道等因素,上升为大中型企业的首脑人物。故而人们总结说:"华侨之经济活动,虽渗透进各行业,但商业资本显然占最大比重。"[45]

北美地区的情况则不同。

哥伦布远航美洲后,北美的原住民印第安人在白人殖民者的掠夺、驱赶、杀戮和摧残下,人口锐减,在当地社会中已几无影响。占北美人口绝大多数的,是以盎格鲁—撒克逊人为主体的白人移民。这样,北美的主要居民,是来自近代资本主义中心区的欧洲移民及其后裔。他们是北美地区资本主义发展的主要承担者。在商品市场经济与近代资本主义方面,他们的背景远远高于从中国前资本主义或半殖民地社会条件下突然被抛入北美资本主义的汪洋大海之中的华侨。因此可以说,在北美以白人居民为主流的发达资本主义社会中,没有给华侨在工商业中留下任何空间。以华工形态进入北美的华侨,即使转向工商业,也仅仅是所谓"三刀一板"即剃头刀、剪裁刀、切菜刀和洗衣板这几个初级行业的可怜空隙。即令在荆棘丛中,勉强转化成功,也只能处于北美高度发展的资本主义边缘,几乎无法进入其社会主流。

东南亚和北美这两大华侨主要聚集区的情况,尽管有上述不同,但作为中华文明的传播主体,他们都有一个共同的缺陷。这就是,在国内时破产农民与手工业者的原生形态,决定了华侨自身中华文明的素质与修养都处在很低的水平。

以华工形态进入侨居国之后,无论有无条件转化为工商业者,也无论这种转化获得了怎样的成功,在整个近代时期,华侨的两大形态即华工与华商,都处在胼手胝足、筚路蓝缕的艰苦奋斗的环境中,根本无法也无暇去提高自己的文化素质与水准。这种情况,直到近代晚期即 19 世纪末 20 世纪初以后,才逐渐有了改变。这是由于一则有相当数量的留学生开始前往日本和美欧求学,二则是赴南洋的华侨也有些眷属子弟正在读书。例如,1934—1935 年,一份移民出国职业调查显示,在接受调查的 945 人当中,正在接受教育者 129 人,教师 8 人,中医生 1 人,共计 138 人,占总数的 14.6%。[46]

深受儒家传统影响的中国人,是极为重视下一代的教育的,"万般皆下品,唯有读书高","忠厚传家久,诗书继世长",这样的观念,牢固地根植在华侨的头脑深处,内心深处,伴随着广大华侨,直到海外。无论是华工还是华商都以自身的文化水准低而遗憾,稍有条件,就要兴学办教育,让后代成为有学问的人,成为不忘故国的人。而故国即在文化中,在文明中。早期的华侨教育,17 世纪已在海外开始产生,并逐步有所发展。1690 年巴达维亚(今印度尼西亚雅加达)华侨创办了明诚书院,1819 年马来西亚槟榔山与华侨创办了五福书院,1829 年新加坡已有华侨创办的私塾三所。[47]到了19世纪晚期,北美侨教也开始发展。1888年美国旧金山市华侨创办了第一所华侨学校,即中西学堂。从这时起到20世纪初叶,美洲与东南亚各地掀起了兴办华文教育的高潮。到1911年辛亥革命爆发,世界各地共有华侨学校100多所。[48]在所有上述华侨学校中,千字文、三字经和四书五经,都是必修的课程。可惜,执教的师资,一般只能在当地华侨中遴选。这些教师本身教育背景有限,多是仅读过几年私塾的落第秀才。例如,直到20世纪初,1901年建立的印尼"巴城中华会馆中华学校"聘请的首任校长卢桂舫先生,也还只是一位秀才。[49]教出的学生,对于古代中华文明的领会与造诣,自然也就备受限制。

这样,在整个近代历史时期,在各种外部与内部因素的制约下,华侨在中华文明流播方面受到了很多不利的甚至是严酷的条件限制。因此,他们能够发挥的领域,就多集中在物质文明或器物文明的层面,以及若干中国传统社会习俗这种精神文明中的俗文化层面了。

再看文明流播的受众——华侨侨居国度的人民。

东南亚地区各国的古代文明发展程度,远远低于中国。因此,那里的人民对于中华文明原本是十分仰慕的,例如,早在元代,菲律宾人民就十分欣羡中国与中华文明。当时的社会风气:"男子常附舶至泉州经纪,罄其资囊,以文其身,既归其国,则国人以尊长之礼待之,邀之上座,虽父老亦不得与争焉,习俗以其至唐,故贵之也。"[50]又如明朝永乐年间,渤泥(今文莱)国王麻那惹加那乃率妻子、儿女、陪臣150人泛海来朝。在永乐六年(1408年)八月抵南京,受到明廷隆重接待。同年十月,渤泥国王不幸在南京病逝。临终遗嘱:"体魄托葬中华。"[51]表现了对灿烂的中华文明至死不渝的追求与向往。再如,18世纪初访问过马来半岛柔佛王国的英国华汉等人,看到柔佛王宫朝觐仪式颇受中国朝廷礼仪的影响,柔佛国王甚至拥有由600名华人组成的王家卫队;[52]1783年访问过马来半岛另一个王国霹雳的荷兰东印度公司船长托马斯·福莱斯特记载说:"……霹雳国王,在一座高大的房子中隆重地接待我,房内有冲兵20名,穿着黑缎上衣,胸部绣有金龙,戴着满洲人的帽子,完全是中国式打扮,有的持戟,有的拿矛,也有人拿未上刺刀的滑膛枪。"[53]

可见,东南亚人民学习、吸取中华文明的渴望,并不仅限于物质或器物层面。在某种意义上可以判断,他们有着吸收中华文明制度与精神层面的需求与愿望。不过,由于古代中华文明的精神层面,特别是儒学的哲学、伦理等内涵十分博大精深,使得东南亚地区的广大受众,即原住民社会各阶层人士,难以领会其深奥的核心内容,如礼、仁等等。加之当地华侨在这方面自身条件的局限,故而,中华文明的高层面内容,难以在东南亚地区流播,当西方殖民主义者巩固了自己在东南亚地区的殖民统治后,中华文明在当地的传播便又再加上一重桎梏——西方殖民主义、帝国主义的桎梏。

北美地区的华侨,生活在一波又一波的欧洲移民的汪洋大海之中。来自欧洲的白人移民,本身已有着近代资本主义文明背景,受到产业革命资本主义大生产条件下的近代工商业的熏陶,同时又经历了北美当地资本主义的长足进步。可以说,正是他们,在上述背景下,亲手缔造了美利坚这个近代民族,缔造了美利坚合众国这个强大资本主义国家,同时也缔造了独具特色的美国资本主义文明。这个文明,属于近现代西方资本主义文明的一个部分,而且是近现代西方资本主义文明中发展程度最高的部分。它比古代类型的中华文明,应该讲是高出整整一个历史时代。虽然人们常说"尺有所短,寸有所长",即使面对西方资本主义文明的高压与挑战,中华固有的传统文明自有其不灭的光芒,但在近代西方文明占有绝对优势,而古老的中华帝国如江河日下的时候,"西方中心论"大行其道,对一切世界上的其他文明均抱有居高临下的歧视与偏见。"统治阶级的思想在每一个时代都是占统治地位的思想。"[54] 在北美地区,为美国资产阶级所尊奉的"西方中心论",自然也就成为在美国社会中占据统治地位的思想,并熏陶、影响着整个美利坚民族和整个美国国民。在这种条件下,靠那些备受欺凌与歧视,操着剃头刀、裁衣刀、切菜刀与搓衣板的贫苦华侨向在美国发达的资本主义文明环境中生活的美国国民流布传播中华文明,不亦难乎?!

注　释

[1] 关于华侨华人发展的历史分期,学者们见仁见智,说法不一。本文略同于周南京教授的论述。参阅周南京:《华侨华人问题概况》《华侨华人百科全书. 总论卷》,中国华侨出版社 2002 年版,第 4—5 页。

〔2〕有一句脍炙人口的名言:"凡有海水的地方,就有华侨。"
〔3〕《马克思恩格斯全集》第23卷,第784页。
〔4〕早期葡萄牙殖民者在我国东南沿海"掳掠男妇"、"略买子女",将其运往果阿等地为奴。《明武宗实录》卷一四九,正德十二年五月辛丑条。
〔5〕陈荆和:《十六世纪之菲律宾华侨》香港,1963年版,第4页。
〔6〕〔7〕 W. L. Shurz, *The Manila Galleon*, New York, 1959, p. 23.
〔8〕莫尔加:《菲岛实录》,墨西哥西文版,1609年,第214页。转引自沙丁、杨典求等,《中国和拉丁美洲关系简史》,河南人民出版社1986年版,第53页。
〔9〕转引自吴凤斌:《契约华工史》,江西人民出版社1988年版,第3页。
〔10〕此数字诸家有出入,可参阅蔡德:《菲律宾政治文化史》,阿利普:《十个世纪的中菲关系》以及福尔曼,施良等人的著述。转引自周南京:《风雨同舟——东南亚与华人问题》,中国华侨出版社1995年版,第4页。
〔11〕C. H. Haring, *The Spanish Empire In America*, London, 1947, p. 212.
〔12〕巴素:《东南亚之华侨》下册,正中书局1974年版,第690页。
〔13〕黎国彬:《印度尼西亚简史》,湖北人民出版社1957年版,第95页。
〔14〕梁英明等:《近现代东南亚》,北京大学出版社1994年版,第101页。
〔15〕朱杰勤:《东南亚华侨史》,高等教育出版社1990年版,第70页。
〔16〕参阅周南京:《风雨同舟》,第385页,转引陈荆和撰《承天明乡社陈氏正谱》,香港中文大学新亚研究所东南研究室1964年版,第26—27页。
〔17〕Victor Purcell, *The Chinese in Southeast Aaia*. Oxford, 1952, p. 577.
〔18〕《福建文化》第1卷,第3期,转引自吴凤斌:《契约华工史》,江西人民出版社1988年版,第20—21页。
〔19〕据《赤溪县志》《新宁县志》资料统计。转引自吴凤斌:《契约华工史》,江西人民出版社1988年版,第21页。
〔20〕吴凤斌:前引书,第20页。
〔21〕Carr Saunders, *World Population*, Oxford, 1936, p. 47.
〔22〕转引自丘立本《从世界看华人》,南岛出版社2000年版,第2页。
〔23〕李长溥:《中国殖民史》,台湾商务印书馆1976年版,第10页。
〔24〕《清朝文献通考》,雍正五年上谕。
〔25〕参阅李长溥:《南洋华侨史》,商务印书馆1934年版,第32页。
〔26〕《筹办夷务始末》卷六七,咸丰十年,第16页。
〔27〕马克思:《不列颠在印度统治的未来结果》《马克思恩格斯选集》第2卷,人民出版社1972年版,第74页。
〔28〕此数字是比较权威的估计。Roland Oliver & J. D. Fage, *Short History of Africa*, London, 1962, p. 120.

〔29〕 有的西方学者估计数字更高达1.5亿。参阅杨人楩《西方殖民主义者在非洲贩运"黑奴"的罪行》,《光明日报》1963年10月9日。

〔30〕 印光任、张汝霖:《澳门纪略》卷上,《官守篇》,第21页。

〔31〕《明武宗实录》卷一四九,正德十二年五月辛丑。

〔32〕 C. R. Boxer, *Notes on Chinese abroad in the late Ming and early Manchu period* compiled from contemporary European sources, 1500—1750.

〔33〕《马克思恩格斯全集》第23卷,第820页。

〔34〕《郑成功收复台湾史料选编》,第66页。转引自吴凤斌,前引书,第4页。

〔35〕《华侨华人百科全书·历史卷》,中国华侨出版社2002年版,第555—556页。

〔36〕 周南京、梁英明选译:《近代亚洲史料选辑》上册,商务印书馆1985年版,第2页。

〔37〕 参见周南京《华侨华人问题概论》《华侨华人百科全书》总论卷,中国华侨出版社2002年版,第34—38页。

〔38〕 E. H. Blair & J. A. Robertson, *The Philippine Islands*, Cleveland. 1903—1909, Vol. 3 pp. 212—238.

〔39〕《明史·吕宋传》。

〔40〕 Emma Helen Blair & James Alexander Robertson, eds., *The Philippine Islands*, 1493—1898, Cleveland, 1903—1907, Vol. 7, p. 154.

〔41〕 Blusee, Leenard, *Strange Company*, Amsterdam, 1986, p. 52.

〔42〕 周南京:《风雨同舟》,第138页。

〔43〕 参阅吴凤斌主编:《东南亚华侨通史》,福建人民出版社1993年版,第57页。

〔44〕 N. A. Simoniya, *Overseas Chinese in Southeast Asia-A Russian Study*, New York, 1961, p. 57, 转引自古鸿运:《东南亚华侨的认同〔马来亚篇〕》,联经出版社,台北,1994年,第10页。

〔45〕 古鸿运:前引书,第10页。

〔46〕 吴主惠:《华侨本质论》,日本千仓书局,昭和十九年,第129页。

〔47〕〔48〕《华侨华人百科全书·教育科技卷》前言,中国华侨出版社1999年版,第1—2页。

〔49〕 蔡仁龙:《印尼华侨与华人概论》,南岛出版社2000年版,第108页。

〔50〕 汪大渊:《岛夷志略》。

〔51〕《明史·浡泥传》。

〔52〕 温斯泰德:《马来亚史》,商务印书馆1958年中译版,第169页。

〔53〕 V. Puracell. *The Chinese in Southeast Asia*, Kuala Lumpur. 1980, pp. 259—260.

〔54〕《马克思恩格斯选集》第1卷,人民出版社1972年版,第52页。

此文发表于《华侨华人历史研究》2003年第4期。

世界历史上的大清帝国

大清帝国的龙旗落地,距今已近百年。这个中国历史上的最后一个封建王朝,它的辉煌壮丽,它的黑暗腐朽,都已化作历史的云烟。按照我国的传统,早该给它修一部正史,以盖棺论定。然而,由于各种因素的制约,这一修史的条件,是否各方面均告成熟,至今仍难定音。好在条件也是人创造的,许多条件的成熟也正是一个人的主观努力的过程。

清史的编纂,是一个盛举。共襄盛举的,清史学界自然责无旁贷,此外,还应有包括世界史在内的整个中国史学界。不仅如此,作为 21 世纪的宏伟学术成果,它还应该是跨学科综合研究的结晶,体现新世纪对学术研究的时代要求。

为此,本文试图从世界历史的角度,提出一些浅见,将大清帝国放进世界历史的长河中去观察。

一

当人们谈论一部中华帝国史时,总不忘汉、唐、明、清。这当然有欠准确。因为秦,毕竟是中华帝国之肇始;而元,也是一个曾经拓疆万里、存在了近一个世纪的庞然大物。

让我们姑且从俗,就谈汉、唐、明、清吧。大清帝国,就与前面三大帝国有一个很大的不同。这个不同,就在于它的外部环境、外部世界,发生了质的巨变。

汉、唐、明、清四大帝国,都有一个外部环境、外部世界,也都有一个与外部环境、外部世界沟通交流、相互影响的问题。但前三大帝国在与外部世界的相互影响中,始终居于一种中心的、主角的地位,一种积极、主动影响甚至制约外部世界的核心地位。而大清帝国,从它立国伊始,就在毫不自知的情况下,处于被外部世界从宏观上影响与制约的态势中。在这种被动的宏观态势下,大清帝国虽然依历史的惯性,仍然力图发挥昔日的主角作用,同时也在一定程度上确实起到了这种积极、主动的作用,但在宏观的视角下看来,那也只不过是全面被动形势下的局部主动罢了。而且,伴随着历史的发展,这种局部主动也在内外条件的动态发展中,逐渐丧失,直至鸦片战争后迅速走向完全的受制状态。

大清帝国的这个外部环境、外部世界的特点,正是世界历史的发展所决定的。

马克思指出:"世界史不是过去一直存在的;作为世界史的历史是结果。"[1]

这就是说,作为比较完整和正规意义上的世界史,并不是一蹴而就的。它是人类历史漫长发展的结果。在古代,特别是上古时期,在我们这座星球的各个地区生息、繁衍的人类社会创立了国家和文明。然而,从今天的世界地图上看,古代人类所创建的国家与文明,在当时社会生产力水平的局限下,最初规模都很小,彼此分散,甚至显得支离破碎。我们可以而且应该去追溯历史,探讨乃至努力勾勒一个世界的古代,但那追溯、探讨、勾勒的结果,只能让我们更清楚地看到:在世界的古代,尚未形成一个统一的、完整的古代世界,那个被我们勾勒而成的"世界",是分散的、零星的,甚至是支离的。这种状况甚至影响了人们的主观认识,以至当时人们头脑中的世界,只不过是他们赖以生产、生活的局部地区,至多不过是他们与之进行交换、贸易的边远地区而已。直到国家规模逐渐庞大,出现了疆土辽阔的帝国,人们头脑中的世界,仍然是有限的。在古希腊、罗马人头脑里,世界指的就是地中海及其周边地区,亦即我们今天常说的"地中海世界"。在"地中海世界"人们看来,当时这个世界之外,特别是埃及、红海以东以南地区,都被笼统地称之为"埃塞俄比亚"。这个"埃塞俄比亚"(其意为"晒黑的面庞"),并非指今日东非的那个著名的文明古国,而是"地中海世界"外一切未知地带。同样,在古代中国人头脑中,世界也是局限着的。从东北亚到东南亚,再加上对中亚、西亚和南亚比较模糊的认知,大致就是当时中国人的"天下"了。由于古代中华文明的高度发展,特别是精神文明层面的极度丰富,中国人对世界的探求是无与伦比的。太史公司马迁记载了春秋时期邹衍的世界观:"中国外如赤县神洲者九,乃所谓九州也,于是有裨海环之。人民禽兽莫能通焉。如一区中者乃为一州,如此者九,乃有大瀛海环其外,天地之际也。"[2]但这个头脑中的世界,带有很大的模糊性与猜测性,虽有智慧的闪光,却距现实遥远。

因此,在古代,直到中世纪时期,一部正规意义上的世界史还在准备与雏形时期。在这样的历史条件下,哪一个国家、民族创建了国土广袤、人口众多、社会经济繁荣,总体文明程度领先的大规模文明国家——强大、巩固的王国或帝国,哪一个国家、民族在与当时的外部环境、外部世界的互动中,就会占据主动的地位。我国古代的汉、唐、明等几个大帝国,在对外交往与文明交汇中基本上都是居于一种高屋建瓴的态势。当时的外部世界还没有一个更高层次的文明和更为高级的社会形态以及建立在这种更高文明、更高社会形态上的强大国家或国家群,能够对中华帝国的兴衰与社会发展,作出质的影响与制约。因此,如果我们修撰汉、唐、明等几个王朝的历史,它们的外部环境或它们的对外关系固然也不应忽视,但比起修撰清史来,其重要性就相差不知几许了。在某种意义上我们甚至可以说,一部二十四史,所有王朝的外部环境加起来,也没有大清帝国的外部环境来得重要。

"资本主义时代是从16世纪才开始的。"清王朝(1644—1911年)存在的268年,正好处在这个历史时代。正是从16世纪开始,世界走向一个巨大的质变,近代资本主义、资产阶级登上了历史舞台,占据了文明的制高点。资产阶级在组织世界市场的过程中,将这个世界编织到一体,从而创造并书写了真正意义上的世界史。而这个崭新的历史进程,逐渐地并不可逆转地将大清帝国纳入了它的框架之中,从外部影响、制约直至内部变化,规定了帝国的衰亡与中国社会发展的轨迹。因此,在修撰清史时,就不能不时时刻刻、方方面面考量着它的外部环境、外部世界以何种方式、怎样的力度日渐深入地介入了帝国的发展,在帝国内部运动中起了何种催化、腐蚀、破坏与革新准备的作用。

近三个世纪的大清帝国史,不是静态的,而是动态的、发展的。与此同时,帝国的外部环境、外部世界也是动态的、发展的。而且比较起来,后者比前者变动与发展的速度,更是迅猛得不可同日而语。因此,大清帝国在与外部世界的互动中,就越来越落后,越来越被动,因而越来越异化,终于从一个雄强一世的东方大帝国、一个中央王国,异化为一个半殖民地、一艘在怒海惊涛中下沉的破船。

大清帝国的历史,是有阶段性可寻的。大体而言,似乎可以划分为早期,即初创期,大约从1644年到平定三藩之乱;全盛期,即康雍乾盛世;中后期,即问题期,大致在嘉道年间;以及晚期,即中国近代史前期,1840—1911年。从更宽泛意义上,我们也不妨注意一下世界近代史的阶段性。一般而论,世界近代史可以划分为三个大的发展阶段,即早期原始资本积累时期,从16世纪到18世纪;然后是产业革命与自由资本主义时期,从18世纪下半叶到19世纪下半叶;再就是帝国主义时期,从19世纪下半叶到1945年。1945年二战结束后,世界进入现当代时期,另当别论。

这样,我们看到:大清帝国所存在的268年,正好处在世界近代史上第一阶段晚期到第三阶段前期。这一对照的意义在于,它向我们清晰地指出:大清帝国的初创期和全盛期,大致在世界近代史上的第一阶段,即原始积累时期,而大清帝国的问题期与晚期,则正好处在世界近代史上的第二、三阶段,即产业革命及自由资本主义时期与早期帝国主义时期。由此,大清帝国在与其外部世界的互动中,其兴衰轨迹不是更加生动,更加鲜明了么?!

二

1644年,当八旗入关,小皇帝福临在北京金殿上彷徨的时候,近代西方殖民主义东来已经一个半世纪了。

在这一百多年间,葡萄牙人经好望角,占据了印度的果阿、马来半岛南端的马六甲、我国的澳门等地,建立了它线型的东方海上帝国。与此同时,西班牙人依托其拉丁美洲殖民地,占领了菲律宾群岛,几乎将太平洋变成了西班牙内湖。

以西班牙、葡萄牙为代表的早期殖民主义,反映的是西方资本主义原始积累的社会需求,因此也就打上了那个时代的鲜明烙印。当时东来的西方殖民者,在《马可·波罗游记》的鼓舞下,到东方图谋香料、金银以及一切精美的产品和工艺品,同时,他们高举传布福音的旗帜,给自己充满功利主义的野心,蒙上一层正义和美好的包装。可惜,基督的福音换不来任何物质的果实,而殖民者又拿不出什么高档的产品或硬通货与东方进行交换。于是,出路只有一条:赤裸裸的暴力劫掠。从西方殖民者一踏上东方国家的海岸开始,赤裸裸的暴力劫掠就如影随形地陪伴着他们。他们带着火和剑来到东方,留下的是用火和血的文字写下的记录。

在东非,瓦斯科·达·伽马首航印度返程中,炮轰了摩加迪沙城邦,达·伽马的后继者阿尔梅达,于1505年血洗了蒙巴萨城邦:"无论男女老少以至无辜幼儿,全都不免一死。……不仅是人遭殃,甚至天上的飞鸟也被射杀殆尽。"[3]

在东北非,葡萄牙殖民者在埃塞俄比亚制造了长期的社会冲突与动乱,造成了8000人丧生。在他们被年轻的"万王之王"法西利达斯驱逐之后,人民欢呼:"西方的豺狼再也不能奴役我们的埃塞俄比亚!"[4]

在东南亚,当1511年攻占马六甲时,葡驻印总督阿布尔柯克竟下令对城中男女老少一律格杀勿论,并纵容部下在城内大肆劫掠。[5]

葡萄牙殖民者还是罪恶滔天的非洲黑人奴隶贩卖的始作俑者。[6]

至于西班牙殖民者在拉丁美洲对印第安人的种族灭绝式掠夺罪行,更是罄竹难书。

早期殖民主义在东方的暴力劫掠,造成了亚非与拉丁美洲许多处在文明发展较低梯次的民族和国家的巨大破坏,甚至中断了这些国家、民族正常的社会发展进程。对于这些国家和地区的人民来说,他们的命运受到了不可逆转的扭曲与摧残。殖民主义的负面历史作用,是巨大的,甚至毁灭性的。

早期殖民主义的触角伸到中国,是在明朝中叶。

受其自身特征规律性的支配,来到中国的早期西方殖民者,并没有改变其暴力劫掠的恶的本质。葡萄牙殖民者甫抵我国广东沿海,就"拐掠城市男妇人口,卖夷以取货,每岁不知其数";"所到之处,硝磺刃铁,子女玉帛,公然搬运,沿海乡村,被其杀掠,莫敢谁何"。[7]

西班牙殖民者在占领菲律宾群岛后,北上入侵我国台湾。荷兰殖民者更在1624年,即晚明天启四年,侵入台湾,建立赤嵌城,并掠夺土地,搜刮赋税,掠卖人口,实行残酷的殖民占领和统治。

另一方面,西方传教士,特别是天主教耶稣会士自16世纪80年代开始,进入我国内地传教。在这一过程中,开始了近代中西文明的交汇。

事实上,当我们回顾明中叶以后的中西交往时,可以清楚地看到,伴随着这一交往的展开,西方传教士的活动日益凸显,而殖民者的暴力劫掠活动,则渐有软化的趋势。

"非不为也,是不能也。"西方殖民者并非不想将他们在华暴力劫掠活动无本万利地继续下去,而是碰到中国这个庞然大物——东方封建帝国,使他们不得不收敛本性,改变策略。

即使到了16世纪20年代,大明帝国早已盛世不再,葡萄牙殖民者在大明水师面前依然是碰得个鼻青脸肿。"中国官吏令葡萄牙人退出屯门岛,葡人不从,中国战舰遂攻之,葡人大败而归。"[8] 1523年发生在西草湾的海战,更是"生擒别都卢、疏世利等四十二人,斩首三十五级,俘被掠男女十人,获其二舟"。[9]

经过反复的交往、碰撞与冲突,葡萄牙殖民者终于向中华帝国软化。

1553年,葡人"托言舟触风涛,缝裂,水湿贡物,愿借地晾晒",占据了澳门。"海道副使汪柏徇贿许之。"[10] 这是近代西方殖民者用行贿的手法,首次搞"洋腐败",击中了第一名中国贪官,"非暴力"获取了澳门。此后,澳门葡萄牙当局更向中国政府缴租、纳税,甚至助兵平叛,终于成了中华天朝眼中的"良夷"。

由于长期的传教与贸易,澳门葡萄牙殖民当局与明廷关系良好。大清立国后,南明小朝廷还不断有人希望借助澳门葡人的力量,挽狂澜于既倒。而澳门的葡萄牙人也在相当一段时日里,怀抱着同情亡明的立场。然而,前产业革命西方社会生产力水平的局限,加之葡萄牙这个地处西南欧一隅的小国国力的局限。葡萄牙殖民者对大清帝国的建立,竟完全无力施加任何影响与制约,只能坐等与之修好的时机。

至于17世纪崛起的荷兰,虽则侵占我国台湾,并在打击老牌殖民者葡萄牙时毫不手软,占尽优势,但在中华帝国面前亦显得力不从心。在明清改朝换代之际,荷兰人与葡萄牙、西班牙人一样,难有作为。至多不过拿海外华侨作为欺凌对象,恣意屠杀,显露其原始积累时期恶的本性。有时,荷兰殖民者怕影响与中国的贸易关系,内心恐慌,事后还要专门遣使向中国大皇帝谢罪。

至于荷兰人侵占的台湾,则根本无须待大清帝国动手。一位手提25000名精兵的抗清英雄郑成功,一次成功的跨海作战,就将宝岛收复,将荷兰殖民者赶下了大海。

三

西方殖民主义影响、制约不了大清帝国的建立,同样地也影响、制约不了康雍乾盛世的到来。

因为,在康雍乾盛世的辉煌时期,世界资本主义还处于原始资本积累的晚期,处于向产业革命过渡的阶段。

按照一般的判断,1733年凯伊发明飞梭,标志着产业革命的开始;到1785年,瓦特改良蒸汽机,英国率先完成了产业革命。至于欧洲大陆以及北美地区的产业革命的完成,则要后推至19世纪中叶了。

英国完成产业革命,大英帝国开始了它的崛起,而此时中国已是康雍乾盛世的尾声。"十全老人"乾隆皇帝已经是75岁高龄。当年康熙、雍正、乾隆祖孙三代旰衣宵食、励精图治的时候,西方产业资产阶级正初出茅庐,刚刚登上历史舞台。西方殖民列强"船坚炮利"的日子还在后面。靠个把凯伊制造的飞梭,哈格里夫斯制造的珍妮纺纱机和瓦特改良的蒸汽机,是动不了大清盛世的。完全有理由说,当时中国的外部环境、外部世界还能够允许大清盛世的出现,还没有足够的力量来制约甚至扭转中国沿着它既定的轨道发展、运行。

从历史主义的角度,应该怎样来看待和评判康雍乾盛世这个大清帝国的全盛期呢?

我认为,还是应该从正负两个方面给予这个盛世一个全面、辩证的认识与评价。特别需要提出的是,无论是正面还是负面,都要说够,评足。就是说,要评说到位。

康雍乾盛世,在中华民族的发展史上,大致有六大贡献可以彪炳青史,垂范千秋。

第一,基本上奠定了今天中国的疆域,奠定了今天中国56个民族大家庭的基础。

第二,大致完成了从中央到地方一整套成熟的、完备的、前近代型的行政管理体制,能够很好地为封建主义中央集权制的政治制度服务。

第三,重视农业生产,努力推动以农业为中心的社会经济全面高涨。

第四，注意农业人口的合理负担，政策导向比较妥当，从而促进了人口的巨大发展。这里要说明的是，和今天知识经济时代不同，大清帝国所处的自然经济时代，衡量一个国家、民族或社会发达与否的主要标准，是看其人口的多寡。这也就是一个家族为什么祈求多子多孙，一个国家为什么希望广土众民的实质所在。

第五，由于疆土广袤，人口众多，国势雄强，因此在平定三藩之后，帝国大致维持了一个半世纪的安定局面。其间内部虽有征准噶尔之役，大小金川之役等一定规模的军事行动，外部也有抗击沙俄的雅克萨之役，但大体而言，没有全局性的帝国对外战争。这样，在帝国的中原与江南等主要农业区，社会生产不受干扰，人民生活比较安定。这就促成了社会经济与文化生活的高度繁荣。

第六，作为东方最为强大富庶的帝国，大清帝国继承既往诸王朝的传统，经略"华夷秩序"，除了与缅甸进行过一场中方应多负责任的冲突外，基本上与周边远近诸国保持了和平、友善的关系，从而维系了东亚国际格局的稳定与安全。

以上这六个方面的贡献，尽管其中许多内容是承袭了秦汉以来历代中国封建王朝上升时期励精图治的传统，尽管其中也含有封建主义带来的负面因素，但从中国历史的发展看，仍然是积极、巨大，有的甚至是带有原创性的进步。这一历史性进步，的确超越了秦皇汉武、唐宗宋祖，更不必说一代天骄成吉思汗了。

不过，从世界历史的发展看，康雍乾盛世比较起汉代文景之治，唐代贞观、开元之治，乃至明初洪永熙宣盛世来，有一个重大的缺憾。

我们知道，从两汉到明初，人类社会一直在古代和中世纪的历史条件下摸索前进。在包含中世纪在内的整个古代，中华文明可以说始终处于领先地位。环视全球，在两汉帝国时期，只有西方的希腊罗马文明璀璨辉煌，与东亚的中华文明交相辉映。罗马帝国与汉帝国，是站在同一个文明梯次，并驾齐驱的时代弄潮儿，历史领先者。同样地，当大唐帝国气宇恢弘，英名远播的时候，西亚伊斯兰崛起，阿拉伯帝国与穆斯林文明也正处在与中国社会发展的同一层面。大唐文明与穆斯林文明之间，互相吸引，互相羡慕。大唐对伊斯兰的流布，抱着宽厚的包容态度。同样，先知穆罕默德在《圣训》中也教导弟子们说："你们求学，哪怕去中国！"[11] 阿巴斯王朝哈里发曼苏尔奠都巴格达时更明确地指出：

"这里有底格里斯河,可以把我们和遥远的中国联系起来。"[12]

上述这种情况一直延续到明初的洪永熙宣之治。可以说大清以前的历代盛世,都以自己骄人的成就领先世界。在文明的进步,社会的发展方面,都是当时世界的前驱,时代的先觉。

康雍乾盛世则不然。

此时中国的外部环境、外部世界发生了质的巨变,集中到一点,就是一个新的社会经济形态,一个新的社会阶级——近代资本主义和西方资产阶级已经开始进入历史舞台的中央;一种新的文明——近代资本主义的文明,正以其前所未有的高度,同时也以其前所未有的野蛮方式,开始以高屋建瓴之势压倒包括古代中华文明在内的世界上一切前近代类型的文明。

如此一来,康雍乾盛世在中国历史上看则无疑为盛;从世界历史上看则可能是衰,或者渐入衰境的一个动态过程。

凡历史事物,有比较方能鉴别。

在社会经济发展方面,就古代社会生产力条件而言,大清盛世的确达到了一个惊人的高度。以农业这个封建社会国民经济的基础而论。18世纪末,即康雍乾盛世之末,全国耕地约为10.5亿亩,粮食产量达2040亿斤;其总产量与亩产量均远远超过中国历史上的任何朝代,同世界当时先进国家相比也不遑多让,[13]以致法国著名汉学家谢和奈盛赞当时中国农业"是近代农业科学出现以前历史上最科学和最发达者"。[14]然而,正是在中世纪晚期,中国与西欧农业生产的对比开始发生急剧的逆转。例如,在英国,以圈地运动这一原始资本积累的手段为杠杆,农业生产率迅速提高。13—14世纪农业劳动生产率还不过每户2.369公斤,可能远不及中国;到15—16世纪则上升为每户5.520公斤,[15]明显地高于中国。这就是说,大清盛世盛则盛矣,却不能为产业革命创造任何生长的空间。这个以农业繁荣为基础的盛世,仍然走不出中国历代王朝盛世最终由盛而衰的怪圈,找不到向更高社会经济形态过渡的出路。

在政治生活方面,以军机处的创立为代表的行政体制的变革,进一步强化与完善了中国的专制主义中央集权制的封建政治制度。这一政治制度与行政体制在管理、支撑庞大而情况复杂的大清帝国发挥了巨大作用的同时,也就压制直至窒息了国内一切新鲜的进步的思想、政治活动,成为社会进步的障碍。正是在同一时期,欧洲诸国不仅出现了被恩格斯称之为"瓦解中的封建君主制和萌芽中的资产阶级君主制"的专制王权。在扶助近代资产阶级的前身——市民阶层反抗封建贵族的斗争中发挥了积极而重要的客观作用,而且还在大清立国的前夕,就爆发了英国资产阶级革命,当康熙大帝励精图治、大清盛世正在全面展开的时候,英国资产阶级通过1688年的光荣革命,已经巩固了自己的政权;而当乾隆皇帝由于春秋日高,为政日渐弛怠昏庸,社会危机四伏,盛世已成一具美丽的外壳时,攻占巴士底狱的炮火和列克星敦的枪声,报道着从西欧到北美大陆的世界资产阶级政治大革命时代的来临。在《人权宣言》和《独立宣言》那闪光的大旗面前,大清龙旗显得是多么古旧;在近代资产阶级议会面前,军机处显得已多么落伍;在华盛顿两届总统任期完成时发表的告国人书面前,乾隆皇帝退居太上皇的苦涩显得又是多么苍白无力!

　　作为一个由少数民族入主中原而建立的封建王朝,清朝统治者在推行文化专制主义的时候,带有更大的残酷与野蛮色彩。文字狱几乎与大清盛世相终始,即使是在康雍乾当时,再无耻的御用文人也无法将它歌颂成为一桩"盛事"。大清盛世的这个负面,在与外部世界相比较时,甚至令今天的中国人也感到羞愧。谁人不知,当死去多时的徐述夔因其诗有"明朝期振翮,一举去清都"而被剖棺戮尸时,18世纪的法国启蒙运动中已涌现出孟德斯鸠、伏尔泰、狄德罗、毕封、卢梭、博马舍等一大批优秀的思想家,他们的不朽著述,凝炼了自由、平等、博爱等近代资产阶级上升时期的进步思想,至今仍给人类文明的进步以丰富的启迪。

　　最后,在对外关系方面,大清盛世一仍其旧,在前代的传承与基础上继续经略"华夷秩序",使其更加一以贯之,更加成熟与完备。不过,如果说在汉、唐、宋、明诸朝,在世界还处在前资本主义历史时代,中华帝国在营造"华夷秩序"中还在扮演一种历史的积极创造者的角色,而"华夷秩序"这种古代类型的国际关系体系还在以它和平、友善、稳定的作用,在人类的文明交往与文化交流领域中处于领先地位,那么大清盛世时,几位堪称英明、出色的皇帝和整个中国的统治集团还在那里精雕细刻地经略"华夷秩序",恐怕就只能是一种盲目和庸庸碌碌的作为了。这是因为,大清盛世时的"华夷秩序",虽然在一定程度上依其惯性,让中华帝国在对外关系上继续维持一种中心的主动地位,让中华文明在与外部世界的交往中继续保持着一种文明或文化的顺差,但在更为广阔的背景下,一个即将取代这一古代国际关系体系的新型近代国际关系体系——由近代西方资本主义推出的条约体系,正在破坏古老的"华夷秩序"。正是在康雍乾时期,西方殖民主义第二次大潮,即产业革命所造成的大机器生产产品的洪流已基本酝酿完毕。1757年,当乾隆皇帝正在四十余岁的盛年,英国与印度公司发动普拉赛战役,开始了对印度次大陆的殖民征服历程。而在此前后,乾隆皇帝还在忙于其"回部"战争与大小金川之役。此时,"华夷秩序"的外围如马来半岛、菲律宾群岛、印度尼西亚等地区早已崩塌。[16] 西方殖民列强的新主角,英、法两国的殖民触角也开始向东南亚腹地——印度支那、缅甸等地渗透,并步步逼近大清帝国。对外部世界的这一巨大威胁,大清帝国竟然懵然无知。从乾隆皇帝对马加尔尼使团的接待,就可以看出整个清廷对于世界大势,是多么的颟顸了。

四

19世纪中叶,经过嘉道问题期的挣扎,大清帝国终于以鸦片战争为转折点,急剧下滑,并走向衰亡。

在这一下滑与衰亡的过程中,外部世界,即西方殖民列强加上后来的日本,成为一种扭转、催化和规制的原发力量。当然,这种来自外部的原发力量,还要通过中国社会内部因素的变化,才能发挥其作用。但无论如何,这种外部力量已经可以决定大清帝国运行的转轨,即从一个古代类型的、独立的东方封建帝国,转向一个西方殖民主义、帝国主义列强控制的半殖民地附庸。

盛极必衰,这本是中国历代王朝自身发展的必然规律,但这衰亡可能是一个相当长的历史时期。而且,在旧的王朝灭亡之后,乱而后治,会崛起另一个新的封建王朝。大清帝国的外部世界力量,打破了这个规律。这个动态发展着的力量——近代西方殖民主义、资本主义和帝国主义,虽则无力阻止大清王朝的创立,并难以制约大清盛世的到来,却足以在这个王朝的后期从根本上扭转它的运行轨道,加速其衰亡。更有甚者,这个巨大的外部力量,还不以其自身意志为转移地决定了,在大清帝国覆灭后,不会再有一个新的封建王朝、新的帝国来接替它。在此后中华大地上苦撑的,将是一个中国历史从未曾有过的、与世界潮流接轨的共和政体;崛起的,将是一个社会主义的人民共和国。

如果说,在大清帝国上升时期,我们应该较多注意将它与正在走上世界历史舞台中央的西方殖民主义、资本主义诸国相比较,从而给这个盛极一时的大帝国在世界历史上一个更加清晰、更加准确的定位;那么,到了它的下降时期,我们就应该将注意力更多地放在外部世界对它制约的阶段性上,并从东方各国被侵略、被奴役与边缘化的共同轨迹以及它们反制约的苦斗中,找出大清帝国与中华民族命运的共存与分野。

在1840年到1911年这段时期,大清帝国的外部环境是险恶的。不过,从险恶的程度看,又可以划分为前后两个阶段,即以19世纪70、80年代为分界,分为此前的自由资本主义晚期和此后的帝国主义早期。

自由资本主义时代中国外部环境之险恶,在于西方列强挟其产业革命后对东方的全面优势,在"自由"的旗帜下,以炮舰为先导与后盾,横冲直撞,大搞表面上平等即贸易自由、买卖平等掩盖下的实质不平等,即用廉价的大机器产品的重炮摧毁东方自然经济下的手工业生产。一句话,以自由贸易的形式,对东方各国实行殖民剥削与奴役。鸦片战争后的五口通商,就是这一时期殖民列强所追求的一般范式。当然,在炮舰政策的实施过程中,对弱小国家实行殖民占领,甚或对中国也来个顺手牵羊,将香港割去,也可以称作是附带的题中之意。

不过,对此时的西方列强来说,占领殖民地,实行直接的殖民统治,并非它们的首选,更不是它们的必然。例如,大英帝国这个西方殖民列强的领头羊,在很长一段时期内,一直将自己的殖民扩张政策的重点,放在所谓"无形帝国"的经略上。[17] 英国著名政治家迪斯累里在1852年还认为,"殖民地是吊在英国脖子上的磨盘",直到1866年,在给首相德比勋爵的信中他还坚持说:"英国只有放弃印度和地中海以外的一切殖民地才能获胜。"[18]

这就是说,直到70年代以前,东方国家即使已经被西方用炮舰和大机器产品驱上了殖民地、半殖民地化的轨道,如果它们自身有着足够的内因,它们仍然有机会使自己的命运来一个逆转。因为自由资本主义的外部环境,还有如西山背后那抹晚霞一样,给东方各国留下独立发展的最后一个稍纵即逝的空间与机会。

我国一衣带水的邻邦日本,就是依赖自己的内因,抓住机遇,从这个迅速闭合的缝隙中冲出去,一飞冲天,走上近代资本主义道路的。

大清帝国也力图冲击这个缝隙。不幸,它失败了。

这次冲击,就是著名的洋务运动。以曾国藩、左宗棠、李鸿章为代表的洋务派,对于中国的外部世界的认识,终于有了一定的历史自觉性。他们注意到世界历史潮流的趋势,注意到历史时代的变化,称之为"千古之变局","三千余年一大变局"。在洋务派的推动下,"师夷之长以制夷"。"长技为何?一在战舰之精也,一在机器之利也。"在与西方先进的资本主义文明交往中,曾、左、李是文明局部认输者,他们承认中国在器物文明层面上,技不如人。无论如何,这个认识要高出乾隆皇帝君臣许多。为了维护大清帝国的统治,洋务派在19世纪60年代建立了新式陆军,70年代又建立了新式海军。同时,近代化机器制造枪炮、舰船、军需用的近代纺织工厂,采煤、冶铁业都发展起来。一时间,大清帝国东部海疆,龙旗猎猎,炮声隆隆,编队行进的北洋水师,雄视西太平洋海域。大清新军的声势,甚至令大英帝国怦然心动。为了抵御沙俄势力的南下,那位著名的英国大臣寇松,竟一度想选择大清帝国作英国在东亚抗俄的盟友。

然而,比较日本的明治维新,洋务运动有一个致命的弱点,就是在制度文明与精神文明层面上,整个洋务派都是抱残守缺、顽固不化的。用洋务运动主将,同时也是洋务派中最开明、先进者李鸿章的话来讲,就是:"中国文物制度迥异于外洋獉狉之俗,所以郅治保邦,固丕基于勿坏者,固自有在。"

正因为如此,当日本使节森有礼向李鸿章详细介绍日本的明治维新时,李鸿章旗帜鲜明地断然表态说:"我国绝不进行这种变革!"[19]

直到1896年,李鸿章出访欧洲,英国的舆论仍批评他说:"就内政而论,中堂来英后,未遑考吾英之善政,而惟留意于船台枪炮与夫铁路电报之属,未免逐末而忘本。"

这番批评,真是一针见血!甲午之战打败了,丧权辱国的《马关条约》签订了,祖国的一大块领土——宝岛台湾被割走了,两亿三千万两白银出赔了,你李鸿章还执迷不悟啊!还在那里船台枪炮、铁路电报问个不休,而"吾英之善政",君主立宪的英国资本主义政治制度、思想等方面,竟然视而不见,充耳不闻,岂不怪哉!

李鸿章们的上述时代的、社会的局限,实际上也是大清帝国时代的、社会的局限。大清帝国社会内部诸因素的局限,制约了那场表面上似乎风光一时的"同光新政",使之只能是一场浮在表层的改革。这场改革由于缺乏新时代所需要的深层底蕴,而终于在甲午战争的惨败中崩溃。"同治中兴",成为大清帝国生命中的回光返照。

与大清帝国同时向自由资本主义晚期所容留的那个稍纵即逝的空间实行冲击的,除了日本与中国外,还有许多东方国家。放眼四望,在明治维新与洋务运动前后,曾经出现过19世纪20、30年代埃及的穆罕默德·阿里的改革;1848—1851年伊朗的密尔扎·塔吉汗改革;以1839年《御园敕令》为顶点的奥斯曼帝国的改革;缅甸曼同王的改革;埃塞俄比亚西奥多二世的改革,以及泰国、马达加斯加、突尼斯等国的上层改革。由于所有其他东方国家同中国一样,缺乏日本明治维新社会条件中那些比较成熟的主客观因素,因而它们都成为大清帝国的难兄难弟,在封建上层自强自救的奋斗中,被淘汰出局。[20]

大致在19世纪70年代,西方资本主义开始向早期帝国主义发展。受垄断资本需要的支配,西方殖民列强纷纷致力于海外领地的独占,由此展开了瓜分世界的争斗。在这种情势下,东方国家再想走上独立发展的资本主义道路,已经再无可能。此时的大英帝国政治家们,一改往常在殖民地问题上的自由主义态度。本杰明·迪斯累里和约翰·张伯伦急剧转变立场,力主帝国的殖民扩张。[21] 大英帝国在非洲疯狂活动,企图实现其从开罗(Cairo)到开普敦(Cape Town)殖民统治的2C计划,在亚洲,经1885年第三次英缅战争征服了缅甸,并向我国西藏、云南渗透;法国在中法战争(1884—1885年)后占领了整个印度支那地区;德国狂呼"需要蓝天下的地盘";刚刚摆脱沦为殖民地命运的日本,更加穷凶极恶,灭琉球,攻我台湾,渗透朝鲜半岛。与此同时,列强开始在华划分势力范围。俄划东北,法划西南,德划山东,日划福建,大英帝国作为列强侵略之龙头,则划长江流域。

此时,外部环境已经严密地堵死了大清帝国的出路。洋务运动的自身局限,使清王朝错失了自救的最后一个机会。待到康梁维新派在光绪皇帝的支持下推行变法,不仅内部政治力量对比依旧不利于维新,外部环境也不允许这个在水准上接近明治维新的运动走上坦途。维新派领袖们对这一外部形势之严峻,是有所认识和警觉的。还在19世纪80年代末,康有为就敏锐地看到:"于今俄筑铁路于北而近盛京,法规越南于南以取滇粤,英启滇藏于西,日伺高丽于东,四邻皆强,我危逼极矣!"他指出,"中国发愤,只有此数年闲暇,及时变法,犹可支持,过此不治!"

康有为没有认识到,按当时的国际形势,"数年闲暇"也是一个过高的估计。实际上,就是马上变法,恐怕也为时过晚,终归也是"不治"。

戊戌变法失败后,梁启超亡命扶桑,痛定思痛,才有了一个比较准确的总结。1898年10月6日,他在致日本首相大隈重信的信中,对比了明治维新与戊戌变法的国际条件,指出:"贵邦三十年前,外患未亟,其大忧仅在内讧,故专恃国内之力而即可以底定。敝邦今日如以一羊处于群虎之间,情形之险,百倍贵国。"[22]

果然,未几而八国联军攻占北京。1901年的《辛丑条约》,不仅规定了大清完全半殖民地化的地位,同时也敲响了这个彻底腐朽的封建老大帝国的丧钟。

五

从1840到1911年这70年,大清帝国的命运和中华民族的命运,从同轨走向分途。

当英国发动鸦片战争,打开中国大门的时候,大清帝国虽然颟顸,却仍然扮演着中华民族捍卫者的角色。正因为如此,林则徐的禁烟活动,使他名垂青史,成为中华民族的民族英雄。他那"苟利国家生死以,岂因祸福避趋之"的名句,激励着一代又一代的后来者,为中华民族的尊严与复兴而献身。关天培、陈化成等爱国将领牺牲了,但三元里平英团的旗帜,继续高扬起来。即便是那个半是偏执、半是昏庸的道光皇帝,也曾派出自己的两名皇侄统兵南下,抗击英国殖民侵略者。

此时,大清帝国的抗争,就是中华民族的抗争;大清帝国的屈辱,就是中华民族的屈辱。大清帝国,对外代表着中华民族的利益。两者的命运,大致是同轨的。

这种同轨状态,并不限于第一次鸦片战争。可以说,在此后的70年间,每逢西方殖民主义、帝国主义列强以武力侵犯中国,中华民族与外国侵略者之间的民族矛盾上升、激化的时候，大清帝国总是以程度不同的状态，代表着中华民族的利益。大清帝国的命运，总是程度不同地与中华民族的命运处于同轨状态。因此，凡是在卫国战争中作出过贡献直至捐躯的大清将士，包括统治集团的成员，都是中华民族的英烈，或是应在某种程度上给予肯定的历史人物。同时，凡是在国家进步的事业中有所作为的人士与活动，也均应给予某种程度的注意与认定。正是在这个意义上，我们在中华民族的丰碑上镌刻下冯子材、刘永福、邓世昌、林永升等人的名字，我们在中华民族的庙堂上留下左宗棠的座位；我们甚至给洋务运动的若干举措在中国现代化的发展进步史上安排若干篇章。

这种同轨状态，却并不总是可歌可泣的。伴随着历史的发展，大清帝国盛极必衰的自身规律在殖民主义、资本主义的外部力量催化下，日益加剧表现出来。这样一来，日益腐朽的帝国与中华民族命运的同轨状态大受影响，其时段越来越短，其程度越来越弱。二者分道扬镳的趋势，则越来越强。

大清帝国与中华民族命运的"星分异轸"，源自殖民主义、帝国主义侵略外力影响下剧烈变动的中国社会。

当西方殖民侵略使中国社会发生结构性的震动，从而造成并加剧中国内部社会矛盾激化的时候，中国的下层群众则采取国内战争的形式，对面临着的社会危机和隐藏在社会危机后面的民族危机作出反应。轰轰烈烈的太平天国大起义，就是这类情况的典型。在这种情况下，广大下层民众——破产农民和手工业者的命运，便不再以大清帝国为依托。他们的殊死抗争，正是人民大众不愿随大清帝国的陨落而跌进被西方奴役的深渊，因此奋起力图掌握自己命运的表现，从某种意义上讲，正是洪秀全和他领导的太平天国运动，代表着中华民族命运的方向。

我们不难看到，太平天国义旗高扬下的农民与手工业者，仍然是大清统治下的中世纪社会的草根大众。因此，他们赖以抗争的精神武器，仍然来自其旧的精神家园："同中世纪的所有群众运动一样，总是披着宗教外衣。"[23]这一次，洪秀全索性将西方基督教"拿来"，引进中国，加以中国草根大众化，建立了拜上帝会，激发了无数下层民众献身天国的精神力量。

乡村知识分子洪秀全的教育水平与文化修养有限。定都天京后，这位太平天王迅速腐化，带着数以十计的嫔妃在天王府后苑里游玩，写出的记游诗也甚为粗鄙："乃车对面向路行，有阻回头看兜平，苑内游行真快活，百鸟作乐和歌声。"[24]

就是这么一位"快活"天子，公然指斥清廷为"阎罗妖"，宣告同大清帝国的命运决裂，率领起义民众，将后者打得威信扫地。无论在夺取初步胜利后，他本人与起义的领导集团何等迅速腐败，但在万千中下层起义军民献身神圣事业的理想主义能量释放完毕之前，太平天国毕竟挺立了14个年头。

太平天国运动的宗教色彩，并不是孤立的。在19世纪的东方，它在许多东方国家的民族运动和社会运动中都可以听到对自己的响应。从形式上看，众多的这类披着宗教外衣的斗争，颇与时代脱节。洪秀全的拜上帝会，更是将近代西方基督新教加以前资本主义化，这似乎显然是一种倒退。

然而，从历史的长河看问题，这种倒退正是为了适应当时中国下层民众的状态，正是为了与下层民众的领悟水平挂上钩，然后拉动他们前进。在这个意义上，倒退正是为了进步：前资本主义化，正是为了向资本主义前进做出某种准备。

诚然，洪秀全的理想、理念中，有着大量对基督教教义的扭曲。这些扭曲令西方传教士大惊失色。[25]但是，洪秀全引进了天下一家，俱是兄弟姐妹等基督教平权思想，却令曾国藩兴起"开辟以来名教之奇变，我孔子孟子之所痛哭于九泉"[26]的那种深深的恐惧。这种借鉴，正是中国近代化、现代化的序幕；它所播下的基因，在此后中国社会的变迁中发挥作用。[27]

太平天国运动，是中华民族的命运与大清帝国命运分道扬镳的一次预演。统治阶级的腐朽，使大清帝国日益与时代脱节，外不能抵御殖民主义、帝国主义的侵略与压迫，内不能跟上社会进步与国家现代化的需求，终于成为资本主义世界大潮的弃儿，时代的落伍者。待到八国联军之役后，清廷再无与外国帝国主义较量的胆气，只剩下"宁赠友邦，不予家奴"的在列强面前的摇尾乞怜，大清帝国的日子也就屈指可数了。

然而，大清帝国的气数已尽，绝不等于中华民族也从此沉向深渊。有着数千年文明和一以贯之的历史的中华民族，自有无穷的活力。太平天国失败了,下层民众反抗的火种还在。当康梁维新派尚无觉悟与力量,将自己学习西方资本主义先进的制度文明与精神文明的活动,与草根大众相结合的时候,草根大众的抗争,甚至会以更为原始、更为落后的形式爆发出来,掀起义和团运动。这一运动虽则落后到了具有某种讽刺意味,但运动中下层民众表现出来的那种视死如归的精神,却令即将瓜分中国的帝国主义列强望而却步。那视死如归的精神,正是中华民族决然不同于大清帝国的地方,后者已气息奄奄,前者却生机无限!

当孙中山先生领导的资产阶级革命派,终于以共和思想武装了自己的头脑,并高扬起民族、民权、民生的三民主义大旗时,千百革命派青年终于放下身段,到士兵中去,到下层社会去,到海外劳苦华侨大众中去,与那里的民众与秘密结社相联络、相结合。这种活动的结果,终于酿成了辛亥革命。恰当此时,欧洲帝国主义列强正在分裂、组合,形成两大军事集团,为了争夺全球霸权,全力准备着一场空前的强盗之间的大厮杀。第一次世界大战的脚步早已悄然逼近。外部世界难以聚合力量,再一次组织什么八国联军来干涉中国内政,挽救大清帝国。孙中山领导的比较完整和正规意义上的共和革命,遂得以在这又一稍纵即逝的外部缝隙中冲击成功。

大清帝国终于灭亡。

注 释

〔1〕《马克思恩格斯全集》第46卷,上册,第48页。
〔2〕《史记·孟子荀卿列传》。
〔3〕 J. S. Kirkman ed. , *The Portuguese Period in East Africa* , Nairobi, 1968, p. 73.
〔4〕 R. Greenfield, *Ethiopia , a New Political History* , London. p. 61.
〔5〕 梁英明等:《近现代东南亚》,北京大学出版社1994年版,第23页。
〔6〕 参见郑家馨主编:《殖民主义史·非洲卷》,北京大学出版社2000年版,第155—157页。
〔7〕 史澄:《广州府志》卷一二二。
〔8〕 Emil Bretschneider, *Mediaeval Researches , From Eastern Asiatic Sources* , Vol, II, p. 319, London, 1910.
〔9〕《明世宗实录》卷二四。

〔10〕 郭棐:《广东通志》。
〔11〕 纳忠:《阿拉伯通史》(上卷),商务印书馆1991年版,第130页。
〔12〕 转引自郭应德:《古代中国和阿拉伯之间的经济关系》,载《中国与亚非国家关系史论丛》,江西人民出版社1984年版,第189页,原载塔巴里,《历代民族和帝王史》(第6卷),开罗,1939年,第143页。
〔13〕〔14〕 戴逸主编:《18世纪的中国与世界》,戴逸著《导言卷》,辽海出版社1999年版,第14、15页。
〔15〕 侯建新:《中世纪晚期中英农业发展趋向的比较》,载罗荣渠主编:《各国现代化比较研究》。
〔16〕 拙著:《"华夷秩序"论》,《北京大学学报》,1998年第5期。
〔17〕〔18〕 高岱、郑家馨著:《殖民主义史·总论卷》,北京大学出版社2003年版,第56页。
〔19〕 木村匡:《森先生传》。
〔20〕 拙著:《十九世纪中叶东方国家的上层改革活动》,《历史研究》1981年第4期。
〔21〕 欣斯利编:《新编剑桥世界近代史》第11卷,中国社会科学出版社1987年版,第531页。
〔22〕 《新党某君上日本政府政党论中日政变书》,中国近代史资料丛刊《戊戌变法》第2册。
〔23〕 恩格斯:《论早期基督教的历史》。
〔24〕 唐德刚:《晚清七十年·太平天国》。
〔25〕 洪秀全的业师、美国传教士罗孝全,就拒绝给洪氏受洗。
〔26〕 曾国藩:《讨粤匪檄》。
〔27〕 孙中山就自称"洪秀全第二"。

此文发表于《史学理论研究》2004年第1期。

汉文化的必然抉择

——再论世界历史上的大清帝国

1644年,大清铁骑入关。中国历史上最后一个封建王朝,由此开始了它长达268个年头的统治。

清王朝是由一个源自关外白山黑水之间的少数民族——满族所建立的。在先后击破大顺、大西等农民政权以及南明诸小朝廷之后,面对着广袤无垠的疆土和亿万臣民,如何治理的问题立刻提上了统治集团的议程。用今天的话来说,就是:这个起自山林、草地的强悍民族,在环境和地位转化之后,如何迅速文明化,采取何种类型的文明化,就成为当务之急的事。

大清帝国的统治者面前,究竟有无可供选择的不同类型的文明呢?

答曰:有。

那么,面对着这些可供选择的不同类型的文明,大清的帝王与统治集团,又究竟有无选择的自由呢?

答曰:无。

一

当清初的帝王们君临天下时,我们这座星球上早已兴衰往替过众多的文明。就大清帝国创立初期而言,它所面对的世界上,共有三大文明圈,即:中华文明圈、穆斯林文明圈和基督教文明圈。[1]

对于大清帝国的统治者来说,伊斯兰文明或文化,确实是一个可供选择的对象。

自7世纪中叶穆罕默德创立了伊斯兰教开始,阿拉伯人在圣战大旗下东征西讨,迅速建立起一个地跨三大洲的阿拉伯帝国。

恩格斯指出:"伊斯兰这种宗教是适合于东方人的,特别是适合于阿拉伯人的。也就是说,一方面适合于从事贸易和手工业的市民,另一方面也适合于贝都英游牧民族。"[2]

以阿拉伯帝国为核心地带的穆斯林文明圈迅速向东扩展。751年的怛逻斯之役,就是向西延展的中华文明圈与穆斯林文明圈在中亚地区的一次碰撞。大唐帝国在这次冲突中的挫败,标志着穆斯林文明在中亚稳住了局面。

1006年,尉迟家族统治下的于阗为来自喀什的黑韩王朝所征服。"此后的历史构成了新疆历史的转折时期,即伊斯兰化、突厥化的时期。"[3] 伊斯兰教沿丝绸古道逐渐向内地流布。特别是经过蒙古西征和元朝的统治,内地和西域的人员、文化流通更加迅猛。到了清初,河西走廊乃至陕西、宁夏一带,伊斯兰文明早有后来居上之势。我国西北诸民族,大多接受了伊斯兰文明。[4]

与此同时,伊斯兰文明沿海上丝绸之路向印度洋乃至西太平洋广大地区推进。从10—15世纪,自瓜达富伊角南下,在东非沿岸,涌现了数以十计的伊斯兰城邦。"葡萄牙人抵达时,该地区最强大的小国是建于980年的基洛亚,它是索法拉、安古什、莫桑比克、桑给巴尔、彭巴、蒙巴萨、马林德和莫加多乔等苏丹王国的君主国。"[5] "从红海到德康王国南部边界的辛塔科拉河一带沿海散布着许多穆斯林公国。在阿拉伯半岛沿海是亚丁国、沙埃尔和法尔塔克等小国;在波斯湾入口处是霍尔木兹王国,紧接着是胡茶辣和德康王国。"[6]

在印度西海岸,"马拉巴尔分裂成若干个极小的封建国家,分别由一个君王统治,几乎所有的君王在不同程度上都承认最强大的君主,即卡利卡特的萨莫林国王的权威。这些都市化了的沿海王国以香料和其他东方物产贸易为生。阿拉伯人垄断了这种贸易。"[7] 显然,阿拉伯人已掌握了上述这些城邦的经济命脉,这些城邦伊斯兰化的程度也就不问可知了。

在东南亚,伊斯兰文明更从阿拉伯、印度乃至中国几个方向传入该地区。据记载,11世纪在占婆已有穆斯林商人聚居点;11世纪末12世纪初,东爪哇锦石附近发现有镌刻着阿拉伯文字的墓碑。[8] 13世纪末到14世纪上半叶,苏门答腊北部地区已经伊斯兰化。证据是:1292

年,马可·波罗返国途经苏门答腊,记载说当地穆斯林商人不少,居民多已改奉伊斯兰教。[9]在巴赛河畔发现的须文达那王国素丹马力克·阿萨勒的墓碑,时为1297年;1345—1346年,伊本·巴图塔访华途中往返经过须文达那,发现当地统治者和居民均奉伊斯兰教沙菲派教义。[10]当大清立国前后,东南亚马来半岛、印度尼西亚群岛乃至菲律宾群岛南部均已伊斯兰化。其中,亚齐王国于1629年曾派出200艘战船,20000大军进攻马六甲的葡萄牙殖民者;[11]17世纪上半叶,伊斯兰王国马打兰已在爪哇居支配地位,强大的素丹阿贡(1613—1645年在位)自称苏苏胡南,意为"万人之王",伟大的素丹。

这样,在大清立国前后,它的西北与东南周边诸国,有许多早已伊斯兰化的国家,成为穆斯林文明圈的东方边缘地带。在大清帝国的内部,穆斯林文明已在西北地区和东南沿海乃至云南等边陲地带扎根,成为那里诸少数民族的主流文化,并在漫长的历史过程中融入中华文明,成为中华文明的一个重要组成部分。

伊斯兰文明是一个伟大的文明。在世界中古史上,它曾经创造了璀璨的文明成果,并在世界文明交汇的历史上起过举足轻重的作用。广大穆斯林民众在天文学、地理学、医药学、建筑学、数学、文学、艺术等诸多领域都做出了杰出的贡献,伊斯兰文明与中华文明经由海陆两大丝绸之路的交流,其成果在人类文明的发展史上更是放射着不朽的光辉。特别值得强调的是,许多古代希腊、罗马文明的成果,恰恰是由于伊斯兰文明而得以保存下来,并辗转传回欧洲,对那里的文艺复兴与启蒙运动起到了重要的催化作用。

这样一个古代的先进文明,显然高过满族入关前文明的水平。在它流布到的中国各地,特别是西北地区后,已被那里众多的少数民族所接受,而且从总体讲来,这种接受基本上是一个和平的自然历史过程。在接受伊斯兰文明之后,那里众多的民族在伊斯兰化的过程中明显受益,迅速提高了自身的文明水平。

然而,建立了大清帝国的满族,却没有这样做。大清帝国的统治者们,在君临中华大地的时候,对伊斯兰文明虽然包容,却摒弃了伊斯兰化的选择。

二

西方基督教文明圈距离中华甚远。但是,在大清开国的时候,这一文明应该说也在其文明选择的视野之内。

事实上,从马可·波罗时代起,富庶的中华文明就牵动着西方人的心,也牵动着以普世文明为己任的罗马教廷的心。蒙古西征与元帝国的建立,造成了一时东西方海陆大道畅通的形势,"蒙古的和平"或称"鞑靼的和平"所营造的背景,有利于此后基督教文明力量规模性地来华。

如果说,伊斯兰文明在中国的流布,是一个自发的、自然的漫长历史过程,那么基督教文明则是带有鲜明的目的,自觉地定下了在华扩展的时间表。伊斯兰文明经过大约千年的历程,才在中国西北地区及东南沿海等边远地区得以安身立命,生存发展;基督教文明力量则是在短短数十年内,对中国快速推进,直指中枢。自1552年沙勿略病故上川岛,1578年范礼安哀叹中国大陆之难登,[12]到利玛窦终于获准入住京师,身着儒装传耶教,口诵"四书"讲《圣经》,基督教文明在北京和中国各地建立了若干据点,特别是在中国社会上层甚至宫廷之内也获得了一席之地。到了明朝末年,中国的天主教徒已达38000名,其中包括徐光启这样的高级官吏,还有一些皇室成员。当明帝国风雨飘摇,南明政权流亡四方的仓皇之际,明朝的统治者们甚至还动过征召澳门的葡萄牙"夷"勤王的念头。可见,还在大清立国之前,基督教文明的力量,在中国已是一个小小的客观存在。

明清鼎革之际,基督教势力对于清兵入关、大清立国的态度是积极的。传教士黎玉范更坦率地说:"当河水变浑,渔人的机会就来了。"[13]意思是战乱年间,人们对祸福无常感受更深,更需要寻求精神的寄托,正是浑水摸鱼、传播基督教的大好时机。

平心而论,明清改朝换代对于中国社会发展和中国社会各阶层的生存环境都产生了重要影响,却唯独对基督教在华力量影响甚微。在相当一段时间里,西方传教士在清朝的宫廷里,地位甚至超过明朝时期。南怀仁督造神威大炮;陆嘉伯制造钟表器械;雷思孝、白晋等主持测绘《皇舆全览图》;洪若翰、刘应、安泰等为皇帝疗疾保健;郎世宁等参与"万园之园"——圆明园的设计与修建,等等。一时间,高鼻深目之属,奔走于帝辇之侧,宫苑之间,甚为活跃。

明清之际来华的基督教势力所代表的基督教文明,是一种过渡时期的西方文明。这就是说,十六七世纪的西方基督教正处在一个转折时期。就罗马天主教而言,从全局上看,它所代表的是欧洲中世纪的反动与落后,是与当时欧洲近代资本主义大潮背道而驰的力量,是一种日趋衰落的文明。然而,正在此时,一种新的近代基督教文明——欧美近代资本主义文明,正在旧文明的躯壳内生长并渐趋成熟。基督教新教力量正在蓬勃发展。一场欧美近代资产阶级政治革命的大潮,正几乎与大清帝国的崛起同时展开。作为这场政治革命的先声和舆论准备——思想革命,即文艺复兴——也早就登上历史舞台,上演出一幕幕辉煌的历史话剧。

所有这些新文明力量,无论是文艺复兴、新教崛起,还是隐藏在这些活动背后的深层社会变化:早期资本主义、殖民主义所根植的社会生产、生活的深刻变化,近代科学技术的萌生,都不可能不影响到罗马天主教。

早期基督新教与罗马天主教之间的你死我活的斗争,最终并没有导致一个你死我活的历史结局。新旧两教毕竟"本是同根生",而没有像两个异质宗教、文化之间那样产生不可调和的拼斗。伴随着历史的发展,社会的进步,我们在历史长河中看到了一个奇特的、令人惊异的现象,那就是:罗马天主教并未一以贯之地沿着反动、落伍的轨道滑下去,直到衰微、消亡,而是不断进行并实现着自己的改革与转变,终于转化为适应近代资本主义发展的宗教,最终融入近代西方基督教文明,成为这种新型文明的一个重要内容与支柱。

罗马天主教的这种自身转化,当然不是一蹴而就的,而是经历了一个颇为艰难的漫长历史过程。然而,这种自身转化的因素,同样是渗透、贯穿在整个历史过程之中。可以说,早在明清之际来华的西方传教士——哪怕是那个堪称反动的耶稣会派遣来华的传教士的活动中,就已渗透了上述自身转化的因素,折射反映出上述自身转化的历程。

这就是我们要讲的,明清之际早期来华传教士在华活动的历史双重性。一直以来,在讨论早期来华传教士的活动时,往往容易强调其某一方面的身份和作用。如强调其殖民主义角色的反动性而加以批判;

或强调其近代科学文化传播角色而给予揄扬。近来,又有一种观点,指出早期来华传教士所带来的科学文化,并非先进的近代资本主义科学文化,而是落后的中世纪的科学文化,等等。

上述这些评判,都有一定的道理。然而,如果我们从罗马天主教自身转化的大背景下,从传教士们在华活动的双重性这一角度来考察,有些问题就似乎显得更为清晰。这里还必须赘言的是,传教士们的个人背景,在文化修养、教育程度、知识范围乃至立场、观点诸方面之间常常差别极大,最好避免一概而论。不过,我们仍然希望寻找出他们的一些基本共同轨迹。

首先,早期来华的传教士们,大都是比较纯粹的宗教人士。这里讲的比较纯粹的宗教人士,是指他们有颇为虔诚的基督教信仰,有颇为虔诚的基督教普世化的奉献精神;他们来华目的性鲜明,就是自觉地传播上帝的福音,自觉地传播基督教文明,自觉地用基督教文明,特别是基督教的精神文明,还有制度或政治文明,改造中华固有的一切。应该讲,早期来华传教士们的这种自觉性,是既纯且高的,日后那些跟着西方列强炮舰横冲直撞而来的同行们,在这一点上是不能望其项背的。

其次,可惜,这些早期来华的传教士们所背负的和所要传播的基督教文明,在其精神层面和制度(政治)层面,仍是落后的且可说是反动的。这是因为他们均为罗马教廷所派遣,因而他们所代表和要传布的,是罗马天主教的精神文明与制度(政治)文明。此时的罗马天主教,从根本上说,还站在世界近代大潮的对立面,它的自身转化,从质变的意义上讲尚未到来,尚需假以时日。因此,即使此时的罗马天主教内涵中可能已开始或准备开始某种与时俱进的变化;特别是即使在那些来华的传教士当中有某些人在某些方面已经受到欧洲文艺复兴先进思想文化的影响,并或多或少地将这些影响带到中国、带进他们的在华活动之中,那也难改变大局,即难以改变一个根本的定性:早期来华传教士所传播的西方文明,在其精神层面和制度(政治)层面,总体说来还属于前近代的范畴,因而乏善可陈。

然而,这批早期来华的传教士,却是一批不可等闲视之的人物。李约瑟指出:"在文化交流史上,看来没有一件事足以和17世纪时耶稣会传教士那样一批欧洲人的入华相比,因为他们充满了宗教热情,同时又精通那些随欧洲文艺复兴和资本主义兴起而发展起来的科学。"[14]他们是处于转轨时期的欧洲基督教文明的精华,是一批胸怀大志、抱有"基督教文明普世"理想主义的知识分子,而且其中许多人还是高级知识分子。他们不仅有理想、有抱负,而且还有才华、有知识。可以说,他们是当时欧洲文明全方位武装起来的、身穿天主教僧袍的讲师团。他们渊博的知识,远不是一领教士僧袍就可以罩得住的。他们的自然科学知识,很难用古代科学或近代科学一言以蔽之。愚以为,还是说他们有着转轨时期的、内涵丰富的科学知识比较妥当;更何况科学知识并不需要那么鲜明的时代性与阶级性来加以界定,再成为臧否人物的准则。

这批传教士所代表的西方文明,即使是转轨时期的文明,即使是当时在欧洲已经是落伍甚至反动的罗马天主教的中世纪文明,比较起刚刚草创大清的满族来说,仍然是一种高级的外来文明。而且,这批传教士大多修身甚严、学养甚优、气质甚佳,他们展现的人格与知识技艺的魅力,常令明清两朝君王万历、崇祯和康熙、乾隆们颇为倾倒。总之,西方基督文明也曾是大清帝国可供选择的文明之一。

然而,大清也未选择这一文明。

三

在三大可供选择的文明或文化当中,大清帝国的统治者们摒弃了伊斯兰和基督教文化而唯对中华文明的主流汉文化情有独钟,是自有原因的。

这原因,有的的确来自伊斯兰与基督教文明方面。

就西方基督教文明而言,这种外来的一神论信仰本身,其自身固有的排他性,对于一统华夷,君临天下的大清帝王来说,已经构成了一种潜在的威胁,而罗马教廷,远在天边,却偏要对中国的事务指手画脚,就将这种潜在威胁急剧显现化。康熙年间发生的"礼仪之争",由罗马教廷蓄意挑起,且因其颠顸无知而迅速恶化。教皇的禁谕排斥敬天、排斥祭孔甚至排斥祭祖;进而还要求教廷代表掌管在华传教士事务,欲开治外法权之先河。这种极端错误的决策,终于导致大清与教廷的关系完全破裂。大清的禁教,也就终于将西方基督教文明拒之门外。

至于伊斯兰文明的落选,就该文明自身而言,其核心区距中国毕竟较远,因而同基督教文明一样,在向大清统治者传播时无近水楼台之优势;由元入明以后,信仰伊斯兰教的色目人政治地位急剧下降,明廷的民族同化及歧视政策,使得形成中的回族向西北、东南沿海和云南等边远地区流散、集聚。伊斯兰文化也就随之而更加被边缘化。同时,伴随着伊斯兰教传入中国内地日久年深,它与中国儒家文化相交融的倾向愈益明显,伊斯兰教长期演变实现了中国化,具有强烈的中土气息。因而在大清统治者入关之后,在吸收中原先进文化时,伊斯兰文化对他们已缺乏特色鲜明的吸引力。[15]

不过,大清的统治者们最终选择了汉文化或者说选择了以儒佛道为核心内容的古代中华文明为帝国的主体文明,而满族也终于将这一古代文明定为自身文明化的方向,其根本原因还是来自满族与大清帝国自身的基本状况:社情与国情。

刘家和先生认为:"当时世界上有两个或多个文化中心,每个中心都形成一个'引力场',清朝统治者选择汉文化就像日耳曼人选择罗马文化一样,看起来是自由的,实际上则是必然的。"[16]

这个历史的必然,首先就建立大清帝王们所君临的主流社会和基本臣民的状况上。

马克思主义经典作家指出:"劫掠方式本身又决定于生产方式。例如,劫掠一个从事证券投机的民族就不能同劫掠一个游牧民族一样。"[17] 当一个文明水准较低的民族劫掠一个文明水准较高的民族时,在最初的烧杀抢夺之后,其劫掠模式将必然地、不以人们意志为转移的适应于被劫掠者的生产方式。特别是当这种劫掠走向长期化、持续化和制度化时,劫掠即演变为统治;而统治方式就更是不以人们意志为转移地需要适应被统治者的生产方式,适应于后者的文明水准与类型。

大清帝国治下的主流社会和基本臣民,是亿万汉族农民为主体的农业社会;而这个农业社会,又有着数千年一以贯之历史的、高度发展和成熟的古代农业文明。

这是一个辉煌璀璨的文明,在古代世界处于遥遥领先的地位。它的器物层面,有着令所有古代民族都欣羡向往的丝绸、陶瓷,有着让所有古代民族都受益匪浅的火药、罗盘、纸张与印刷术;它的制度层面,有着一整套完备的帝国行政、司法体系与运作机制;它的精神层面,更有着以儒家学说以及与此相融的佛家、道家学说为核心的丰富、深邃精神文明以及与之相适应的礼仪习俗。

大清帝国的统治对象,就是这样一个高度发展、成熟的古代文明浸透的农业社会;它的臣民主体,就是数千年来世世代代生活于这一环境的亿万汉族民众。若想稳固地统治这个帝国,大清君王们别无选择,只能对中华文明的主体汉文化情有独钟,只能将自己的文明化指针选定在这个方向。

这个历史的必然,还建立在满族的基本状况上。

这是因为,入关立朝的满族,对于当时广大汉族民众来说,毕竟是一个居于征服地位的外来统治民族,它的上层更居于大清帝国统治集团中的主流和中枢地位。

"统治阶级的思想在每一时代都是占统治地位的思想。这就是说,一个阶级是社会上占统治地位的物质力量,同时也是社会上占统治地位的精神力量。支配着物质生产资料的阶级,同时也支配着精神生产的资料,因此,那些没有精神生产资料的人的思想,一般地是受统治阶级支配的。"[18] 如果满族在立国入关前就已经接受了伊斯兰化或西方基督教化,那么大清帝国的文明化方向就可能另有他途。因为,一个伊斯兰化或西方基督教化的征服者民族及其统治集团,很可能运用自己掌握的权力,推进全社会的伊斯兰化或西方基督教化,哪怕它面对的是一个汉族文化或中华文明的汪洋大海,哪怕那推行的结果并非成功。

然而,历史现实是,满族在立国、入关前,非但没有伊斯兰化或西方基督教化,反而是已经在相当程度上汉化了。

15世纪下半叶,建州女真崛起于关外。1616年,努尔哈赤即汗位,国号"金"。在不断扩张的过程中,不仅女真诸部都归顺到努尔哈赤旗下,还有大批蒙古、朝鲜和汉族民众也被纳入其统治。当清河、抚顺、辽阳和沈阳等地被努尔哈赤占领后,又有数十万汉人流入后金。1626年皇太极即位后,伴随着汉族人数剧增,满族日渐在数量上处于劣势。农业社会已成为满族治下的基础。满族统治集团几乎没有什么障碍,就采用了以土地为媒介的人身支配方式。后来,由于越来越多的汉族知识分子归顺,汉文化或古代中华文明主流也加速流布后金,并起了越来越大的作用。1636年,皇太极改国号为"大清"。在此前后,满族全面接受明王朝的行政架构体制,大量吸收汉族知识分子进入官员队伍。特别是以范文程与洪承畴为代表的汉族高级知识分子进入政权中枢,更对满族在制度文明与精神文明层面接受中华文明起了举足轻重的影响。

这样,入关前的满族的生存大环境已经农业社会化,满族统治集团已经开始接纳儒学,将其视为正学;君临全中国后,更仿历代前朝之例,尊孔子为大成至圣先师,重修曲阜孔庙;以儒学为正统,礼遇博学鸿儒,重视四书五经,恢复儒家经典为核心的科举制。[19]特别值得注意的是,皇太极这位大清帝国的奠基者就已指出:"明初规模详备,数传而后,虽兵马屡挫,城池屡失,而国势屹然未倾。"[20]顺治初年,在多尔衮主持下,翻译明太祖《宝训》颁行天下,[21]清承明制,基本完成。

大清帝国终于选择了汉文化,选择了中华传统文明为自己的立国之本。

四

清朝的统治者们放弃了伊斯兰文明和西方基督教文明而选择了汉文化,选择了以儒家(或儒、佛、道)为核心内容的中华古代文明,对此后中国历史的发展究竟有什么样的影响呢?

我以为,这一选择对于中国历史此后的发展影响是双重的,既是幸运,又是不幸;是喜剧性的,又是悲剧性的。

首先,让我们来做一次历史的假设,虽然我们知道,历史是没有假设的。

假设清朝的统治者,由于某种设定的原因,选择了伊斯兰文明或西方基督教文明,又将如何呢?

大家知道,在两种异质文明发生碰撞时,彼此之间最容易相互汲取与接纳的就是其物质或器物层面;在制度与精神层面,艺术如音乐、美术、建筑术等领域也不常受到严拒;困难的方面在于其理念、价值取向、道德规范,等等。特别是宗教,彼此排异性极强。伊斯兰和基督教文明的核心,恰恰都是排他性极强的一神宗教。因此,倘若历史真的出现了错位,让满族在新建的王朝和帝国运用其政权的力量贯彻、推行伊斯兰或基督教文明,那么在已有数千年文明史的中华大地上,特别是主要民族——汉族聚居的地区,将会发生一场长时间、大规模的民族的、宗教的、文化的冲突风暴。试想,仅仅一个"留发不留头"的薙发习俗,就引起了那么强烈的反感、抵制、仇恨乃至抗拒的波澜,那么,事关文明的思想意识的核心冲突,将会引起多么大的灾难性后果,难道还不清楚么?!试想,祖宗庐墓摒弃了,家族祭祀抛弃了,忠孝传家抛弃了,孔圣人的牌位抛弃了,"上天言好事,下界保平安"的灶王爷抛弃了,甚至"普天之下,莫非王土;率土之滨,莫非王臣"也抛弃了,如果那样的话,一个高度发展的成熟的古代农业文明和亿万数千年陶冶在这一文明中的最广大民众就会毫不犹豫地作为一个整体,站在清朝统治者的对立面,揭竿而起;大清帝国在其初创期就会迎来长期的动荡与混乱;满族统治集团能否稳固自己的政权都会成为问题,哪里还谈得什么康雍乾盛世?哪里还谈得上大清王朝长达268年的历史?

由此看来,清朝的统治者选择了以汉文化为主流的中华文明,真乃一大幸事。这一抉择,大大减轻了一个少数民族入主中华所必然带来的震荡,缩短了大清帝国初期稳固统治、稳定局面的时间;同样地,这一抉择也促进了康雍乾盛世的早日到来,促成了大清盛世经济、文化全面的高涨。满族,作为中华民族大家庭的一员,也为古代中华文明的丰满昌盛作出了一份杰出的贡献。

与大清统治者,特别是康熙大帝(1662—1723年在位)面向东方几乎同时,俄国的彼得大帝(1685—1725年在位)则面向西方,将俄罗斯强拉进西方近代化的轨道。从此,原来相近的两个老大帝国——俄罗斯帝国和中华帝国彼此间渐行渐远,有了大起大落的命运分野。这是一个极富有启示性的比较。[22]可惜的是,康熙大帝出身的满族,比较起彼得大帝的俄罗斯民族,在文明的阶梯上差距很大,起跑时就吃了大亏;加之,俄罗斯文化的主流与核心——东正教,毕竟与西欧基督教文明在根子上颇有渊源,靠拢与仿效起来也可行得多。这样,即使如康熙般的宽厚与包容,大清帝国也难以走俄国人的路。

然而,幸运中又隐藏着不幸。大清帝国将自己的脊背对着西方文明的时候,它所摒弃的,是一条通向近代化、现代化的发展道路。这样一来,在它走上一条中国古代几乎前所未有的繁荣昌盛大道的同时,它也走进了一条历史的死胡同。这是一条没有出路的路,通向半殖民地殖民地的深渊。当产业革命推动着近代西方第二次殖民大潮汹涌而至的时候,大清帝国背负着它那已经落伍的古代文明的历史包袱,就只有挣扎的份了。

鸦片战争以后的大清历史,从某种意义上讲,就是古代中华文明与近代西方文明的强化互动史。在两者的关系中,近代西方文明是主动、制动的一方;且由于其自身运动呈某种加速度状态,因而其主动、制动的力度也越来越强。古代中华文明则是消极、被动的一方,且由于其自身晚期过熟呈某种迟滞状态,因而在不断败阵的情况下,其因循、顽固的性质也越加显现。

背负着古代中华文明全部负面历史包袱的大清帝国,几经挣扎,终于沉沦下去;当年是那样英姿勃勃、飞扬大气的八旗儿郎的后裔们,甚至没有挣扎,也在那烂熟的古代文明的溺爱中沉沦下去。古代中华文明的负面占据了这个文明的上风与主流。不汲取近代西方文明和人类文明创造的一切优秀成果,对这一古代文明来一番根本的改造,中华文明的光明面、优秀面就难以翻身,难以重振雄风。

可悲的是,当年以那样的雄才大略和智慧才华选择了汉文化,选择了中华文明的大清帝国的统治者的不肖后裔,以慈禧太后为代表,对于上述文明改造的历史任务,再也无力承担。实行中华文明的根本改造,实现中华民族的伟大复兴,只能期诸未来。

"沉舟侧畔千帆过,病树前头万木春。"大清皇冠落地,中华民众奋起,未来依旧光明。

注 释

〔1〕 应该指出,还有印度教文明、佛教文明等。
〔2〕 恩格斯:《论早期基督教的历史》,《马克思恩格斯全集》,第22卷,第526页。
〔3〕 张广达、荣新江:《于阗史丛考》,上海书店1993年版。
〔4〕 在明代,中国回族共同体形成了。西北地区成为回族主要聚居区。参见邱树森:《贺兰集》,江苏古籍出版社1997年版,第350页。
〔5〕 雅梅依·科尔特桑著,邓兰珍译:《葡萄牙的发现》第1卷,纪念葡萄牙发现事业澳门地区委员会,第43页。
〔6〕 同上书,第71页。
〔7〕 同上书,第51页。
〔8〕 梁立基、李谋主编:《世界四大文化与东南亚文学》,经济日报出版社2000年版,第22—23页。
〔9〕 《马可·波罗游记》。
〔10〕 萨努西·巴尼:《印度尼西亚史》,商务印书馆1962年版,第67页。

〔11〕 C. M. Turnbull, *A Short History of Malaysia, Singapore and Brunei*, Singapore, 1981, p. 33.

〔12〕 1578年,耶稣会派到远东的教务巡视员范礼安(Alexandre Valignani,1539—1606)仍在澳门对着中国大陆叹息:"呵,岩石、岩石,你何时才能裂开?"

〔13〕 J. S Cummins, *A Question of Rites : Frian Domingo Navarrete and Jesuits in China*, Cambridge, 1993, p. 122.

〔14〕 李约瑟:《中国科学技术史》第4卷第2分册,科学出版社1975年版,第640—641页。

〔15〕 邱树森:《贺兰集》,江苏古籍出版社1997年版,第350页;《元代文化史探微》,南方出版社2001年版,第450页。

〔16〕 王大庆:《"清史编纂暨编译工作座谈会"综述》,《世界历史》2003年第6期,第113页。

〔17〕 《马克思恩格斯全集》第12卷,第748页。

〔18〕 马克思、恩格斯:《德意志意识形态》(1845—1846年),《马克思恩格斯选集》第1卷,第52页。

〔19〕 清兵入关当年,皇太极即位后,营建都城,建立了孔子庙,并于崇德八年祭孔。顺治皇帝也派官祭孔;元年十月,又封孔子六十五代孙为衍圣公;修京师文庙;并治明制,举经筵时必在承德殿祭告孔子。商鸿逵:《论清代的尊孔和崇奉喇嘛教》,载《明清史论著合集》,北京大学出版社1988年版,第109—110页。

〔20〕 《清太宗实录》卷三七。

〔21〕 《清世祖实录》卷二五。关于清承明制,参见戴逸主编,郭成康著:《18世纪的中国与世界·政治卷》,辽海出版社1999年版。

〔22〕 参见《"清史编纂暨编译工作座谈会"综述》,钱乘旦先生的发言,《世界历史》2003年第6期,第113页。

此文发表于《史学理论研究》2005年第1期。

无望的对抗格局

——三论世界历史上的大清帝国

在一部中国王朝史上,清朝确实算得上独特。

第一,汉、唐、宋、明四大王朝,历时皆久。但它们都有一个严重的所谓来自北方草原游牧带的"外患"问题:汉有匈奴、唐有突厥、明有女真,而宋则最甚,契丹、西夏之后,更有辽、金与蒙古,强邻压境、蚕食。宋明两代,终亡于北方游牧或游猎民族。唯大清不然,康熙征准噶尔之役后,可以说根除了游牧圈的威胁。[1]

第二,汉、唐、宋、明四大王朝,也皆有盛世。但它们持续的时间都有限,且在盛世之后,多急剧衰败下来。唯大清不然,康雍乾盛世,即从平三藩之乱、收复台湾、雅克萨抗俄始,到乾隆晚年白莲教大起义,足斤足两,持续了一百多年。盛极之后,又有几番挣扎,直到鸦片战争败北,才在不断挣扎中走向衰败。

第三,汉、唐、宋、明四大王朝,皆有昏君。若说开去,则中国历史上甚至有晋惠帝那等说出"何不食肉糜"的昏透之君。唯大清不然,除却那位三岁登基的小宣统,自顺治到光绪,爱新觉罗家族未产生过一个昏皇帝。

可以说,此类特立独行之处,在清是不胜枚举。

然而,大清帝国终于败落,败落在西方列强手中。今天,人们自然都知道,这是一个历史的必然。本文的着眼点,就在于:从大清立国之日起,它落败于西方的历史必然,就隐藏在它与外部世界无望的对抗格局当中;而大清的统治者们,在很长的时间里,还自视为此一格局万世不变的主角与中心。

一

大清帝国与外部世界对抗格局之无望,首先就表现在大清以一己之力,面对西方列强的车轮战。

美国著名经济史家金德尔伯格在其《世界经济霸权:1500—1990》一书中,探讨了近年来国际学术界深感兴趣的"国家生命力"问题。[2] 他认为:"国家的经济生命力要经历类似个人生死的周期","一个国家的经济变化轨迹在不同阶段迥然有异。通常,它沿着一条 S 型曲线发展,一开始缓慢地启动,然后加速,飞速发展一段时期,最后减速。"这种周期的长短,学者们估价不一,布罗代尔周期为 150 年,康德拉季耶夫周期为 50—60 年,等等。[3]

中国素有"富不过三代","君子之泽,五世而斩"的说法。这种说法,普世皆然。西波拉将这个观点引申到国家和经济上,认为一代人赚取财富,一代人维持财富,第三代人挥霍财富。[4]

上述"国家生命周期"和"三代理论",应该说是放之四海而皆准的。然则这一理论落实到大清帝国与外部世界、西方列强的互动上,中国就大吃其亏了。

由一个白山黑水间的游猎民族入主中原,大清的统治集团自有它长盛难衰的活力。这使得它的盛世比中国历朝历代都更长,而且即便是在盛世之后,大清的帝王们仍在励精图治。嘉庆、道光两帝统治时期,治理黄河未稍松懈。1812—1841 年,黄河连续 30 年不曾泛滥成灾。咸丰即位,内有太平天国大起义,外有英法联军大入侵,虽焦头烂额,仍在坚持治河。光绪皇帝更是一位改革家,他主持的戊戌维新,虽败犹荣。作为一个自幼生长深宫,一生在西太后淫威之下度日的弱势君主,能有他那般改革的决心与见识,难能可贵。

正因为如此,大清帝国的国家生命力,是相当旺盛、相当顽强的。它的生命周期,如不是遇到近代西方殖民主义、资本主义势力所带来的"三千年的一大变局",恐怕会远远超过汉、唐、宋、明几大帝国。

然而,生命周期再长,也有颓败的时候。如果说,17 世纪沙俄侵略势力东来时,正处在上升阶段和盛世展开时的大清,在康熙大帝统治下,能派遣雄兵猛将、干练文臣,败敌于雅克萨,缔和于尼布楚;那么,到了19世纪,船坚炮利的大英帝国东来,大清的S型发展线已下滑,颓势尽显,则抵抗就难以为继了。

　　同大清帝国相比,西方列强的国家生命力,则别开生面,呈另一类格局。欧洲自中世纪向近代的转折,并非由一个国家来承担,而是由一群国家来承担;有意义的是,这些国家也不是同时崛起,同当这一大转折的主角,而是群雄迭起,如接力棒传递,在大转型的过渡时期轮流坐庄。

　　追根溯源,西方的这次大转型,发生在意大利半岛,始于1350年前后的意大利威尼斯、热那亚与佛罗伦萨。当时,爆发于1351年的元末红巾军大起义正如火如荼,不久推翻了元朝,开始了中国历史上大明帝国的新篇章。待到意大利诸城邦的国家生命力衰颓,欧洲发展的重心西移,伊比利亚半岛上葡萄牙、西班牙双雄并起,分别于1511年占领马六甲、1565年征服菲律宾时,大明帝国也早越过其国家生命力的高峰,进入了后期。1644年大清定鼎中原,葡、西两国亦呈颓势。侵占澳门以后的葡萄牙,其海上殖民势力呈"里斯本——马拉喀什——蒙巴萨——果阿——马六甲——澳门"的横跨三大洋的线型海上帝国态势。抵达中国已呈强弩之末。[5] 澳门,成为西方传教士进入中国内地的桥头堡。葡萄牙殖民者,在明、清两代皆以"良夷"的面目出现。[6] 西班牙自1588年无敌舰队毁灭后,其势力走上下坡路。入清之后,西班牙海外势力经拉丁美洲东来太平洋,主要经营马尼拉大商帆贸易。除一度占我台湾一隅,个别丧心病狂的殖民主义分子叫嚣征华论,在菲律宾大肆屠杀华侨外,西班牙已不再对我国构成威胁。

　　不过,当大清立国之时,其外部环境毕竟已开始了质的变化。它所经略的"华夷秩序"这一古代亚洲格局,已经不比从前。葡、西两大殖民势力的东来,业已对"华夷秩序"构成了第一波冲击。可以说,大清的国威已难达印度洋海域,同时对菲律宾群岛,也鞭长莫及了。

　　不过,当葡西两国走向衰颓的时候,荷兰的国家生命力正在蓬勃展开。1566年,尼德兰爆发了反抗西班牙统治的资产阶级革命。1602年,荷兰为了同葡、西两国展开海上争霸,成立了联合东印度公司。公司董事会向所辖各船队指挥官发出了如下命令:

　　　　各个公司和船队,你们从尼德兰联省共和国航行到东印度去,
　　　　要认清在那里的西班牙人和葡萄牙人就是我们全体国民的敌人。

为此,为了我们自己的国民,……并且为了我们在东印度群岛上贸易的发展和安全,我们必须对西班牙人和葡萄牙人执行敌对战略,展开斗争。[7]

此后,荷兰人在马六甲海峡、菲律宾海域不断猛烈打击葡、西两国的海上势力,终于在 1641 年攻占马六甲这一战略要地。此时,距大清帝国的建立,只不过 3 年。

这样,继西班牙、葡萄牙之后,荷兰的国家生命力与大清帝国的国家生命力次第展开。细估起来,在时间上,荷兰还略为领先。依靠着大宗海上贸易、金融业和局部工业化,荷兰在 17 世纪崛起,创造了令人叹为观止的奇迹。1650 年的阿姆斯特丹被年鉴学派史学大师布罗代尔称为"世界的中心";1700 年比之 1500 年,荷兰船舶吨位增加了 10 倍;1700 年的荷兰商船队超过 50 万吨,为同期英国商船吨位的 3 倍;17 世纪的荷兰,造成了"第一个现代经济体"(The first Modern Economy);1580—1670 年间,被称为荷兰的"黄金时代"。[8]

荷兰国家生命力的全盛期,与大清帝国的全盛期次第展开。当荷兰鼎盛时期,它于 1641 年占领马六甲;进入 18 世纪,又侵占了印度尼西亚群岛大部分地区;中华帝国长期经略的"华夷秩序",从东南亚地区开始崩塌。与此同时,荷兰殖民主义势力还打入日本,并一度侵占我国的神圣领土台湾。大清帝国虽然在 17 世纪末,一劳永逸地解决了陆上游牧圈的压力,其海上外部环境却首次严峻起来。

此时,康雍乾盛世在 18 世纪中叶达于巅峰时段,中国自然仍是东亚世界的主角与中心。荷兰的国家生命力已由盛转衰,不仅强占的台湾被抗清的郑成功夺回,而且在印尼制造了屠杀华侨的 1740 年"红溪事件"后,荷兰殖民当局还不得不遣使清廷"朝贡"谢罪。从 16 世纪开始的世界格局大变动中,中国的边缘化还在悄悄的量变之中。这一过程还未被中国自身甚至西方列国明显感受。当 18 世纪初罗马教廷因"礼仪之争"与清廷关系恶化,大清帝国的君王们断然将天主教势力逐出中华时,西方列国无论出于何种原因,没有一个敢于且有力量挺身而出,充当梵蒂冈的卫道士。

18 世纪以降,西方国家生命力竞赛的接力棒终于传给了展开产业革命的英国。18 世纪,英国经济实现了巨大飞跃,进入 19 世纪时将全世界包括西欧资本主义诸国在内的所有国家远远抛在身后。

可以说,大英帝国的国家生命力,在19世纪方才真正展开,并逐渐走向鼎盛的"世界工厂"和"日不落帝国"时段。而此时的大清帝国,面对着从西班牙、葡萄牙,到荷兰再到英国的西方接力式冲击,已经耗去了其国家生命力的精华,在19世纪开始走向下坡。中国王朝兴衰往替的生命周期还未到大清帝国衰颓不振的时刻,西方殖民大潮已将它冲向一个从未有过的转轨及接踵而至的灭顶深渊。

19世纪末,当世界范围内的西方接力赛还在由英国持棒疾行,在亚洲格局中却出现了一个"抢棒"变局。明治维新后迅速崛起的日本,拼命挤入决赛圈,以自己方兴未艾的旺盛国家生命力,对生命垂危的大清帝国强棒出击,甲午一战获胜。日本的搅局,令西方秩序大乱,列强乘大英帝国由盛转衰的时机,一拥而上,八国联军进占了帝都北京。此时大清的国家生命力已是灯油耗尽,辛亥革命一击,268年的帝国庞然大物,便轰然倒塌。

二

大清帝国与外部世界对抗之无望,还表现在大清的社会生产力以有限度的等差级数式的发展,面对西方列强无限的等比级数式的飞跃。

从根本上说,大清帝国国家生命力的周期,取决于其社会生产力的发展。社会经济状况,是国家生命力的基础。它决定了国家生命力高峰的到来与持续时间,当高峰期过后,它还影响着S型曲线的状况,是急剧下跌还是平缓下滑。

由于种种因素的作用,大清帝国的社会经济的恢复和发展,即社会生产力S型曲线的上扬,一般而论还是正常的。如果考虑到满族入主中原引起的激烈民族矛盾等因素,这一上扬速度还是较快的。

我们看到,经晚明统治集团的腐败、明末农民战争与清初平定中原的战争,中国社会生产力遭到了巨大的破坏。然而,大约经过仅仅一两代人的时光,农业生产已率先恢复元气。域外引进的高产食品作物如玉米、番薯等使人口在逾亿的情况下能够翻番。如此强大的农业经济基础,使康熙大帝能够发布"滋生人丁,永不加赋"的诏令,手工业与商业也获得长足进步。清代大城市有"四聚"之说:"北则有京师,南则佛山,东则苏州,西则汉口。"[9]同时,市镇发展十分醒目。以长三角、珠三角最为发达。例如,苏州府市镇在万历年间有 33 个,乾隆年间则高达 94 个,增长近三倍。[10]

然而,康雍乾盛世的大清国家生命力达到了顶点,是依赖着众多的人力资源,农民、手工业者的辛勤劳动,加上清初统治者袭历朝开国君主们"奖励农桑,与民休息"那一套办法而达成的;即"以低下的生产手段,传统的生产方式堆积而成"。[11]

应该指出,大清帝国的国家生命力的经济基础,从根本上讲与汉、唐、宋、明并无差异。清代的社会生产力的发展,从总体说来仍是一种量的堆积即简单增加。我们将其称之为等差级数发展类型。其间虽有若干新鲜因子,如农业集约化、商品化的增强、城市工商业资本主义萌芽的生长,等等,但仔细考察之下,它们并未明显突破明中叶以后的水准,造成新的社会结构上的明显变化。

还需要补充说明的是,这一等差级数式的堆积型增长,并非是无限的,而是有限度的。任何社会的经济增长,最终都受制于该社会的固有结构。大清帝国的经济发展,即使到了其鼎盛时期,也都不外乎是下列条件促成的:如以康雍乾三代明君为代表的国家政权对农业这一国民经济主要部门的关注,特别是对黄河等水利工程的重视;对农民负担的注意调适以及对吏治的不断整顿等。在固有的社会结构所能提供的最佳条件下,以农业生产为中心的社会生产力获得发展,社会经济规模不断膨胀。直到达到其人口、土地能量的边际,甚至在一定程度上超越这一边际,形成一种过度膨胀和过度扩张的状态。果然,大清帝国的社会生产力与社会经济的发展在康雍乾盛世的极度乃至过度膨胀之后,便不以人们意志为转移地沿 S 型国家生命力曲线下滑,这也就是无论嘉庆、道光们怎样励精图治,怎样以孝为本,以俭为纲,也扭转不了大清帝国国家生命力下滑,从而由盛世转入问题时期的大趋势。

可叹的是,天道无常。正当大清帝国社会经济发展的上升等差级数越过顶点而滑落的时候,西方列强国家生命力的接力棒传到英国,而此时大英帝国的社会生产力的发展,却正以一种崭新的形式,即等比级数崛升。

分工,水力、特别是蒸汽力的利用,机器的应用,这就是从 18 世纪中叶起工业用来摇撼旧世界基础的三个伟大的杠杆。[12]

经过产业革命的以英国为代表的西方,生产力与社会经济的发展终于摆脱了中世纪那种缓慢的量的增长局面,一跃而发生了质的飞跃。英国的煤炭产量从 1660 年的 22 万吨增加到 1700 年的 250 万吨,1800 年的 1000 万吨和 1850 年的 5000 万吨。煤炭产量在 18 世纪增长 4 倍,在 19 世纪增长 20 倍。[13] 在冶铁业方面,1788—1806 年每个鼓风炉平均产量从 800 吨增至 1130 吨,20 年内增加了 40%;1839 年再增至 3366 吨,半个世纪内提高 4 倍。[14] 至于产业革命率先发轫的棉纺业,情况更为典型:"英国起先是把印度的棉织品挤出了欧洲市场,然后是向印度斯坦输入棉纱,最后就是使这个棉织品的祖国充满了英国的棉织品。从 1818 年到 1836 年,大不列颠向印度输出的棉纱增长的比例是 1:5200。在 1824 年,输入印度的英国细棉布不过 100 万码,而到 1837 年就超过了 6400 万码。"[15] 因此,马克思主义经典作家指出:"资产阶级在它的不到一百年的阶级统治中所创造的生产力,比过去一切世代创造的全部生产力还要多,还要大。自然力的征服,机器的采用,化学在工业和农业中的应用,轮船的行驶,铁路的通行,电报的使用,整个整个大陆的开垦,河川的通航,仿佛用法术从地下呼唤出来的大量人口,——过去哪一个世纪能够料想到有这样的生产力潜伏在社会劳动里呢?"[16]

不言而喻,英国与西方列强在 18 世纪产业革命以后的生产力与社会经济发展已不再是简单增加,而是一种等比级数式的质的飞跃。而且,它的第一生产力——科学技术的不断巨大发展,更使这种等比级数的飞跃,具有某种无限性。这一点同大清帝国科技停滞现象和社会经济发展空间的有限性,是不可同日而语的。[17]

大英帝国社会经济无限等比级数式发展的生命力大旺盛期,恰好是它与以等差级数增长且越过极限向下滑落的大清帝国开始走向军事对抗,并将近代西方条约体系的国际游戏规则强加于后者的时段。在这种情势之下,大清帝国抗争的悲惨的结局,是明明白白的。所以,当鸦片战争烽火燃起,大清帝国的统治集团人物所扮演的角色,早已在那个世界大格局中注定了:妥协派出演丑剧,抗争派主演悲剧。那位先抗争而后妥协的道光皇帝呢?以孝为本,以俭为纲,在一般情况下本来还不失为一位守成之君,可惜生不逢时,只得一个等而下之,从悲角而流为丑角了。

鸦片战争之后,在内忧外患中,大清帝国统治集团中的一批有识之士,以曾、左、李为代表,开始了一项"师夷之长以制夷"的活动。史称"洋务运动"。在长达三十多年的"洋务运动"中,一批在中国而言乃亘古未有的新式近代化企事业兴建起来。从社会生产力与社会经济的发展角度看,应该说中国业已开始摆脱清中叶以前那种等差级数有限度增长的发展模式,向近代西方生产力与社会经济发展模式靠拢。

应该讲,曾、左、李兴办的"洋务"还是有成绩的,大清帝国上上下下显然一度有着相当良好的自我感觉,以致连"同治中兴"、"同光新政"这一类夫子自道的溢美之词都出现了。然而,大清方面的这一改弦更张,并未扭转它在对外部世界抗争中的颓势。究其原因,自然是多方面的。但从大清帝国内部看,有一个原因不可忽视,这就是经济分析与经济史研究中关注的所谓"路径依赖"现象:"即各种事件以特定方式展开,并使过程与制度变得僵化和不可改变,这些事件对经济过程和经济制度产生影响。当外部条件改变时,常常难以(达到近乎不可能的地步)改组一些已经逐渐顺应先前力量的制度。"[18] 如果将这一现象扩展到整个社会来观察,就同样会发现,在社会发展过程中,新与旧的斗争,惯性的巨大作用,常常在新旧转换中偏袒旧的一方,从而在一定时期内可以影响、制约甚至暂时性扼杀新事物。同西方资本主义先进国家不同,中国作为一个外源性现代化国家,有一个致命的弱点,即:在现代化初起步阶段,由于完全缺乏必备的物质与精神环境与土壤,因而企图依靠帝国自身的力量改造整个已经"顺应先前力量的制度",是极其困难、甚至是不可能的事。

大清帝国的晚期就处在这种状况。尽管它拼命挣扎,尽管它的统治集团中有一个论资历、名望、经验、能力、智慧都称一流甚至超一流的洋务派,尽管它的实际上的末代君主光绪是一位力主变法的改革家,但当外部世界仍然以加速度发展,当西方列强的现代化事业已经从蒸汽时代向电力时代过渡的时候,大清帝国的"洋务"却处处受到旧制度、旧思想、旧技术、旧习惯的掣肘而步履蹒跚。结果,正是在"洋务运动"期间,中国与西方列强在生产力与社会经济发展水准上的差距,不是缩小了,而是进一步拉大了。

三

大清帝国与外部世界对抗格局的无望,更直接表现在政治制度上,即大清的专制皇权面对着的是不断变革中的西方王权与民权。在清前期,帝国皇权主要面对着西方王权的挑战;清后期,则面对着西方民权的摧枯拉朽式打击。

这里,我们想集中就东西方海商集团的命运与皇权、王权等的关系作一个剖析。

我们知道,当一个国家、民族或地区的古代文明发展到高级阶段,即我们通常讲的封建时代或中世纪晚期的时候,远距离的国际贸易、特别是海上贸易,可能对旧的传统社会中产生新的经济因素——资本主义的因素或萌芽——产生某种催化作用。而当这种新的因素或萌芽产生以后,规模性的海上国际商贸活动,又可能成为资本原始积累的有力杠杆。这种情况,以欧洲最为典型:

> 美洲的发现、绕过非洲的航行,给新兴的资产阶级开辟了新的活动场所。东印度和中国的市场、美洲的殖民化、对殖民地的贸易、交换手段和一般的商品的增加,使商业、航海业和工业空前高涨,因而使正在崩溃的封建社会内部的革命因素迅速发展。[19]

> 在16世纪,甚至部分地还在17世纪,商业之突然的扩大和一个新世界市场的创造,对于旧生产方式的颠覆和资本主义生产方式的兴起,固然有极大的影响,但这种影响,是在已经创造出来的资本主义生产方式的基础上发生的。世界市场也是这个生产方式的基础。[20]

在这种情势下,海上贸易与海商集团的命运,就与资本主义的发展息息相关。在某种意义上我们甚至可以说,14世纪在意大利半岛稀疏出现的资本主义因素,正是由于那里海上贸易与海商势力遭到来自外部的摧毁性打击,才未能获得正常生长、发展,反而衰微下去,甚至夭折。

然而,当我们从整个西欧的广阔背景上观察,便不难看到,无论是早期的葡萄牙、西班牙,还是后来的荷兰和英国,其海上贸易与海商集团,始终获得来自国家政权的鼓励、支持、资助。无论这一国家政权的形式是专制王权、立宪王权还是共和民权。

早期的葡萄牙、西班牙王权,大致还属于欧洲中世纪晚期的专制王权。

> 君主专制发生在一个过渡时期,那时旧封建等级趋于衰亡,中世纪市民等级正在形成现代资产阶级,斗争的任何一方尚未压倒另一方。[21]

> 在这种普遍的混乱状态下,王权是一种进步的因素,这乃是极显而易见的。在漫无秩序中它是秩序的代表,……在封建主义外衣下所形成的一切革命因素之倾向王权,也正同王权之倾向它们一样。[22]

葡萄牙人开辟新航路的事业,就是由王子、航海者亨利所亲自倡导和组织的。葡萄牙王室不仅亲自派遣船队远航,还大力支持葡萄牙海商势力在海外的发展。例如,1337年颁布的费尔南多法令就"船籍登记自由、奖励造船、奖励出航、互相保险、统计船只和技术检查等"。凡是建造吨位在100吨以上的船只的造船主都要受到奖励。[23]这样,葡萄牙海商集团即主流商业资产阶级势力不断膨胀,它在今天的英国、法国、德国、荷兰、比利时等均设立了商站或贸易办事处。1438年,当著名的欧洲民主城市布鲁日向外商借贷时,总额775"大"镑中,葡萄牙商人竟同当时全欧最富有的威尼斯商人一样,各出借200大镑。[24]

西班牙的情况也大致相似。从13世纪到14世纪,加泰罗尼亚商人向整个地中海扩张自己的贸易网络,并远达克里特、塞浦路斯、贝鲁特、大马士革以及希腊半岛。他们的开拓行动,始终得到王室的支持。而在海商集团的扩展活动中,加泰罗尼亚—阿拉贡王朝终于确立了西班牙在地中海的强国地位。[25]

尼德兰革命胜利后,荷兰以联省共和国的崭新面貌登上历史舞台。这个新兴的商业资产阶级共和国,自然对其海外商贸与扩张竭尽全力服务。1594—1602年间,先后有65艘船携带荷兰联省共和国议会的特许证航向亚洲;在共和国议长奥尔登巴勒费尔特的亲自督促下,成立了荷兰联合东印度公司(VOC)。荷兰联省共和国议会赋予东印度公司贸易专利权。在好望角以东、南美麦哲伦海峡以西范围内所有地区的贸易权利都归属于公司。[26]

英国在 1688 年"光荣革命"以后,确立了资产阶级君主立宪制。立宪王权乃是近代资产阶级代议制的一种形式。它自然传承以往英国专制王权时代重视海商与海外贸易的政策,更加将其发扬光大,就毋庸赘言了。

与欧洲形成鲜明对比,是中国的封建专制皇权。这一专制皇权,在明清两代发展顶峰阶段。当欧洲专制王权、立宪王权与共和民权以步步高的态势,一以贯之地支持海商集团与海外贸易的时候,明清两代的中国专制皇权,却也是一以贯之地对民间海商集团的海外贸易采取警惕、限制甚至严厉打击的立场。

出身内陆赤贫农户的明太祖朱元璋,将中国古代重农抑商政策发挥到了极致。朱元璋在对外政策上明确宣示以和为纲,列出许多"不征之国",要同远近诸国"共享太平之福",在当时的历史条件下,都是积极的、难能可贵的。但是,他对海商集团与民间海外贸易,却持严厉打击的态度,即所谓"片板不许下海"。明成祖永乐,雄才大略,派遣郑和作为大明帝国代表,率领庞大的远洋船队踏南海,走印度洋,遍访亚非 30 多个国家和地区。然而,在对待民间海商集团与海外贸易方面,则完全继承其父,采取打击的态度。在某种意义上甚至可以说,郑和下西洋的远航活动,正是对民间海商集团一种震慑手段。

然而,社会经济利益的驱动力是难以完全封杀的。"盖富家以财,贫人以躯,输中华之产,驰异域之邦,易其方物,利可十倍。"[27]因此,就在郑和远航活动结束后不久,"成弘之际,豪门巨室,间有乘巨舰贸易海外者。"[28]张燮描述当时海商活动时还指出:"市舶之役,始于唐宋,大率夷人入市中国。中国而商于夷,未有今日之夥者。"[29]上述情况在西方史料上亦可得到验证。1567 年 7 月 23 日,初抵菲律宾群岛的西班牙殖民者利亚实比致信菲利浦二世:"中国人和日本人每年都到吕宋和民都洛进行贸易。他们带来绸缎、毛织品、铜铃、瓷器、香料、铁、锡、各色棉服和其他小物品。"[30]1591—1595 年,中国货物的进港税,在马尼拉和阿卡普尔科货物进港税总和中的百分比,占到 51.91%。[31]明朝后期资本主义萌芽的出现与发展,同上述海商的活动,恐怕不无关系。

清承明制,在大清立国之初,也实行海禁政策。而由于满族入主中原引起的民族矛盾,以及抗清力量多凭借沿海诸岛及台湾为基地,这一海禁政策实行的格外严厉。自入关到 1684 年,清廷在 1656 年、1662 年、1665 年和 1675 年几次颁布禁海令,严禁海外贸易;1660 年、1662 年和 1678 年,更反复颁布迁界令,其中 1662 年迁界令,规定山东以南至广东沿海居民迁居到距海岸 30—50 里的内陆地区。

1684 年,清廷解除海禁。康熙大帝更奖励外贸。民间海外贸易立刻恢复起来。东南沿海商人纷纷前往荷兰人所占据的噶喇巴(即巴达维亚,今雅加达)贸易。在菲律宾群岛方向,据统计,1685—1716 年间,共有 525 艘中国商船驶往马尼拉,平均每年 18.1 艘。[32] 在对菲贸易中,厦门地位日显重要。"按厦门贩洋船只始于雍正五年(1727 年),盛于乾隆初年。……至嘉庆元年(1796 年)当有……洋船、商船千余号,以厦门为通洋正口也。"[33] 但清廷民间海商仍时时受制于海禁。如浙江沿海商人和渔民只被允许用 500 石以下的船舶从事渔业与贸易,1717 年又禁止华船前往南洋贸易。[34] 雍正、乾隆二帝虽迫于形势,逐渐开放了对南洋之禁令,在对待华人赴海外贸易之华侨问题,态度更加保守。他们禁止中国人海外移民和华侨归国。1740 年,荷兰人大肆屠杀巴达维亚华侨,制造了骇人听闻的"红溪事件"。此时的大清帝国,如日中天,完全有力量保护自己的侨民。然而乾隆皇帝对此的反应却是同样骇人听闻:"莠民不惜背弃祖宗庐墓,出洋谋利,朝廷概不闻问。"[35]

1757 年(乾隆二十二年),清廷下令对外贸易只限广州一口。自此,官商与洋商垄断外贸,中国海商集团,在大清统治集团开开禁禁之中,最后终于不可挽回地衰落下去了。以对菲律宾贸易为例,原先每年驶抵马尼拉的中国商船一般在 20—30 艘之间,有时高达 40 余艘。然而,1795 年,降至 6 艘;1797—1812 年年平均仅 8 艘;马尼拉大商帆停航后,每况愈下;1840—1849 年,每年平均仅 4 艘[36]。

这样,当近代世界市场形成初期,王权支持下的西欧海商集团是这一市场的主要编织者,而中国民间海外贸易在专制皇权的限制、打击下,仍能利用一切空隙,依靠中国在古代太平洋、印度洋海上贸易的传统优势,在这一正在形成中的全球性海洋贸易网络中占据一席之地,可以称之为不自觉的积极参与者。如马尼拉大商帆贸易中的中国海商集团。然而,当这个世界市场步入不断成长并迅速发展的时段,西欧对海商集团的支持从专制王权到立宪王权,再进而是共和民权,力度不断增强,水准不断提高的时候,伴随着中国古代海上传统优势的尽失,继续挣扎在专制皇权压迫、限制与打击下的中国民间海上贸易与海商集团，其活动空间日益狭窄，空隙愈来愈遭窒息。在这张近代类型的海洋贸易网络中，仍然无能转型的古代类型的中国海商，难以适应新的生存环境，因而日渐萎缩，终于走向衰微，沦为微不足道的附庸。

雄强一世的大清帝国，在世界向近代转轨的时段中，以一己之力对抗西方列强的车轮上阵；以有限度等差级数式增长的社会生产力与经济发展对抗无限度等比级数式增长的西方生产力与经济发展，终于耗尽了自己的国家生命力；加之，当西方海商集团与海上贸易在专制王权、立宪王权与共和民权不断提升支持下乘风破浪，不断飞跃发展从而为其资本原始积累、商业资本乃至产业资本供应着源源不绝且日益增多的营养时，中国的专制皇权反而不断压迫、限制、打击本国的民间海上贸易与海商集团，自行断绝了本来可以支持本国资本主义发展的重要积累源泉与渠道。

大清帝国的日子，屈指可数了。

注 释

〔1〕 布罗代尔指出："主要游牧部落在 7 世纪前业已消失。"《15—18 世纪的物质文明、经济和资本主义》，三联书店 1992 年版，第 1 卷，第 108 页。

〔2〕 查尔斯·P. 金德尔伯格：《世界经济霸权：1500—1990》，商务印书馆 2003 年版，第 18—23 页。

〔3〕 金德尔伯格：前引书，第 5—7 页。

〔4〕 Ciplla, Carlo M. ed. *The Economic Decline of Empire*, London, 1970。参见金德尔伯格前引书，第 19 页。

〔5〕 葡萄牙的重要据点马六甲，就不断遭到来自马来半岛与印度尼西亚群岛诸国的猛烈围攻。马六甲海峡更屡屡遭到严重干扰与封锁。

〔6〕 澳门葡萄牙殖民当局向明清两代政府交租纳税；当中国内地发生士兵哗变，澳门当局甚至协助平息叛乱。

〔7〕 王任叔著，周南京、丘立本整理：《印度尼西亚古代史》（下），中国社会科学出版社 1987 年版，第 790 页。

〔8〕 F. Braudel, *Afterthoughts on Material Life and Capitalism*, Baltimore：Johns Hopkins University Press. 1977. p. 91. J. de Vries & Vander Woude, *The First Modern Economy：Success, Failure & Perseverance of the Dutch Economy, 1500—1815*, Cambridge University Press, 1977. 此段引自董正

华《全球化:歧义纷沓的解说与真实的历史进程》,北京行政学院学报,2004年第5—6期。

〔9〕 刘献廷:《广阳杂记》卷四,中华书局1957年版,第193页。

〔10〕《苏州府志》,清光绪九年刊本,中国方志丛书,台北:成文出版社印行,1968年。

〔11〕 秦宝琦、张研:《18世纪的中国与世界·社会卷》,辽海出版社1999年版,第118页。

〔12〕 恩格斯:《英国工人阶级状况》,《马克思恩格斯全集》第2卷,第300页。

〔13〕 N. F. R. Crafts. *British Economic Growth during the Industrial Revolution*, Oxford, 1985, p. 23.

〔14〕 P. Deane & W. A. Cole. *British Economic Growth 1688—1959; Trends and Structure*, Cambridge, 1962, p. 109.

〔15〕 马克思:《不列颠在印度的统治》,《马克思恩格斯选集》第2卷,人民出版社1972年版,第65页。

〔16〕 马克思、恩格斯:《共产党宣言》,《马克思恩格斯选集》第1卷,第277页。

〔17〕 根据卡德韦尔法则:"没有哪个国家能够在超过历史学意义上的一个短的时期内始终保持旺盛的创造力。"D. S. L. Cardwell, *Turning Points in Western Technology: A Study of Technology, Science and History*. New Yourk, 1972. p. 210. 但英国在1712—1850年间却打破了纪录,始终保持着领先的势头。

〔18〕 金德尔伯格:前引书,第11页。

〔19〕 马克思、恩格斯:《共产党宣言》,《马克思恩格斯选集》第1卷,第252页。

〔20〕 马克思:《资本论》第3卷,人民出版社1956年版,第411—412页。

〔21〕 马克思:《道德化的批评和批评化的道德》,《马克思恩格斯全集》第4卷,第340页。

〔22〕 恩格斯:《论封建制度的解体及资产阶级的兴起》,《封建社会历史译文集》,三联书店1955年版,第12—13页。

〔23〕 西班牙和法国在1495年也采取了类似的措施。参见雅梅依·科尔特桑:《葡萄牙的发现》第1卷,北京:中国对外翻译出版公司1996年版,第269、270页。

〔24〕 胡斯莱·菲诺特:《中世纪佛兰德和西班牙贸易往来的历史研究》,巴黎,1980年,第20页;转引自雅梅依·科尔特桑:前引书,第213页。

〔25〕 埃奈斯特·费雷莱斯:《在海那边:地中海的扩张(13—15世纪)》(Ernest Fereres, *Mar enlla': L' expansion Mediterania*, Segles XIII—XV),巴塞罗那,1993年,第51—69页;转引自张铠:《中国与西班牙关系史》,大象出

版社 2003 年版，第 47 页。

〔26〕 包乐史：《中荷交往史 1601—1989》，庄国土、程绍刚译，路口店出版社，出版年不详，第 36—37 页。

〔27〕 《海澄县志》卷一五，清乾隆二十七年刊本，中国方志丛书，台北：成文出版社印行，1968 年。

〔28〕〔29〕 张燮：《东西洋考》。

〔30〕 E. H. Blair & J. A. Robertson, *The Philippine Islands*, 1493—1898. Clifland, 1903—1909, Vol. 2. p. 238.

〔31〕 P. Chaunu, *Les Philippines et le Pacific des Iberiques*, XVI, XVII, XVIII, Siecles, Paris, 1960. p. 92.

〔32〕 Chaunu, 前引书, pp. 169—177。

〔33〕 《厦门志》卷五，清道光十九年刊本，中国方志丛书，台北：成文出版社印行，1968 年。

〔34〕 印光任与张汝霖：《澳门纪略》：康熙五十六年，"以噶喇巴（雅加达）口岸聚汉人，恐寝长海盗，禁止南洋往来"，但"内地商船东洋行走犹可"。参见《康熙起居注》第 3 卷，第 2325 页，转引自秦宝琦、张研：《18 世纪的中国与世界·社会卷》，辽海出版社 1999 年版，第 31—32 页。

〔35〕 李长溥，《南洋华侨史》，商务印书馆 1934 年版，第 22 页。

〔36〕 Wickberg, *The Chinese in Philippine Life*, 1850—1898, Yale University Press, 1965, p. 83.

此文发表于《史学理论研究》2006 年第 1 期。

文明视角下的郑和远航

我们正在迎来一个值得纪念的日子:郑和远航600周年。

倘若历史在时光的隧道中回流,跨越六个世纪的时空,展现在人们面前的,将是一幅波澜壮阔的图景:一支规模空前的远洋船队,"云帆高张,昼夜星驰",从中国的海岸向南、向西,驶向遥远的天际。这是一支庞大的海上商队,其基本成员却是军人;这是一支雄强的海上武装,肩负的使命却是和平。

600年后的今天,我们仍然能听到郑和船队对历史的诉说;而太平洋、印度洋两洋的风涛轰鸣,正是郑和远航的巨大回响。

那轰鸣与回响,凝聚成为今天对昨日的深刻领悟,领悟出我们人类的祖先是怎样在自低向高的文明阶梯上,走过艰难,走出辉煌!

一

自从有人类文明以来,文明之间就有交流、交汇。在整个文明的交流与交汇史上,唯有以郑和远航为代表的中华民族对外交往最文明。因为,它最和平。

人类文明的发展是不平衡的。在它的朝霞时期,那些处在农耕地带的民族,率先进入了文明时代,创造了不少上古文明的奇葩。然而,那些游牧圈的族群,则站在文明的门槛上。它们正处在原始社会的解体阶段。此时,对于这些族群来说:"战争以及进行战争的组织现在已成为民族生活的正常功能。邻人的财富刺激了各民族的贪欲,在这些民族那里,获取财富已成为最重要的生活目的之一。他们是野蛮人:掠夺在他们看来比劳动获得更容易甚至更光荣⋯⋯战争成了经常性的行当。"[1]因此,几乎所有古代游牧族群向农耕文明地带的迁播与扩展,都伴随着暴力、战争与文明的破坏。有的如汪达尔人,一路杀来,留下一路文明的碎片。

自中古以降,人类文明发展到古代形态的成熟期,逐渐形成了规模不等的文明圈。举其大者有三:伊斯兰文明圈、西方基督教文明圈和中华文明圈。次之,还有印度教文明圈、佛教文明圈、美洲印第安文明圈,等等。在三大文明圈中,由于伊斯兰文明圈的居中地位,西方基督教文明与东方中华文明在很长的历史时期彼此几近隔绝,难以交汇。

伊斯兰文明是一个伟大的文明。在世界中古史上,它曾经创造了璀璨的文明成果,并在世界文明的交汇史上发挥过极为重要的作用:它与中华文明的交流,结出了丰硕成果;特别要指出的是,许多古代希腊、罗马文明的精华,恰是由伊斯兰文明保存下来,反馈欧洲,催发了那里的文艺复兴和启蒙运动。

然而,当伊斯兰文明崛起的时段,广大穆斯林在圣战大旗下东征西讨,建立了地跨三大洲的阿拉伯帝国。这一过程却绝非和平,而是充斥着战争、暴力、劫掠和杀戮。或许,这是人类在文明提升历史进程中所难免要付出的代价?

西方基督教文明也是一个伟大的文明。它最重要的贡献,在于给人类贡献了一个近代世界,使人类在文明的阶梯上,跃升到一个前所未有的高度。然而,在这一文明崛起乃至兴盛的整个历史阶段,几乎每一页都书写着血和火,乃是不争的史实。

例如,罪恶的黑人奴隶贩卖。

例如,对美洲印第安人灭绝性的杀劫。

更骇人听闻的是,基督教文明扩张的代价,竟曾是破坏基督教文明。例如,十字军东征,竟令君士坦丁堡毁成一片废墟。一位目睹十字军暴行的拜占庭作家指出,甚至伊斯兰教徒都比这些骑士更仁慈、更温和些。

所有上述文明史上的反文明记录,给人类留下了一个难以磨灭的记忆基因,那就是:每当一个文明崛起及兴盛的时候,特别是大规模文明崛起及兴盛的时候,一种巨大的威胁也就悄然逼近了。

然而不然。

在一部人类文明史上,中华文明在对外流播其影响时,其主流与基调却是和平的。郑和远航,就是一个鲜明的体现。让我们先看史实:

郑和船队,无疑是古代世界规模最大的外交使团与商队;但同时必须看到,它又是古代世界规模最大的海上武装力量,追随郑和远航前后近30年的数以万计的人员,绝大部分的身份乃是"下番官兵",是军人。郑和本人,乃是武将军职:"总兵官"[2]。这才是一支真正的无敌舰队。它如果以战为业,在海外从事什么"圣战"之类,所向披靡,那么,从西太平洋到印度洋地区,还有一片干净土么?!

但郑和七下西洋,真正意义上的对外战争仅有一次,发生在锡兰(今斯里兰卡)。而且,就事论事,在郑和而言,那也是一次被迫无奈下的防卫性奇兵制胜,将兵祸压缩到最小限度[3]。

郑和船队所到之处主要的作为,几乎永远是友好交往:馈赠礼品,迎送使节,和平贸易,宗教礼仪,等等。对于亚非地区那些正处在文明前夜或文明初阶的居民而言,其"尚武"、"凶悍"、"好斗"、"狂暴"的负面状态,在郑和远航活动的全方位文明流播面前,无疑受到一次陶冶式的积极影响。

"天书到处多欢声",[4]郑和的对外交往,一路留下的是中华古代先进的文明,一路留下的是友好的欢声。

所谓"天书",指的是大明皇帝的国书。大明天子用"敕谕"的形式,致信各国君主,确实是有些居高临下的、不平等待人的味道。作为今天的中国人,我们对此引以为训。但是,当我们细品这些信件的内容,就会为其中深深浸透着的诚挚的和平、友好愿望而感到欣慰。这些愿望集中到一点,就是中国愿与各国一道,"共享太平之福"。

明太祖朱元璋强调其对外方略说:"中国奠定,四方得所,非有意臣服之也。与远迩相安无事,以共享太平之福"。[5]

明成祖朱棣命郑和下西洋,"敕谕四方海外诸番王及头目人等,……祇顺天道,恪守朕言,循礼安分,勿得违越,不可欺寡,不可凌弱,庶几共享太平之福"。[6]

明宣宗朱瞻基也要求"诸番王","其各敬天道,抚辑人民,以共享太平之福"。[7]

四代三帝,一以贯之,再三宣示其"共享太平之福"的理念,是何等的坚定、清晰!这是大明帝国对外的基本国策,也是古代中华帝国对外的基本国策。郑和及其统率的庞大远洋船队,正是这一基本国策的忠实执行者。

"共享太平之福"的和平理念,是古代中华民族和中华文明的一个基本特点和优点。这种理念,根植于这个伟大民族的生存环境之中。作为古代世界最发达的农业社会和农业文明,中华民族是一个古代文明程度最高的农民民族。农民民族是束缚在土地上的民族;是受制于播种与收获的民族;是期盼不违农时,四时安平的民族;是不冀攻掠而但求稳守家园的民族。这个民族所创造的文明,在其精神层面就必然凝聚出一个突出的理念,就是"和为贵"。"共享太平之福",就是"和为贵"在大明天子处理对外关系中的基本理念,也就是郑和及其追随者伟大远航活动的基本理念。当大明帝国崛起与雄强之际,它拥有的是世界上最强大的武力——郑和远航船队,追求的乃是一种文明的理想,是止戈为武;是和平;是"共享太平之福"。

二

郑和远航,还有一个突出的特点,就是它拥有一种强烈的、自觉的文明使命感,即致力于提升远近诸国的文明化程度。

首先,在物质或器物文明层面,郑和船队运往海外诸国大量的中国精美产品,刺激了各国不断提升的物质文明的社会需求。

以丝与瓷为代表的中华物品,深受各国人民的喜爱,例如:

中国青瓷盘碗等品,丝绫绢烧珠等物,甚爱之。[8]

最喜青花瓷器。[9]

好市华人磁瓮。[10]

中国人往贾者,冀其复来,临归,辄留数人为质。[11]

诸国的商品货币经济的发展均深受中国影响,爪哇"行市交易用中国铜钱并布帛之类";苏门答腊"国中一应买卖交易,皆以十六两为一斤"。

为此,郑和特带领铸币工匠,前往马六甲,以斗锡仿铸类中国铜钱之锡币。

在制度文明层面,郑和远航所致力于宣扬和推广的,主要是中华帝国长期构建的"华夷秩序"这一古代国际关系体系。大明帝国在内部构建强化封建专制的中央集权制度的同时,也在致力于这一体制的外延

即"华夷秩序"的维系与强化。作为帝国的代表,郑和在这方面的使命是十分明确的:

> 皇帝敕谕四方海外诸番王及头目人等,朕奉天命,君主天下。一体上帝之心,施恩布德。凡覆载之内,日月所照,霜露所濡之处,其人民老少,皆欲使之遂其生业,不致失所。今遣郑和赍敕普谕朕意。尔等祗顺天道,恪守朕言,循礼安分,勿得违越。不可欺寡,不可凌弱。庶几共享太平之福。若有撼来朝,咸锡皆赏,故兹敕谕,悉使闻之,永乐七年三月□日。[12]

上述这条资料,十分典型。它清晰无误地宣示出这样一个重要的信息:郑和船队,反复远航,要整合、维系、推广的,就是以中华帝国及其代表——中华帝王为核心的、大一统的国际格局。

展现在各国人民面前的郑和统率的远洋船队及数万官兵,规模庞大,气势雄伟,组织严密,军容严整,更是中华制度文明的外在表现。正是这些外在表现,展示了中华帝国在制度文明建设方面的成就与引力。其结果,是一众诸国纷纷遣使随郑和船队来华朝贡,是各国对这一制度文明的认可和对"华夷秩序"的不同程度的接受。

在精神文明的层面,郑和远航的使命感就更加强烈。

这个使命感,直接来自大明帝国及其统治者的精神追求。

中华为礼仪之邦,礼乐文化是它在精神文明的最高体现。中华帝国的对外活动,就是希望将这种最高境界的礼乐文明广为流播。即所谓:"东沧海而西昆仑,南雕题而北穷发,无有远迩,莫不尊亲玉帛,会车书同,兴太平之礼乐。"[13]

明成祖永乐大帝这种追求尤为强烈,"恒遣使宣敷教化于海外诸蕃国,导以礼义,变其夷习"。[14] 这就是所谓"德泽洋溢乎天下,施及蛮夷";显然,"导以礼义,变其夷习",就是要用中华那一套礼乐文明、儒家伦理道德,去影响诸国,促进其文明化。

郑和"才负经纬,文通孔孟",[15] 且与佛教、伊斯兰教深有渊源,乃是执行这一海外文明化任务的最佳人选。果然,郑和对此一使命是须臾皆在念中,以致勒石纪事时,也念念不忘:"宣德化而柔远人"。[16]

郑和所到之处,第一件事就是"开读赏赐"。这开读,即宣读大明皇帝的敕谕,就是其"宣教化",推广中华精神文明的开宗明义第一章。

"宣教化"还有一项重要内容:"所至颁中华正朔,宣敷文教。"[17] 所谓"正朔",即中国历法。郑和出使诸国,要代表大明皇帝"颁正朔",要求各国接受并遵行中国历法。乍看来,"颁正朔"不过是赠送一本中国历书给各朝贡国,似乎很简单。实际上,这"正朔"内容极为丰富,集中了中国人民千百年实践对季节、气候的规律性认识,历书内容还包含许多伦理道德、礼仪习俗,等等,是中华农业文明的集中体现。中华帝国正是力图透过"颁正朔"的活动,将中华文明流播四方。

应该说,在郑和那个时代,中华帝国与亚非诸国之间,在文明梯次上的落差是很大很大的。这样巨大的文明差距,使郑和船队大规模的访问对那些国家形成了巨大的文明冲击。一时间,"愿比内郡依华风",[18]"仰慕中国衣冠礼仪,乞冠带还国"[19]之类的记载比比皆是。在这股"依华风"的热潮下,各国纷纷的遣使来华。其中,国王亲自率团来访者就是四国八次。渤泥国王麻那惹加纳乃因病客死中国,临终上表,愿"体魄托葬中华",[20] 对中华礼仪文明倾慕之心,至死无悔。

地处越南南部的占城,在郑和到访时尚"不解正朔,见月起舞";[21] 若干年后,"上元烟火,已知节候","久与中华往来,渐沾王化"。"前后难以概视耳。"[22]

远在南印度的柯枝,在"依华风"劲吹之下,亦有变化。郑和船队的到访,令当地民众"顺附如归,咸仰而拜曰:何幸中国圣人之教,沾及于我。乃数岁以来,国内丰穰,居有室庐,食饱鱼鳖,衣足布帛,老者慈幼,少者敬长,熙熙然而乐",[23] 这条史料,虽或有夸张,然从物质到精神,中华文明的积极影响,仍是显而易见的。

在这里,我们还要强调指出的是,郑和远航所实行的文明流播,乃是一种宽容的、多元的文明化业绩。在促进与提升远近各国文明化的时候,尊重和注意各国国情,采取相宜的措施,也是郑和远航活动的一大特点。

例如,锡兰(今斯里兰卡)已有久远的佛教传统。国王亚烈苦奈儿却"崇祀外道,不敬佛法,暴虐凶悖,靡恤国人,亵慢佛牙",[24] 在对郑和的作战中,轻易失败被俘。郑和在该国的活动,则是弘扬佛法,布施佛寺,推动佛教文明进一步发展、繁荣。

又如,"1405 年郑和访问爪哇后,1407 年在旧港便产生华人回教社区,接着在 1411 年,在安哥、安卓尔、里汶、杜板、锦石、惹班及爪哇其他地方,回教堂纷纷建立起来",[25] 印度尼西亚伊斯兰教研究权威哈姆加指出:"印尼和马来亚伊斯兰教发展,是与中国一位穆斯林有关,即郑和将军。"[26]

三

在郑和远航活动的几乎同时,西方基督教文明圈开始了另一项伟大航海事业。1415年,就是郑和首航十年以后,葡萄牙人占领了北非的休达,由此展开沿非洲西海岸南下的航行。由"航海者"亨利王子倡导的这项事业,最终导致了瓦斯科·达·伽马绕航好望角,于1498年开辟完成新航路而抵达印度。

与达·伽马绕航好望角堪称双星远航的,是哥伦布于1492年"发现"美洲。

从历史长河上看,郑和远航与西方的大航海事业,可说是同步展开。

郑和与他所代表的中华帝国、中华文明,在当时的远航竞赛中占尽了风流,却在历史长河的文明竞赛中终成输家,竟然在此后的数百年间逐渐失去了命运之神的眷顾。

包括我本人在内,人们常常以一时的成败论英雄。当我们欢呼郑和首航即远达南印度的古里(即卡利库特),我们看到的是葡萄牙人迟后九十多年才到达这个港口。但我们却忽略了一点,即:郑和走的是千百年来亚洲各国船长和海员们所熟知的航线,是一次驾轻就熟、老马识途之旅;而迟到的葡萄牙人,在几十年里一直在和陌生的海域拼搏,在风涛怒吼中开辟自己的新航线,锤炼自己的创新精神。

从"航海者"亨利到达·伽马与哥伦布们的这种创新精神,根植于其西方基督教文明的环境之中,而这一文明环境在中世纪晚期正在悄悄地发生着质的变化。

大致在11—13世纪,欧洲进入了贸易和城市大发展时期,从意大利牵头,到西欧广大地区,新型的工商业都市迅速发展。城市工商业资产阶级的雏形——市民力量的勃兴,支撑了半独立的自由城市直到城市共和国的涌现。这一势头虽经14世纪百年战争与黑死病瘟疫的双重巨大破坏,但并未受到结构性的打击。同样的势头虽然在中国也曾有过萌动,却受到大一统的帝王集权的致命扼制未能展开。居民10万人以上的城市在唐代已过10座,宋代更达40余座,但在国土辽阔,人口数以千万计的大一统中央帝国之中,微不足道。城市涌现在哪里,皇权就控制到那里;在中国,都市是皇权更为集中掌控的基地。

在社会经济发生带有质的变化的基础上,西欧政治、思想与一般文化领域也随之出现了重大变化。14—16世纪,由意大利半岛开始,一场被称为"文艺复兴"的活动在欧洲展开。这是一次近代资产阶级革命的思想准备,一次近代西方文明的启迪。

人们首先向欧洲中世纪的禁欲主义发起了冲击。在这方面,财富观的巨大转变尤其值得注意。布鲁尼指出,财富本身无善恶属性,财富是外在幸福和力量,乃道德之基础;[27]索德里尼认为,"财富是使人愉悦的幸福之泉";罗伦索·瓦拉更大声疾呼:"想用守贫、节欲、顺从三种德行使我们就范这是不能容忍的!"[28]在这一社会思潮大变异的背景下,哥伦布这位伟大的航海家则公开声称:"黄金是一切商品当中最宝贵的,黄金是财富,谁占有黄金,谁就能获得他在世界上所需的一切。同时也就取得把灵魂从炼狱中拯救出来,并使灵魂重享天堂之乐的手段。"[29]

与财富观转变的同时,人本主义也成为这一时期欧洲流行的社会思潮。但丁这位"中世纪的最后一位诗人,同时又是新时代的最初一位诗人",[30]就将神本思想转变为人本思想,认定上帝赋予人"意志自由";彼得拉克也认为,宇宙以人为中心,人有思想和行动的自由。文化巨人莎士比亚的观点则最具代表性;在著名的《哈姆雷特》中,他这样宣告:

> 人类是一件多么了不起的杰作,
> 多么高贵的理性,多么伟大的力量,
> 多么优美的仪表,多么文雅的举止,
> ……天使,……天神、宇宙精华,万物灵长!

在政治方面,人们提出了主权在民的思想,如吉罗拉莫主张:"主权要掌握在全体人民手中"。这一思想的最初具体化,就是高扬起"捍卫城市共和国"的旗帜。它的进一步发展,则是马基雅维里的开明君主制学说,主张君主要保护公民的私有财产和政治权利。

欧洲发生的所有上述这一切上层领域的变化,在中国均适得其反。远的不说,从汉代的董仲舒到明代的王阳明,儒家的义利观一直居社会思想的统治地位,即所谓"正其谊不谋其利,明其道不计其功";"功利自是所不论"。[31]这种过分压抑功利的思想,在南宋以来的理学那里发展到了极致,这就是所谓"存天理,灭人欲"。明代黄绾,终日不食,罚跪自击,"以心中发一念人欲用黑笔点之;以心中发一念天理用红笔点之",[32]达到了荒谬绝伦的境界。我国的大航海家郑和,就是在这般与哥伦布、达·伽马有天渊之别的社会经济、政治、思想、文化环境中生长的,而且由于他的特殊身份,儒家理学的这一套,在郑和的头脑中更加上一层皇权的阴影,因而只会更加封闭与偏执。

正是在上述文明走向的巨大差异的背景下,西方推出了它的大航海活动。这是一个从经济、政治到思想文化正在全面向近代转轨的文明所推出的航海活动。特别要强调指出的是,这个转轨中的文明,直接地为西方大航海提供了两大具体优势。

一个是在思想解放的环境下,新的科学观,尤其是地圆说理论大为推广与流行起来。这一理论,逐渐为当时欧洲的知识界所接受,成为一种主流观点,甚至一直影响到罗马天主教会的高层。红衣主教德·阿依就著书《世界的样子》,这部出版于1410年,相当于郑和第二次远航归来不久的著作,对航海家哥伦布有着直接的启示。据查,在这部书和另一部书《自然史》上,哥伦布曾作过2000处眉批。[33]在众多的"地圆"说著述中,主教大人的这部著作非但不能归于上乘,而且还存在着一个重大的错误,即它将欧亚间的海域宽度错估,使之变得比实际远为狭窄、"短小"。这个可怕的错误,对哥伦布造成了一个可喜的影响:它大大鼓励了哥氏的胆气与雄心。也就是说,如果不是这个错误,哥伦布有无胆量跨海西航,还是个问题。

另一个则是在政治方面。乍一看去,郑和与西方的大航海活动,背后都有一个强大政治权力在支持。郑和是由大明帝国的皇权直接指令出海,而哥伦布与达·伽马的身后则有葡萄牙、西班牙两个王权的支持。然而,当我们深入剖析这两种支持,就不难发现,在东方的皇权与西方的王权之间,存在着背道而驰的文明拉力。

马克思在讨论印、中两国旧生产方式解体缓慢的原因时指出:"因为在这里直接的政治权利没有给予帮助"。[34]

岂止是"没有给予帮助"！毋宁说给予的是巨大的阻碍。我们知道，郑和远航是得到"直接政治权利"的帮助的，而且远不止是帮助，而是直接的创意，指令，组织与一切保障。然而，这一航行，却与旧生产方式解体无关，相反，在皇权直接支持下的郑和远航，是一首东方封建文明威武雄壮的绝唱，它使这一文明更加成熟化、圆满化。而对于客观上会导致旧生产方式解体的那些民间海上商贸力量，皇权采取的则是"片板不许下海"[35]的封杀政策。那狰狞的封杀令，是断然的，旗帜鲜明的。

在西方，支持哥伦布和达·伽马的王权，还支持了民间的航海活动。而正是哥伦布和达·伽马牵头的这场民间商贸力量参加的大航海活动，奏响了一个新的近代文明的序曲。例如，1377年葡萄牙颁布了费尔南多法令，内容主要是船籍登记自由，奖励造船，奖励出航，互相保险，统计船只和技术检查，等等。葡萄牙政府还规定，凡建造100吨以上的海船，造船主可以受赏。[36]这与同一年代的朱元璋的"片板不许下海"的严厉国策，对比是何等鲜明啊！在某种意义上，庞大的郑和远洋船队在西太平洋与印度洋的巡弋，正是对民间造船业与海外贸易事业的一种打击和震慑。我们只要留意，便不难看到，著名的福建海商，正是在明初一度沉寂之后，"成弘之际，豪门巨室，间有乘巨舰贸易海外者"。[37]这其中不是恰恰透露了郑和远航与民间海外商贸关系的一些重要信息么。

在15世纪初，郑和率领的中华远洋船队，怀着强烈的文明使命感，在"洪涛接天，巨浪如山"的大洋大海上，"云帆高张，昼夜星驰，涉彼狂澜，若履通衢者"，[38]全方位地传播了中华文明，特别是传播了"共享太平之福"这一中华文明的核心观念——和平，在增强中华文明与亚非大陆各民族的了解与友谊当中，积极促进了那里文明化的提升。在这个意义上可以说，郑和远航走在了古代世界各民族友好交往的历史前列，在人类文明交汇的历史上，起了重要的、积极的作用，为文明交汇树立了一个光辉典范。

郑和远航在人类文明进步的历史上，树立起了一个前所未有的高度。但与此同时，在郑和远航船队的身侧，在世界的西半球上，也开始了另外一项远航事业，这就是所谓西方开启的大航海事业。那项大航海事业,根植在与郑和全然不同的文明环境之中——即正在开始转轨的、走向近代的西方基督教文明的土壤之中。这个西方文明的土壤与环境,使得西方的大航海不像郑和远航那样戛然而止,而是日益发展壮大,生生不息,终于带来了一个日渐全球化的近代世界。在这个意义上,我们可以说,西方大航海事业,虽然充满了暴力与野蛮,却在人类文明走向近代的过程上,树立了一个更高的高度。

今天,我们在纪念郑和远航600周年的时候,全面总结历史经验,正确地传承郑和的事业,有助于我们增加自觉性,减少盲目性,迎接21世纪中华民族的伟大复兴,再树立一个文明的新高。同时,作为中国学人,我们也愿意同世界各国的同行加强交流,互相学习,共同为推动人类文明的进步,作出贡献。

注 释

〔1〕《马克思恩格斯选集》第4卷,人民出版社1995年版,第164页。
〔2〕《明史·郑和传》。
〔3〕参阅《明史·郑和传》;《罪惟录·锡兰国》。
〔4〕马欢:《瀛涯胜览》。
〔5〕《明太祖实录》卷三七。
〔6〕郑鹤声、郑一钧:《郑和下西洋资料汇编》,上册,齐鲁书社,1980年,第99页。
〔7〕《明宣宗实录》卷六七。
〔8〕马欢:《瀛涯胜览》。
〔9〕《瀛涯胜览校注》,郑鹤声、郑一钧前引书,中册(上),第607页。
〔10〕张燮:《东西洋考》,中华书局,1981年,第86页。
〔11〕郑鹤声、郑一钧前引书,中册(上),第620页。
〔12〕郑鹤声、郑一钧前引书,中册(下),第85页。
〔13〕《明成祖实录》卷三十。
〔14〕郑鹤声、郑一钧,前引书,第856页;《南京弘仁普济天妃宫碑》。
〔15〕《郑和家谱》。
〔16〕《天妃灵应之记》。
〔17〕《明史稿·郑和传》,郑一钧,前引书。
〔18〕郑一钧:《论郑和下西洋》,海洋出版社,1985年,第396页。
〔19〕《明成祖实录》卷四十。
〔20〕胡广:《勃泥国恭顺王墓碑》,《皇明文衡》卷八一。
〔21〕费信:《星槎胜览》。

〔22〕 严从简:《殊域周咨录》。
〔23〕 《明史·柯枝传》。
〔24〕 郑鹤声、郑一钧,前引书,中册(下),第1956页。
〔25〕 郑一钧:《论郑和下西洋》,海洋出版社,1985年。
〔26〕 孔远志:《郑和与印尼、马来西亚》,《郑和论丛》,第一辑,云南大学出版社,1993年,第108页,注14:"哈姆加:《郑和》。载印尼《明星周刊》,1961年3月8日(Hamka:"Cheng Ho", Star Weekly)。"
〔27〕 转引自黄邦和、萨那、林被甸主编:《通向现代世界的500年》,北京大学出版社,1994年,第72—73页。
〔28〕 黄邦和等,前引书,第73页。
〔29〕 郭守田主编:《世界通史资料选辑》(中古部分),商务印书馆,1981年,第304页。
〔30〕 《马克思恩格斯全集》第22卷,第430页。
〔31〕 《朱子语类》卷一二七。
〔32〕 祝瑞开主编:《宋明思想和中华文明》,学林出版社,1995年,第253页。
〔33〕 转引自黄邦和、萨那、林被甸前引书,第53页。
〔34〕 《马克思恩格斯全集》第25卷,第373页。
〔35〕 洪武四年(1371):"禁濒海民不得私出海",《明太祖实录》卷二十;永乐时期,"禁民间海船",《明成祖实录》卷二七。
〔36〕 雅梅依·科特尔桑:《葡萄牙人的发现》第1卷,中国国际友谊出版公司,1996年,第292页。
〔37〕 张燮:《东西洋考》。
〔38〕 《天妃灵应之记》碑;郑鹤声、郑一钧:《郑和下西洋资料汇编》,齐鲁书社,1980年,第42页。

此文发表于《亚太研究论丛》2005年第2辑。

古代来华使节考论

在漫长的中国古代历史上,远近各国来华的使节,数目之众,何止万千!他们踏着沙漠的驼铃或山间马帮的响铃声,沿着丝绸之路的干道、支道,甚至毛细小道,或者踏着海上的风涛扬帆而行,航过海角天涯,尝尽千辛万苦,来到心中憧憬已久的目的地——中国。

这些来华使节究竟是些什么样的人,他们在本国的身份、地位如何?他们来华肩负着何种使命?他们在华期间所受的待遇如何?在古代中外交流史上,他们有着怎样的贡献?

本文想就这些问题,作一番考量。

一

从动态上考察古代的来华使节,可以大致看到这样一个带有规律性的现象,即:从汉代到清代大约两千年期间,各国来华使节的疏密情况,与中华帝国的盛衰状况,中华帝国对外经略的重心,以及遣使来华各国的社会发展需求,有着直接的、密切的关系。

中国历代封建王朝的统治阶级,都在致力营造一种古代类型的国际关系格局:"华夷秩序"。在这个意义上,各国来华使节可说是两千年一以贯之,几乎陈陈相因、代代相承。但这种一以贯之绝非静态僵直的,而是充满着活力跳动和变数。

汉承秦祚,经略了一个前后延续四百载的两汉帝国。

大汉帝国对外经略的重心,放在西方。由于北方强大的游牧民族匈奴的威压,使汉朝希望联络西方的西域诸国,与之结好,在战略上"断匈奴右臂"。加之,西域诸邦国亦常不堪匈奴的欺凌,也有意结好汉帝国,因此在张骞凿空之后,随着双边关系的发展,西方高鼻深目的使节们便一批一批地出现在汉家宫廷的殿堂中。应该说明的是,狭义的西域,涵盖着今日中国境内新疆地区。那里的一些邦国,在汉代开始内附,终于在历史长河中渐渐融入中华民族的大家庭。

这样,人们可以看到,在西汉武帝时期和东汉班超父子经略西域前后,也就是两汉帝国繁荣、强盛的时期,远至中亚、西亚诸邦国的遣使来华也呈现了某种密集状态。例如,公元前104年,汉武帝命贰师将军李广利发动大宛之战。此役之胜,震动西域,"诸所过小国,闻宛破,皆使其子弟从军入献,见天子,以为质焉"。[1]当时的安息,"其属大小数百城,地方数千里,最为大国"。汉使至安息,受到隆重接待,"汉使还,而后发使随汉使来观汉广大,以大鸟卵及犁轩善眩人献于汉。及宛西小国欢潜、大益、宛东姑师、苏薤之属;皆随汉使献见天子,天子大悦。"[2]到了东汉前期章、和二帝时,正值班超在西域恩威并重,声望甚隆,故而安息仍两次遣使来华。

不过,当汉帝国之国势衰微时,就是另一种情景了。例如,西汉晚期,活跃于吉尔吉斯高原的康居国,以汉遥远,又不复强盛,就不重视汉使,竟将大汉使节安排在乌孙使节之下。罽宾国王则更加傲慢,"数剽杀汉使",以后时来时绝,汉帝国亦对之无可奈何。位于南亚大陆的天竺国,在东汉强盛时,"数遣使贡献,后西域反畔,乃绝"。[3]

大汉帝国的对外经略是全面的。

雄才大略的汉武帝除了派张骞通西域外,还在海上对外进行开拓。《汉书·地理志》那段著名的记载,说明汉朝海上对外触角已经远及南亚的黄支国。而这一路上所经过的国家,如都元国、邑卢没国、谌离国、夫甘都卢国以及最远的黄支国,"自武帝以来,皆献见",都派遣使节访华。

东汉时期,从海路而来的外国使节更是不断。84年,日南徼外蛮"究不事人"邑豪献生犀、白雉。这个究不是小小邑邦,有人考作柬埔寨的原始小邦。到了2世纪中叶,东南亚叶调(应为爪哇古国,也有考作扶南国[4])国王便,在131年(顺帝永建六年)"遣使贡献,帝赐调便金印紫绶"。[5]值得注意的是,叶调国这次派来中国的使节,名字叫做师会。汉帝还给他封赠,"以师会为汉归义叶调邑君"。[6]这位师会,大约是见于中国史籍上的第一位留下姓名的外国使节。除了叶调国以外,还值得注意的是位于缅甸的古国掸国。该国在97年、120年和131年多次遣使来华。其中120年(永宁九年)那次,"掸国王雍由调复遣使诣阙朝贺,献乐及幻人"。这位幻人即魔术师"自言我海西人。海西即大秦也"。掸国来华使团里,竟也有一位来自罗马帝国的魔术师。甚至南亚的天竺,当"西域反畔",不能从陆上丝绸古道前来长安,仍然另辟蹊径,居然在2世纪中叶经海上"频从日南徼外来献"。[7]

在东北亚方面,日本列岛的倭人群邦,也在汉代来华交往:"乐浪海中有倭人,分为百余国,以岁时来献见。"[8]"凡百余国,自武帝灭朝鲜,使驿通于汉者三十许国。"[9]到了东汉光武帝时,倭奴国又正式"奉贡朝贺"。107年(安帝永初元年),更有"倭国王帅升等献生口百六十人,愿请见。"[10]

两汉之后,是三国两晋南北朝分裂动荡的四百年。

伴随着两汉帝国的灭亡和国家的分裂动荡,特别是北方游牧诸族的入主中原,西域与中国内地的政治联系明显减弱,像汉代那样前来朝贡、献见的使节确实大为稀少。但是,由于经济重心的南移,南方诸王朝经济的发展与繁荣,海上丝绸之路反而得到刺激与发展,与东南亚、南亚乃至东北亚地区的联系日渐密切。同时,北方游牧诸族在汉化过程中,也逐渐接受了"华夷秩序"的理念,用以处理中外关系。因此,中华诸王朝的海上对外关系,仍在持续着、发展着。

在东北亚地区,日本的邪马台国脱颖而出。女王卑弥呼在238年派遣难升米、都市牛利等访华。此后十年,邪马台四次使魏。[11]3—6世纪,日本出现了大和国家。大和积极与中国南朝刘宋联络,先后八次遣使来华访问。与此同时,朝鲜半岛上的高句丽、百济和新罗三国,更争先恐后地向中国南北诸王朝遣使朝贡。据统计,高句丽王国曾先后向中国北朝遣使101次,向南朝遣使42次;百济王国遣使北朝5次,南朝31次;新罗王国的遣使则分别为6次和9次。[12]

在这一时期,东南亚地区的社会发展,推出了许多新的国家,如印度支那半岛的林邑、扶南,印度尼西亚群岛的阇婆、诃罗单、婆皇,马来半岛的盘盘、狼牙修,等等。诸国皆遣使同中国交往。据统计:从3世纪至6世纪下半叶,林邑遣使来华高达32次,扶南来使15次,阇婆2次,诃罗单则为7次。[13]其中,诃罗单竟要求"愿自今始,赐年年奉使",积极急迫之态,溢于言表。

甚至远在南亚、西亚诸国,也不断遣使来华。印度笈多王朝就曾分别遣使晋朝与刘宋王朝;又据《魏书》诸本纪,可以查阅到公元477—521年,印度诸邦"遣使进献"达11次之多。锡兰也加入遣使来华的国家行列。晋、宋、梁诸王朝史籍上,均有锡兰遣使奉贡的记载。西亚强国萨珊波斯,也遣使访问北魏与梁朝。

从国祚短长的角度看,隋唐帝国颇有些秦汉帝国翻版的意味,大唐帝国将中国古代社会与中华文明推向一个新的巅峰时期。唐代的中国,雄强一世,气宇恢弘,贞观大治,开元全盛。中华帝国,流光四溢,璀璨辉煌,对周边以及远方的国家和民族有着强大的影响和吸引力。

各国遣使来华的状况,在唐代跃上了一个新的平台。

据《唐会要》卷四九记载:当时,"主客掌朝贡之国",有"七十余藩"。《新唐书》卷二二一讲得更明确,记天宝年间归附者,有"七十二国"。这个数字,比起两汉时代,就不可同日而语了。

不可同日而语的,还不只是前来"朝贡"、"归附"的国家数量。来使的频率也很说明问题。据初步统计,有唐一代的289年间,共约有71个国家遣使来华共582次。平均每年有两个外国使团访问唐帝国。

从时间上看,唐前期强盛时来使较密。其中,贞观年间来使110次,平均每年有4.8个使团来访;开元年间来使127次,平均每年有4.4个使团来访。这样,贞观、开元这两个时期共有来使237次,占全部来使数的40%;而贞观、开元两个纪年共52年,占唐朝时间的18%。这就是说,在大唐1/5时段中来访的使节,竟占全部使节数的2/5。

从地区上看,唐帝国与汉代一样,首重经略西域,并在这个方向上一度取得重大的、突破性的进展。天可汗制度的树立即是证明。当时,唐帝国北方与西方的游牧诸族,在贞观初年联合一致,拥戴唐太宗为最高领袖,共同尊他为所有邦国的"天可汗"。大唐在西域的势力与影响,一直到8世纪中叶才开始衰微,751年的怛逻斯之役和755年的安史之乱是为转折标志。直到贞元八年即792年,唐王朝才彻底丢失了西域。在这174年间,远至印度、波斯、阿拉伯乃至东罗马帝国都纷纷遣使来华。

从来使积极的程度看,首推东北亚地区。原因很清楚,东北亚的日本和朝鲜半岛地区,正面临着古代社会与文明发展的飞跃时期,渴望与中华帝国交往,以便汲取先进的中华文明。有唐一代,东北亚四国(日本、新罗、百济和高句丽)共遣使来华146次,平均每国遣使竟高达

36.5次。

至于东南亚地区,共34国共遣使139次,每国亦平均4次。

宋代积贫积弱,不但"华夷秩序"受到削弱,甚至华夷的地位也时有倒置的危险。但宋朝依然是东亚世界的中心,仍然是起支配作用的角色。不过,这种支配,按照日本学者西嶋定生的见解,"不是在政治方面,而是在经济方面"。[14]

一方面,各国遣使访华受到了当时形势的影响,所谓西域方向的来使已基本上绝迹。即如东北亚的日本和朝鲜,也与汉唐时代大异。自公元894年停派遣唐使以后,直到明初,中日之间未曾有官方往来。至于高丽王朝,虽然在有宋一代曾遣使来华59次(其中北宋时期51次,南宋时期8次[15]),保持了"华夷秩序"中的内圈角色,但对北方的辽、金、蒙诸游牧民族政权亦常因于其兵力而附之,常作首鼠两端之态,而且,从1164—1279年的125年间,宋与高丽之间已无交往了。

另一方面,"南渡以后,国土日蹙,一切倚办海舶"。[16]伴随着海上丝绸之路的繁荣,从海路来华的使节可以说是不减反增。占城、真腊、丹眉流、阇婆、三佛齐、蒲端、注辇诸国,纷纷遣使来朝。值得注意的是,位于文莱的渤泥国,"前代未尝朝贡,故史籍不载"。977年(太平兴国二年)"其王向打遣使施弩、副使蒲里亚、判官哥心等赍表来贡……"。[17]甚至远在非洲东岸的层檀国,也遣使入贡,[18]成为"华夷秩序"大潮得自印度洋远迄西岸的回声。

明清两代,迎来了"华夷秩序"的巅峰期。在这一时期,这一古代类型的东方国际关系体系终于完备了自己清晰的外延和日臻完备的内涵。同时,也正是在这一时期,"华夷秩序"越过了它的巅峰走向下坡,直到在西方殖民主义、帝国主义的破坏和打击下,逐渐分崩瓦解,以至最后终结。

明代的前期,即洪、永、熙、宣之际,国势鼎盛。以郑和远航事业为代表,中华帝国终于在前代的基础上织成了一张古代世界空前规模的"华夷秩序"网络。

明代开国之君朱元璋在位期间(洪武元年至三十一年,1368—1398年),南海各国来华遣使数量共计为121次。其中,安南25次,占城23次,真腊12次,暹罗39次,爪哇11次,三佛齐6次,彭亨、渤泥、淡巴、琐里、西洋国各1次。[19]另一个数字显示,明太祖在位期间,来朝国家计有 30 国;其中,暹罗、琉球各 19 次,高丽(后改朝为朝鲜)18 次,占城 17 次,安南 13 次,爪哇 9 次,真腊 7 次,三佛齐 6 次,日本 5 次,撒马儿汗 3 次,撒里 2 次,西洋、渤泥、阿难功德国、琐里、览邦、彭亨、须文达那、墨利哈梅里、别失八里、中山、山南、哈梅里、缅朵甘等各 1 次,总计 131 次。[20]以上两种统计有些出入,但说明来使之盛,还是一致的。到了永乐年间,来使情形更是盛极一时。以郑和远航为例,第五次出航,就"送摩骨都束(今索马里摩加迪沙)等十五国贡使返国";第三次返航时,又"附古里等十九国来朝"。

明初来华使团之盛,有如下几个特征:

第一,来使国家分布地区广。东方的日本,在两国断交 500 年后,终于在明初正式复交,并先后 17 次遣使来华朝贡。至于西方,东非海岸诸城邦如摩骨都束、卜拉哇、竹步等都派使节前来中国,可说是来使遍自亚非大陆。

第二,使团规模空前庞大,小者如渤泥国使团 150 人,菲律宾的三个邦国使团 340 人;中等的如满剌加国使团 540 人;大者如西洋古里使团竟达 1100 人。不但规模庞大,而且密集化程度高。如永乐二十一年(1423 年)忽鲁谟斯等国来到中国的使臣达 1200 人。如此庞大、密集的来使,"实罢中国",确实让中华帝国的统治者们又兴奋,又吃不消。

第三,规格空前的高。渤泥、满剌加与菲律宾群岛诸邦的来华使团,均由国王亲自率领。

宣德以降,伴随着明帝国势运走低,来使亦呈规律性下滑趋势。不过,各国来使并未骤停,而是与明帝国大体相始终。如嘉靖至崇祯年间(1522—1644 年),安南仍有 19 次遣使来华,最后一次是在崇祯十年。暹罗亦有 16 次遣使来华的记录。尤其难能可贵的是,其末次来使,时在崇祯十六年,即明亡前一年。

有清一代,自不及明朝初叶。这是因为自 16 世纪以降,近代西方殖民主义、资本主义的东侵,逐渐给世界的面貌带来根本性的变化,伴随着南亚地区和东南亚地区菲律宾、印度尼西亚、马来半岛等渐次沦为殖民地,遣使来华自然也就戛然而止。不过,在东亚大陆,大清帝国特别在康雍乾盛世之时,大致尚能维持局面。朝鲜、越南、缅甸、泰国等方面的来使,还能把大清的江山装扮得如烈火烹油。到了鸦片战争之后,1869 年暹罗曼谷王朝遣使上书请废"贡献之礼";1875 年琉球最后一位贡使回国,5年后琉球王国遭明治维新后的日本吞并;1885年缅甸被英国吞并,仅留给清廷一个虚好看的"敬意";直到20世纪初,尼泊尔在光绪末年还遣使向清廷来了一次"纳贡"。此时,北京皇宫奏起的迎宾喜乐,已经带上了大清帝国,还有整个中华帝国浓重的哭音!

二

历代来华使节的身份如何?

两汉时期,"华夷秩序"尚在雏形构建阶段。那些前来"献见"的诸国无名使节的身份,自然难以鉴定。但从史籍的记载,大致可以将他们划分为两类。

一类是有身份的上层人士。例如,104年大宛之战后,西域诸邦震动,纷纷遣子弟入质汉廷。这些人自然应该都是公子王孙一类。又如,日本列岛的倭奴国使节,"自称大夫",或者是自高身份。但终归应是有地位的。

另一类则是商人。166年,东汉"桓帝延熹九年,大秦王安敦遣使自日南徼外献象牙、犀角、玳瑁,始一通焉"。这位来使,打通了中国与罗马帝国之间久已期盼的直接往来,其历史之功不可没!但从其所献,皆是红海地区及其以东的产品,从中推测,这位罗马来华的首任大使,很可能是个商人。我们知道,古代世界的情况,常常是外交、商业参半而行。

因此,商人充当或冒充使节,也不足为怪。

顺便要讲的是,在两千年的中外关系史上,以商人充当或冒充使节的情况,是层出不穷、屡见不鲜的。例如,明末来华的耶稣会士鄂本笃,记载,"喀什噶尔人阿吉·阿菲斯从喀什噶尔国王那里买到了赴明朝贡使的特权,因此他就成为商队头领,募集去往中国的人加入他的商队。……鄂本笃也加入了这个商队"。"到达察里斯即今焉耆后……恰巧一支从契丹返回的穆斯林商队也来到这里。他们是1601年诈称朝贡使进入契丹宫廷,因而曾在会同馆住宿。"利玛窦也记载,喀什噶尔的商人团体,"每隔六年,这个团体可以有七十二个人作为上述七八个王国的使者前来向中国皇帝[进献]礼物和贡品。……一到规定的时间,(首领)就向有关官吏出示他们的国王的信件(证明他们是正式使节)和证明文书。"[21] 其实,中国官方对混迹于使节队伍中的商人的真实身份也是心知肚明的,"诸蕃贪中国财帛,且利市场,络绎道途。商人率伪称贡使"。[22]

从魏晋南北朝开始,我们能够得到来华使节多一些信息。这些来使有的已有姓名乃至身份。例如,238年(魏明帝景初二年),日本邪马台女王卑弥呼派遣来华的使者就留下了姓名:难升米和都市牛利;449和464年,婆皇国两次遣使到中国南方的刘宋王朝,使节竺那婆智、竺须罗达不仅留下姓名,而且还有"长史"的身份。[23] 按,长史乃中国官衔,这里显然是其译称,但毕竟说明他们在本国是有一定地位的。又如,430年,诃罗单/诃罗陀国王坚铠遣使来刘宋王朝朝贡的国书中,还特别介绍了所派使节的名字:"所遣二人,一名毗纫,一名婆田。"[24] 显然,这两位使节在其本国绝非等闲白丁。最说明问题的是,还是南朝时期位于尼泊尔境内的天竺伽毗黎国国王月爱在其致中国皇帝的国书中郑重推荐其使臣,说"使主父名天摩悉达,使主名尼陀达,此人由来良善忠信"云云。看来,使臣尼陀达在本国肯定是出身名门,以至国王还要专门介绍他的父亲。

唐代的中国,国势大盛,文明辉煌,社会发展进入了古代的巅峰期。这一状况,对外部世界产生了极大的吸引力。各国遣唐的使节,不仅频率大大加密,数量急剧增加,而且级别也明显提高。例如:

近邻朝鲜的高丽王朝,在贞观"十四年,遣其太子桓权来朝,并贡方物"。

以一国之储君为使,足见其重视对华关系的发展。故而,"太宗优劳甚至"。[25]

日本的遣唐使共计派了15次,其中日本王子亲自前来朝贡者,有3次。[26]

南方的骠国(今缅甸),在800年和802年曾两次朝贡,其中第二次即802年(德宗贞元十八年),骠国使团在王子舒难陀、国相那及元摩诃思那率领下,抵达长安,献上著名的骠国乐。唐代大诗人白居易,撰写了诗篇,赞美异国情调的乐舞,并为皇帝起草了致骠国王雍羌的书信,称赞他"令爱子远赴阙庭"的亲善举措。[27]

远在西亚的萨珊波斯,在国家破亡之后,其末代君主伊嗣侯之子卑路斯也辗转流离,"自来入朝",被唐朝皇帝册封为波斯王。

开元二十九年,南亚地区的中天竺王子李承恩来朝。按,此王子的姓名当为唐明皇之赐予。有唐一代,来华出使的王室成员,有 12 国 22 次。

除了王子、贵族外,僧人充当使节,是自唐代开始的新气象。

日本的遣唐使团中,学问僧是主要的组成部分,甚至首领。公元 658 年即大唐显庆三年,亦即"齐明天皇四年七月",日本沙门智通,智达"奉敕乘新罗船渡唐"。[28]

南亚地区的天竺,亦有类似记载。开元十七年六月,北天竺国三藏沙门僧密多献质汗药等。十九年十月,中天竺国王依沙伏摩遣其大德僧来朝贡。[29]显然,这些三藏沙门僧和大德僧,同日本的学问诸僧一样,皆为佛教僧侣。

还有一僧,乃是东罗马帝国派来的使节,《旧唐书》记载:"开元七年正月,其主遣吐火罗大首领献狮子、羚羊各二。不数月,又遣大德僧来朝贡。"宗教人士,或曰僧人,担任外交使节,也是探讨中外交往史的一个值得注意的现象。这是因为,他们大多在本国属于特殊的文化贵族,有很高的文化修养,知识渊博,作为国家的代表出使可以为国争光。同时,主流宗教往往在国内很有政治权势与影响,高级僧侣与王室、宫廷权贵关系密切,能够很好地把握国策,完成外交使命。此外,由于佛教的传布跨越国界,流布广远,以僧侣充当使节更容易在异国找到知音。这一类型的使节,仍以日本最为代表。中日官方往还,自晚唐渐绝后,直到明初方才一度正式恢复。宋代,"国朝雍熙元年,国僧奝然与其徒五六人浮海至,以铜器十余献,极精致"。[30]这位日本僧侣,就在两国无邦交的状态下,起到了民间大使的作用。明初,日本室町幕府与中国建立正式朝贡关系。日本来华使团的组成中,正、副使之下,就专设有"从僧"的名额。[31] 1403 年,将军足利义满特派天龙寺僧坚中圭密为正使,祥庵梵云、明空志玉二僧随同,徐本元为通事,率三百余人为赴明贡团随行,于九月抵达宁波。此后,室町幕府派遣来华贡使,均由京都五山禅僧担任。这些高僧熟读中国典籍,擅写中文文章,个个都是"中国通"。他们当中的杰出代表,首推虎关师炼,被时人称誉为"可谓座下于斯文不羞古矣!"[32]

宋代积贫积弱,自然远近诸国渐渐也大多心知肚明。像大唐时动辄有王子来朝的盛况自然难再。不过,有一个现象引起了我们的兴趣。

这就是：宋代留下的历史资料中，记载了比较多的各国使团成员的名字。例如：

印度支那半岛的真腊国，在政和六年"遣进奏使奉化郎鸠摩僧哥，副使安化郎摩君明稽等十四人来贡"，"宣和二年，又遣郎将摩腊、摩秃来。"[33]

马来半岛的丹眉流国，"咸平四年，国主多须机遣使打吉马、副使打腊、判官皮泥等九人，来贡……"。[34]

印度尼西亚群岛的阇婆国，"淳化三年十二月，其王穆罗茶遣使陀湛、副使蒲里亚、判官李陀那假澄等来朝贡。"[35]

在三佛齐国的多次朝贡中，建隆三年，"又遣使李丽林，副使李末、判官吒吒壁等来贡"；咸平六年，"遣使李加排、副使无陀李南悲来贡"；大中祥符元年，"遣使李眉地、副使蒲婆兰、判官麻河勿来贡"；天圣六年，"遣使蒲押陀罗歇及副使、判官亚加卢等来贡方物"；元丰五年，"遣使皮袜、副使胡仙、判官地华伽罗来"。[36]

渤泥国（位于今文莱），"太平兴国二年，其王向打遣使施弩、副使蒲里亚、判官哥心等赍表贡……"。[37]

诸国之中，以注辇国的名单最细。"大中祥符八年九月，其国主罗茶罗乍遣进奉使侍郎娑里三文、副使蒲恕（或作蒲加心）、判官翁勿、防援官亚勒加等奉表来贡。"[38]

如果说，在中国历朝历代的来华使节的身份上均各有特色的话，那么明代的来华使节特色，就是各国的使团往往直接由其国王亲自率领。至于王储、亲贵、显宦、高僧等为使访华，则已是司空见惯的寻常事了。

来华的外国诸王，计有：

渤泥（勃泥）国。1408年（永乐六年），国王麻那惹加那率王妻他系邪、王弟、王子、王女、王妹、王亲陪臣150余人访华。

满剌加（位于今马六甲）国。1411年（永乐九年），国王拜里迷苏喇率妻子、陪臣540人来朝；1418年（永乐十七年），新王亦思苔儿沙又率妻子、陪臣来朝；第三代国王西喱麻哈拉者继位后，又两次率团访华。

苏禄（今菲律宾）国。1416年（永乐十五年），苏禄东王、西王、峒王三位首领一道率亲属及随从340余人朝贡。

蜂牙施兰国。1406年、1408年、1410年，国王嘉马银竟连续三次访华。[39]

又有古麻剌朗国。1419年（永乐十八年），其王干剌义亦敦率妻子陪臣随明朝使节太监张谦来朝。

在讨论古代来华使节身份时，有一个特殊的现象引起我们极大的兴趣。这就是从明代开始，外国来华使节中出现了华人。例如：成化十三年（1477年），暹罗"王遣使群谢提索英必、美亚二人来贡方物。美亚本福建汀州谢文彬也，因贩盐为大风飘入暹罗，遂任其国，官至'坤岳'，犹华言学士。"[40] 又如，正统元年（1436年）闰六月壬辰，"爪哇国使财富八致满荣，自陈初姓洪名茂仔，福建龙溪县民，取渔为业，为番舶掳去，脱走于爪哇，改今名，遣进方物来京。"[41] 类似的情况，在暹罗与爪哇等国还有：

> 正统三年（1438年）六月壬午，爪哇使臣亚烈马用良、通事殷南文旦奏："臣等本福建漳州龙溪县人，因渔于海，飘堕其国……"[42]

> 弘治十年（1497年）九月乙巳，先是江西南城县民万轨商往琼州，因飘风流寓暹罗为通事，屡以进贡来京。[43]

三

古代来华的各国使节，一般都肩负着多重使命。总体说来，大约不外乎政治上建立、维系及增强双方的友好、亲善关系；经济上增强贸易联系、互通有无；文化上则是吸收、学习高度发展的古代中华文明，等等。

不过，具体分析起来，不同历史时期，来自不同国度、地区的使团，往往负有侧重不同的、特殊的使命。

在政治方面，与中华帝国建立友好、亲善的朝贡关系，得到中华帝王的承认与支持，无疑有助于远近诸国的统治者自高身份，提高自己的声誉，以巩固自己的统治与国家安全。从两汉时代开始，获得中华帝国最高统治者——皇帝的封赠，就是各国使节来华的一项十分重要的任务。

有的使节，为获得中国皇帝的敕封与印绶而来。如，57年，倭国遣使奉贡朝贺，"光武赐以印绶。"[44] 这就是19世纪出土的著名的"汉委奴国王"金印[45]。汉代遣使获封及获赐金印紫绶的还有掸国王雍由调;叶调国王调便[46]等。这种遣使请求而获封赠的情形,历久不衰。唯明代以前,中国方面在册封诸国国王时,常常喜欢在该国国王封号之前,加封一个中国的官衔或爵衔。如南朝刘宋,封百济国王"持节都督百济诸军事",[47]而封倭王为"安东大将军";唐朝时封高丽王为"上柱国、辽东郡王";[48]封康国王为"左骁卫大将军";[49]封室利佛逝国王为"宾义王,授右金吾大将军"。[50]中国官爵的封赠,在宋代达到了极致。如建炎三年,"授阇婆国主怀远军节度使、琳州管内观察处置等使、金紫光禄大夫、检校司空、使持节琳州诸军事、琳州刺史、兼御史大夫、上柱国、阇婆国王、食邑二千四百户、实封一千户。"[51]真是长得吓人。直到明清两代方简明扼要,直接册封为某某国王,如满剌加国王、渤泥国王、苏禄东王、西王、峒王、古麻剌朗国王、暹罗国王、缅甸国王、廓尔喀国王,等等。

与获得册封大致相埒的,是获得中国皇帝对朝贡国山岭的册封,以及题诗、赐匾额等等。例如,大明永乐三年,满剌加遣使,求封其山为一国之镇,帝封其西山为镇国山,御制碑文,勒石山上,诗云:"……王好善义思朝宗,愿比内郡思华风。……天书贞石表尔忠,尔国西山永镇封";四年,足利义满捕海寇有功,封其肥后的阿苏山为寿安镇国之山。赐诗云:"日本有国钜海东,舟航密迩华夏通;衣冠礼乐昭华风,服御绮锈考鼓钟。……尔源道义能迪功,远岛微寇敢鞠凶,鼠窃蝇嘬潜其踪,尔奉朕命收捕穷";六年,渤泥国遐旺请封后山为镇国之山,帝赐铭诗云:"王德克昭,王国攸宁,于万斯年,仰我大明";十四年,帝封柯枝之山为镇国山,碑文内附诗:"山之崒矣,海之深矣;勒此铭诗,相为终始。"清代康熙二十二年,皇帝亲写"忠孝守邦"匾额赐安南国王,一时称为"盛事";雍正年间,皇帝手书"天南乐园"匾额,赐给暹罗国王。

古代域外诸国,兴衰往替,国力消长,彼此之间关系经常处于紧张甚或冲突状态。因此,不少来华使节都负有一项特殊的政治使命,就是希望得到中华帝国仲裁、调解、主持公道。当诸国遇强敌处于危亡之际,也往往派使节求援救于中华帝国。

魏晋南北朝时期,日本列岛的邪马台国女王卑弥呼于238年遣使赴魏朝贡,获封"亲魏倭王";此后十年,又四次遣使来华;魏王朝亦三次遣使赴其国。其中,有一个背景,即邪马台女王与狗奴国男王卑弥弓呼争霸战。魏遣张政为特使,前往调停。[52]印度尼西亚的诃罗陀国王坚恺遣使朝贡,诉说该国"今转衰弱,邻国竞侵,伏愿圣王,远垂复护";[53]可见,还在这些国家初建邦国之时,就有了要中国调停、保护的需求。

　　大唐帝国威名远播,远至中亚、西亚诸国都受到了强烈的影响与吸引,纷纷前来朝贡。正当"华夷秩序"不断扩展之际,阿拉伯帝国异军突起,也自西向东实行扩张。此时,西域诸国纷纷向唐帝国呼救。康国在永徽年间(650—655年)就向唐朝"频遣使,告为大食所攻,兼征赋税";[54]康国、安国、俱密等国于开元七年遣使来唐,诉"被大食贼每年侵扰,国土不宁";乞大唐"处分大食",救其"苦难";[55]开元十五年,吐火罗遣使求救:"奴身今被大食重税,欺苦实深,若不可天可汗救活,奴身自活不得,国土必遭破败";[56]遣使前来求救的还有远在南亚的国家,"开元时,中天竺遣使者三至,……乞讨大食"。[57]萨珊波斯国被阿拉伯人攻破后,其末代君王之子卑路斯逃亡在外,"龙朔年间,奏言频被大食侵扰,请兵救援"。[58]与此同时,东方的朝鲜半岛正值三国鼎立时期,新罗、百济、高句丽都纷纷派使节结好唐帝国,同时向唐廷状告他国"侵暴"、"攻掠"行为。[59]

　　东南亚诸国矛盾,冲突时时发生。它们也经常遣使赴中国申诉。此类情况,以明朝最多。首先,大明帝国在东南亚地区最亲密的国家满剌加,就多次遣使"诉暹罗见侵状","暹罗谋侵本国";又同苏门答腊一道诉暹罗国强发兵,夺天朝所赐印诰,印度支那半岛上也不安静,安南与占城两国交兵,"占城使入京告急";[60]占城也侵真腊,连远在南亚的榜葛拉同邻国沼纳朴儿发生冲突,也要遣使来华告状:"沼纳朴儿……侵榜葛拉,赛弗丁告于朝。"[61]

　　在经济方面,各国来华朝贡,一个经常的、带有根本性的动机或目的,就是进行经济交流、商品交易。宋代马端临在《文献通考》早就尖锐指出:"岛夷朝贡,不过利于互市赐予,岂真慕义而来。"此评虽然过激,但对于那些文明发展程度较低的国家和地区而言,还是颇有见地的。早在南北朝时期,诃罗单国遣使来华,其所呈国书("表")就明白表示,"伏愿圣王,远垂复护,并市易往返,不为禁闭",清代缅甸国王孟云遣使来华,表面理由是贺乾隆皇帝"八旬万寿",十分冠冕堂皇,但同时有一个重要目的,"又请开关禁以通商旅"。[62]

　　有时,使节们还会提出一些特殊的要求,希望在一般商品交易之外,从中国获得一些额外的或特别的物品。例如,柯罗单国王坚恺派遣使节毗纫等来华,就"伏愿大家听毗纫买诸铠仗,袍袄及马";[63] 唐朝时,陀洹国在贞观年间"遣使献白鹦鹉及婆律膏,仍请马及铜炉"。[64] 从这条资料可以看出,马匹与铜炉两种物品,乃是该国的一再需求,以至要指名申请。宋代三佛齐的使节群陀毕罗,要求更多,"乞买金带、白金器物及僧紫衣、师号、牒",[65] 等等。

有趣的是,使节们之间还彼此攀比。如宋代占城与蒲端两国都遣使来华朝贡。占城国王获得宋廷马匹、旗帜、兵器等赏赐后,"邻国闻之,知臣荷大国之宠,而各惧天威,不敢谋害",因而更加请求"军容器仗耀武之物,伏愿重加赐赉"。蒲端国使节见了,好生欣羡,说:"伏见诏旨给赐占城使鞍马、大神旗各二,乞如恩例。"[66] 也希望照样获得一份。

偶然地,各国使节来华也曾负有军事方面的使命,要求中国出兵,甚至表示要求出兵援助中国。当然,此类使命归根结底还是一种政治使命。例如,唐代中亚、西亚诸国在遭遇到阿拉伯帝国入侵、征服时,请求大唐帝国出兵救助,"讨大食"即属此类。中亚的何国,在永徽年间就曾派使者赴唐廷进国书,表示"闻唐出师西讨,愿输粮于军"。又如,当大明帝国出兵朝鲜,与朝鲜共同抗击丰臣秀吉入侵的前夕,"暹罗贡使于万历二十一年,请于兵部,愿效勤王"。[67]

除了政治、经济方面的因素之外,来华使节的文化使命,尤其值得注意。

东汉时期,明帝"遣使天竺,问佛道法"。汉使归来时,携回两位印度学者高僧摄摩腾、竺法兰,明帝为建洛阳白马寺,以讲求、传布佛法。这两位高僧,称得上是来华最早的民间文化大使了。此后,外国使者来华带有某种佛教色彩使命者,可以说屡见不鲜。南朝时,马来半岛的盘盘国"累遣使贡牙象及塔,并献沉檀香等香数十种","复使送菩提国真舍利及画塔,并献菩提树叶、詹糖等香"。[68] 唐朝时,南天竺建造佛寺,遣使请求唐明皇赐寺名,"敕以归化为名赐之"。[69] 要求中国皇帝题名寺额的还有三佛齐国。宋朝皇帝"嘉其意,诏以'承天万寿'为寺额,并铸钟以赐"。[70] 蒲甘国使者俄托乘摩诃菩抵达南宋首都临安(今杭州)后,向宋朝进赠的贡品中,有"金银书《金刚经》三卷,金书《大威德经》三卷"。[71]

东南亚古国缅甸,遣使中华则以其音乐见长,早在汉代,掸国使节来华"诣阙朝贺,献乐及幻人"。到了唐朝,骠国使节王子舒难陀"重译来朝,又献其国乐凡十曲,与乐工三十五人俱。乐曲皆演释氏经论词意。"[72]这应是来华的早期佛教音乐了。

至于东北亚的日本和朝鲜,他们派遣来华的使节,都负有汲取中华先进文明的重要使命,就毋须赘言了。

四

古代各国来华的使节,在中国一般都受到极为友好和优厚的待遇。

西汉时,安息国王遣使节访问中国,"以大鸟卵及犁靬善眩人献于汉。及宛西小国欢潜、大益,宛东姑师、苏薤之属,皆随汉使献见天子。"这么多国家的使节出现在汉家宫廷,令雄才大略的汉武帝兴奋异常,叫做"天子大悦"。

盛唐贞观年间,高丽遣太子桓权来朝。唐太宗也喜悦异常,叫做"优劳备至"。

可见,凡有外国使节来朝,中华帝国的皇帝都是十分喜悦。那"优劳备至"的待遇,就自不必说了。

如何"优劳"呢?

按照中华帝国的制度,每朝每代对于外国贡使的接待,都是有一定之规的。而这些规矩,都集中体现了中华帝国皇帝"一统华夷"、"抚宇如一"、"厚往薄来"的对外交往的原则。

首先,是食宿优游方面的接待。

宋代丹眉流国来使打吉马等人来贡,这等一个小国,却也获"召见崇德殿赐以冠带饰服物"[73]的待遇,丝毫不受其国弱小的影响。阇婆遣使陀湛等来华朝贡。因陀湛吹捧说"中国有真主"颇得皇帝的欢心,于是"上令有司优待,久之使还,赐金币甚厚"。[74]蒲甘、三佛齐、大食等国一道,结伴来华朝贡,也得到善待,"获予上元观灯"。[75]明初,朱元璋即皇帝位,高丽王颛立即带头遣使张子温入明进贡。此举深得朱洪武的欢心,遂命六部、御史台设宴,并在宴会上举乐。御史大夫对高丽使者说:"台宴未尝用乐,今日之乐,为使臣也。"这是一种破格的礼遇。

各国来华使节的朝贡礼仪虽然相当刻板和制度化,但中华帝国的统治者却可以灵活掌握,给予种种破格,以显示天朝大国的泱泱大度与恢弘气魄,以及皇恩浩荡。清朝乾隆年间,朝鲜朴趾源随其从兄出使中国,贺乾隆七十大寿,受到乾隆皇帝的亲切接见。在朴趾源的笔下,这位中华帝国的帝王"蔼然有春风和气"。而在朴氏同一部书《热河日记》里,却记载了"皇帝春秋高,多躁怒,左右数被鞭控"。[76]可见,中国皇帝发脾气,也是内外有别的。而同在乾隆年间访华的缅甸使节,"归国后详述旅华情形,热情洋溢,描写清帝之仁慈,如何昼夜赐宴款待,如何演戏观剧,如何清帝必欲一聆缅乐,如何彼等乘坐大轿游览皇城,京师如何奇异,官吏如何奇异,官吏如何服饰,等等,莫不淋漓尽致。"[77]

热情款待之外,就是赐予官爵。这是给来华使节们很大的荣宠,是拿他们当做中国官员看待,从政治待遇上提升他们的文化品级,让他们由"夷"而"华",登上一个新的文明高度。

131年,叶调国使节"师会诣阙贡献,以师会为汉归义叶调邑君"。[78]这是载诸史籍上较早的一次封赐。238年,魏明帝封日本邪马台国使节难升米、都市牛利等为"率善中郎将"、"善率校尉"。[79]此后历朝历代,对不远万里来华进贡的外国使节,中华朝廷均不吝封赐。就我们看到的封赐官爵,有"振威将军"、"龙骧将军"、"果毅都尉"、"怀化将军"、"保顺郎将"、"宁远将军"、"归德将军"、"保顺慕化大将军"、"怀远将军",等等。从上述封衔的名称似乎可以判断,其中大多数含义十分明显,都是为来华贡使们特地设置的。

有一个实例,最为生动。永乐五年(1470年),朝鲜国王李远芳命世子为进表使,到大明帝国访问。明成祖朱棣对此次来访十分重视,亲自在西角门接见。李禔在京师居留五个月,优游岁月,受到热诚招待。辞行时,这位十几岁的少年王子竟对中国及其君主产生了眷恋之情,以至在御前伤心落泪。朱棣在分别时赐诗给他,亲切地对他说:"朕犹尔父也。"看到李禔落泪惜别,这位以残酷著称的大明永乐皇帝,竟感动得连连宽慰李 说:"终始如一,终始如一!"[80]

这是一幅牧歌式的图画。它表现的是"华夷秩序"这种古代国际格局中,蒙在这种不平等的封建宗藩关系外面的一层田园诗般的脉脉温情的薄纱。

五

古代来华的各国使节,既是中外文明交汇的桥梁,又是中外文化交流的载体。

在人类历史上,文明的交汇或者文化的交流,不外乎两种形式:和平的形式与战争的形式。而来华访问的各国使节,由于肩负着综合性的多重使命,就成为和平形式下文明交汇与文化交流的执行者。需要进一步说明的是,我们这里所讲的使节,从更宽泛的意义上讲,除了正使、副使外,还可以包括整个使团,而每一位使节所率领的使团,常常动辄有数十人乃至数百人之多。不难想见,这样庞大数字的人员,有着他们的思想、理念、目的和欲望。他们是主观能动性很强的人类群体。在古代社会生产力水平低下、交通极不发达的条件下,这样一个受到交往双方官方支持和保护的群体,是可以在文明、文化交往中,起到极为重要的作用的。

由于中国与域外远近诸国所处的自然、生态环境的显著差异,它们的社会物质生产的内容也就存在着诸般不同。彼此之间互通有无,自然成了中外交往中一项历久不衰的基本需求。于是,古代来华进行朝贡贸易,就成为贡使们的一项经常性事业。因此,来华使节的文明、文化交往的第一个贡献,就集中在物质文明与器物文化的层面。

使节们送来的,多是古代农、林、牧、矿诸方面的初级产品。

珍禽异兽,是最容易引起中华帝国皇帝与宫廷新奇感的东西,也最容易用最简单的劳动捕获与豢养。这就是为什么早在汉代,来访的安息使节就进献给汉武帝"大鸟卵"的原因。从那以后,此类记载在中国史籍中比比皆是。东汉时,日南徼外蛮"究不是"(有改为柬埔寨)人邑豪"献生犀、白象";南朝时,婆皇国使节"献白鹦鹉";唐代,南天竺使节"献五色能言鹦鹉";林邑使节"贡驯犀";罽宾使节"献褥特鼠";康国和大食国使节"献名马"、"良马";其他,有献狮子、驯象、斑马的,直到明代榜葛拉使节献的那只引起轰动的长颈鹿。

顺便指出,许多国家刚刚进入阶级社会,出现了奴隶制的剥削形式。在那里,奴隶地位极端低下,几乎不被当做人看,只算是"会说话的工具"。因此,来使也有送奴隶的。如三国时期,日本邪马台国女王卑弥呼就遣使"献生口十人";唐代诃陵国使节"献僧祇童五人"、"进僧祇女二人"(按:"僧祇"一词特指东非桑给巴尔岛及其临近的大陆);到了明代,更有爪哇国使节"贡黑奴三百人","贡黑奴男女百人",[81]等等。

同样是简单劳动可以获取的,就是与农林有关的自然界产物。如香料、胡椒之类。由于香料在中国用途甚广,无论宫廷还是民间均有大量社会需求,因此历朝历代,来华贡使带来的各种香料数量巨大。这方面的史料,信手拈来,皆成典型。我们这里只取两条示意。如宋代丹眉流国使节"来贡木香千斤、镴各百斤、胡黄连三十五斤、紫草百斤……苏木万斤";[82]明代爪哇使节一次就贡"胡椒七万五千斤",[83]等等。

比上述劳动较为复杂的产品,是珍宝玉石一类。早在晋朝时,远在南亚的锡兰,就曾遣使来华,"献玉象,经十载乃至";唐代,三佛齐国使节则赠送"白金、珍珠"等物;宋代注辇国使节"以盘奉真珠、碧玻璃升殿";清朝时,缅甸使节进贡的有"玉石三件,重210斤"。利玛窦笔下的那些来自中亚的、由商人假冒的"使节",带来的贡品也是"碧玉、钻石、蓝宝石"等等。

手工业及手工艺制品,需要付出比较复杂的社会劳动。因此,这一类产品,是各国使节在器物文明流播中华方面的高级贡献。三国时,日本女王卑弥呼的使节,就带来了"土布二匹";那土布,或曰斑布。唐代,拂菻国(即东罗马帝国)使节又送来比较高级的产品:赤玻璃、绿金晶等物。宋代以后,伴随着亚洲各国社会的进步及生产的发展,来华使节所带来的贡品中,手工业及手工艺制品日多,技术与工艺含量也越来越高。例如,北宋淳化年间,阇婆国使臣带来的贡物就有"象牙、真珠、锈花销金及绣丝绞、杂色丝绞、吉贝织杂色绞布、檀香、玳瑁槟榔盘、犀装剑、金银装剑、藤织花簟、白鹦鹉、七宝饰檀香亭子"等。[84]从中可以看到,除了象牙、犀角和白鹦鹉等少数外,绝大多数都已是相当精致的手工艺佳品了。又如,太平兴国年间来贡的渤泥使臣呈递的国书("表"),"纸类木皮而薄,莹滑,色微绿,长数尺,博寸余,卷之仅可盈握"。[85]

应该说,所有上述珍禽异兽、珍珠玉石、农林产品、手工艺品,由各国来华使节一一展现在中华帝国的宫廷,大开了天朝大国的眼界,给中国人的生产技术发明、改进以及艺术创造,留下了极为开阔的想象空间。

使节们从中国带走的,则多是誉满古代世界的、经过复杂社会劳动的手工业或手工艺产品。这里有人们熟知的各种丝织物、陶瓷产品、铁制工具,等等。它们是物化的高度发展的古代中华文明。

由于国情与社会发展的环境不同,加之文明进步的程度与水准的差异,因此在文明与文化的制度与精神层面的相互影响与吸收,比物质或器物层面的交流,要经过一个远为复杂、曲折的过程。其中的障碍,常常超出人们的想象。

然而,就是在如此复杂、艰难的条件下,古代来华的使节们,仍然是就他们本国文明与文化所提供的客观条件,以他们本人的智慧与能力,尽其所能,促进中外双方的交流。

先看使节们带来了什么?

就一般文明发展程度而言,在文明的精神层面,包括制度、思想、艺术、礼仪、习俗,等等,中华文明已达到古代世界的最高水平。不过,山外有山,各国来华的使节面对高度发达的中华文明,仍然贡献出各自国家、民族在这方面的宝贵文明成果。

早在汉代,来自安息的使节就带来了"犁靬善眩人"。这犁靬善眩人,就是来自罗马帝国的魔术师。东汉时,南方的掸国使节又"献乐及幻人"。这位"幻人""自言我海西人,海西即大秦也",也是一位来自罗马帝国的能人,"能变化吐火,自支解,易牛马头。又善跳丸,数乃至千",是为魔术与杂技方面的"武林高手"! 此时的掸国乐究竟是什么样子,史已失传。但从上述这条史料看,这个"乐"与"幻人"很可能有密切关系,乃是幻人在变魔术、演杂技时的伴奏音乐。这种充满异国情调的掸国乐,也肯定给汉家天子、公卿留下浓浓的余韵。

大汉之后有盛唐,然而在音乐、舞蹈方面,对域外许多国家、民族,却既不大也不盛,只能甘拜下风。在缅甸继掸国而起的骠国,在唐德宗时再接再厉,又派王子舒难陀和国相率使团送来一台骠国乐舞。这一台好戏,用乐工35人,乐器22种,共演奏十二支乐曲,且是载歌载舞,"玉螺一吹椎髻耸,铜鼓一击文身踊。珠缨炫转星宿摇,花蔓斗薮龙蛇动",令人眼花缭乱,心旌飘摇。"曲终王子启圣人,臣父愿为唐外臣……俯伏拜表贺至尊。"白居易的诗告诉我们,这骠国乐,是献给大唐天子,表示一个外邦归附"华夷秩序"的诚心。但在这一表象之下,则另有深层文化内涵。据史料记载,这骠国乐,"乐曲皆演绎释经论之词意"。[86] 远道而来的舒难陀王子,是在潜移默化中向中华帝国传播佛教文化呢!

使节传布佛教文化的,还有多起。如南朝盘盘国来使贡"菩提国真舍利及画塔,并献菩提树叶";[87] 宋代蒲甘国来使赠送金银书《金刚经》三卷,全书《大威德经》三卷。[88]

在精神文明层面,来华使节们获得的,应该说更多。

日本、朝鲜、越南为这方面的典型,自毋庸赘言。即使是文明程度较低的远国,也莫不如此。例如,明代渤泥国王,为了仰慕中华文化,亲自率使团浮海来朝,受到永乐皇帝极为热情的接待。皇帝在奉天殿举行正式的欢迎仪式,又在奉天门接见客人。渤泥国王麻那惹加那乃向大明天子表示了他对"中国圣人教"的倾心仰慕,并在交谈中使用了"天以覆我,地以载我,天子以义宁我","强不敢凌弱,众不敢暴寡"等有着中华文明内涵的话语。以至永乐皇帝在会见后高兴地指出:"朕观其言文貌慕,动不逾则,悦喜礼教,略脱夷习。"[89] 这是对一位域外国王在中华文化修养上的最高的褒奖。

唐朝时,远在南亚的天竺有一属国名伽没路国,因唐使王玄策到该国访问,"其王发使贡以奇珍异物及地图,因请老子像及道德经"。[90] 这是一则十分值得注意的信息。道家是古代中华文明的核心内容之一。老子的道德经,更是中华精神文明在其最高层面——哲学上的典籍与结晶,其深奥、艰涩更是伊于胡底。此时的印度,自是佛教畅行之地。正当中国方面派遣玄奘赴印取经之际,竟有印度小邦遣使来华求道,岂非值得大书一笔么!

至于中国的制度礼仪文明,除了传到日、韩、越诸紧邻或一衣带水的国度外,在其他国家也有踪可寻。例如,自明代琉球三王派遣使节来朝开始,琉球使来华不绝。计有明一代来华朝贡 182 次,有清一代也达 100 次之多。因此,康熙年间出使琉球的汪楫,就记载了琉球在礼仪制度方面仿效中华的情况。琉球众官对怀捧康熙大帝诏敕的天使行五拜三叩之礼。"天使馆一仿中华官廨制度";国王迎接天使时,升降、进退、舞蹈、祝呼肃然如式。汪楫在琉球期间,受到国王七次大宴招待,有迎风宴、事竣宴、中秋宴、重阳宴、冬至宴、饯别宴和登舟宴。[91]

远在马来半岛南端的马六甲王国,是大明帝国最忠实的盟友。其三代国王曾五次亲自率使团访问明廷,平时更是遣使来朝不断。从该国官员觐见国王须在宫门下马下象,除国王与首相(盘陀诃罗)外,非经国王宠允,国人一律禁戴黄金饰物,禁穿黄色衣服,禁用黄色饰缘镶于座席四周等仪制,[92] 不是依稀可见中华文明的影响么?

这样,我们看到:每当中华帝国历史的某一王朝处于其繁荣、鼎盛时期,总要强化其对外影响,特别致力于经略以中华帝国为中心的"华夷秩序"。在这些鼎盛期内,各国被中国吸引、招徕,也会比较密集地向中国派遣使节修好、朝贡、贸易。而恰恰是在这种时候,中华帝国往往有着很强烈的对外流播中华文明的自觉性。也恰恰是这种时候,中华文明多处在其辉煌发展期,或可称为"文明爆炸期",具有超强的对外吸引力与影响力,同时,也就有着极强的对外包容力。因此,在这一时期的来华使节,在中外文明交汇与文化交流方面也就特别容易作出贡献。而伴随着域外诸国的社会发展与文明进步,它们同中国交往的自觉程度与吸收程度也日趋提高。来华使节也就从无名之辈或图利商贾之流渐渐演进为有身份、地位的官员、贵族、王弟、王子、储君,直至国王本人亲自担任使团首领。各国与中国交流的文明内涵与文化含金量,也相应地随之不断扩大、提高。

因此,就古代来华的使节而言,对于其中绝大多数人,无论是无籍籍名者还是王公贵族类,我们都怀着深深的敬佩、感激与纪念之情。敬佩他们万里来华的无畏精神与艰辛跋涉;感激他们赠送来与流播去的文明成果;纪念他们为推动人类文明进步而付出的可贵劳动。

注 释

〔1〕〔2〕《史记·大宛传》。
〔3〕《后汉书·罽宾国传》。
〔4〕参见程爱勤:《叶调国研究》,载中州古籍出版社1993年版。
〔5〕《后汉书·南蛮传序》。
〔6〕《后汉书·孝顺帝纪》注引《东观记》。
〔7〕《后汉书·天竺传》。
〔8〕《汉书·地理志下》。
〔9〕《后汉书·倭传》。
〔10〕《后汉书·倭传》。又,日本古版《后汉书》,作"倭面土国王帅升"。
〔11〕《三国志·魏志·倭传》。
〔12〕参见陈尚胜:《分裂时代的外交竞争》,载《韩国学论文集》第六辑,第102页。
〔13〕费琅:《昆仑及古代南海航行考》。
〔14〕〔日〕西嶋定生:《东亚世界的形成》,载《日本学者研究中国史论著选译》九,中华书局1992年版。
〔15〕孙光圻:《中国古代航海史》,海洋出版社1989年版,第358页,"有宋一代

……高丽遣宋使臣 57 次"。
〔16〕 顾炎武:《天下郡国利病书》。
〔17〕 《宋史·勃泥传》。
〔18〕 何芳川:《"层檀国"考略》,载《社会科学战线》1984 年第 1 期。
〔19〕 邱炫煜:《明帝国与南海诸蕃关系的演变》,台湾,兰台出版社 1995 年版,第 124—128 页。
〔20〕 傅启学编著:《中国古代外交史料汇编》(下册),国立编译馆,台北,1980 年版。
〔21〕 榎一雄:《明末的肃州》,载《日本学者研究中国史论著选译》九,中华书局 1993 年版,第 584—588 页。
〔22〕 《明史·于阗传》。
〔23〕 《南史·婆皇国传》。
〔24〕 《宋书·诃罗陁国传》。
〔25〕 《旧唐书·高丽传》。
〔26〕 王仪:《隋唐与后三韩关系及日本遣隋使遣唐使运动》,台湾,中华书局 1972 年版,第 48 页。
〔27〕 《白氏长庆集》卷四○、第 28—29 页。
〔28〕 见日本平安末期钞本《入唐记》首条。
〔29〕 《旧唐书》卷一九八,天竺二。
〔30〕 韩振华选集之二,《诸蕃志补注》,香港大学亚洲研究中心,香港,2000 年版,第 299—300 页。
〔31〕〔32〕 郑梁生:《中日关系史研究论集》(一),台湾:文史哲出版社 1988 年版,第 36—37 页。
〔33〕 《宋史·真腊传》。
〔34〕 《宋史·丹眉流传》。
〔35〕 《宋史·阇婆传》。
〔36〕 《宋史·三佛齐传》。
〔37〕 《宋史·勃泥传》。
〔38〕 《宋史·注辇传》。
〔39〕 张燮:《东西洋考》苏禄条。
〔40〕 《海国广记》,暹罗国暹罗国臣条。
〔41〕〔42〕 《明英宗实录》卷一九,正统元年闰六月壬辰,正统三年六月壬午。
〔43〕 《明孝宗实录》卷一二九,弘治十年九月乙巳。
〔44〕 《后汉书·倭传》。
〔45〕 〔日〕木宫泰彦:《中日交通史》上卷,第 14 页。

〔46〕《后汉书·西南夷传》。

〔47〕《魏书·百济传》。

〔48〕《旧唐书·高丽传》卷一九九。

〔49〕《旧唐书·康国传》卷一九八。

〔50〕《新唐书·室利佛逝传》卷二二二下。

〔51〕《宋史·阇婆传》。

〔52〕《三国志·魏志·倭人传》。

〔53〕《宋书·诃罗陀国传》。

〔54〕《唐会要·康国传》卷九九。

〔55〕〔56〕《册府元龟》卷九〇九《外臣部·请求》。

〔57〕《新唐书·天竺国传》。

〔58〕《旧唐书·波斯传》卷一九八。

〔59〕《旧唐书·高丽传》,《新唐书·百济传》等。

〔60〕《明宪宗实录》卷一〇四,成化八年五月。

〔61〕《明史·侯显传》。

〔62〕此据《清史稿·越南传》乾隆五十四年(1789年)事。转引自哈威:《缅甸史》,商务印书馆1957年版,第368—369页,注202。

〔63〕《宋书·诃罗陀国传》。

〔64〕《旧唐书·南蛮西南蛮传·陀洹传》。

〔65〕〔66〕《宋史·三佛齐传》。

〔67〕《明神宗实录》卷二五六,万历二十一年正月辛酉条。

〔68〕《梁书·盘盘传》。

〔69〕《旧唐书·天竺传》。

〔70〕《宋史·三佛齐传》。

〔71〕转引自余定邦:《中缅关系史》,光明日报出版社2000年版,第19页,转据《永昌府文征》。

〔72〕《旧唐书·南蛮西南蛮传·骠国传》。

〔73〕《宋史·丹眉流传》。

〔74〕《宋史·阇婆传》。

〔75〕《诸番志·蒲甘国》。

〔76〕见郑克晟:《谈朴趾源〈热河日记〉》,《韩国学论文集》,第六辑,第114页。

〔77〕哈威:《缅甸史》,商务印书馆1957年版,第314—315页。

〔78〕《后汉书·孝顺帝纪》。

〔79〕《三国志·魏志·倭人传》。

〔80〕吴晗辑:《朝鲜李朝实录中的中国史料》上编卷三,中华书局1980年版。

〔81〕《明史·爪哇传》。
〔82〕《宋史·丹眉流传》。
〔83〕《明史·爪哇传》。
〔84〕《宋史·阇婆传》。
〔85〕《诸蕃志·渤泥》。
〔86〕《旧唐书·南蛮西南蛮传·骠国传》。
〔87〕《梁书·盘盘传》。
〔88〕转引自余定邦:《中缅关系史》,光明日报出版社2000年版,第19页。
〔89〕《明史·孛泥传》。
〔90〕《旧唐书·天竺传》。
〔91〕汪楫:《使琉球实录》。
〔92〕王任叔:《印度尼西亚古代史》(下),中国社会科学出版社1987年版,第646—647页。

此文发表于《北京大学学报(哲学社会科学版)》2005年第3期。

古代中国对外交往中的厚道

在中华民族发展的历史长河中,积淀了许多优秀的文明成果与文化遗产。它们融进了民族魂魄的深处,代代相承,形成了种种可以称之为民族品格的辉煌晶体。本文所说的厚道,就是其中之一。

厚道,乃是人类特有的品德,是人在待人接物时所展现出来的一种心胸、襟怀和风范。一个人要待人接物,一个民族也要待人接物。中华民族在待人接物即它的对外交往中,有一个十分鲜明的特点与优点,就是厚道。

一

中华民族的这种对外交往中的厚道,存在于它的民族基因中,可谓源远流长。

早在上古时期,当中华民族包括它的主体——汉族还在凝聚、形成当中的时候,已经在孕育着厚道这种德行了。

我国古代文献《礼记·中庸》,就记载着上古历史条件下的对外交往应注意的原则,即:"柔远人则四方归之,怀诸侯则天下畏之。"

所谓"柔远人",即"送往迎来,嘉善而矜不能"。

所谓"怀诸侯",即"治乱扶危,朝聘以时,厚往而薄来"。

这种厚道,给中华民族的性格、品格打上了深深的印记,历经千百年而不衰。其铁证之一,是直到15世纪我国伟大的航海家、外交家郑和,在他所镌刻的《天妃之神灵应记》中,仍念念不忘,几乎是依《中庸》原文写下的出航宗旨:"宣德化而柔远人。"[1]

从比较严格与正规的意义上说,中华民族的对外交往,始于汉代。长达400年的两汉帝国,作为继秦之后的第一个统一的、中央集权的大帝国,让中华民族在人类文明轴心期即第一次文明爆炸的辉煌期内,就走在了世界民族之林的前列,享受了一次令人惊羡的繁荣和富强。

也就是从这时起,对外交往中的厚道,就被中国人开始付诸实践。

汉代留下的文献较少,只能从字里行间去体味。这里,谨例举两则。

一则在汉武帝:西域大国安息"发使随汉使来观汉广大,以大鸟卵及犁轩善眩人献于汉。及宛西小国欢潜、大益、宛东姑师、扜罙、苏薤之属,皆随汉使献见天子。天子大悦"。[2] 六国大使,一时集于汉廷,汉武帝自然"大悦"。"大悦"之后如何呢? 太史公惜墨如金,没有说。

然则无独有偶。1500年后,我们又看到一次类似的"大悦"。

永乐十三年(1415年),"上命侯显率舟师赴榜葛剌。其王塞佛(勿)丁遣使贡麒麟及诸方物,帝大悦,赐予有加"。[3]

原来,"大悦"之后,皇帝陛下是有下文的,叫做"赐予有加"。如此,汉武帝"大悦"之后,亦应"赐予有加",该不会是妄猜。

另一则发生在东汉前期。

120年,掸国王雍由调"献乐及幻人,能变化吐火自支解,易牛马头;又善跳丸,数乃至千"。远方来的这个杂技、魔术集于一身的节目,自然令天子十分喜欢。"明年元会,安帝作乐于庭,封雍由调为汉大都尉。赐印绶、金银、彩缯各有差也。"[4] 这"各有差"的金银、彩缯、自然也会是"赐予有加"的。

三国时期,天下未定。然而,位于北方的曹魏王朝在处理外事时,于厚道原则,仍率由旧章,不稍松懈。

238年,魏明帝曹睿景初二年,日本邪马台国女王卑弥呼派难升米、都市牛利等来华访问,献生口十人和土布二匹。对于这项少得可怜的献礼,魏明帝绝不嫌弃。其回赐之厚,令人惊叹,计:赐金银印绶,绛地交龙锦五匹,张地绉粟毯十张,旧绛和绀青各五十匹,绀地句文锦三匹,细斑花毯五张,白绢五十匹,金八两,五尺刀两把,铜镜百面,珍珠和铅丹各五十斤。[5]

无论从数量还是质量上看,这次双方交往之高下是极为悬殊的。它充分体现了中方实行厚往薄来的原则。即使处在分裂、动荡时期,自认为是中华天子的曹魏皇帝,也从未忘怀"以德化远人"的传承。

大唐帝国,气宇恢弘。古代中华文明,迈上了它繁荣昌盛的新平台。遣使来中国朝贡者,有"七十余藩",[6]或"七十二国"。[7]

"到了唐代……至少从这时候起,'厚往薄来'便成为'朝贡'中物质交换的基本制式。"[8]

唐太宗率先垂范。

真腊国,"贞观二年,又与林邑俱来朝献。太宗嘉其陆海疲劳,锡赉甚厚"。[9]贞观十一年(637年),"罽宾遣使献名马,遣果毅何处罗拔等厚赍物赐其国"。[10]又有天竺国,"贞观十五年,尸罗逸多自称摩伽陀王,遣使朝贡,太宗降玺书慰问,尸罗逸多……因遣使朝贡。太宗以其地远,礼之甚厚。"[11]

大唐天子,一直遵循太宗厚待来朝贡国家的方式。

"景龙八年八月丁丑,敕中书门下:南天竺王远遣朝贡,其使却还,并须周旋发遣。"[12]

"开元八年……敕中书门下:南天竺远遣朝贡,其使却还,并须周旋发遣。"[13]这"周旋发遣"四个字,字字千钧,饱含着周到、圆满完成接待任务的深意,显示了朝廷对此事的特别重视。

有宋一代,待来贡国之厚,文献记载比比皆是。

如占城,"贡献不绝,辄以器币优赐,嘉其向慕圣化也"。[14]

真腊属国真里富,"庆元六年,其国主立二十年矣,遣使奉表贡方物及驯象二,诏优其报赐"。[15]

三佛齐国,"大中祥符元年,其王思离麻啰皮遣使李眉地、副使蒲婆兰、判官麻河勿来贡,许赴泰山陪位于朝觐坛,遗赐甚厚"。[16]"元丰中,使者再至……天子念其道里遥远,每优赐遣归。"[17]

阇婆国,"使既至,上令有司优待,久之使还,赐金币甚厚,仍赐良马戎具,以从其请"。[18]

蒲甘国,"其回赐,令本路转运提刑司于应管钱内取拨付,本司依自来体例计价,优与回赐"。

对于远在南亚的注辇国,更是特别优待。"大中祥符八年九月,其国主罗茶罗乍遣进奉使……明年使回,降诏罗茶罗乍,赐物甚厚"。"天禧四年,又遣使……入贡,至广州病死,……诏广州要犒从者,厚赐以遣归。"贡使病故,仍然厚待其从者。

"厚往薄来"的原则,在明代实行的可谓到位到家。

明太祖朱元璋讲得最为明白:"诸蛮夷酋长来朝,涉履山海,动经数万里,彼既慕义来归,则赉予之物宜厚,以示怀柔之意。"[19]

在朱元璋的心目中,朝贡的理念是很清楚的:"其所贡方物,不过表诚敬而已。"[20]

因此,对于近邻朝鲜,他的要求很低:"所贡方物,止令所产之布十匹足矣。"[21]

明成祖朱棣,完全继承了乃父的思想,而且经数十年积蓄,国势雄强,更将此原则发挥得淋漓尽致。在对待外国的贡物问题上,他看得最开:"商税者,国家以抑逐末之民,岂以为利。今夷人慕义远来,乃欲侵其利,而亏辱大体万万矣!"[22]

显然,在明成祖的心目中,有一个"大体",这就是"天子居中,四夷居外","四夷慕圣德而率来"。这就是大局,就是"大体"。这是一本政治账。为了在政治账上获得好处,就要在经济账上少算或不算,宁可吃亏。

郑和下西洋的活动,从整体上看,就是明成祖"厚往薄来"的大规模实践。无论是郑和船队访问各国时的"开读赏赐",还是郑和远航所带来的各国贡使络绎于途,在中国所受到的优厚待遇,无一不浸透着厚往薄来的内容。当时明廷对密集拥来的贡使团,应接不暇。礼部曾拟了一个单子,分别就来贡国王、王妃、王子、各级官员的赏赐数量做了规定,明成祖大笔一挥,批示说:"虽加厚不为过也!"[23]对于这种"给之太厚"的现象,当时人丘浚就有准确的理解:"盖用以怀柔远人,实无所利其入也!"[24]

值得注意的是,日本在明初曾正式加盟"华夷秩序"。明廷对此自是高度重视。对日本的赏赐就特别地破格。叫做"一时特恩不可胜记"。仅仅1405年(永乐三年),赏赐日本国王源道义的就有:钞5000锭,钱150万,织金文绮、纱罗、绢378匹;次年,又赏国王白金1000两,钱1500万,锦、纻丝、纱罗、绢412匹;王妃白金250两,钱500万,纻丝、纱罗、绢84匹。[25]

这里要特别说明的是,丝绸历来是中国对外交往输出的大宗。至于铜钱,则另当别论。一方面,伴随着周边各国社会经济的发展,商品货币经济的出现与活跃,对中国铸币需求日增,另一方面,大量中国铸币的出口会造成国内铜荒,影响中国经济的稳定。因此,自宋代以降,对铜的出口多曾限制。如今,为了日本朝贡这一"大体"不受"亏辱",连铜钱大量输出的危险,竟也暂时不顾了。

明人李言慕对此即有评述:"太宗(成祖)嗣登大宝,(日本)国王嗣立受册封。自是或二三年,或五六年,贡无定期,皆诏至京师,燕赏优渥,捆载而归。"[26]

这"捆载而归"四个字,多么生动! 其实,不止是日本使者,当时数以十计的国家前来入贡,使者"相望于道"。渤泥使团150人,满剌加使团540人,苏禄使团340人,南亚古里使团1100人,哪个使团不是在优渥的燕赏之后,"捆载而归"呢?!

即使在大明帝国鼎盛时期已过,对外交往中明廷仍持"厚往薄来"的原则,没有改变。1453年,日本又来朝贡。当时,正值土木堡之变(1449年)之后,国家财政有所困难,因而明廷曾议定此次之回赐"估时值给之"。但日本正使东洋允澎不干了,坚持"乞照旧则给赏",否则,以不回国相威胁。结果,明代宗景泰皇帝仍然本着"远夷当优待之"的精神,予以追加货值,"加铜钱一万贯"。在日本贡使的一再要求下,又赐加绢500匹,布1000匹。[27]

"厚往薄来"的思想,不仅皇帝认同,也渗透到明朝各级官员当中。例如,1567年任两广总督的张瀚就指出:

> 若夫东南诸夷,利我国之货,犹中国利彼之货,以所有赐所无,即中国交易之意也。且缘入贡为名,则中国之体愈尊,而四夷之情愈倾。即厚往薄来,所费不足当互市之万一。[28]

这是从纯经济的角度,为"厚往薄来"提供依据。

16世纪逐渐东来的西方传教士们,对中国的"厚往薄来"也有清楚的体认。据利玛窦的记载,直到大明帝国晚期,这一原则未曾变化。

> 喀什噶尔的商人团体……每隔六年,这个团体可以有七十二个人作为上述地区的七八个王国的使者前来向中国皇帝〔进献〕礼物和贡品,……所有费用都由中国方面来解决和支付。〔中国〕皇帝并且给他们很大数额的金钱,作为接受宝石和其他物品的酬金,其数额之大超出了〔他们接受的物品的〕好几倍![29]

葡萄牙人皮莱资(Tomes Pires)也介绍说:"中国是一个伟大、富饶、豪华、庄严的国家,拥有极多的土地和人民,还有许多城市和塞堡。附近各国每隔若干年便派遣使者,带着最珍贵的东西前去送礼,但均可获得比礼品价值多一倍的还礼。"[30]

直到中国最后一个封建王朝——清朝,这种"厚往薄来"的原则仍然是一以贯之。满族入主中国后,迅速汉化,且以"华"自居,优渥来贡诸夷。这一点,也史有定评,叫做大清"不重异域之物,厚往薄来"。[31]

二

"厚往薄来"的精神,不仅始终贯穿在古代中华帝国对外经济交往中,也深深地渗透在它的对外政治方面。

政治方面的厚道,主要表现在对外交往中的诚信、宽容和慷慨三个方面。

慷慨与宽容,本是泱泱大国与生俱来的气度。尤其难能可贵的是,在这慷慨与宽容里面,还有一个诚信的内核。在一部世界外交史上,能三者兼备的国家,实在并不多见,这是颇值得我们引以自豪的民族遗产。

中国人的好客,是出了名的。对待远方来使的招待,常有破格的隆情厚意。

为了招待贡使、蕃商,好大喜功的隋炀帝下令用彩绸将首都洛阳大街两旁树木扎满,在冬日放眼望去,好似春天绿叶繁花。还下令在皇城端门外,举行盛大演出。戏场周五千步,演出者达18000人,声闻数十里,通宵达旦。

这种热情的接待,历朝历代,所在多有。宋代蒲甘、三佛齐、大食等国一道,结伴来华,受到朝廷善待,"获予上元观灯"。[32]

明初,朱元璋即皇帝位,高丽马上带头遣使入贡。此举深得朱洪武的欢心,下令设宴款待,并在宴会上举乐。御史大夫对高丽使者说:"台宴未尝用乐,今日之乐,为使臣也。"这也是破格一例。

大清乾隆年间,缅甸贡使团访华,"归国后详述旅华情形,热情洋溢,描写清帝之仁慈,如何昼夜赐宴款待,如何演戏观剧,如何清帝必欲一聆缅乐,如何彼乘坐大轿游览皇城,京师如何奇异……等等,莫不淋漓尽致"。[33]

比较起慷慨来,诚信与宽宏,是更深意义上的厚道。

明成祖指出:"太宗高皇帝时,诸蕃国遣使来朝,一皆遇之以诚,其以土物来市易者,悉听其便,或有不知避忌而误干宪条,皆宽宥之,以怀远人。"[34]

待人以诚,宽宏大量,历来是中华帝国的本色。

例如,1403年,日本使节抵达宁波。中国方面发现刀槊等武器,乃据实上报。礼部尚书李志刚认为此为禁物,似应查封,成祖则认为:

> 外夷向慕中国,来修朝贡,危蹈海波,跋涉万里,道路疏远,赍费也多,其各有赍以助路费,亦人情也,岂当一切拘之禁令……毋拘法禁,以失朝廷宽大之意,且阻远人归慕之心。[35]

清代康熙大帝当政时,曾发生过安南贡物不符规定的事件。结果是,"得旨,外国慕化入贡,所进之物着即收纳"。又发生过暹罗贡物不足的情形,结果仍是,"颁旨,所少贡物免其补进"。

所有这些违禁、违例的情况,都被轻描淡写,当做小小不言的细节末事,一笑了之。

由于中国的对外交往活动中一贯厚待对方,有些国家的当政者与使节便自傲起来,依仗优待,横行不法,干出一些劫掠、杀人伤人的勾当。

例如,在明代来华贡使中,以日本使团违禁犯法的情形最为突出,直至酿成外事纠纷。琉球使团也有"擅夺海船、杀死官兵、殴伤中官"的事情发生。

又如,大明帝国派员出使爪哇。爪哇西王方面竟杀死中国使团官兵170余人;最为典型的,是锡兰王亚烈苦奈儿,竟密谋出兵袭击前往和平访问的郑和远洋船队。

大国不欺负小国,小国亦不能欺负大国。对于上述严重违反正常邦交的基本原则的恶行,中国方面自不会坐视不管,任其横行。于是,对犯法的使团成员如琉球使节直佳鲁等,给以应得之严惩;亚烈苦奈儿也兵败被俘,让郑和带回中国。

即使如此,中国方面仍是心存仁厚。对于琉球使团,除了处死其使直佳鲁,明成祖特致函琉球国王,"其阿勃马法制等六十七人,与之同恶,罪当论死,眷王忠诚,特遣归,俾王自治,自今遣使,宜戒约之,毋犯朝宪"。[36] 这种下不为例的处置,是很宽大的了。又,爪哇西王害怕因杀害明朝使团官兵招来报复,特遣使赴大明谢罪。鉴于对方认错服罪的态度,明成祖也宽大为怀:"朕以尔能悔过,姑止兵不进。……即输黄金六万两,偿死者之命,且赎尔罪。"杀人偿命,欠债还钱,现在变成了杀人还钱,已经是破格宽大了。更有甚者,爪哇国王次年遣使送来谢罪偿金仅一万两。礼部认为差额太巨,议治爪哇使节罪。成祖制止此议,曰:"朕于远人,欲其畏罪而已,岂利其金耶?今既能知过,所负金悉免之",竟将五万两黄金欠项一笔勾销,还遣使赏赐爪哇西王钞币。[37]

就连那个"负固不悛"的锡兰国王亚烈苦奈儿,押到京师以后,"群臣请诛之,上(成祖)悯其愚无知,命姑释之,与衣食",终于放其归国。[38]

三

古代中国在对外文化交往中的厚道,集中表现在对外来文化的宽厚与包容上面。

古代中华传统文化的核心,是由儒、佛、道三家交融而成的。其中的佛教或佛学就完全是外来的。

佛教之传入中国,已有两千年历史,在这漫长的岁月中,这个舶来品与中华本土固有文化,并非没有矛盾与冲突。有时,这种矛盾与冲突,还因种种利益的因素而变得十分激化。如三武灭佛,就是极端的例子。

但是,如果从总体上看,就可以清楚地认知,佛教与佛学在中华的传布,在绝大多数的情况下,不仅被宽容,而且被鼓励!

佛教之传入中国,一般认为始于东汉明帝(58—76年)的永平求法。"昔孝明皇帝梦见神人,身有日光,飞在殿前,欣然悦之。"次日,群臣释梦时,有通人付毅曰:"臣闻天竺有得道者,号之曰'佛'……""于是上悟,遣使者张骞、羽林郎中秦景、博士弟子王遵等十二人,于大月支写佛经四十二章,藏在兰台石室第十四间。时于洛阳城西雍门外起佛寺。"[39]

上述这则记载说明两个问题。第一,付毅知佛,说明佛教传入中华,早于此时;第二,中华帝王是主动欢迎佛教传入的;汉明帝怀抱的,是对外来文化(宗教)开放、宽厚乃至积极汲取的心态。

明帝以后,章、和二帝时与安息交好,安息王满屈曾遣使入贡。满屈之子,安息王子安世高,还到中国来传布佛教、译佛经。受到友好的款待。

南北朝时期,南朝梁武帝热心向佛。他在位期间,延聘扶南高僧,并在台城内建扶南译经道场。梁、陈之际,中国政府又先后邀请了僧伽婆罗、曼陀罗、须菩提三位扶南高僧来中国译经、传经、弘法。

大唐帝国,气宇恢弘,对外交流更呈包容四海之势。唐太宗特派玄奘赴印度取经。玄奘归来后,太宗特地为他举行隆重的欢迎仪式,并在长安修建大雁塔,存放佛经。

这样,佛家在流布中国的过程中,渐渐融入了中华文明的主流,儒、佛、道三家交汇,构成了古代中国传统文化的核心。

7世纪,穆罕默德建立了伊斯兰教。此后,在圣战的大旗下,阿拉伯人东征西讨,建立了跨越三大洲的、雄强一世的阿拉伯帝国。伊斯兰教更超越阿拉伯帝国的疆域,流布四方,形成了一个庞大的穆斯林文明圈。

伊斯兰教的东传,正值大唐帝国兴盛期。唐代统治者对穆斯林文明的传入,也同样抱着开放的态度。唐宋以降,中国当政者对伊斯兰教采取了更加开放的态度,伊斯兰教更流布中国各地,许多大都会都设有清真寺,我国西北地区更成为穆斯林密集居住的地区。伊斯兰教虽未如佛教那样融入中华文明的核心,但也成为中华文明的一个重要组成部分。

至于基督教文化,早在唐代就有景教(聂斯托里派)流行中国。唐廷的态度同样是纳而不拒。以后由于各种因素使景教的影响萎消。而明朝时期传入中国的罗马天主教,特别是耶稣会等势力,仍然在明、清两代统治者那里得到包容。只是由于罗马教廷粗暴干涉中国内政,天主教才被康熙、雍正两帝封杀。近代以来,基督教努力再次入华,甚至一度以异化的形式——拜上帝会——在中国掀起了一场长达14年的轰轰烈烈的太平天国大起义。由于近代西方就殖民主义的侵略,基督教常常沦为其文化入侵的方式,所以在备受欺凌的中国大众当中受到强烈的排斥。不过,那已经超出了本文所讨论的范畴了。

四

　　古代中国对外交往中的厚道,能够形成传统,一以贯之,有着深刻的历史的、民族的和社会的背景。

　　这种待人诚信、包容、宽厚的民族传统美德,深深地根植在一个古代农业大帝国的土壤之中。

　　中华民族在漫长的古代历史上,可以讲是以农立国,以农为本的。古代农业民族有别于游牧民族的尚勇好武,迁播流动;也有别于海洋民族的搏击风浪、冒险交易;它的基本素质,是倾向和平、安定。

　　首先,一个本质上是追求和平、稳定的农业民族,它的基因中自然少有对外劫夺和牟利的成分。在这个民族与其他民族交往的时候,和平、友善和互补就自然在其古朴的民族性格中凸显出来。它只想自身的安定、丰足,希望能够"风调雨顺","不违农时",维持其"日出而作,日入而息"的生活方式;并不希图靠欺凌、劫掠、牟利来算计别的民族。甚至当别的民族以高压态势或精明牟利来对待它的时候,为了能够维持农业生产的正常进行和自然经济条件下社会生活的稳定,它甚至可以忍痛牺牲,作出让步。

　　其次,中华民族在比较早的时候,就形成了统一的、中央集权的大帝国。帝国的巨大规模,使它在周边远近诸中小国家中如鹤立鸡群,在综合国力上常常无与伦比。即使在遥远的西方,汉时有大秦即罗马帝国、唐时有大食即阿拉伯帝国可以与之媲美,但在古代条件下,双方彼此都鞭长莫及,互相难以构成结构性、规模性的冲突。除了北方游牧民族周期性南侵之外,庞大的农业帝国基本上不会受到周边中小国家的侵犯。不成比例的国家实力,使得中华农业帝国对外更加和平、友善,甚至慷慨大方。中华民族一贯固有的反对"强凌弱,众暴寡"的美德,更有条件实施。

　　第三,中华帝国的广袤疆域与众多的人口,构成了它的巨大资源,即中华民族长期以来引以自豪的地大物博,人口众多。广袤的疆域覆盖了几乎整个北温带地区,这里适于多种粮食作物与经济作物的种植;众多的人口使得劳动力成本可以长期保持在十分低下的水准,各种手工业与工艺品均可达到物美价廉的水准。在对外交往中,所谓"天朝无所不有",自给自足达到极高的程度。这就造成对外交往中的自足感、自豪感,不愿为蝇头小利而与外人争执。

第四,在古代生产力较低的条件下,中国几乎无穷无尽的众多劳动力与取之不尽的丰富自然资源,这两者的合力对于周边中小国家来说,是一个极大的经济优势。对于前来交往的低级产品,中国方面在交往中的获利,是不言而喻的。这就给"厚往薄来",提供了纯粹贸易意义上的优势条件。这就是说,所谓的"厚往",只是占中国实际获利的一部分而已。既无损大局,又可获美名,何乐而不为?这里要说明的是,古代中外经济交往,是一种双赢的格局,并非中国获利而外国吃亏。我们这里着眼的,只是从中国获利这一角度的判断。

最后,也是十分重要的一点,就是中华帝国统治集团及其代表——皇帝的大国心态。为了追求"帝王居中,抚驭万国,四夷慕圣德而率来"的"华夷秩序",追求一种至高无上的虚荣,中华帝国的统治者,依恃上述诸优越条件,常常推行一种要名不要利,或者叫做算政治账不算经济账的对外交往政策。这是古代中国对外交往中的"厚道"的阶级的内容。

既然是古代历史条件下中华帝国的对外国策内容,本文所阐述的"厚道",自然也就有着它的时代的、社会阶级的局限性。

《汉书·地理志》载:有一条史料,颇典型,颇能说明问题:

> 平帝元始中,王莽辅政,欲燿威德,厚遗黄支王,令遣使献生犀牛。

请看,当时中华帝国的实际统治者王莽,在对待遥远的南亚国家黄支的态度上,其负面因素竟暴露无遗。在那个"厚"字的背后,是一种居高临下的姿态,命令人家遣使进贡生犀牛。目的呢,只是为了满足王莽这位辅政的一己之私,向世人炫耀自己的威德,为日后篡汉营造舆论准备。

王莽如此。敢问,营造"华夷秩序"的历代中国君王和统治集团,哪一个又不如此?哪一个不是或多或少地追求这种炫耀皇威皇德,追求那种万邦来朝的国际格局呢?古代"华夷秩序"的和平、友善的积极方向,决定了中华帝国对外交往中厚道的主流光明面;而"华夷秩序"的负面,即它的"大一统"、它的不平等,也决定了这一"厚道"当中负面的因素。

特别应该指出的是,当近代西方殖民主义东来的时候,中华帝国的统治者还懵然无知,还要对西方殖民者大摆天朝的架子,甚至还要待之以"厚道",就不能不让人感到滑稽荒唐了。

例如,1565 年以后,西班牙殖民者占领了菲律宾群岛,建立了自己的殖民统治,西班牙殖民当局对菲律宾的华侨,除了利用、盘剥之外,还实施多次残暴的屠杀。对于如此令人发指的暴行,明廷不但不加以谴责,并采取必要的保护侨人的措施,相反,却表示:"中国皇帝,宽大为怀,对于屠杀华人一节,决不兴师问罪。""对于在境华人,因多系不良之徒,亦勿容爱怜。"[40] 既昧于近代西方殖民主义大潮东渐的大势,又缺乏对海外华侨的起码民族感情,还偏偏要在殖民者面前充大国,讲什么"宽大为怀",这样的厚道,恰如宋襄公式的"仁",厚道得昏庸、昏聩,是无论如何也不应肯定的。

今天,当中华民族在改革开放中腾飞,奔向小康,奔向伟大复兴的时候,将古代的万邦来朝改为万邦协和,并在这一前提下继续发扬中华民族在对外交往中厚道的传统,无论对我国还是世界,都将有着积极的意义。

注 释

[1] 郑鹤声、郑一钧:《郑和下西洋资料汇编》上册,第 42 页。
[2] 《史记·大宛传》。
[3] 《明史·郑和列传附侯显列传》。
[4] 《后汉书》《陈禅传》、《和帝纪》、《哀牢传》。
[5] 《三国志·魏志·倭人传》。
[6] 《唐会要》卷四九。
[7] 《新唐书·大勃律传》。
[8] 高伟浓:《走向近世的中国与"朝贡"国关系》,广东高等教育出版社,1993 年,第 69 页。
[9] 《旧唐书·真腊传》。
[10] 《新唐书·罽宾传》。
[11] 《旧唐书·天竺传》。
[12] 《册府元龟》卷九七四《外臣部》。
[13] 《册府元龟》卷九九九《外臣部》。

〔14〕 韩振华选集之二《诸蕃志补注》。
〔15〕 《宋史·真腊传》。
〔16〕〔17〕 《宋史·三佛齐传》。
〔18〕 《宋史·阇婆传》。
〔19〕 《明太祖实录》卷一五四。
〔20〕 《明太祖实录》卷八八。
〔21〕 《明太祖实录》卷七六,洪武五年十月甲午条。
〔22〕 《明成祖实录》卷二四。
〔23〕 《明英宗实录》卷二三三。
〔24〕 《大学衍义补》卷二五。
〔25〕 正德《大明会典》转引自王世贞:《弇山堂别集》卷 77《赏赉考》,中华书局 1985 年版,第 1485 页。
〔26〕 《日本考》卷二《朝贡》。
〔27〕 《明英宗实录》卷二三七。
〔28〕 《松窗梦语》卷四。
〔29〕 榎一雄:《明末的肃州》,载《日本学者研究中国史论著选译》第 9 卷,中华书局 1993 年版,第 588 页。
〔30〕 转引自黄鸿钊:《澳门史纲要》,第 43 页。
〔31〕 徐延旭《越南辑略·贡品》。
〔32〕 《诸番志·蒲甘国》。
〔33〕 哈威:《缅甸史》,商务印书馆 1957 年版,第 314—315 页。
〔34〕 《明成祖实录》卷一二上。
〔35〕 《明成祖实录》卷二三。
〔36〕 《明太宗实录》永乐十三年十一月。
〔37〕 《明成祖实录》卷五二、六〇。
〔38〕 《明成祖实录》卷七七。
〔39〕 《牟子理惑论》,转引自《季羡林文集》第 4 卷,第 382 页。
〔40〕 转引自张维华:《明史欧洲四国传注释》,上海古籍出版社 1982 年版,第 80 页。

本文以《古代中国厚道的对外交往政策》发表于《中西文化研究》2005 年第 2 期。

丝绸之路

在人类文明交往的历史上,丝绸曾闪亮登场,并长期占据在舞台中央。众所周知,丝绸的故乡在中国。

早在新石器中期,生活在黄河、长江流域的远古居民就开始养蚕缫丝。准确地说,浙江良渚文化遗址就出土了距今 4700 年的一些丝织品:丝线、丝带和丝质绢片。[1]

传说中的黄帝之妻嫘祖,就是丝绸的发明者,被称为"后圣"。[2]

公元前 12 世纪,甲骨文中就有了"蚕"、"桑"、"丝"。在汉语通用的 5000 个方块字中,带有"纟"偏旁的就有 230 多个。

中国上古时代的文学作品《诗经》,也记载了丝的浪漫:"有个小伙儿笑嘻嘻,抱着布啊来买丝,哪是真的来买丝,借个由头谈婚事!"[3]

中国的丝和丝织品,以它的精美,闻名于世。

周穆王西行昆仑同西王母欢聚瑶池的记载,虽然带有神话色彩,但历史上应该确有其事。在周穆王赠送给西王母的礼品中,就有"锦组百纯(匹)"。西王母,作为西方的代表,"再拜受之",希望周天子"尚能复来"[4]表现了对东方丝绸文明的喜爱。

汉代,著名的长沙马王堆汉墓,出土了公元前 1 世纪的丝织品。一袭纱衣,长 1.28 米,重量仅 49 克!

唐代,一位来自穆斯林世界的外商,在广州会见市舶司的官员。透过这位中国外贸官员的丝织衣服,外商能清楚地看到官员胸前的黑痣。正当外商惊叹,以为隔着双重丝绸衣服还能看清胸痣时,官员笑着展示了他的层层衣袖,原来他竟穿着五件丝绸服装。[5]

清代,中国古代文学经典《红楼梦》里讲述了一段趣事。一天,贾母从箱底找出一件丝织品,考问一众孙媳孙女,看谁能说出这件丝织品的名称。这群见多识广的贵族少妇少女,竟无一人答得上来。老祖宗骄傲地告诉他们,这件丝织品,名叫"软烟罗"。仅仅从那名称,就给人们以美的无限遐思!

精美的中国丝织品,果然对欧亚大陆形成了一次次文化与文明的冲击波。

古代希腊称中国为"赛里斯"(Seres),学者们认为,这一名称即与丝、绸有关。如此,中国在西方自始就被称为丝绸之国。公元前416—前398年供职于波斯宫廷的希腊人克泰夏斯(Ctesias),是见于文字记载的提到"赛里斯"这个产丝之国的第一人。[6]

古罗马时代的作家和诗人们,更是频繁地在他们的作品中述说着遥远国度——赛里斯的美丽的、却多是错误的信息。例如,维吉尔(Virgile)在其《田园诗》(《农事诗》)中写道:"赛里斯人从他们那里的树叶上采下非常纤细的羊毛";西流士·伊塔库利斯(Silius)在他的《惩罚战争》中也描述道:"晨曦照耀中的赛里斯人,前往小树林中采摘树枝上的绒毛。"[7]

据罗马地理学家斯特拉波(Strabo)的著述可以判断,大约从公元3世纪起,西方地中海世界已经称中国为"赛里斯"国。[8]那里的居民已经对丝织品有着浓厚的兴趣和深深的喜爱。

古希腊帕特农神庙中的命运女神雕像,身着薄得透明的长袍;雅典红花陶壶上的彩绘人物,也穿着这种细薄的衣衫。由此可以推断,当时中国的丝绸已经受到希腊上层社会的宠爱。

到了罗马时代,自公元前53年卡莱尔战役中波斯大军利用正午的阳光突然展示千百面绚丽夺目的丝制军旗,令罗马军团的士兵眼花缭乱而惨遭败绩后,丝绸迅速在罗马全境传播。恺撒大帝的一领丝袍,令人们惊羡不已。埃及女王克利奥帕特拉(Cleopatra)也因一袭华美的丝袍而更衬托出她的美艳。罗马作家罗卡纳记述说:"她白皙的胸部透过西顿衣料显得光辉夺目,这种衣料本由细丝精心织成,经罗马工匠用针拆开,重加编织而成。"

老普林尼在《自然史》中指出,正是"这种琳琅满目、绚丽多彩的产品,这才使罗马贵妇们得以扮饰这样透明的服装在社交场合抛头露面"。

早在罗马共和末期,丝绸之价已贵比黄金。丝绸贸易已成为古代世界最大宗的贸易。到2世纪时,即使在罗马帝国极西端的英伦海岛,丝绸的流行也不亚于中国的洛阳。为了获取东方的商品,每年从罗马流入印度、赛里斯和阿拉伯半岛的古罗马货币,竟不下1亿赛斯太斯。[9]

有需求就有交流,有交流就有商路。西方广大地区人民对丝绸的巨大社会需求,就是古代中西商道开辟的大背景。对于这条大商道,历来曾有许多冠名,如"绿洲之路"、"草原之路"、"绢马之路"、"骆驼商路"、"纸西渐之路"、"佛教东渐之路"等等。其中,最脍炙人口、约定俗成的名称,就是"丝绸之路"。

一

丝绸之路这一名称,最早是由德国学者李希霍芬(Ferdinand Von Richthofen,1833—1905)在19世纪在其五卷本名著《中国亲程旅行记》中首次提出的。

丝绸之路研究的学术权威、瑞典学者斯文·赫定在其著作《丝绸之路》中指出:

> 可以毫不夸张地说,这条交通干线是穿越整个旧世界的最长的路,从文化的历史的观点看,这是连接地球上存在过的各民族和各大陆的最重要的纽带。[10]

丝路久远,驼铃悠扬。

据当代学者们依考古资料判断,早在公元前两千年左右,丝绸之路就已经存在了。[11]当然,应该说那还是一条正在形成中的商道雏形。

承担在这条尚在雏形中的商道上往来转运事业的,是当时欧亚草原上散居着的众多游牧部落。在古代,希腊史家把散居在东欧、西伯利亚和中亚的北方部落泛称为斯基泰人;波斯人称他们为塞迦人;中国内地则把分布在河西走廊西端到天山南北麓的那一部分人称作塞人。正是塞人,在古代中国同西方之间,充当了早期交流的媒介。

从比较正规的意义上讲,丝绸之路的开辟者,是中国的汉代人张骞。

公元前206年,刘邦,一位农民起义军的领袖,在秦帝国的废墟上建立了大汉帝国。两汉帝国恰恰跨越纪元,从公元前两百年的西汉(公元前206年—公元8年)到公元后两百年的东汉(25—220年)。从建国之日起,北方的游牧民族匈奴就强敌压境,威胁着汉王朝的生存和发展。中国古代伟大诗人李白,就用"汉下白登道,胡窥青海湾"[12]的诗句,生动地点出了汉初的紧迫形势。到了汉武帝时代(公元前156—公元前87年),帝国终于国势雄强,开始对匈奴实行自卫反击。派张骞出使西域,其初衷尚不在丝路的开通,而是意在联络西方的大月氏,"断匈奴右臂",[13]要构建一个对匈奴呈夹击之势的战略同盟。

"西域"一词,最早见于西汉年间,其涵盖面则分狭义、广义两种。狭义的西域,是指玉门关(今甘肃敦煌西北)、阳关(今甘肃敦煌西南)以西、葱岭(帕米尔高原)以东,即今天巴尔喀什湖东、南和中国新疆广大地区。广义的西域,则包括葱岭以西的中亚、西亚和南亚,乃至更遥远的地区,是当时中国对西方的统称。

"有意种花花不开",大月氏昔日曾受尽匈奴的欺侮,为避强仇,远走异域,从河西走廊辗转西迁,到达阿姆河流域。当张骞历尽千辛万苦,到达大月氏时,后者早在新迁之地安居乐业,不思报仇雪耻了。[14]反击匈奴的战略同盟,自然无法成立。

"无心插柳柳成荫",张骞在公元前139年和前119年两次出使西域,却使丝绸古道进入了它第一次繁荣高潮时期。特别是张骞第二次出使,声势浩大,使团成员达300人之众,并带有600匹健马,牛羊万头,币帛"直数千巨万"。张骞一路还派出副使,分别访问更远的国家,如大宛、康居、大月氏、大夏、安息、身毒、于阗、扜罙及其邻近诸国。

此时,大汉帝国声威远扬,丝路诸国纷纷遣使访问汉朝首都长安。连地处遥远的波斯强国(安息)国王听说汉使来访,也特派大将率两万人马迎于国境。然后,派出使节回访,随汉使东来"观汉广大",并向中国皇帝馈赠珍贵礼品,还"献犁轩善眩人"。[15]这善眩人,即古代的魔术师。

这位魔术师来自"犁轩"。在张骞归来向汉武帝的汇报中,就曾提到过这个名字。按,有学者考证,犁轩乃是古代地中海世界著名的经济、文化中心亚历山大里亚的对音。也有人主张犁轩指的是当时埃及、叙利亚一带。总之,张骞出使西域,给中国带来了关于遥远西方地中海世界的最初信息。极为有趣的是,公元初年,在中国西北地区,罗布泊以东,也曾出现了一座小城名叫犁轩。中国史籍还记载,公元前36年,汉将甘延寿与陈汤胜利地包围了一座由匈奴人所占据的西域城市,俘虏150名外国雇佣军。这些战俘掌握着两种令中国人惊讶的军事技艺:修建堡垒和鱼鳞形(即龟甲形)列阵。[16] H. H. 德效骞认为,这些雇佣兵就是当年在卡莱尔战役中被俘的罗马军团士兵。他们沿丝路辗转6000公里,来到中国。这座名为犁轩的小城,直至5世纪,还存在于中国官方统计名册上。[17]

到了东汉时期,传承张骞的事业、维护丝路交通的使命,又落到了班超(32—102年)的肩上。出身于史学世家的班超,[18]不愿秉笔著书,但愿以身创史。他青年时代投笔从戎,将自己的青春、热血乃至一生,都献给了西域,献给了丝路。班超在西域各族广大民众的支持下,平息了勾结匈奴的少数上层分子的叛乱,维护了丝路的和平与稳定,被任命为汉帝国在当地的最高行政长官——西域都护。直到年届古稀,才荣归故里。将门虎子,班超的儿子班勇,继承父业,为丝路的稳定、繁荣作出贡献。

特别应予记载的是,班超以大汉帝国地方行政长官的身份,派遣自己的助手甘英出使大秦。大秦,是汉代中国人对罗马的称呼。97年,甘英奉命沿丝路西去,直到波斯湾头。正当他"临大海欲渡"的时候,受到波斯渔人的劝阻。他们告诉甘英,大海无边,遇到顺风也要三个月才能渡过;若逢逆风,则要航行两年。因此,渡海者需备三年的口粮。此外,航行中意外死亡的事也时有发生。[19]甘英终于望洋兴叹,踏上归途。此时的波斯,在中国与罗马之间,正是居中转口的地位。波斯人千方百计阻止甘英西进,就是为了保持自己中间商的特殊利益。只可惜,甘英因此而失去首任中国驻罗马使节的光荣。

其实,波斯要阻挡的,不仅是中国人的西去,而且还有罗马人的东来。既然中国丝绸在地中海世界拥有那么广大的市场,那里的人们就不会甘心受到波斯中间商的盘剥,而肯定会千方百计努力从西方打通丝路,同中国建立直接的贸易关系。

显然,那里的人们对东去中国的陆路交通也并不是全然陌生。2世纪,希腊学者托勒密(90—168年)在他撰写的《地理志》一书中,叙述了自幼发拉底河口、经美索不达米亚、帕提亚(安息)、巴克特里亚(大夏)、石塔(今中国新疆疏勒西南塔什米力克),前往中国的路线。这是第一位记载丝路古道路线的西方学者。托勒密本人没有到过中国,他的资料是援引另一位2世纪的推罗地理学家马利诺斯(Marinos)的记载:公元1世纪末,马其顿的一位出身商人家庭的希腊人梅斯·蒂蒂亚诺斯(Maés Titianos),组织了一次从地中海到赛里斯路途的全面考察。"尽管他本人不曾到过赛里斯国,但他派代理人去过那里。""在长达七个月的旅途中,没有带回任何值得重视的情报。在他们归国后介绍一路行程时,充满着夸大和失真的情节。"[20]

无独有偶的是,东汉时期的甘英出使罗马帝国的目的虽未达成,但"远国蒙奇、兜勒,皆来皈依,遣使贡献"。[21]据考证,这蒙奇、兜勒,就是马其顿、推罗的对音。中国史籍上记载的这次马其顿、推罗使团的来访,与梅斯派遣代理人前往中国的西方记载,恰相吻合。[22]

不过,像梅斯组织商队直接前往中国的情况,毕竟属于凤毛麟角;既然波斯地区乃东来商队使团必经之途,波斯人岂肯轻易放手。为了打破波斯人的垄断,罗马人反复向地中海东部地区用兵。公元前53年和前36年,罗马人两次对安息用兵,这两次东征的强悍的罗马军团,分别由两位名将克拉苏和安东尼指挥,结局却都是惨败。2世纪,同样是为了与安息争夺丝路的控制权,罗马人又多次用兵,并数度攻占位于波斯湾头底格里斯河东岸的安息冬都泰西封。但其战略目的并未达到。

两汉以后的魏晋南北朝时期,中国数百年战乱频仍,民族关系与社会关系格局错综复杂。丝绸之路进入了一个相对平淡阶段。直到隋、唐两代,丝路才再一次进入其繁荣高潮期。

隋朝的国祚虽然颇似秦朝,也是二世而亡,但隋炀帝杨广(569—618年)却十分注意维持丝绸之路的畅通。当然,这位穷奢极欲的亡国之君,除了喜爱来自西方的珍奇异物之外,更追求那种万邦来朝的局面。一次,隋炀帝沿丝绸之路向西巡行,一路上有30个左右的小邦君主、酋长随侍。随行车马,竟掀起长达百里的滚滚烟尘。为了招徕贡使蕃商,皇帝下令对西域商胡等"啖以重利,导使入朝";"令三市店肆皆设帷帐,盛列酒食,遣掌蕃率蛮夷与民贸易,所至之处,悉令邀近就座,醉饱而散"。[23]皇帝还下令用彩绸将首都洛阳大街两旁树木扎满,在冬日放眼望去,好似春天满路绿叶繁花。"每岁正月,万国来朝,留至十五日,于端门外,建国门内,绵亘八里,列为戏场。……从昏达旦,以纵观之。……其歌舞者……殆三万人。"又"于天津街盛陈百戏,……金石匏革之声,闻数十里外。弹弦擫管者以上一万八千人。大列炬火,光烛天地。"[24]

到了大唐帝国鼎盛的贞观、开元年间,丝绸之路的发展达到了巅峰时期。唐帝国出于对外政治威望与经济交流的考虑,十分重视丝绸之路的经略。当时,北方草原上的游牧民族突厥已分裂为东、西两部。贞观初年,唐军击败了连年侵扰的东突厥,但活跃在阿尔泰山以西的西突厥仍很强大。他们经常截断丝路,劫掠商旅、使者。639年,唐太宗(598—649年)出兵高昌,次年,在该地设都护府,后又迁至龟兹,统领龟兹、碎叶、于阗、疏勒,史称"安西四镇",从而保障了丝路的安全与繁荣。

唐代的长安,不仅是繁荣恢宏的中华帝都,同时也是一座国际性的大都市。作为当时丝绸大道的东端起点,这里汇聚了来自亚洲各地乃至更远地区的使者、商人。许多胡商在这里经营着餐厅、酒店以及珠宝商行,在餐饮行业里"当垆"服务的来自西域的姑娘们——胡姬,更成为这座都城的一道亮丽风景线。据查,《全唐诗》里收录有胡姬名称的诗作21首,从王维到白居易,几乎贯穿了整个唐代。[25]生于西域丝路重镇碎叶的中国古代大诗人李白,就写下了好几首歌唱胡姬的动人诗篇:

何处可为别,长安青绮门。胡姬招素手,迎客醉金樽。
(《送裴十八图南归嵩山》)
胡姬貌如花,当垆笑春风。笑春风,舞罗衣,君今不醉将安归?
(《前有一樽酒行二首》之二)
银鞍白鼻䯄,绿地障泥锦;细雨春风花落时,挥鞭且就胡姬饮。
(《白鼻䯄》)

正当大唐帝国的势力与影响不断西扩时,伊斯兰教和阿拉伯帝国的崛起,为古代国际舞台上带来一位新的主角。不断向东扩张的阿拉伯帝国,终于与唐帝国发生冲突。751年怛逻斯(Talas)一战,名将高仙芝率领的唐军被阿布·穆斯林指挥的阿拉伯军击败。踵接其后爆发于755年的安史之乱,更是大唐帝国由盛而衰的转折点。自此,丝绸之路渐入衰境。中国古代另一位被尊为"诗圣"的伟大诗人杜甫(712—770年),作为同时代人,对此感觉敏锐。关于丝路,诗人吟道:"逆气数年吹路断,蕃人闻道渐星奔"(《喜闻盗贼蕃寇总退口号五首》其三),并发出了"乘槎断消息,无处觅张骞"(《有感五首》其一)的浩叹。

唐宋以后,伴随着海上丝绸之路的巨大发展,中国西部、中亚、西亚地区政治局势的变幻,以及丝路沿途生态环境的恶化等因素的影响,陆上丝绸大道除了在蒙古西征及元代有短暂的通畅外,总的趋势仍是走向沉寂。到了19世纪末20世纪初,当一些西方考古学家、探险家前来考察的时候,就只见满目的苍凉,仅有那些废弃的土垣、干涸的河道,在向人们述说着丝绸之路昔日的繁盛与辉煌。

在陆上丝绸古道逐渐走向衰落时,另一条古代商道——海上丝绸之路迅速发展起来。海上丝路,在公元前后已开始形成。在中国一方,汉武帝时已派人自广东沿海出发,沿途不断换乘外国商舶,[26]经东南亚地区,直达南印度。与此同时,罗马帝国的商船也不断经红海、印度洋东来,并在公元初年在印度东南海岸的阿里卡梅杜、越南南方沿岸的奥高建立前进基地。终于在166年(东汉桓帝延熹九年),罗马使节由海路来华,抵达长安。唐宋时期,海上丝路进入繁荣阶段。由于瓷器成为中国对外贸易输出的大宗,以及这一商品在海外获得近于狂热的欢迎,远洋船运自然巨大高涨。明朝郑和下西洋的活动,则标志着海上丝路的巅峰时段。

二

横贯亚洲大陆并连接更加遥远的欧洲,丝绸古道的走向是清晰的。这条古代大商道,有着极为丰富的内涵。它有干线,有支线,甚至有许许多多的毛细线。而且,伴随着时代、社会与自然条件的变化,所有这些干线、支线以及毛细线,都会发生变动。总之,丝绸之路乃是一个极为错综复杂而又在不断变动着的古代陆上交通网络。

由于汉唐两代是丝绸之路的勃兴与繁荣时期,因此,汉、唐帝国首都长安(东汉和短命的隋代,都城在洛阳),就可以被看做这条古代大商道的东端起点。从长安出发,自东向西,丝绸之路大致可以分为三段。

东段,自长安至玉门关、阳关。

这一段路程,长达1800余公里,一般称为河陇道。出长安后,虽有数条路线,有的沿泾河而行,有的沿渭河而走,最后互相靠拢,直抵两关。然而总的说来,比较单纯,无论如何歧路,不离河西走廊。

从长安西行两关,一路并不全是寂寞。这一段路程上,确有几处繁华去处,都是丝路上的交通枢纽。

武威,历代为河西走廊中心。东汉时,"称为富邑,通货羌胡,市日四合。每居县者,不盈数月,辄丰积"。[27]汉末,天下"大扰,而河西独安,姑臧称为富邑,以通羌胡故也"。[28]盛唐时,"商旅往来,无有停绝",[29]一派繁忙景象。

张掖,汉末时此处"兵马精强,仓库有蓄,民庶殷富"。[30]

位于两关附近的敦煌,可以说是丝绸之路东段的终点和中段的起点。汉唐时期,这里更是"华戎所交,一都会也"。[31]汉武帝时,即设敦煌郡。故城长方形,还存有残高16米的城垣。据统计,当时郡城加上所属六县,人口达40000人。从出土的画像砖和墓砖,可以看到汉晋时期敦煌的畜牧、屯耕、邮驿、蚕桑、屠宰、烹饪、歌舞、伎乐等社会生产与生活的景象。[32]当年,这座闹喧喧地卧在商道上的古城,吞吐过无数商旅、使者、官员、僧侣和善男信女们,对每一个人道着"欢迎光临"和"一路平安"。敦煌古城中:"行行皆有铺,铺里有杂货";[33]街市上商店栉比鳞次,店内百货杂陈,如:"桔皮胡桃瓢,栀子高良姜,陆路诃黎勒,大腹及槟榔。亦有蒳萝荜拨,芜荑大黄,油麻椒蒜,河藕佛香;甜干枣,醋石榴。绢帽子,罗幞头。白矾皂礬,紫草苏芳。沙糖吃时牙齿美,饧糖咬时舌头甜。"[34]

丝绸之路的中段,自玉门关、阳关起,西至葱岭(帕米尔)一带。这一段主要在今天中国新疆地区。由于新疆的地貌是所谓"三山夹两盆",即阿尔泰山、天山、昆仑山与横亘其间的准噶尔盆地、塔克拉玛干大沙漠,因而中段丝路就自然依地形分为三条干线。

一条自敦煌出玉门关,沿天山南麓和塔克拉玛干大沙漠之北沿西行,沿途经过吐鲁番、焉耆、尉犁(今库尔勒)、龟兹(今库车东)、姑墨(今阿克苏)至疏勒(今喀什)。这条古商道,就是著名的西域北道,又称天山南路。

另一条自敦煌出阳关,沿塔克拉玛干大沙漠南沿和昆仑山北麓之间西行,经罗布泊以南的鄯善(即古楼兰,今若羌附近)、且末、民丰、于阗、和田,再折向西北至莎车,抵疏勒(今喀什),与北道汇合。

第三条自敦煌出玉门,绕罗布泊北白龙堆沙漠,沿天山北麓西行,经哈密、吐鲁番(高昌)等地,再沿伊犁河西行,直指中亚地区,这是一条大致在三国时期开辟的商路,因而又称北新道。大约是因为它的原因,所以有的文献又将西域北道(天山南路)称为西域中道。

葱岭以西,中亚、西亚北非,直到欧洲,是丝路的西段。由于途经地区广袤,因而支线更多,纵横交错,此消彼长,难以概言。大致讲来,仍可分辨出三条干线。

中间一条大致是天山南路的延续。自疏勒向西,越过葱岭,进入中亚地区,然后经古大宛国、康居国抵妫水(今阿姆河)流域,再西北行至咸海、里海之古奄蔡国;或西行经木鹿,前往安息(波斯、今伊朗),直达地中海之大秦,即罗马帝国。这条商道,显然是丝绸之路横贯东西的主干线。

北面一条大致接天山北麓西行的北新线,这条路线经伊塞克湖、咸海、里海直抵黑海地区。其地位日显重要的原因在于罗马帝国分裂后,东罗马帝国定都君士坦丁堡,急迫东向联系中国这个贸易伙伴。

南面一条大致接西域南道。自疏勒、莎车向西南方向延伸,入大月氏,抵其都兰氏城(瓦齐拉巴德),然而转向南,进入印度次大陆。亚历山大(公元前356—前327年)手下海军大将曾讲到"丝国之布"从北方传到印度,大约走的就是这条路线。

丝绸之路的西端在何处?一般认为在地中海东岸,或者远抵东罗马首都君士坦丁堡,或者就是古典文明的辉煌中心——罗马城。更有论者认为,"丝绸之路延伸至西班牙",在奥古斯都时代,由于西班牙塔拉克成为罗马帝国的统治中心,丝绸之路历史上曾出现过"长安—塔拉克轴心时代"。[35]

三

丝绸之路是文化交流之路,也是文明交汇之路。

当古代丝路兴起和繁荣时期,正是中国历史上的汉唐时代。中华文明也正是在汉唐时期登上了它古典和中古时期的两个巅峰。中华文明,是人类古代最发达的农业文明。中华帝国无疑是丝绸之路的主角。中华域外,丝绸之路所经过的中亚、西亚、南亚乃至更遥远的地中海地区,在古代邦国林立,风云变幻;就文明而论,那里兴起了古代地中海希腊、罗马文明、基督教文明、佛教文明、伊斯兰文明,等等。所有上述诸文明,都在丝绸之路上与中华文明相交汇。特别值得注意的是,发生在丝绸路上的文明交汇，特别是中外文明的交汇几乎都是和平的、和睦的。

众所周知，文明大致可以分为三个层面，即：物质文明（或称器物文明）、制度文明和精神文明。文明、文化的交汇与交流，一般也就是在上述三个层面全方位展开。当我们千载回眸，对丝路上的文明交汇与文化交流作一个历史的回顾，便不难发现：在古代堪称最先进的中华文明全方位沿丝路向西扩展其影响时，同时也经由丝路汲取大量来自域外的西方文明成果。正是因为不断地汲取西来的营养，才能使中华文明得到不断地丰富、充实、改造、创新，从而维持其古代最先进文明的辉煌。

首先，让我们来考察物质（器物）层面的文明交汇与文化交流。

顾名思义，丝绸之路上的主流货物，就是从中国西传的丝绸。"日落明驼走"，在驼铃和马蹄声中西去的商队，首先将丝绸从内地带到中国新疆地区。位于罗布泊地区的楼兰古城，出土了一批东汉时期的丝织品，如"延年益寿大宜子孙"锦、"长寿光明"锦、"长乐光明"锦、"长葆子孙"锦，还有瑞兽、禽纹锦、波纹锦等，其数量、种类和质地均前所未有，琳琅满目，令人惊叹。[36] 斯文·赫定当年在考察楼兰古城时，就曾发现一些黄色、海绿色和深蓝色的丝绸碎片；还在其发现的一件魏晋时期的木简上发现关于购买 4326 大包丝绸的记载。[37] 在新疆西部的民丰县尼雅遗址，同样出土了东汉时期的精美纺织品，刺绣考究，图案华丽，有的织有"万事如意"、"延年益寿、大益子孙"等字样。

古代新疆各族人民十分喜爱丝绸。他们不断购入丝货，还千方百计获取养蚕缫丝的生产方法。不少中国古籍就曾记载了养蚕缫丝西传于阗的生动故事。传说于阗国王十分渴望获得生产丝绸的秘密。于是他的宰相就为他想出一个妙计：向中原天朝（一说东国）的公主求婚。在公主远嫁前，于阗人说服了她。这位公主将蚕种藏在其头饰中；将桑树籽与其他种子掺和在一起，藏在其个人的药品中；将几名善养蚕缫丝的女专家化装为侍女，终于将丝织的秘密带到于阗。[38] 20 世纪初，斯坦因曾在和田东北沙漠深处的丹丹乌里克寺院遗址中发现了一幅 8 世纪的版画，上面描绘着一位中国公主戴着一顶大帽子，一个侍女正用手指着它。研究者都认为这里所画的正是上述那个生动的传说。[39]

丝绸经新疆西传，沿途一路大受欢迎。位于地中海东岸与幼发拉底河之间的古城帕尔米拉(Palmyra,今叙利亚中部霍姆斯城北,273年遭罗马军队破坏),在汉代就发展成为一个巨大的贸易中心和丝绸集散地。20世纪的考古发掘发现了许多织有汉字的汉代丝绸。罗马城出现了多斯克斯市(Vicus Tuscus),专售中国丝绸。唐代丝织品更臻完美,丝货的西传更是长盛不衰。特别是751年怛逻斯之役后,大批唐军战俘被带往中亚、西亚地区。据杜环记载,库法的中国工匠甚多:"绫绢机杼,金银匠、画匠、汉匠起作。画者京兆人樊淑、刘泚,丝络者河东乐隈、吕礼。"阿拉伯帝国崛起后,丝织业迅速发展起来。在今天叙利亚,伊拉克等地的许多城镇,都办起了工艺精巧的丝织作坊。阿拉伯丝货迅速畅销欧洲,以致欧洲人将产自大马士革的金线刺绣绸缎称为"大马士革",而将产自巴格达阿塔卜区的条纹绢称为"阿塔比"。

西方各民族、国家在喜爱中国丝绸的同时,也渴望学到它的生产技术与工艺。相传在553—554年间,拜占庭皇帝查士丁尼就接待了两名僧人(可能是景教徒),他们从中国带去藏在"竹杖或一小块空心木"中的蚕种。据信这就拜占庭养蚕业的发轫。[40]西亚地区的养蚕技术,伴随着阿拉伯人的圣战大旗飘向西班牙,从那里和西西里岛传入欧洲。

中国西传的丝货本身,自然属于物质文明的范畴。但它在西方世界的影响,则远远越过了文明的物质层面。我们知道,古代希腊和罗马人追求表现人体之美,这是一种健康的审美理念。然而,地中海地区古代的纺织业主要是麻织品与毛织品,这两种服装却完全不能展示人体之美,唯有丝织品才能以其轻柔、薄透和飘逸,展示人体的阳刚与婀娜。因此,罗马诗人才撰写了诸如《田园诗》、《颂歌》、《哀歌》、《恋情》等瑰丽的诗篇来传颂丝绸。可以说中国的丝绸,为古代地中海世界带去缪斯的灵感,为西方古典文学艺术的繁荣,做出了积极贡献。难怪作家培利埃该提斯说:"中国人制造的名贵彩色丝绸,就像田野里盛开的花朵,它的纤细简直可以和蜘蛛织的网相媲美。"

从唐代开始,瓷器在中国对外输出中,占有越来越重要的地位。陶瓷,作为中华文明的又一标志,已几乎与丝绸并驾齐驱。穆斯林世界人民十分喜爱中国瓷器。851年,阿拉伯商人苏莱曼·丹吉尔(Sulayman)在其著作《中印游记》中,对中国瓷器大加赞扬,指出:"中国人能用陶土作器,透明如玻璃。里面注酒,外面可见。"八九世纪之交,呼罗珊总督向阿拉伯帝国贡献的各种财物中,就有2000件精美的瓷器,还有哈里发宫廷中前所未见的20件(一说200件)"中国天子御用的瓷器"。在波斯、阿拉伯语中,瓷器,就干脆同于"中国"。

由丝路西传的,还有铁器与漆器。

中国冶铁业发展很早,战国时期已普遍使用铁制武器,锻钢技术也开始流行。汉代已广泛应用展性铸铁,还发明了由铸铁脱碳的百炼钢。[41]钢铁兵器在汉代已享誉西域。铸铁技术经丝路西传大宛、康居、安息诸国。木鹿成为中国钢铁兵器的集散地。安息骑兵因而很早就装备了犀利的刀剑。罗马史家普鲁塔克称之为木鹿武器。中国铁器究竟沿丝路传播到什么地方?这个问题还待考察。有趣的是,在遥远的东北非地区,古代冶铁盛地麦洛埃,竟发现了铸于3世纪的铁质中国式烹饪器(现存喀土穆博物馆),其形制有类汉鼎。

漆器也受到丝路各国的欢迎。喀布尔以北70公里的帕格曼,是古代伽毕试国都。考古发掘在此地出土了汉代中国的漆奁、漆盘、漆耳杯等等。[42]

特别要指出的,是古代中国四大发明的西传。

纸是中国的伟大发明之一。公元初年,汉纸已流传到新疆地区。1907年,斯坦因在前往敦煌途中发掘出一批写在麻纸上的早期粟特文信件文书,据考证最晚为137年,也就是史载"蔡伦造纸"之后不过一代人的时间。20世纪中叶以来,在吐鲁番、古楼兰地区均有东汉纸张出土。751年怛逻斯之役后,唐军战俘中的工匠在撒马尔汗建立了穆斯林世界的第一家造纸作坊。伴随着阿拉伯帝国的繁荣昌盛,纸的使用与制作大大推广。794年,在帝国首都巴格达也开办了一家造纸工场。造纸术大约在9世纪末传入埃及。到了10世纪末,纸张已取代了埃及人数千年来使用的纸莎草纸。一封写于9世纪末埃及的信,在结尾处特别注明:"用纸莎草纸书写,请原谅。"其实,这封信是写在一张质地最好的纸莎草纸上的,而写信的人仍要为自己没有用纸书写而特地致歉。说明当时纸张已成为时兴的书牍材料。到了1040年,一位波斯旅行家十分惊异地记载了他在埃及见到的情况:在开罗,"卖菜和香菜的小贩,都随备纸张,把任何卖出的东西,都用纸包裹"。[43]可见,纸张不仅已成为埃及人民普遍的书写材料,而且成为具有多种使用价值的生活用品,12世纪,造纸由埃及西传摩洛哥,并从那里传入西班牙、意大利等欧洲国家。

同造纸术一道西传的,是中国古代先进的印刷术。10世纪初,中国的雕版印刷术辗转传入埃及。在穆斯林世界,出现了用中国印刷术印制的《古兰经》。此后,活字印刷术也继之传入。中古时期先进的穆斯林文明,由于中国印刷术的臂助,如虎添翼,得到了更为广泛的传播。

1260年,埃及乌木鲁克王朝第一位君主巴伯尔斯(Baybars I,1223—1277)在叙利亚击败了蒙古西征军,遏制了蒙古人长驱西进的势头。在这场战役中,埃及人缴获了蒙古人带来的先进武器——火药装备的各种热兵器:火枪、火炮、炸雷,等等。从此,中国的又一大发明——火药,传入西方。埃及人称火药为"中国雪"。14世纪,埃及乌木鲁克王朝时开始仿造中国火器,可以用火枪发射火箭。在此基础上,又研制成功发射铁丸的火器。14世纪70年代,埃及还制造出能发射大炮弹、射程极远的钢炮。火药与火器从埃及继续西传,经摩洛哥传入欧洲。到16世纪葡萄牙殖民者初次来华时,他们已经可以用"铳声如雷"、"炮声殷地"的先进火器,在火药的故乡——中国耀武扬威了。

古代中国所推出的四大发明,沿丝绸之路西传欧洲,对日后欧洲近代文明兴起发挥了重要的积极作用:火药西传及近代火器的出现,引起了欧洲军事组织、制度、装备,直至战略战术的全面革新,使过去固若金汤的中世纪封建城堡易于攻破。在某种意义上我们甚至可以说,没有火药的西传,就没有1789年法国大革命时巴士底狱的攻陷。指南针西传及罗盘在航海业中的使用,推动了新航路的开辟,便利了近代西方在全球的扩张,从而大大加速了原始资本积累进程;造纸与印刷术的西传与应用,是文艺复兴和启蒙运动必不可缺的物质前提。

这一切,都是丝绸之路西去天涯不朽贡献。这贡献,是中华民族为世界文明的进步与提升作出的。

四

丝绸古道上的文明交汇,中华民族既是予惠者,也是受惠者。

作为一个拥有古代世界最先进文明的民族,在对外文化交流中,中华民族自然承载着播火者的角色。然而,在与别的文明交往中,中国不可能只是输出者。特别是在丝路的西方,波斯、罗马、印度和阿拉伯等几个古代先进文明,与中华文明同放异彩,达到了很高的程度。因此,丝绸之路也令中华民族受益良多。

先看物质或器物文明层面。

衣着方面,与丝织品沿丝路西去的同时,西方的毛、棉织品也随商队东来。罗马、波斯、阿拉伯的毛纺技术堪称发达,特别是各种毛毯及各种地毯、壁毯,更是工艺精美。《天方夜谭》的飞毯,已成为穆斯林文明中的一个美好的、令人神往的象征。棉花也在汉代以后传入中国,成为重要的纺织原料。新疆尼雅遗址的东汉墓中,就出土了引起广泛注意的白地蓝色腊缬棉布、白布袜与手帕,说明棉丝品已沿丝路东来。即令是丝绸,西方世界也在消费中刻意学习仿制,在仿制中创新。如罗马就"刺金缕绣,织成金缕罽,杂色绫",[44]返销中国。例如,在新疆尉犁古墨山国遗址,就发掘出汉晋时期古墓中的带有明显希腊罗马艺术风格的纺织品上压金线的罽袍。

食品方面,胡瓜(黄瓜)、胡豆(蚕豆)、菠菜、番茄等菜蔬,胡椒、胡蒜(大蒜)、胡荽(香菜)、姜、葱、胡麻(芝麻)等佐料,丰富了中国的菜谱,使之更加色香味俱全;葡萄、石榴、胡桃(核桃)等干鲜果品,以其特殊的甘美在中国大受欢迎。潘岳的《安石榴赋》,誉石榴为天下奇树,九州名果。在清代,葡萄与石榴竟成为富足人家必备的观赏盆景树木。

居住方面,胡床、胡帐,皆从丝路而来。就连现代汉语中表敬用语贵宾下榻的榻字,也是从波斯语音译而来。

行旅方面,域外的良种马,如天马、汗血马、月氏马等,以及沙漠之舟骆驼,也都通过丝绸之路到中国落户。

在日常生活的基础上,西方传来的珍禽异兽、各种特产乃至工艺品,也大大丰富了中国人的生活。

犀牛、大象、孔雀、狮子、长颈鹿、斑马、鸵鸟等传入中国,扩大了中国人的视野。犀角、象牙,颇多实用。孔雀开屏、雄狮怒吼,开辟了多少想象的空间。

香料,最受中国人的欢迎。波斯湾的乳香,伊朗的安息香,罗马的苏合香,索马里的没药·芦荟,北非的迷迭香,东非的紫檀香,等等。都是其中的名品。从南宋以后,社会上开始盛行薰香风气。上层社会的屋内、帐内、车内、轿内到处薰香,以至"车驰过,香烟如云,数里不绝,尘土皆香"。[45]人们还要用真龙涎和香焚烧,"一缕翠烟升空,结而不散"。[46]宝马香车,美化了生活。香料还逐渐进入民间,用作化妆、调料,需求是越来越大,在中国人民的日常生活中起着日益重要的作用。

各种美玉从丝绸之路运来,成为中国女性喜爱的佩饰。著名的美玉"祖母绿",就是波斯名玉"Zumurrud"的对音译名。

琉璃与玻璃自丝绸古道流传中国,特别值得记载。罗马是琉璃的故乡。早在汉代之前,琉璃已作为豪华品流入中国。三国时期,罗马的十色琉璃,已被载入中国古文献。大约在5世纪,由大月氏传入琉璃制法,此后中国的琉璃产品比起西方输入品就不遑多让。玻璃制品也传入中国。1997年发掘的新疆尉犁县古墨山国贵族墓葬中,就发现了一只完整的玻璃杯,外壁饰有椭圆纹,乃是罗马东方行省——叙利亚地区的产品。此外,现存加拿大多伦多博物馆的一个产于1世纪亚历山大里亚的玻璃瓶,上有女神雅典娜(Athene)的面部像。这件辗转数万里,中经无数人呵护的文物精品,却是在中国河南出土的。

在物质或器物文明层面之上,矗立着人类创造的制度文明与精神文明。

古代中华的制度文明,是适应于中国古代农业文明社会环境的精品,其体制之完备,组织之严密,在古代世界诸文明的制度层面,均堪称上乘。古代中华文明的先进地位,使中国人在制度文明方面颇为自傲,睥睨四海,以天下第一自居,故而对异类文明的制度层面,无虚心汲取之心,有因循自满之意。不过,仔细爬梳之下,也可以发现一二例外。大秦国(罗马帝国),其政治体制,就曾引起中国人的注意与兴趣。在中国历史文献中,就可以找到这样的记载:"其国无常主,国有灾异,辄更立贤人以为主,而生放其故王,王亦不敢怨。"[47]这种辗转传来的有关罗马帝国政治体制的扭曲了的信息,可能引起了中国人记忆深处"周召共和"的深思。抓住这一"羚羊挂角"、"雪泥鸿爪",难道只是为了猎奇?或者,那是在古代文明道路上疾驰的中华制度文明快车的一只来自意大利半岛的备用轮胎?

在精神文明方面,最易流播的是雅俗共赏、雅俗共享的音乐、舞蹈以及杂技、体育等等。

在音乐、舞蹈方面,古代中国几乎可以说是文化入超的净受益方。首先,歌舞离不开乐器。但无论是胡琴,还是琵琶,铙钹,都是丝绸古道上的输入品。这份名单,还可以列入五弦、笙、笛、筚、腰鼓、筚篥、竖箜篌,等等。今日出国献艺的中国民乐团,在维也纳的金色大厅演奏一曲

《金蛇狂舞》或《春江花月夜》，令西方朋友颇为倾倒。殊不知，那乐器中的绝大多数，都是源自西方，由丝绸古道东传，在历史的长河里渐渐融入中华文明的宝库。

自汉代以降，"于阗乐"、"龟兹乐"、"疏勒乐"、"高昌乐"、"康园乐"、"天竺乐"、"安国乐"等新疆和中亚、南亚地区的乐曲，陆续流入中国的中原地区，流入中国宫廷。据统计，隋代九部宫廷乐曲中，有六部来自西域；而唐代十部著名乐曲中，有七部是西域音乐。其间，流行的龟兹乐可能达数百首之多。当时，中亚曹、米、何等昭武九姓的粟特人"好歌舞于道"。唐代诗人们笔下常常吟诵。如刘禹锡的"唱得凉州意外声，旧人唯数米嘉荣"；"大弦嘈嘈小弦清，喷雪含风意思生。一听曹刚弹《薄媚》，人生不合出京城。"

音乐与舞蹈，常常是合二为一，即踏歌起舞之谓也。汉代传入中原的就有槃鼓舞、轮舞、风舞、鞞舞，等等。所谓槃鼓舞，乃是舞者在七个鼓上作出各种美丽的舞姿，直到倒立。中国古代诗人鲍昭的诗句"七槃起长袖"，描述了在鼓上飞奔来往，大袖飘飘情景。到了唐代，西域乐舞更加走红。胡旋舞、胡腾舞、柘枝舞，誉满长安，不胫而名传天下。大诗人白居易在诗中写道："胡旋女，心应弦，手应鼓。弦鼓一声双袖举，回雪飘飘转蓬舞。左旋右转不知疲，千匝万周无已时，人间物类无可比，奔车轮转旋风迟。"（《胡旋女》）一时间，"臣妾人人学园转"，呈现了一派"女为胡妇学胡装，伎进胡音务胡乐"（白居易：《法曲》）的景象。

到了元代，摩洛哥大旅行家伊本·巴图塔（Ibn Batuta, 1304？—1378年？）访华期间，于1345年10月与朋友在杭州乘船游湖时，居然听到中国歌手演唱波斯著名诗人萨迪（Sadi, 1213—1291）诗篇谱成的歌曲："我对你一见钟情，心潮波涛汹涌；祈祷时，壁龛中也出现你的面影。"

这样，当我们回顾历史，就不难发现，原来在中华文明最称繁荣先进的汉唐时代，中国竟有过"西化"的现象。如167—189年在位的东汉"灵帝好胡服、胡帐、胡床、胡坐、胡饭、胡箜篌、胡笛、胡舞，京都贵戚皆竟为之"。[48]又如，唐代诗人王瀚那首脍炙人口的佳作："葡萄美酒夜光杯，欲饮琵琶马上催，醉卧沙场君莫笑，古来征战几人回。"（《凉州词》）其中的葡萄酒、夜光杯、琵琶、骏马，哪一样不是从丝绸之路上传入中国的？看来，没有丝绸之路上的文化交流与文明交汇，古代中国的文人墨客连唐诗也写不成呢!

　　文化交流与文明交汇的最高层面,在于对人生真谛的考问,与对彼岸世界的追求。这就是宗教。我们发现,恰恰在宗教这个领域,中华文明再一次主要扮演了受众的角色。

　　佛教、祆教、基督教和伊斯兰教,都是从丝绸之路传入中国,对古代中国人的人生观、世界观,对中国的哲学、文学、宗教、艺术等等,都起了十分深刻的影响。

　　佛教自汉代传入中国,命中注定地要在中华大地上发扬光大,而在其故乡几近归于消亡。佛教的广为流播,安慰了千百万黎民百姓屈辱的灵魂;佛学的博大精深,折磨着多少代僧俗哲人。"南朝四百八十寺,多少楼台烟雨中。"(杜牧:《江南春》)遍观中华文化,无论深浅,无论雅俗,可谓无处无佛。在历史长河中,佛教融入中华文明,成为它的核心内容之一。佛教的向善、忍耐、宽厚,都化入亿万中国人的美德。

　　丝绸古道,正是佛教流入中国的见证。摄摩腾、竺法兰、安世高、支娄迦谶、支谦、鸠摩罗什等千百位有名无名的僧人,从西域各国前来中华传授佛法;朱士行、法显、宋云、惠生、玄奘、慧超、悟空、行勤等中土僧人,西去取经。所有这些献身佛法的人,都往返跋涉在丝绸之路上。大漠孤烟,沙飞风酷,其间的体能消耗、精神的折磨,是难以想象的。在《大唐西域记》中,玄奘还多处记载这类艰苦环境,如"泽地热湿,难履涉。芦草荒芜,无复途径";"沙则流浸,聚散随风,人行无跡,遂多逆路。四远茫茫,莫知所指,是以往来者聚遗骸以记之。乏水草,多热风,风起则人畜昏迷,因以成病。"[49]但玄奘誓言"为求大法,发趣西方,若不至婆罗门国,终不东归,纵死中途,非所悔也!"[50]《大慈恩寺三藏法师传》,记述了玄奘过玉门关第四烽火台的情景:"是时四顾茫然,人鸟俱绝,夜则妖魅举火,烂若繁星;昼则惊风拥沙,散如时雨。虽遇如是心无所惧,但苦水尽,渴不能进。是时四日五夜无一滴沾喉,口腹干焦,几将殒绝,不复能进。"唯有信仰的虔诚,信念的坚定,才能克服这些艰难险阻。

　　伴随着佛教的东传,佛教建筑与艺术在丝路上到处勃兴起来。历经千载而近年惨遭摧毁的阿富汗巴米扬大佛,就是佛教文明的瑰宝。破坏巴米扬大佛本身,就是发生在20世纪骇人听闻的反文明、反人类的恶行。敦煌,是另一处佛教文明的瑰宝。北魏时期,敦煌已遍布佛教寺院,唐代更达极盛。据记载,当时大寺至少有16所,僧尼近千人。城东南25公里的莫高窟,自365年起,历时1600年,修建了难以计算的佛教雕塑、壁画的石窟。至今仍保存石窟492座,彩塑2000余躯,壁画45000平米。其雕塑、壁画中的人物,千姿百态、栩栩如生,皆稀世珍宝。[51]

特别值得注意的是,东传的佛教艺术在丝路上遇到了东来的罗马文明的影响,并与后者交汇,产生了一种新的犍陀罗艺术。犍陀罗在两千多年前是印度次大陆西北一个边陲地区。由于地处丝绸商道要冲,多次受到波斯、亚历山大等外部势力入侵。印度孔雀王朝阿育王统治时期,大力弘扬佛法,犍陀罗地区遂皈依佛教。此后,贵霜王朝迦腻色迦扩张疆土,定都犍陀罗,狂热宣扬佛教。是以此地佛教艺术发达,流播中亚,经丝路传入中国。因深受希腊、罗马文明的渗透,犍陀罗艺术又称为印度希腊式或印度罗马式佛教艺术。[52]在中国新疆民丰县尼雅遗址出土的白地蓝色腊缬棉布,上面印有龙纹和上身赤裸人像。有学者认为,该像头后有项光,身后有背光,上身赤裸手持花束,乃菩萨像,具有较浓厚的希腊—犍陀罗风格。[53]在玄奘笔下,尼雅称"尼壤城","唯趣城路,仅得通行,故往来者莫不由此城焉"。这是犍陀罗艺术经丝路东传的又一证据。20世纪初,斯坦因在罗布湖地区的古伊循城,发掘出一些巨型壁画。据斯坦因记述:"这些壁画在图案和色彩方面,都是典型古典式的";画中人物呈现出"托勒密罗马时代法尤姆埃及希腊青年男女们的形象";"佛像的头部无可争议地属于希腊人种";"罗汉左手的位置是典型的罗马塑像式的";"佛教的仪式行列,完全会使人想到这是一次罗马凯旋仪式"。[54]

祆教,又称火祆教,拜火教,是波斯人琐罗亚斯德(Zoroaster,公元前628年—公元前551年)在公元前6世纪时创立的。它宣扬善恶二元论,认为火、光明、洁净、创造、生命是善端;黑暗、污浊、破坏、死亡是恶端。善恶相争,光明必将战胜黑暗。它崇尚光明,因为火有亮光,故而也崇拜火。隋唐时期,沿丝绸古道自波斯和中亚传入中国。与祆教有关的摩尼教,又称明教,是波斯人摩尼(Mani,216—277年)在3世纪创立的。它吸收了祆教、基督教、太阳神教等思想,也宣扬二元论,认为宇宙间光明与黑暗相斗,人们应奋起助明斗暗,等等。唐代女皇武则天(624—705年)当政时,摩尼教也传入中国。长安大云光明寺,就是摩尼教的著名寺院。特别要指出的是，摩尼教对下层广大贫苦民众有着相当的吸引力。在中国中古时期，一些农民起义披着宗教外衣，就是用摩尼教明暗相斗的学说来动员群众的。明清时期，中国民间秘密宗教组织，如明教、白莲教都受了摩尼教的影响。宋代方腊起义，元末农民大起义和清代白莲教起义等，都带有上述这种宗教色彩。

伊斯兰教，俗称回教。随着大批穆斯林沿丝绸之路或海上丝绸之路来到中国，伊斯兰教在中国流行起来。许多城市穆斯林聚居的地方都建起了清真寺。相传先知穆罕默德（Muhammad, 570？—632年）的舅父就曾携带《古兰经》到中国传教，受到唐太宗的重视，在长安建立了大清真寺。伊斯兰文明在中国西北、西南与东南沿岸地区广为流传，最终也成为中华文明的重要组成部分。

景教，在唐代又称"大秦景教"，实际上乃是基督教的一个支脉，由叙利亚人聂斯托利（Nestorius, 381—451年）于5世纪创立。景教沿丝路向西亚、中亚传播，教众一度达到数百万人，与罗马天主教、东正教鼎足并立。635年，该派主教阿罗本到达长安。唐太宗李世民特命宰相房玄龄接待，令其在皇帝藏书楼译经传教。高宗时期，曾广为流传，一时出现了"法流十道"、"寺满百城"的盛况。阿罗本也被封为镇国大法主。781年，遂立《大秦景教流行中国碑》，据碑上列名僧众考查，70人中，大半来自波斯、叙利亚等地。

丝绸之路，是文化交流之路，文明交汇之路。就物质层面看，古代中华文明对外流播与影响是广泛而深远的。而在精神层面论，中华文明似乎更多地居于吸收的地位。不过，由于古代中华文明的博大与包容特征，对外来文化与文明，一般都能勇于汲取，善于消融。使中华文明能不断丰实、充实。结果，当西方诸文明此消彼长，枯荣交替，不断撞击、裂变时，千年丝绸古道不断带来的新鲜异质文明，反而令中华文明能一以贯之，又能与时俱进，始终在古代世界保持领先地位，在历史长河中奔腾不息。

注　释

〔1〕沈从文:《中国古代服饰研究》（增订本），上海书店出版社1997年版，第23—24页。
〔2〕《礼记·礼运》:"后圣有作,治其丝麻,以为布帛。"

〔3〕《诗经·卫风·氓》。
〔4〕《山海经·穆天子传》,岳麓书社1992年版。又,《左传·昭公十二年》、《天问》、《史记·赵世家》均有记载。
〔5〕苏莱曼:《中国印度见闻录》。刘半农、刘小惠合译《苏莱曼东游记》,中华书局1937年版。
〔6〕Henry Yule, *Cathay and the Way Thither*, London, 1915, Vol. 1. p. 14.
〔7〕〔法〕布尔努瓦(Lucette Boulnois,1931—)著,耿昇译:《丝绸之路》,山东画报出版社2001年版,第2页。
〔8〕Henry Hule 书,参见张星烺:《中西交通史料汇编》第1册,中华书局1977年版。
〔9〕普林尼:《自然史》,参见张星烺前引书,第33—34页。
〔10〕斯文·赫定:《丝绸之路》,江红、李佩娟译,新疆人民出版社1996年版。
〔11〕杨晓霭:《瀚海驼铃——丝绸之路的人物往来与文化交流》,甘肃教育出版社1999年版,第2页。
〔12〕李白:《关山月》。
〔13〕《汉书·张骞列传》。
〔14〕《史记·大宛传》:大月氏新居"地肥饶,少寇",因而"志安乐,又自以远汉,殊无报胡之心"。
〔15〕《史记·大宛传》。
〔16〕《汉书·地理志》。
〔17〕布尔努瓦前引书,第56页。
〔18〕班超的父亲班彪就是一位史学家,兄长班固,是《汉书》的著者,其妹班昭也是一位杰出的女史学家。
〔19〕《汉书·西域传》。
〔20〕托勒密:《地志》。
〔21〕《后汉书·西域传》。
〔22〕林梅村:《西域文明·公元100年罗马商团的中国之行》,东方出版社,1995年;又,关于兜勒,沈福伟则考证为古代阿克苏姆之国在红海的重要港口阿杜利斯。参见沈福伟:《中国与非洲——中非关系两千年》,中华书局1990年版。
〔23〕《隋书·裴矩传》。
〔24〕《隋书·音乐志下》。
〔25〕杨晓霭:前引书,第33页。
〔26〕《汉书·地理志》"蛮夷贾船,转送致之"。
〔27〕《后汉书·孔奋传》。

〔28〕《太平寰宇记》卷一五二《陇右道三·凉州》，影印文渊阁《四库全书》本。
〔29〕慧立《大慈恩寺三藏法师传》卷一。
〔30〕《后汉书·窦融传》。
〔31〕《后汉书·郡国志五·敦煌条》。
〔32〕黄剑华：《丝路上的文明古国》，四川人民出版社 2002 年版。
〔33〕张锡厚：《王梵志诗校辑》，中华书局 1983 年版。
〔34〕法藏敦煌文献（编号 P—3644）。
〔35〕张铠：《中国与西班牙关系史》，大象出版社 2003 年版，第一章。
〔36〕《文物考古工作十年·新疆文物考古工作的新发展(1979—1989)》，文物出版社 1991 年版，第 348 页。
〔37〕斯文·赫定：前引书，第 211 页。
〔38〕布尔努瓦：前引书，第 263 页；这个故事载于《隋书》、《新唐书》、《大唐西域记》和藏文经典《于阗国史》等等。
〔39〕荣新江：《中古中国与外来文明》，三联书店 2001 年版，第 11 页。
〔40〕杜佑：《通典》卷一九三，中华书局 1988 年版，第 5 册，第 5280 页。
〔41〕田长浒：《中国金属技术史》，四川科学技术出版社 1988 年版，第 171 页。季如迅：《中国手工业简史》，当代中国出版社 1998 年版，第 94—95 页。
〔42〕黄剑华：前引书，第 58 页。
〔43〕卡特：《中国印刷术的发明和它的西传》。
〔44〕《后汉书·西域传·大秦传》。
〔45〕陆游：《老学庵笔记》卷一。
〔46〕《诸蕃志校注》，第 140 页。
〔47〕《三国志·魏书》卷三〇，裴注引鱼豢《魏略》。
〔48〕《续汉书·五行志》。
〔49〕〔50〕杨晓蔼：前引书，第 210 页，245 页。
〔51〕黄剑华：前引书，第 156—157 页。
〔52〕范瑞华：《中国佛教美术源流》，国际文化出版公司 1996 年版，第 6 页。
〔53〕俞伟超：《先秦两汉考古学论集·东汉佛教图像考》，文物出版社 1985 年版，第 167—168 页。
〔54〕转引自布尔努瓦：前引书，第 111—112 页。

此文是为中国国际文化书院和意大利卡萨马尔卡基金会联合举办的"中国古代文明：丝绸之路"大型文物展撰写的学术基调报告。

21世纪东亚格局下的中国和日本
——一个历史的视角

　　世纪之初，展望未来，中日两国人民都希望能拥有一个和平、安定和繁荣的世界，特别是拥有一个和平、安定和繁荣的东亚。

　　为此，一个稳定的东亚格局，对我们两国来说，就显得格外重要。

　　我们需要建设一个什么样的东亚格局呢？温故而知新，不妨从历史上作一番考察。

一

　　我们这里所指的东亚地区，是太平洋亚洲，即从东北亚的日本、朝鲜半岛经中国到东南亚地区诸国。

　　在历史上，东亚地区曾经有过两个大的国际格局。

　　第一个，是古代以中华帝国为中心的"华夷秩序"。

　　"华夷秩序"自两汉直至清朝，前后约两千余年。两汉时期，特别是汉武帝以降，是它的形成或雏形时期。这个格局到了唐代跃上了一个新的平台。大唐帝国，气宇恢弘，一时前来朝贡者，达70多个国家。到了明清两代，特别是明初郑和下西洋的伟大航海活动时，"华夷秩序"臻于完备，达到巅峰阶段。明中叶以后，随着西方殖民主义东来，"华夷秩序"渐次遭到破坏。1840年鸦片战争以后，这个古代东亚格局终于走向完全的崩溃。

　　"华夷秩序"是一个古代类型的国际格局。这个格局的核心是中国。因此，以农立国、以农为本的中华帝国的统治集团和帝王在处理对外关系方面的理想、理念与原则，就自然而然地成为这一国际格局的支配力量。

集中而言,中华帝国在经略这个格局时的理想、理念与原则,大致可以归纳为两个字,即"一"与"和"。

"一",就是中华帝国和它的代表:皇帝;就是以中华帝国为中心,"万邦来朝","一统华夷"。

"和",就是和平,即来朝贡各国的所谓"共享太平之福"。当然,这个和平,太平,是一种古代农业社会的理想,如"风调雨顺","桑麻相接","旌旗不动酒旗招",等等。

在这一格局下,周边诸国只要承认中国的大一统,中华帝国就会同它们"共享太平之福"。原则上不干涉它们的内部事务,与它们互不侵犯,对它们实行"厚往薄来"的政策,等等。

在绝大多数情况下,这一古代国际格局带给东亚地区的是和平与安定。古代中国与东亚诸国在政治上、经济上、文化上都从这一体制中获益良多。这是我们大家都熟知的事实。

然而,当我们充分肯定中华帝国的"和"时,却要明确地否定它的"一"。"华夷秩序"总体上讲是和平的、友善的,但却是不平等的。古代中华帝国在这个"一统华夷"上面,犯过历史错误,例如,曾入侵过我们的邻邦朝鲜和越南。由蒙古族入主中原而建立的大元帝国,也曾侵犯过邻国。这些都应予以历史地批判。

中日两国,一衣带水。双方的交流,有两千年的历史。日本在古代东亚格局下,在同中国友好交往中汲取了大量中华文明的成果与信息。

在与中国的交往中,日本有正负两个方面的表现。

一方面,日本充分展示了它的民族自尊与自信。例如,天皇致隋朝的国书中,就用了"日出处天子致日没处天子"这样对等的文体;又如,当明太祖朱元璋用某种威压式的口吻对日本说话时,日本的怀良亲王大义凛然地宣称:"闻天朝有兴兵之策,小邦亦有御敌之图。……水泽之地,山海之洲,自有其备!岂能跪途而奉之乎?"

另一方面,日本在汲取"华夷秩序"的理念之后,将其日本化,颇有兴建"日夷秩序"的图谋,留下后患。丰臣秀吉入侵朝鲜,就是鲜明的例证。而且,比较起"华夷秩序"来,这个"日夷秩序"的理念,从一开始就缺乏"和"气。

东亚历史上出现的第二个国际格局,是由西方殖民主义、资本主义经营的近代条约体制的国际格局。应该指出的是,这个近代条约格局,是世界性的。东亚格局,只是它的一个局部。

自从1648年威斯特伐利亚和约以来,近代条约体系的理想、理念与原则就开始在国际关系中居支配地位。比较起古代国际关系而言,条约体制无疑以其规范性、体系性和完整性占尽优势,从而更加适应近代资本主义民族国家的发展需求。但它的核心,却是建立在强权政治与霸权主义的根基上的。特别是对于落后的东方殖民地、半殖民地诸国而言,西方国际政治中的这个面目,就更加狰狞。

近代条约体制的国际格局,带给东亚地区的,是侵略、战争、凌辱与压榨。

中国,伴随着"华夷秩序"的瓦解,在东亚的国际舞台上,从中心滑向边缘,从主角变成配角,从历史和文明的创造者沦为落伍者。在西方殖民主义、资本主义构建的近代东亚条约体系的格局中,处于受制于人的屈辱地位。

日本,在近代条约体系的东亚格局构建前期,一度曾与中国同轨滑行,面临着沦为西方附庸的深渊。1853年柏利叩关和次年签订的《神奈川条约》、1858年签订的《安政条约》系列,都是其表现。在19世纪50至60年代,日本滑向殖民地、半殖民地的速度惊人,甚至有反超中国之势。

然而,由于日本国内各种因素的作用,促成了明治维新。在巨大的危机与挑战面前,日本不鸣则已,一鸣惊人;不飞则已,一飞冲天!明治维新使日本摆脱了东亚各国的悲惨命运,走上了富国强兵的现代化道路。在近代东亚的格局内,日本从边缘走向中心,成为这一格局的制动者。不过,同样地由于日本内部诸负面因素,日本逐渐走上了军国主义道路,对外发动大规模侵略战争,使中国人民和东亚各国人民遭到惨重的牺牲。但日本也终遭失败,也使日本人民蒙受了迄今为止世界上唯一的热核灾难。

二

面对正在来临的21世纪,我们有着一个共同的历史使命:建设东亚新型的国际格局。

从理想层面上讲,这个东亚新格局,既不同于古代的"华夷秩序"格局,也不同于近代的条约体系格局。它应是和平的、合作的、友善的、多元的。总结历史经验,这个东亚新格局既要扬弃古代"华夷秩序"格局中"大一统"的不平等负面内涵,更要扬弃近代条约体系格局中霸权主义与强权政治的本质。在这个理想主义的格局框架下,中日两国关系将是和平的、稳定的、平等的、友善的。东亚各国之间的关系也将同样是和平的、稳定的、平等的、友善的。

从现实的层面上讲,这个新的东亚格局的构筑,将是一个长期的、艰难的历史过程。它要克服和警惕许多阻力,特别是要克服来自近代西方带来的条约体系的势力,摆脱它的影响。

在这里,我想着重从中国的角度谈一点个人的看法。

中国是东亚地区的主要大国之一。对于21世纪东亚新格局的构建,中国有着切身利害关系。自从邓小平主持的改革开放以来,中国的面貌发生了巨大的变化,成为世界上发展速度最快的国家之一。因此,对于东亚新格局的构建,中国更有着一份义不容辞的责任。总之,在这个问题上,中国应该是一个负责任的大国。

然而,在当今世界的现实条件下,东亚格局中的主要角色,却是一个外东亚国家,即:美利坚合众国。这是因为,冷战结束后,美国成为世界上唯一的超级大国;美国更有意识地要主宰全球事务,在世界格局中充当领导力量。总之,今日之世界,美国无处不在。东亚地区,自然也不例外。如今,这里已是美国全球战略的一个重要支点。今天,谈论东亚格局,离不开美国,中国人谈东亚格局,更首先离不开中美关系。

从某种意义上我们甚至可以讲,中美关系是21世纪东亚格局和平、稳定的关键。一个稳定的、建设性的中美关系将是东亚安全的根本保证。

中美双方在东亚几乎所有问题上都是有矛盾的。这些矛盾如不能得到明智、妥善的处理,就会演变为冲突。不过,这只是问题的一个方面。另一方面,我们也可以说,中美双方同时也有着越来越多的共同利益,这些共同利益,如果双方有足够的智慧与能力,将压倒直至缓解矛盾与冲突。

我个人认为,中国在处理中美关系方面,已经日臻成熟,颇为完善。这就是:中国不惜付出代价,努力营造并推进双方和平、合作甚至友善的关系。在阿富汗、伊拉克、朝核问题以及反恐诸方面,中国都是这样做的。

我所讲的中国"不惜付出代价"来搞好中美关系,并不是毫无原则的。第一,对于美国在对外事务中经常表现出来的霸权政治与单边主义,中国应该予以批评,直至适当的抵制。第二,"不惜付出代价"有两个底线:一个是一旦美国极右势力当政,公然与中国为敌;另一个就是所谓"台独",一旦台湾宣布"独立"而美国又公然支持其"独立"。美国一旦越过上述底线,后果不堪设想,还谈得上什么东亚格局呢?! 不过,那将不是中国方面的问题了,那将是美国的智慧问题。我希望并愿意相信,伟大的美利坚民族不会出这种智慧方面的大问题。最近温家宝总理访美期间,布什总统针对台湾当局有关台独的动作明确表示了反对,就应予肯定。

我认为,中国正在坚持与美国和平、合作、友善,同时保持批评的立场,并明确自己对美关系的底线。中美两国如果能在这个前提下保持良性互动,东亚格局的构建,在现实层面上将是可行的,在理想层面上也是有希望的。

当然,东亚是所有东亚国家的东亚。21世纪的东亚新格局,并不能简单地靠少数大国来决定,而是要靠全体东亚国家来共同努力。中美关系是其重要支柱,这个支柱垮了,东亚格局也就无从谈起。中国的责任,就是要做最大的努力建设好这个支柱。

三

由于改革开放以来中国的飞速发展与巨大变化,近年来西方一些人致力于造一种舆论,叫做"中国威胁论",认为随着中国再次强大,将会对外部世界构成威胁,东亚自然首当其冲。这种宣传,产生了不良影响,甚至许多对中国怀抱友善态度的朋友,也心存疑惑。

"中国威胁论",依我的判断,即使不问其居心,至少也是极端不负责任的。

第一,从历史上看,中国没有前苏联那种传自沙俄的对外扩张、侵略的基因;相反地,中国有着对外和平、宽厚与友善的传统。特别是近代以来,中国同大多数东亚国家一样,是遭受侵略、欺凌与压榨的对象。因此,中国对近代西方带来的霸权主义、强权政治和单边主义,从根本上就无好感。

　　第二，中国的改革开放事业，不是一个权宜之计，而是中国国计民生的根本大计。当前，中国正在努力走向小康，在本世纪中国的奋斗目标是实现中华民族的伟大复兴。这样一个宏伟大业，需要一个和平的、友善的国际环境；首先就需要一个和平、稳定、友善的东亚格局。这个需要，不是策略的，而是战略的；不是几年、十几年的，而是几十年、上百年的。特别要指出的是，中国是一个拥有13亿人口的发展中国家。大家到中国中西部广大地区走一走，看看那里的贫困与落后，就会明白，中国至少在一百年内，有的只是埋头建设的心情，只是期盼着有一个和平、友善的外部环境。

　　第三，中国现在正在大力发展国民教育，全面提高国民素质，特别是和平、友善、宽厚的人文情怀。这样，当中国再次富强，哪怕成为世界最前列的国家，中国人民及其领导集团，也将会有足够的德性与睿智，始终如一地坚持对外和平、友善、合作与平等的理念、原则和政策。世界将会看到，中国政府和人民在处理对外事务中，将会越来越成熟，越来越负责任，越来越有水平。对此，我本人深具信心。

　　中国外交的这种成熟与责任感，在朝鲜问题上应该说已有上佳表现，这是不争的事实。对于与周边其他国家，无论是东南亚还是中亚地区，中国都坚持做好邻居、好朋友、好伙伴。在与这些国家发生矛盾与分歧的时候，中国都将首先作出力所能及的让步和妥协。我们认为，这样的让步和妥协，并不是中国的耻辱，而是中国的光荣。中国，作为一个有着五千年文明而今天又在腾飞的地区大国，应该有这样的气度。

四

　　现在，让我们来探讨一下21世纪东亚格局下的中日关系。
　　我也想从理想与现实两个层面谈谈个人的看法。
　　从理想层面上讲，我们两国要共同为一个和平、安定、合作、多元的21世纪东亚格局而努力。在过去的20世纪当中，人类经历了两场牺牲惨重的世界大战和一次损失巨大的冷战。这两热一冷的战争，留给我们的教训还不够么？难道我们就那么健忘，就那么愚昧，让我们的子孙后代在21世纪还要遭受那样的灾难么？不能！我们人类应该有足够的文明与智慧,避免这类灾难再次发生。为此,我们更应走出以霸权主义、强权政治为标志的近代条约体系国际格局的阴影,建设新型东亚格局。中日两国,不言而喻,对此负有更大的历史责任。这种新型东亚格局的构建过程,就应是中日两国共同合作、并在合作中加深相互理解、相互信任的过程。

从现实的层面上讲,问题要复杂得多。

鉴于中日两国在政治制度、意识形态上的不同,特别还有经济上可能日益凸现的摩擦,伴随着中国的巨大发展,两国在方方面面都会出现不同类型、不同程度的矛盾。加之,历史上战争所带来的民族感情创伤,以及当今钓鱼岛等领土问题,都甚为敏感,更容易使上述这些矛盾加剧甚至激化。因此,在中日关系上,两国人民和领导者都将面临着许多挑战。

我个人认为,应对未来的挑战,中日双方应该特别注意以下几点:

第一,识大局,讲大体。我们应该认识到,即使中日两国在今后可能出现成百上千的矛盾,但两国之间和平、合作、友善是大局,是任何矛盾都不能凌驾于其上的大局。如果这个大局破坏了,我们两大民族将蒙受历史上空前的民族灾难,两国的历史将出现空前的倒退。这个大局,无论如何不可动摇。谁撼动这个大局,谁就是破坏中日两大民族的根本利益,谁就将是我们两大民族的罪人!

第二,共同努力,树立中日关系双赢的新理念。在人类漫长的历史上,特别是在近代殖民主义、帝国主义猖獗的历史上,一些国家、民族的兴盛常常建立在其他民族的痛苦牺牲的基础上。这种情况应予根本改变,我们应该走出上述历史的怪圈,找到双赢或共赢的道路。中日双方有责任在这方面开创一条新路。我们坚信,只要认真找,就一定能找到。

第三,在一些非重要问题上,大家要注意培养平常心。例如,中国加入WTO以后,进一步融入世界经济潮流。同各国之间会经常出现经济摩擦一样,中日两国之间也一定会经常出现经济上的摩擦与矛盾。对付这些摩擦,我们双方的人民和领导应保持冷静,特别是媒体,不要火上浇油,肆意炒作,而是应本着平常心,就事论事,使矛盾得到认真、积极和妥善的处理。

第四,作为一名教育工作者,我想就历史问题,略作赘言。我本人出生在上次中日战争中的重庆,而且是重庆"五三"、"五四"等多次日军大轰炸的幸存者。我人生中最早的记忆,就是在防空洞里躲避日军空袭。战争的创伤,在我是极深的。在很多年里,看到日本的太阳旗,我内心都会有一种痉挛的感觉。但是,毕竟半个多世纪过去了,我们两国的百姓毕竟还要生活,我们两国人民不应该永远生活在仇恨中,因此,作为中国的大学教授,我对待北大的日本留学生,仍然如同自己的子侄!我也教育我的中国弟子,努力与日本同学相亲相敬。我诚恳地希望日本朋友,所有的日本长者,无论是官员、教师还是普通百姓,也都能从日本民族的责任感出发,在近代以来的中日关系,特别是上一次中日战争问题上,给日本的青少年一个正确的教育。我认为,领导人的决策在很大程度上受到国民觉悟和理念的影响。让我们共同做好国民教育这个基本课题。这样,中日和平、合作与友善,就可以打下坚实的基础。

因此,我对21世纪东亚新格局的构建,抱有审慎的乐观态度,对这一格局下的中日关系,也抱有审慎的乐观态度。我想,要去掉审慎,达到乐观,还需要共同的艰苦的努力。

本文是作者在日本召开的一个学术研讨会上的演讲稿。

论当代中国的和平崛起

——一个世界历史的视角

在人类历史上,常常可以见到一些国家和民族的崛起。当然,我们这里所谈的崛起,并不是指如亚历山大东征或成吉思汗西征那样的其兴也暴、其败也速的历史现象。亚历山大帝国或蒙古帝国,有如一阵令人眩目的流星雨划破历史的长空,昙花一现。然后便迅即滑落进无边的暗夜。我们所讲的崛起,是指那些在历史上曾经在一段时期里独占风流,在社会发展与文明进步的总体上辉煌夺目的国家与民族的腾飞现象。

一

一个国家或民族,在历史发展的某一特定时段,以比较迅速的节奏,比较明显的态势,实现了在社会发展与文明构建方面的腾飞,在其周边诸国或世界民族之林中出类拔萃,引人注目;在达到巅峰状态之后,又能将此种兴盛状态维持相当一段时期,使得其他诸国诸族瞠乎其后,畏服或宾服。这样的国家、民族的发展状态,谓之曰:崛起。

一个国家或民族的崛起,在其崛起的时空范围内,必定有着有利的内因和外因。

所谓内因,指的是来自该国家或民族内部的社会动力。这一社会动力,包含两个方面,一是比较成熟的物质条件的准备,一是比较成熟的人的主观条件的思想准备。

在物质条件方面,首先需要一定的文明规模。所谓文明规模,指的是国家的疆域大小,人口多寡与质量,社会经济即农业、工商业的总量和既有的社会组织程度,等等。在不同的历史时期,一个国家、民族的崛起对于文明规模的要求是不同的。在古代,由于社会生产力相对低下,国家民族的规模一般受到限制。因此,只要是在已知的周边世界当中具备相对广阔的疆土、众多的人口与领先的社会经济规模与社会组织程度,某一个国家、民族即可乘势而起。古代埃及、希腊乃至罗马在崛起前的文明规模都不是很大。只是在这方面具有相对的优势,就足以具备了其崛起成功的最初动力。当然,我们也注意到,上述国家的崛起并非一蹴而就,而是分阶段上升的。在具备最初动力、达到初期成功之后,伴随着该国、族文明规模的扩大,新近扩充的疆土、人口、经济实力等即可补充转化为推动进一步崛起的第二、三级"火箭"。近代以来,由于世界一体化进程的质的飞跃,对于一个国家、民族的崛起所要求的物质条件大大提高。这主要表现在,在崛起的初阶上对国家疆土、人口、社会经济规模等要求大大提高了。一般而论,能支撑起古代埃及、希腊和罗马最初崛起那样的社会物质条件,现在是远远不够了。同样地,在7世纪支撑阿拉伯帝国崛起,在16世纪支撑葡萄牙、西班牙殖民帝国崛起的那等文明规模,是决然支撑不起19世纪大英帝国和20世纪美利坚合众国的崛起的。而且,还应指出,越是近现代,对于文明规模的质的方面要求越高。例如,在对人口数量的要求同时,日益着重人口的质量,即人在一般文化特别是人文科技方面素质的要求;在对社会经济规模一定总量的要求同时,日益着重对近现代工商业与科技等方面的要求,等等。

在思想条件方面,则一方面需要在当时的社会环境下,一般民众对国家、民族强盛的认同心与自豪感,以及一定程度的投入热情与觉悟。与此同时,更需要一个对此一崛起事业有着强烈使命感并有着相当才干的领导集团,特别是需要几位雄才大略的领袖人物或者两三代这类杰出人物组成的领袖链。同对物质条件的要求一样,国家、民族的崛起对于思想准备的要求也会伴随着历史时代的发展而变迁。大体说来,在古代社会,由于人类文明尚处于比较初级的阶段,因此人类思想的成果相对而言也处在比较雏形和简约的状态,这是人类精神生产受到当时物质生产制约的结果。在这种历史条件下,人们关于国家、民族命运的思考,尽管可以达到令今人惊异的程度,却仍然带有相当大的自发状态,缺乏近代以来的那种学说化、体系化或称之为意识形态化。伴随着近现代文明的长足进步,人类思想的成果日趋成熟,自觉;关于国家与民族的崛起的理念,道路与规划也就日益深入与完备。

除了内部因素,外部因素在历史上对于国家或民族的崛起也起着十分重要的作用。

在古代,由于相对地广人稀,交通不便,山海相隔,当时很难出现一种世界性的、全球性的国家或民族的崛起。亚历山大、成吉思汗式的帝国,全凭一时武力雄强而暴起,完全超越了当时的社会条件所允许的规模,因而实际上是一种古代特有的国家泡沫现象,很容易便顷刻瓦解,留下的是一地所谓"崛起"的碎片。因此,古代崛起的国家与民族,在今天看来,基本上都是一种地区性的现象。也就是说,当某一个国家或民族具备了崛起的内部条件时,只要在它的周边地区尚无另一个强势的国家存在,这一外部环境就足以让该国(民族)成功崛起。反之,如果外部有这样一个强势国家存在,那么该国能否崛起成功则变数极大。这里,又涉及到一个关于国家生命力周期的问题,设若外部的强势国家,其国家生命力已经越过其巅峰时期而滑向颓势,那么这个可能的崛起之国便大有可为;而设若外部的强势国家已经先期崛起,或正处在其巅峰状态,那么这个潜在的崛起之国,便多半会遭遇到被封杀的悲惨命运。

近代以来,资本主义现代化大生产手段的传播、世界市场的形成与发展,日益造成了这样一种客观态势,即:一个国家或民族的崛起已经不再仅仅涉及其周边国家(民族),而是一个涉及全人类所有国家、民族命运的事物;不再是一个地区性现象,而是牵动全球的现象。这样,当着一个具有内部潜力的国家行将崛起时,其外部因素就要看那些已经在资本主义快车道上奔驰的强势国家的生命力周期的状况。在近代前期,当西班牙、葡萄牙两个早期殖民帝国几乎同时崛起,彼此尚无先行的优势将对手压垮;况且世界上还有足够广阔的空间供它们驰骋,故而一条教皇分界线就可以令具有中世纪骑士精神的两强大体相安。此后,又依次由荷兰与英国轮替。而在近代后期,当大英帝国的综合国力向下滑落时,英国再无压制别国崛起的力量,因而改为致力于寻求均势。在这种情况下,美国、德国和日本这几个具备崛起潜力的后起之秀,一时得以群雄并起。不过,此时的世界,对于列强而言,已经变得太小了。它们当中,总要经过一番逐鹿,进行残酷的淘汰。

二

一般而论,历史上的国家或民族的崛起,总是伴随着对外实施的暴力。

在世界古代史上,曾经崛起并兴盛过几个地跨欧亚非三洲的大帝国,如罗马帝国、阿拉伯帝国与奥斯曼帝国等等。以上述三大帝国为例,它们的崛起,都是暴力的崛起,都是通过大规模的征服战争而达成的。其中,奥斯曼帝国有一个十分典型的称谓,就是"用马刀建立的国家"。以上三大帝国崛起的最初动力,有着来自古代航海商业民族或陆上游牧民族那种搏风击浪、尚勇好武的强悍基因。

特别要指出的是,上述三大帝国的崛起,虽然在历史时段上彼此相隔甚远,分别大致为公元前2世纪、公元7世纪和15世纪,然而仔细观察一下,就可以清楚地看到,当它们崛起的时候,这三大崛起事业的主体、主角即罗马人、阿拉伯人和塞尔柱土耳其人大体均处在社会发展阶段或文明进步的初级平台上。就阿拉伯与奥斯曼而言,这个平台,就是从原始社会转化而来的早期阶级社会。在这一类型的社会里,还残存着浓厚的人类第一次社会大转型——原始社会向阶级社会转型——时期的特征。这就是:"战争以及进行战争的组织现在已成为民族生活的正常功能。在这些民族那里,获取财富已成为最重要的生活目的之一。他们是野蛮人:掠夺在他们看来比劳动获得更容易甚至更光荣……战争成了经常性的行当。"[1] 就罗马人而言,这个不断升高的平台,除了上述特征外,还特别是一个奴隶数量特殊众多,奴隶制占有支配地位的社会。而"奴隶市场,是由战争、海上劫掠等事,来不断维持它的劳动力的供给"[2]。同时,对罗马来说,"战败国被当做私有财产来看待,对它们行使 jus utendi et abutendi[任意使用和支配的权利]"[3]。

近代西方资本主义列强的崛起,无论是早期的葡萄牙、西班牙、荷兰抑或是后来的英、法、德、美及日本,更无一不带有鲜明的暴力特征。

西方列强崛起的这一特征,是根植在近代资本主义发展不同历史时期历史需求的土壤当中的。在资本原始积累时期,西方殖民列强崛起中采用的暴力扩张手段比比皆是:"美洲金银产地的发现,土著居民的被剿灭、被奴役和被埋葬于矿井,对东印度开始进行的征服和掠夺,非洲变成商业性地猎获黑人的场所:这一切标志着资本主义生产时代的曙光。这些田园诗式的过程是原始积累的主要因素。"[4]一句话,最残酷的暴力劫掠,构成了近代早期西方列强崛起的最鲜明特征。在自由资本主义时期,西方产业革命后大机器生产的廉价商品这门重炮,摧垮了东方的自然经济的社会结构。而那一系列表面上"自由贸易"掩盖下的不平等条约,更经常是由西方的炮舰轰击强加于东方各国的。圆明园这座曾被誉为世界瑰宝的"万园之园"的废墟,至今犹在向世人诉说着自由资本主义时期大国崛起的德行。到了早期帝国主义时期,列强的对外战争则已规模越来越大,摧毁力越来越烈,直到全球性的、惨烈的第一次世界大战和德日意法西斯发动的第二次世界大战,中国人民在遭到19世纪的名园劫毁之后,又遭到20世纪的南京屠城!"帝国主义就是战争",这个结论,在当年发聩振聋,到今日依然振聋发聩!

三

在近代以前,中华民族历史上曾经有过数次崛起的记录。

汉、唐、明、清四大帝国,都曾威扬四海,富敌八方。与世界历史上其他国家与民族的崛起不同,古代中华帝国的崛起,在其对外方面,有一个鲜明的特征,就是和平。

自汉代以降,中国历代王朝的统治者,在其国力上升,也就是崛起的阶段,总是致力于营建一个"华夷秩序"的外部环境,总是四方招徕远近诸"番"国到中国帝都皇庭来朝贡。[5]这种以中华帝国为中心的古代类型的国际秩序,从本质上看就是一种政治、经济、文化和平交往的国际关系体系,尽管这一秩序也打上了中华帝国高高在上大一统的不平等的时代的和阶级的烙印。在这一国际体系或秩序下,中国皇帝戴上了"诸番"敬呈的"大皇帝"、"天可汗"、"博格达汗"等的高帽子,满足了"万邦来朝"的愿望,发表一通"抚宇如一"、"华夷无间"之类的语言文字,在经济上采取"厚往薄来"的方针,在文化上一面包容四海,一面实行"导以礼义,变其夷习"的方略,终能达到中外相安的国际和平局面。

在这方面,大明帝国最为典型。明太祖朱元璋即位之初,就明确指出:"四方诸夷,皆限山隔海,僻在一隅,得其地不足以供给,得其民不足以使令。彼既不为中国患,而我兴兵轻犯,亦不祥也。吾恐后世子孙倚中国富强,贪一时战功,而无故兴兵,致伤人命,切记不可。"[6]为此,朱元璋还专门开列了朝鲜、日本等"不征诸夷国"名单,表明了中国对外关系中坚持和平国策的重大决心。

明成祖朱棣传承父业,在对外国策上一仍其旧,继续实行和平方针。永乐大帝派出的郑和远洋船队,进行了中国历史上最大规模的海上远航活动。郑和船队,从军事角度上看,是当时世界上规模最大,设施最先进的海上武装力量,是一支真正的"无敌舰队"。试问,换了任何一个国家,无论是古代罗马、阿拉伯或奥斯曼,还是近代西、葡、荷、英、法、日,拥有这样一支海上力量,从西太平洋到印度洋各地,还会有一片干净的土地吗?!而郑和船队七下西洋,前后近 30 年,所作所为,几乎永远是和平友好的活动:馈赠礼品,迎送使节,公平交易,宗教祭祀,等等。其间,真正意义上的对外战争仅有一次,发生在锡兰(今斯里兰卡)。观其始末,仍然是一次迫不得已的防卫性奇兵制胜行动,将兵祸压缩到最小程度。

大明帝国的这种和平对外方略,集中体现在明朝诸帝致"诸番"的"敕谕"中,这"敕谕"即"天书",用今天的话叫做"国书"。

明太祖朱元璋强调其对外方略说:"中国奠定,四方所得,非有意臣服之也。与远迩相安无事,以共享太平之福"。[7]

明成祖朱棣命郑和下西洋,"敕谕四方海外诸番王及头目人等,……祗顺天道,恪守朕言,循礼安分,勿得违越,不可欺寡,不可凌弱,庶几共享太平之福。"[8]

明宣宗朱瞻基也要求"诸番王","其各敬天道,抚辑人民,以共享太平之福"。[9]

四代三帝,一以贯之,其再三宣示的"共享太平之福"的理念,是何等的坚定、清晰! 是大明帝国对外的基本国策,也是古代中华帝国对外的基本国策。"天书到处多欢声",[10]正是海外诸国对中华帝国和平国策的积极反响。

"共享太平之福"的和平理念,是古代中华民族和中华文明的一个基本特点和优点。这种理念,根植于这个伟大民族的生存环境之中。从主体上看,作为古代世界最发达的农业社会和农业文明,中华民族是一个古代文明最高的农耕民族。农耕民族是束缚在土地上的民族,是受制于播种与收获的民族,是期盼不违农时、四时平安的民族,是不冀攻掠而但求稳守家园的民族。这个民族所创造的文明,在其精神层面就必然凝炼出一个突出的理念,就是"和为贵"。"共享太平之福",就是"和为贵"在大明天子处理对外关系中的基本理念。当中华帝国的历代王朝在其崛起时段处理对外关系的时候,追求的乃是一种文明的理想,是止戈为武,是和平,是"共享太平之福"。

除了农耕文明这一民族基因与文明类型的因素外,古代中华帝国诸王朝,在其崛起即盛世时期之所以能够坚持对外和平的国策,还有一个重要的历史原因,这就是从上限看,自两汉王朝开始,大一统的中华帝国早已远离了前述早期阶级社会的那种社会条件。在大汉帝国立国之前,中华民族早已走过了自己的文明朝霞时期;走过了漫长的夏、商、周乃至春秋战国时代;而且在秦帝国统一大业中构建了自己较高的文明平台,具备了对外实施和平方略的条件。

从下限看,迄大清帝国为止,中国始终没有具备自身的内部条件向近代社会转型过渡。中国古代社会内部曾经反复出现过的被称之为"资本主义萌芽"的经济现象,也始终没有条件长成资本主义的参天大树。因此,即使崛起全盛如康雍乾盛世,大清帝国也全然没有可能参与近代西方殖民列强那种大规模对外暴力扩张。

这是古代中国的光荣,也是古代亚洲诸国的幸运:直到1840年,中国从未对外穷兵黩武,亚洲诸国也基本上未曾在中国这个方向遭遇过大规模征服与劫掠性的战争。

当然,我们说中华帝国历代王朝在其崛起时对外实行和平方略,只是指这一对外方略的基本方面,而并不是排除了一切非和平手段的可能。当中华帝国在对外交往中,其"一统华夷"天下共主的尊严或其有关正统理念偶然受到抵制和冒犯时,帝国往往放弃和平方针,一改平日田园诗般的温馨,转而对敢于抵制与冒犯自己的某一特定国家,采取战争手段逼使其屈服。这种个别反常现象的发生,源于中华帝国统治阶级的阶级局限性。世界上没有人不犯错误,也没有一个民族不犯错误。对于古代中国对外关系中的这一负面,尽管始终只是它的次要的支流,我们今天仍应总结经验、汲取教训。

四

今天，当人类跨入 21 世纪时，世界的目光再一次聚集中国。中华民族将于本世纪实现自己的伟大复兴。中国将再一次崛起于世界的东方。

同以往的历次崛起一样，中国的这次崛起，性质仍将是和平的。

21 世纪中国的和平崛起，同样受到内部因素的决定与外面条件的制约。

从内部因素看，中国有着三大优势。

第一，在处理对外关系上，中华民族有着"和为贵"的优良传统。这是根植于中华文明深处的传统与民族基因。这一优良传统与基因，历时 2000 年，影响至深至远。特别是近代以来，中国人民曾深受西方殖民主义、帝国主义侵略压迫之苦，凡 109 年，这个血泪经历，使当家做主的中国人民更加了解反对霸权、侵略的必要。"己所不欲，勿施于人"，今日的炎黄子孙，是不会轻易改弦更张的。

第二，也是最根本的因素，乃是我们国家的根本性质。中国是一个社会主义的国家，中国今日赖以崛起的事业，是伟大的具有中国特色的社会主义事业。社会主义国家对外国策的立足点，就是世界各国一律平等。反对国际关系中的侵略、压迫与霸权，维护世界和平。作为社会主义国家的前苏联在第二次世界大战中承担着反法西斯主力军的伟大作用，就是这方面的明证。当然，前苏联那些对外负面国家行为，早已背离了社会主义的根本原则，给社会主义声誉带来极大损害这一点，更留给我们深刻的教训。

第三，今天的中国人民和领导集团，站在 21 世纪人类文明的高度，努力汲取全人类文明的成果，包括中华文明古往今来的正反两方面的经验，世界文明古往今来的正反两方面经验，有条件做出智慧的选择。我们选择的，是以人为本的发展观，是科学的、可持续的发展观；这就决定了，它将是一种和平的发展观。在这种发展观指导下，中国的和平崛起，也必将是一种和平发展。这种和平崛起或和平发展，也必然在对外交往中坚持和平国策，努力在政治、经济、文化诸方面，与世界其他国家在交往中采用各种和平方式达到双赢和共赢，推动人类的和平、合作与进步。

有一种观点认为,21世纪中国的崛起能否以和平方式实现,还要看外部因素是否允许。

对此,我们执下述主张:

第一,我们所讲的和平崛起,指的是一个国家崛起本身的根本性质,究竟是和平的抑或是暴力的。而这一根本性质,完全决定于该国社会的内部诸因素。从这一点讲,21世纪中国的和平崛起,完全是中国人民自己从历史与现实中凝炼出来的处理对外关系的基本立场、态度与国策,而并非一时的权宜之计。任凭风浪起,稳坐钓鱼船。这一基本立场、态度与国策,只会伴随我国的强大而更加坚定、清晰并行之有效,绝对不会因外部的干扰而轻易动摇。

第二,"马克思主义不是和平主义。"[11]中国崛起的和平性质,不同于西方世界时时流行的"和平主义"。中国在兴盛的过程中乃至全盛的状态下,不应也不会对外实行侵略、压迫与霸权主义,但也不可能对自身的安全无所防范,甚至解除武装。相反,中国和平崛起的内涵之一,是实现自己的国防现代化,以保障国家的和平建设,保障对外和平国策的实施。

第三,中国的和平崛起,特指中国的对外方略。对于国家的内政问题,特别是领土主权完整这一国家根本利益,我们将不惜任何代价保卫之。台湾是中国神圣的领土,绝不允许台独,是我们的底线;我们将尽最大的努力促成两岸统一,但绝不放弃武力统一这一手段。这是中国的内政,与中国和平的对外基本国策完全是内外不同的两种类型的问题。

中国和平崛起,不是一时之兴,而是要经过几代人的努力。在这一过程中,外部风云变幻,并非全可预测。万一有某种外部势力,甘冒天下之大不韪,以非和平手段入侵中国,在这种情况下,中国的和平崛起进程,将自然中断。但这中断只是暂时的。当反侵略战争胜利结束,中国将再次踏上崛起之路,而那崛起的性质,仍将是和平的。

不过,我们应对我们人类自身,怀抱信心;对数千年人类文明的积聚赋予我们人类的德行与智慧,怀抱信心。尽管今日世界,霸权主义与恐怖主义仍然颇有势力,但在处理国际关系上,零和博弈的规则毕竟已经逐步让位于双赢与共赢的规则。我们有幸生活在一个可以双赢与共赢的时代和社会条件下。人类的共同任务,就是在推动文明的全面发展中,达到一切领域中的双赢。这是中国和平崛起的一个良好的外部环境因素。

中国的和平崛起,必将在营造一个双赢与共赢时代的人类进步事业中,发挥伟大的作用。

注　释

〔1〕恩格斯:《家庭私有制和国家的起源》,《马克思恩格斯全集》第4卷,第160页。
〔2〕马克思:《资本论》第2卷,人民出版社1956年版,第599—600页。
〔3〕马克思:《黑格尔法哲学批判》,《马克思恩格斯全集》第1卷,第383页。
〔4〕《马克思恩格斯全集》第23卷,第819页。
〔5〕以大唐帝国为例,前来朝贡者就达"七十二番"或"七十余番"。
〔6〕《皇明祖训》。
〔7〕《明太祖实录》卷三七。
〔8〕郑鹤声、郑一钧:《郑和下西洋资料汇编》上册,齐鲁书社1980年版,第99页。
〔9〕《明宣宗实录》卷六七。
〔10〕马欢:《瀛涯胜览》。
〔11〕列宁:《社会主义与战争》,《列宁选集》第2版,第2卷,第695页。

本文是给《太平洋学报》的投稿,已获刊用通知,但该刊因故停办。

第四部分
世界历史:理论与专题

试论阶级观点与历史主义的统一

关于阶级观点与历史主义的关系问题，已经有许多同志写了文章，展开了热烈的讨论。这里也想提出几点不成熟的看法，请大家指正。

一 阶级观点和历史主义是一回事还是两回事？

在讨论马克思主义阶级观点和历史主义的关系时，所有的同志都反对将两者割裂开来、对立起来，都认为两者是统一的。目前讨论的焦点在于怎样的统一。有些同志为了反对割裂两者，实际上把它们看做是一回事。我以为这是不妥当的。

有同志认为，阶级观点和历史主义"虽然是两个不同的概念和术语，但这并不意味着它们是不同的或是互相排斥的两种观点"。[1]这就是说，它们只是用两个不同的术语来表示的同一个观点。这种说法，实际上将阶级观点和历史主义混同了。如果它们只是不同术语的同一观点，那我们是否可以简单地把非历史主义倾向称为非阶级观点倾向，而把非阶级观点倾向称为非历史主义倾向呢？显然，这样做的结果将会引起混乱。问题不仅仅在于术语。

有同志说："发展的观点就是历史观点，就是历史主义，而发展是'对立面的斗争'，对立面的'斗争'在阶级社会里就是阶级斗争。"[2]我们先不谈这句话的论点是否正确，只想指出这句话在逻辑上将会导致什么样的结论。既然发展是对立面的斗争，而对立面的斗争在阶级社会里就是阶级斗争。那么，发展的观点就自然是对立面斗争的观点，因而也就是阶级斗争的观点了。同时，"发展的观点就是历史主义"。这样，结论就必然是：阶级斗争的观点就是历史主义。

这些同志还认为，阶级观点"包含着历史主义"，"历史主义是以阶级斗争学说为基础的"。[3]甲包含着乙,乙包含着甲,两者自然只能是"完全一致"的一个东西了。

如果这样理解阶级观点和历史主义,把两者实际上看成一回事,那它们还需要什么"统一"和"必然的内在联系"呢?如果这两者实际上是一回事,那人们就是主观上有意,也不可能割裂它们。这些同志说:"在学习过程中,可能出现这种情形:注意阶级观点时忽略了历史主义;注意了历史主义时又忽略了阶级观点。"[4]如果照这些同志说阶级观点包含了历史主义,那么,人们怎么会在注意"包含了历史主义"的阶级观点时反而忽略了历史主义呢?难道人们在这时候所注意的,已经不是马克思主义的阶级观点,而是资产阶级观点了吗?

我以为,在这个问题上的商榷,还远远不能靠上述的逻辑推论就简单结束。有必要就怎样理解马克思主义的阶级观点和历史主义等一系列根本问题,展开深入的讨论。如果我在讨论中误解了某些同志的意见,希望得到同志式的原谅,更期待着同志式的批评和指教。

二 阶级观点不仅仅是阶级斗争学说

有同志说:"马克思主义的阶级观点(或阶级分析方法)和马克思主义的历史主义是有内在联系的。这种联系似乎可以这样来概括:马克思主义的阶级斗争学说贯彻着或者说包含着历史主义;马克思主义的历史主义是以阶级斗争学说为基础的。"[5]

不难看出,这种意见将马克思主义的阶级观点仅仅理解为马克思主义的阶级斗争的学说。我们对这样的理解,有两点疑问。第一,如果阶级观点仅仅是马克思主义阶级斗争的理论和阶级分析方法,那么,原始社会的历史研究,是否还能在马克思主义阶级观点的指导下进行?马克思主义历史科学的阶级观点是否只限于指导阶级社会的历史研究?如果是这样的话,那么,原始社会数十万年的历史,究竟用什么样的阶级观点来指导?第二,对于人类社会的全部历史研究既然都应该贯彻马克思主义的历史主义,原始社会史的研究自然也不能例外;那么,这样岂不是贯彻了历史主义而没有阶级观点了?岂不是将历史主义和阶级观点大大地割裂开来了?如果根据没有甲就没有乙的原则,"脱离了阶级观点的历史主义,不是正确的马克思主义的历史主义,甚至就是资产阶级的客观主义",那么,原始社会史的研究,岂不成为资产阶级客观主义的大好园地和天府之国了吗?

为此,我提出我对于阶级观点这个概念的理解。

我认为,马克思主义历史科学的阶级观点,主要包含着下列两个要求:

第一,马克思主义历史科学公开宣称自己是为无产阶级的政治——世界无产阶级革命及无产阶级专政的事业——服务的。鲜明的无产阶级立场,是马克思主义阶级观点最基本、最起码的要求。

马克思主义史学,绝不是以超然的态度对待历史,绝不把历史研究看成是一味钻在故纸堆中考证,看成是历史研究者个人兴趣的追求,而是把它作为无产阶级的"批判的武器",为无产阶级的"武器的批判"服务的。作为马克思主义的一条理论战线,它必然和整个马克思主义理论一样,"公开认为自己的任务就是揭露现代社会的一切对抗和剥削形式,考察它们的演变,证明它们的暂时性和转变为另一种形式的必然性,因而也就帮助无产阶级尽可能迅速地、尽可能容易地消灭任何剥削",[6]"要求在对事变做任何估计时都必须直率而公开地站到一定社会集团的立场上"。[7]

列宁说:"没有一个活着的人能够不站到这个或那个阶级方面来(既然他懂得了它们的相互关系),能够不为这个或那个阶级的胜利而高兴,为其失败而悲伤,能够不对于敌视这个阶级的人、对于散布落后观点来妨碍其发展以及其他等等的人表示愤怒。"[8]作为一个马克思主义的史学研究者,首先必须坚定地站在无产阶级立场上进行科学研究,必须明确历史研究的目的是为无产阶级的斗争需要服务的。

可见,阶级观点的这一起码要求表明,它的指导范围,绝非仅限于人类阶级社会史的研究。原始社会几十万年的历史,也必须在它的指导下来考察,在它的指导下与这一领域中的资产阶级观点作斗争。所以,马克思教导我们说:"我们在阅读资产阶级作家们所写的有关原始公社历史时,必须深切注意。他们甚至不惜经常伪造窜改。"[9](着重点是引者加的)。

第二,在研究阶级社会的历史时,马克思主义历史科学严格遵循马克思主义的阶级斗争理论,用阶级分析方法进行科学实践。阶级斗争理论的主要内容大体是:至今所有一切社会的历史(原始社会除外)都是阶级斗争的历史;"阶级斗争,一些阶级胜利了,一些阶级消灭了。这就是历史,这就是几千年的文明史";[10]"历史的真正动力是阶级之间的革命斗争",[11]"阶级的斗争决定着社会的发展";[12] 以及"(一)阶级的存在只跟生产发展的特殊历史阶段有密切关系;(二)阶级斗争必然导向无产阶级专政;(三)这种专政本身只是进到消灭一切阶级和进到一个无阶级的社会的过渡"。[13]

列宁说:"马克思主义给我们指出了一条基本线索,使我们能在这种看来迷离混沌的状态中找出规律性来。这条线索就是阶级斗争的理论。"[14] 作为一个马克思主义的史学研究者,必须牢牢把握这个理论来从事科学实践。

具有鲜明的无产阶级立场,遵循马克思主义阶级斗争理论这一基本线索进行科学实践,这就是马克思主义阶级观点的基本要求。把马克思主义阶级观点仅仅理解成阶级斗争理论的意见,显然是不够完善、不够全面的。

三 历史主义不能扩大为历史唯物主义

有同志说:"发展的观点就是历史观点,就是历史主义。"[15] 大约是感到这个说法太有懈可击了吧,他们马上接着补充说:"马克思主义的历史主义,即认为社会历史是一个发展过程,这个过程的实在内容,就阶级社会而言就是阶级斗争。"[16] 为了避免断章取义,我愿意抛开前面那个大有可击之懈的说法,只对后面这个补充提两点质疑,希望能得到答复。第一,这个表述中说,"这个过程的实在内容,就阶级社会而言,就是阶级斗争",那么,就原始社会而言,自然就不是阶级斗争了。按照这些同志的"马克思主义的历史主义是以阶级斗争学说为基础的"说法看来,这样一来,在原始社会的历史研究中,历史主义不是又和阶级观点割裂开来了吗?第二,按照这种说法,历史主义也是将社会历史看成既辩证又唯物的发展过程。那么,它和历史唯物主义有无不同呢?如果有,在什么地方呢?如果没有,历史主义(或历史观点)在马克思主义经典作家那儿是否仅仅是一个历史唯物主义的同义词呢?是否又是一个"虽然是不同的概念和术语",却"并不意味着它们是不同的或者互相排斥的两种观点"呢?

我以为,应该把历史主义和历史唯物主义区别开来,而不应该将这二者混同。

历史唯物主义是马克思主义对社会的总看法,是研究人类社会的唯一的科学的完整的理论体系,是无产阶级宇宙观的一个方面。马克思主义的历史主义,则不是马克思主义对人类社会的总认识,而是研究具体问题、认识具体现象的方法。简而言之,历史主义的任务是具体运用历史唯物主义的原理,去分析个别的历史事物。

说得具体一些,认为人类社会是一个唯物辩证的发展过程,这是马克思主义对人类社会的总看法,是历史唯物主义而不是马克思主义的历史主义,不是历史主义本身的内容,而是历史主义存在的大前提;不是历史主义要求这个总看法,而是恰恰相反,这个总看法要求历史主义。

我以为,马克思主义经典作家关于历史主义的一些提法,正是这样教导我们的。

马克思说:"同一——就主要条件说同一的——经济基础,仍然可以由无数不同的经验上的事情,自然条件,种族关系,各种由外部发生作用的历史影响等等,而在现象上显示出无穷无尽的变异和等级差别。对于这些,只有由这各种经验上给予的事情的分析来理解。"[17](着重点是引者加的)

恩格斯在评价小说《城市姑娘》时指出,无产阶级的面貌在几十年中已有了极大变化,因此这本小说"如果说在一八〇〇乃至一八一〇年,即圣西门和欧文的时代,这是正确的描写,那末,在一八八七年……这样的描写就不是正确的了"。[18](着重点是引者加的)

恩格斯又在论及空想社会主义中指出,在经济学的形式上是错误的东西,在世界历史上可能是正确的。

列宁说:"在分析任何一个社会问题时,马克思主义理论的绝对要求,就是要把问题提到一定的历史范围之内。"[19](着重点是引者加的)

列宁还指出:"马克思主义要求我们一定要用历史的态度来考察斗争形式问题。脱离历史的具体环境来提这个问题,就等于不懂得辩证唯物主义的起码要求。……不详细考察某个运动在它的某一发展阶段的具体环境,要想对一定的斗争手段问题作肯定或否定的回答,就等于完全抛弃了马克思主义的立脚点。"[20]这里,列宁正是说,历史的态度

（即历史主义）是辩证唯物主义在考察事物时的"起码要求"。而这个"起码要求"（即历史主义），就是"详细考察某个运动在它的某一发展阶段的具体环境"。

斯大林在谈到农村小资产阶级经济的时候，指出在历史上它比农奴制经济进步。他说："马克思主义是用历史观点来观察一切事物的。"[21]

"一切都依条件、地方和时间为转移。显然，没有这种观察社会现象的历史观点，那历史科学就会无法存在和发展……"[22]斯大林在这段话里为历史主义作了明确规定。这里说得十分清楚：历史主义是观察社会现象的历史主义。

毛泽东同志曾这样教导我们说："今天的中国是历史的中国的一个发展；我们是马克思主义的历史主义者，我们不应当割断历史。"[23]又说："我们必须尊重自己的历史，决不能割断历史。但是这种尊重……是尊重历史的辩证法的发展。"[24]这段话对史学界的同志说来，已经成为一个座右铭。

不能割断历史，尊重历史的辩证法的发展，据我的体会应当这样来理解：既然人类社会的历史是一个辩证法的发展过程，那么，历史研究就不能将自己的课题从这个辩证发展的过程中割裂出来，而是必须将它放在这个过程中，作为其中的一环来研究。不是从抽象出发，而是从具体出发；不是用主观随意性来研究历史，而是要求实事求是，具体情况具体分析。

在历史研究中，具体情况具体分析地运用唯物史观诸原理考察具体的研究课题，这就是马克思主义历史主义的任务。

四　怎样的统一

马克思主义的阶级观点和历史主义是怎样统一的呢？

有一种意见认为："马克思主义阶级观点和历史主义的这种统一，正是它的党性和科学性统一的一种表现。"[25]"历史主义与阶级观点，这是马克思主义历史科学统一的观点和方法。"[26]但是，谁是党性，谁是科学性；哪一个是观点，哪一个又是方法呢？没有明确指出。阶级观点是党性、是观点，而历史主义则是科学性、是方法，这是持这种意见的同志的原意吗？如果是，恐怕这种意见就很值得商榷。因为我们不能说马克思主义的阶级观点没有科学性，历史主义没有党性，需要从互相"统一"当中得到自己缺少的东西。

有一种意见认为，两者的关系"是辩证法和唯物主义历史观的统一的内容之一"。[27]对于这种看法，已经有同志提出了商榷，认为不能将阶级观点视为只唯物而不辩证，历史主义只辩证而不唯物。[28]我很同意这种商榷。

还有一种意见认为，阶级观点是辩证法问题，又是唯物论问题；而历史主义是辩证法问题，但只是辩证法的一部分，不包含矛盾的观点，"揭露这些社会内在的矛盾是不属于历史主义的范畴的"。因而两者的统一是"辩证法与唯物论的联系问题，又是辩证法和辩证法的联系问题"。[29]我以为这种"统一"的意见是不正确的。因为它对历史主义作了错误的理解。按照这种意见，历史主义是不管揭露社会内在矛盾的。可是实际上，历史主义不但要揭露社会内在矛盾，而且由于是研究具体事物，就揭露得特别具体、详细，因而也就特别彻底。具体情况具体分析，这是马克思主义历史主义的根本要求。恰恰就这个要求，毛泽东同志作了非常明确地阐述。他说："我们……不但要在各个矛盾的总体上，即矛盾的相互联结上，了解其特殊性，而且只有从矛盾的各个方面着手研究，才可能了解其总体。所谓了解矛盾的各个方面，就是了解它们每一方面各占何等特定的地位，各用何种具体形式和对方发生互相依存又互相矛盾的关系，在互相依存又互相矛盾中，以及依存破裂后，又各用何种具体的方法和对方作斗争。……列宁说：马克思主义的最本质的东西，马克思主义的活的灵魂，就在于具体地分析具体的情况。就是说的这个意思。"[30]（着重点是引者加的）可见，揭露社会内在的矛盾，正是属于历史主义的范畴的。

目前，比较多的同志所持的一种意见是：阶级观点和历史主义的统一是两者互相包含的统一。我以为这种意见的不妥当，主要是由于它把马克思主义的阶级观点局限为马克思主义的阶级斗争学说，而将马克思主义的历史主义扩大为历史唯物主义，因而当它说到阶级观点和历史主义二者的关系时，实际上说的已经是阶级斗争理论和唯物史观的关系了。

那么，究竟应该怎样理解阶级观点和历史主义的统一呢？

在马克思主义史学中,阶级观点要求根本的阶级立场和(在阶级社会的研究中)阶级斗争理论这条基本线索;而历史主义则要求在具体的课题研究中将这个根本的阶级立场和阶级斗争理论这条基本线索具体化。无产阶级的根本立场和阶级斗争理论的基本线索,是历史研究中注意矛盾普遍性的观点;具体情况具体分析,是历史研究中注意矛盾特殊性的观点。阶级观点和历史主义的统一,就是注意矛盾的普遍性的原则和注意矛盾的特殊性的原则的统一;就是普遍和特殊,一般和具体的统一。从这一意义上说,阶级观点即寓于历史主义之中,历史主义就是把阶级观点具体化的观点。

在阶级社会的历史课题的研究中,历史主义将阶级斗争理论具体化,从而决定站在无产阶级立场上应该同情和肯定哪些阶级、集团和个人,因而也就将阶级立场具体化;在非阶级社会的历史课题的研究中,历史主义则将历史唯物主义其他有关原理具体化,从而决定站在无产阶级立场上应当肯定哪些进步的势力和现象,因而也就将阶级立场具体化。

五 历史研究中客观的统一和人们实践中主观的割裂

马克思主义的阶级观点和历史主义,在史学研究中,客观上是不可割裂的。

马克思主义史学的阶级观点,首先表现在它的根本立场上。我们已经反复强调了多次,马克思主义史学是为无产阶级的政治服务的。这正是它的阶级观点的最起码要求。奴隶主阶级的史学、封建主阶级的史学和资产阶级的史学,都是为各自阶级的政治服务的。这是它们的阶级观点。但是它们的这个阶级观点可以不顾时间、地点和条件的变化,只需永远"骂倒"自己阶级的敌人,就能够得到彻底的贯彻。剥削阶级的史家总是将任何被剥削阶级的任何反抗斗争诬为"造反",把被迫发出最后吼声的起义者诬为"匪"、"贼";配合军事上的血腥镇压,在史学著作上加以口诛笔伐。就是几何学的定理违反了它们的阶级利益,它们也会将其推翻、骂倒,甚至加以"叛逆"、"异端"等罪名。无产阶级的阶级观点则不同。任何科学的定理都不会违反无产阶级的阶级利益,而只会宣布它为未来的主人。所以,马克思主义史学的阶级立场,只有在彻底遵循科学的情况下才能贯彻。在具体历史课题的研究当中,立场必须得到具体的表现,而只有通过贯彻具体情况具体分析的历史观点,立场才能得到具体的表现。在具体的历史课题研究中,没有历史主义,就不可能贯彻阶级观点关于站稳无产阶级立场的要求。

马克思主义史学的阶级观点,在研究阶级社会历史的时候,还特别表现在它遵循马克思主义阶级斗争学说以从事科学实践方面。这正是它的阶级观点的特色。奴隶主阶级、封建主阶级和资产阶级的史学都没有这一条。他们认为历史或者是混乱的、或者是神秘的、或者是循环的、或者是偶然的过程。在复辟时代的资产阶级史学家那里,曾在瞬息间窥见到中世纪的阶级斗争,而这一点成就则又早已被现代帝国主义反动史学家们所埋葬了。马克思主义的阶级斗争学说给历史科学研究提供了一条基本线索。这条基本线索指出,阶级的存在只跟生产发展的特殊历史阶段有密切联系,在整个人类的文明史中,阶级斗争是历史发展的直接动力;现代的阶级斗争必将导致无产阶级专政,这个专政是通向阶级消灭之过渡。但是这条基本线索并不能代替具体的历史研究;对于具体的历史课题,它必须起具体的指导作用。这种具体的指导作用就是阶级斗争理论的具体体现。无疑地,我们不会用阶级斗争必将导致无产阶级专政的观点去具体指导研究古代罗马斯巴达克奴隶大起义;也不会用无产阶级专政是通向消灭阶级的过渡的观点去具体指导研究1789年法国资产阶级革命。只有通过贯彻具体情况具体分析的历史观点,这条阶级斗争理论的基本线索才能得到具体的贯彻。

在具体的历史中,矛盾的普遍性总是寓于矛盾的特殊性当中的。因此,在具体的历史课题研究当中,阶级观点寓于历史主义之中,没有历史主义就不会有阶级观点。在哪里离开了历史主义,也就在哪里离开了阶级观点。因为,违背了历史主义,就是违背了具体地分析具体的情况,这是一种主观主义的态度。而主观主义,毛泽东同志说它是"反科学的反马克思列宁主义的","是党性不纯的一种表现";[31] "在我们党内,是小资产阶级思想的反映"。[32] (着重点是引者加的)在具体研究中用小资产阶级思想去将马克思主义的阶级观点"具体化",至少也会把这个阶级观点变成标签和僵化的教条。

同样,在具体的历史课题研究当中,离开了阶级观点,历史主义就只是与一些没有普遍规律的特殊事物周旋,这样的历史主义至多也不过是资产阶级客观主义。

马克思主义的阶级观点和历史主义在历史研究中客观的统一,我以为就是如此。

但这在人们的实践过程中,情况是有所差异的。

在讨论阶级观点和历史主义的关系时,曾有同志提出过这样一种意见:"如果只有阶级观点而忘记了历史主义,就容易片面地否定一切;只有历史主义而忘记了阶级观点,就容易片面地肯定一切。"这种意见受到不少同志的批评。例如,有同志批评那种"只有阶级观点而忘记了历史主义"的提法,认为"这样的提法,同样是把历史主义与阶级观点割裂并且对立起来",并且说,"把非历史主义的观点说成是'为了站稳阶级立场'的结果,只能是对马克思主义阶级观点的误解"。[33]还有同志批评说:"把历史主义和阶级观点割裂开来,对立起来,或者看成是两个不相关的东西,这里加一点,那里减一点,在二者之间求得平衡,当然是不正确的。"[34]

当然,在这些批评中,有些是对的;但像上述这些批评,反映了这些同志一方面误解和脱离了对方的基本论点的原意;另一方面也忽视了阶级观点和历史主义在历史研究中客观的不可割裂与在人们实践中主观上可能割裂这样一个辩证的关系。

被批评者曾这样强调指出过:"公开地站在无产阶级立场,用无产阶级的观点来对待任何历史问题,这是对于一个马克思主义历史学家的基本要求。但是除了阶级观点以外,还要有历史主义。"可见这里说得很明白,除了阶级观点以外还要有历史主义这是对历史研究者的要求。那些"只有阶级观点而忘记了历史主义"、"只有历史主义而忘记了阶级观点"乃至"为了站稳阶级立场"而犯了非历史主义的错误等提法,都是指历史研究者而言的。这里并没有要求历史研究者像做菜一样加一点盐,减一点油,而是明确提出"必须把阶级观点和历史主义结合起来"。

在这里,我们还想向上述持批评意见的同志提一个问题:对于历史研究者来说,存在不存在"只有阶级观点而忘记了历史主义"或"只有历史主义而忘记了阶级观点"的情况呢?存在不存在"为了站稳阶级立场"而犯了非历史主义的错误的情况呢?如果存在这种情况,我们应该怎样来加以解释呢？怎样用马克思主义的阶级观点和历史主义统一的观点来帮助在具体研究中犯了这样或那样错误的同志（我们自己自然也可能犯这种错误）纠正自己的错误呢？我以为，上述这些都是对史学界的实际问题、理论问题的探讨，不能回避它们，更不能简单地否定它们；我们应该很好地去解决。我们应该牢牢地记住："马克思主义看重理论，正是，也仅仅是，因为它能够指导行动。"[35]

我们有些同志在历史研究中犯了非历史主义倾向的错误，但是他们主观上还是为了要站稳无产阶级立场的。我们能把这种要想站稳无产阶级立场的主观愿望，也一概斥之为资产阶级或小资产阶级观点吗？

在前两年曹操问题讨论中，有同志缺乏历史主义的观点，否定了曹操在历史上的进步作用。这自然是不对的。但是这位同志在文章中再三强调"写劳动人民的历史，写劳动人民的劳动和斗争"，"使历史研究真正为人民服务，为社会主义建设服务"；再三强调"当时向社会提供米、麻、盐、铁等物质资料，使社会赖以存在的，不是曹操等封建统治者，而是他们刀下余生的一千多万伟大的劳动者"；"在阶级社会中，推动历史前进的动力是阶级斗争"；等等。我们能够说这位同志因为有了非历史主义倾向，就不存在无产阶级的阶级观点了吗？

在评价曹操的时候，有些同志又把黄巾起义军贬为乌合之众，这自然是缺乏阶级观点的。但是我们似乎也不好因为这一点就去批评这些同志没有历史主义。因为这些同志的本意恐怕正是要强调反对用当代无产阶级反对资产阶级的眼光去对待一切历史上的剥削阶级，正是要强调具体情况具体分析的历史观点。

为什么会出现这种情况呢？因为"思想和客体的一致是一个过程"。[36]我们在思想上明确地坚持一项理论原则，并不等于我们已经完全具备了这个原则所要求的思想水平。在历史研究者的主观认识和科学实践当中，会经常遇到这种情况。有时候，某些同志只注意到要在历史科学当中坚持马克思主义阶级观点的一般原则，比较明确历史研究必须为无产阶级政治服务，并力求在历史研究中贯彻阶级斗争理论的红线。但在具体研究题目上却忽略了历史观点，用对当前阶级斗争的分析代替了对历史上阶级斗争的分析，或者用对一个历史时期的分析，代替了对另一个历史时期的分析，结果走了弯路。当这个时候，我们不能简单地批评这些同志没有阶级观点，或者说他们"误解"了马克思主义的阶级观点;而是应该指出,这些同志主观上有阶级观点,由于忽略了历史观点,破坏了两者客观的统一,所以在某些具体课题的研究中犯了非历史主义的错误;同时还应该进一步指出,在这些具体研究的课题上,他们的阶级观点被主观主义所歪曲了。这样就能使这些同志在思想上更加明确马克思主义的阶级观点和历史主义的统一关系,从而更加鞭策自己加速提高思想水平。反过来,对于主观上想坚持历史主义而忽略了阶级观点的同志,也应该这样对他们提出劝告。

承认了一般,不等于认识了具体;注意到具体的认识,又可能忽略了对一般的承认。在马克思主义的历史研究中,阶级观点和历史主义是统一的;但是历史研究者由于受到主观认识水平的限制,在实践中可能破坏这种统一。这种统一的破坏,造成科学研究中的错误;但从认识论上说,却有其必然性。人们在克服实践中的错误的过程中,会找出错误的根源;在不断的反复的实践中,会逐步提高自己对于阶级观点和历史主义的统一的思想认识。

毛泽东同志说:"如果你能应用马克思列宁主义的观点,说明一个两个实际问题,那就要受到称赞,就算有了几分成绩。被你说明的东西越多,越普遍,越深刻,你的成绩就越大。"[37]

让我们朝着这个方向共同努力吧!

注　释

〔1〕　林甘泉:《历史主义与阶级观点》,《新建设》1963 年第 5 期。
〔2〕〔3〕〔4〕〔5〕　关锋、林聿时:《在历史研究中运用阶级观点和历史主义的问题》,《历史研究》1963 年第 6 期。
〔6〕〔7〕　《列宁全集》第 1 卷,第 305、379 页。
〔8〕　《列宁全集》第 2 卷,第 471 页。
〔9〕　马克思:《答查苏里奇的信的草稿》,1881 年 3 月 8 日。《史学译丛》1955 年第 3 期,第 5 页。
〔10〕　《毛泽东选集》第 4 卷,第 1491 页。
〔11〕　《列宁全集》第 11 卷,第 57 页。
〔12〕　《列宁全集》第 1 卷,第 389 页。
〔13〕　马克思:《给魏德迈尔的信》,1852 年 3 月 5 日。《马克思恩格斯给美国人的信》,人民出版社 1958 年版,第 51 页。
〔14〕　《列宁全集》第 21 卷,第 39 页。

〔15〕〔16〕 关锋、林聿时:《历史主义与阶级观点》,《新建设》1963年第5期。
〔17〕 马克思:《资本论》第3卷,人民出版社1953年版,第1033页。
〔18〕 《恩格斯给哈克纳斯的信——论现实主义》,1888年。《马克思恩格斯列宁斯大林论文艺》,人民文学出版社1959年版,第19页。
〔19〕 《列宁全集》第20卷,第401页。
〔20〕 《列宁全集》第11卷,第197页。
〔21〕 《斯大林全集》第1卷,第204页。
〔22〕 斯大林:《列宁主义问题》,人民出版社1956年版,第695页。
〔23〕〔24〕 《毛泽东选集》第2卷,第522、701页。
〔25〕〔26〕 林甘泉:《历史主义与阶级观点》,《新建设》1963年第5期。
〔27〕 宁可:《论历史主义和阶级观点》,《历史研究》1963年第4期。
〔28〕 参见林甘泉的《再论历史主义与阶级观点》,《新建设》1963年第10期。
〔29〕 袁良义:《关于历史主义与阶级观点》,《光明日报·史学》,1963年11月6日。
〔30〕〔31〕〔32〕 《毛泽东选集》第1卷,第300、800、834页。
〔33〕 林甘泉:《历史主义与阶级观点》,《新建设》1963年第5期。
〔34〕 宁可:《论历史主义和阶级观点》,《历史研究》1963年第4期。
〔35〕 《毛泽东选集》第1卷,第281页。
〔36〕 《列宁全集》第38卷,第208页。
〔37〕 《毛泽东选集》第3卷,第837页。

此文发表于《江海学刊》1964年第6期。

迎接中国的世界史研究新纪元

——20世纪中国世界史研究的回顾与展望

马克思主义经典作家指出:"世界史不是过去一直存在的;作为世界史的历史是结果。"[1]又指出:"各个相互影响的活动范围在这个发展进程中愈来愈扩大,各民族的原始闭关自守状态则由于日益完善的生产方式、交往以及因此自发地发展起来的各民族之间的分工而消灭得愈来愈彻底,历史也就在愈来愈大的程度上成为全世界的历史。"[2]可见,世界史本身,就是一个历史过程。

同样地,人类对世界史的认识与研究,也是一个历史过程。在古代,生活、劳动、繁衍在世界各地的人民彼此山海相隔,加之社会生产力发展水平的局限,视野是十分狭窄的。例如,在希腊、罗马时代,地中海文明中心区的人们,就习惯地将埃及以南广大陌生地带的人类,统称为"埃塞俄比亚人",意指"晒黑的面庞"。那时人们头脑中的世界,其实只是我们这座星球的很小一部分。从希罗多德、塔西陀、波利比奥斯到塔巴里、伊本·赫勒敦,所有那些史家笔下的世界,其实就是他们的生活于其中的古代地中海文明和中古穆斯林文明的中心地区,至多达到其边缘地区。此外,则是混沌一片。

中国,作为古代东方、特别是东亚文明的中心,一向以自己的先进文明傲视众邻。在中国古代史家的心目中,一切中华帝国以外的民族和国家,都应如葵花向阳,众星捧月,围绕着中华帝国运转。因此,古代中国史家笔下的世界尽管比希腊、罗马乃至阿拉伯人的认知要广阔,但仍然颇有局限。而且,对于司马迁、班固等史家来说,外部世界也仅仅是作为中华帝国的附庸来加以观察的。

因此,从科学的意义上可以说,无论中外,在整个古代时期,人类对当时的外部世界,仅有局部的观察与初步的认知而已,更遑论世界史的整体认识与研究!

近代资本主义的发展为世界史学科的建立创造了条件。"资本主义时代是从十六世纪才开始的。"[3]在这个历史时代的发轫时期,新兴的西方资产阶级"到处落户,到处创业,到处建立联系"。[4]在建立资本主义世界市场的过程中,人类开始真正认识了整个世界,认识了这个世界上的各个地区、国家和民族,从而使世界史作为一门学科与科学,成为可能。数百年来,欧美各国的史学家们,在研究本国历史的同时,也将目光转向国外。他们在考察、研究各地区史、国别史的同时,还开始致力于整个世界历史进程的考察与研究,并在长期的研究中,积累了一整套世界史史学理论与方法论,留下了浩如烟海的经过鉴别与整理的历史资料与研究著述。其中,19世纪以来,特别是第二次世界大战结束后的半个世纪以来,成就尤为显著。当然,如同人类社会进入文明时代以来的一切成就,特别是人文、社会科学方面的成就一样,近代以来世界史领域中的一切成就,都有着它们的局限性。这种局限性,来自时代、阶级与各种社会条件的制约,也来自人们自身认识条件的制约。然而,作为人类历史发展链条上最新一环,我们站在今天的高度,在充分注意与认识到这种局限的同时,也应对上述成就,表示一种后辈的尊敬。人类的科学活动,始终是在探索中前进的。我们的后来者,将来在观察我们的时候,也会对我们这几代人在科学上付出的代价,寄予一种传承者和超越者的理解和敬意吧!

16世纪以后,西方文明开始逐渐规模性地传播到东方。遗憾的是,在很长的历史时期里,在中华大地反响甚微。不过,它们在日本的命运却迥然有异。日本的"兰学"即西学,早在十七八世纪就开始渗入大和民族的土壤。久而久之,竟转化为19世纪下半叶那场大变革的某种准备条件。明治维新,一飞冲天。日本在脱亚入欧的轨道上迅速奔跑之时,一切近代科学,包括世界史学在内,均从西方全面引进。而中华帝国,仍抱残守缺,因循于古代传统的轨道。近代史学之发轫,既晚于东邻,世界史学则更加滞后。从林则徐"开眼看世界",到康、梁变法图强,19世纪的先进中国人一直挣扎、苦斗在西方殖民主义大潮带来的中华民族存亡危难之中。待他们当中的一些人能致力于引进西方史学,特别是世界史学的时候,世界已经进入了20世纪。因此可以说,中国的史学有着引以骄傲的悠久传统与成就,一脉相承,独步世界;而中国的世界史学,则是20世纪才开始创立和发展起来的一门年轻的学科。

中国的世界史学,百年来如黄河九曲,由涓涓细水,终于发展成为一条奔腾的河流。正与人文与社会科学各学科一道,并驾齐驱,积极推动着我国社会主义现代化的宏伟大业,推动着人类文明与进步的事业。从学科的流向看,20世纪中国世界史学的发展,大致经历了三个时期:1900—1949年,中国世界史学的准备与发轫时期;1949—1978年,中国世界史学的建立与坎坷时期;1978—1999年,中国史学走向正常发展与初步繁荣时期。应该注意的是,历史是不能割裂的,历史研究亦是如此。20世纪初中国世界史学的发轫,不能与19世纪晚期断然割裂。自魏源以降,王韬、黄道宪,乃至康有为、梁启超,他们的《海国图志》、《法国志略》、《日本国志》以及《俄彼得变政记》、《日本变政考》,不正是中国世界史发轫的清清源头么?! 同样,1978年以来的第三时期,其下限也并未因世纪之跨而中断。可以说,我们国家的世界史学,今天仍在为中华民族世界史研究繁荣与辉煌时期的到来,在各方面积蓄力量。

从20世纪初到中华人民共和国的成立,中国的世界史学,从总体上讲始终处于准备与发轫状态,这个基本状态,是由当时中国的国情所决定的。那是一个革命和战争的年代。在短短的半个世纪中,中国爆发了推翻两千年帝制的辛亥革命,爆发了三次国内革命战争、一次伟大的抗日民族解放战争;经过了晚清末年,北洋军阀、国民党统治的动荡岁月。在那样的环境下,我们的前辈学者们所能进行的世界史方面的工作,是极为有限的。因此,抓住一些可能转瞬即逝的短暂时机,努力翻译和介绍一些西方世界史学方面的著作,编写一些世界史方面的教材与入门,间或贡献一些有着中国学者独特见解的著述,大约就是当时条件所能允许的最大空间了。当时中国人学习、研究世界史的目光,大抵还集中在西洋史,即西欧、北美领域。因为尚在邯郸学步,故而难免生吞活剥,被毛泽东讥之为"言必称希腊"。不过,比起《明史》将葡萄牙的地理位置误称为"地近马六甲",则不能不说已是一个历史的飞跃。今天,当我们谈到梁启超的《斯巴达小史》、《雅典小史》,严复的《泰晤士〈万国通史〉序》,谈到20世纪之初出于报国、强国的情怀而编译的数十种"亡国史"、"立宪史"、"革命史"著述,回想起何炳松、陈衡哲、陈受颐、蔡元培、陈翰笙、余协中、向达、刘启戈、姚莘农、王芸生、雷海宗、束世瀔、周谷城、王绳祖、蒋孟引、沈炼之、周鲠生、王纯一、闫宗临、杨人楩诸前辈在那风雨如晦的岁月里的辛勤劳作与筚路蓝缕之功，一种油然而生的景仰、崇敬的感情，会立时涨满脑海，涌满心田！其中周谷城先生从20世纪40年代初开始致力于把世界历史作为一个整体进行教学与研究，并于1949年出版了《世界通史》三册。这部书首先在中国打破用国别史编列为世界史的旧框架，反对以欧洲为中心，力主从全局来考察世界历史，这对中国的世界史学科建设，深具启发意义。

从历史遗产的角度看，新中国成立前世界史学方面的积蓄，如果不说是空气也仅仅是极薄的一层。就地区史而论，这种情况，在亚洲、非洲、拉丁美洲、大洋洲，乃至东欧，可以说尤甚。以非洲史为例，在这个偏僻的学科方向上，从1897年至1949年，据统计仅有8本译著，而且全部集中在埃及史领域。因此，展现在新中国第一代世界史学者面前的，几乎是一片广袤无垠的处女荒原。而且，在这一学科的上流，既无中国史学传统中的负面影响，也少近代西方资产阶级史学的深刻烙印。

然而，从1949年到1978年，我国的社会主义事业，并没有如毛泽东所期盼的那样，"随着经济建设的高潮的到来，不可避免地将要出现一个文化建设的高潮"。我国的世界史学，也就未能在那个预想的文化建设高潮中蓬勃发展。相反，却走过了坎坷、曲折的路途。建国初期，在冷战格局的大背景下，我国的世界史研究，从一开始就被纳入"一边倒"的外交格局中，反对以美帝国主义为首的西方阵营，支持国际共产主义运动、工人运动和东方民族解放运动，作为党和国家的方略，决定了我国世界史研究的方向与课题。此后在"以阶级斗争为纲"的路线下，则是对西方史学的几乎全面拒绝与排斥。我国的世界史学基本上是在一个闭锁的环境中发展。到了十年"文革"，世界史学与所有其他学科遭到同样的命运，陷入完全停顿的绝境。[5]

不过，中华人民共和国，毕竟是近代以来中国人民前赴后继、百年奋斗而建立起来的独立的东方大国，并在国家建设中取得了显著的进步与成就。作为一个独立的社会主义大国的世界史学，在学科建设上首先摒弃了近代半殖民地时期的一切屈辱与奴性，建立了学术研究与学科建设的民族尊严。同时，给予了东方人民的历史，特别是民族解放运动史和西方各国人民的革命与进步事业的历史进程，前所未有的高度重视。因此，对于这一时期我国世界史学科建设与研究，应该予以历史的、科学的评价。我们注意到,正是在这一历史时期,中国在自己的国家科学院里,建立了世界历史研究所,并在一些高等院校中,建立了世界历史的教学研究机构,创办了世界历史专业。以世界历史研究所为代表的一系列教学与研究机构的建立,使中国的世界史学科有了自己坚实的基地;各大学世界史教学、研究的开展,培养并积聚了一批世界史方面的专业人才,组成了新中国规模性的专业队伍。我国世界史、地区史、国别史的各个研究方向上,涌现出一批拓荒者,出现了一批严肃的科学论著与译著。特别要指出的是,尽管有着极"左"路线极为严重的破坏,这一历史时期的中国世界史学工作者们,怀着真诚的心情力图在马克思主义指导下进行教学与研究,建立马克思主义的世界史科学体系。他们的经验,无论是正面的还是负面的,都是我们今天的宝贵财富。

从史学理论和方法论到世界历史的各个重要领域,我国学者在这一时期的研究都取得了进展。特别是想到当时的环境,就更能体会到在这一时期坚持在世界史园地中辛勤耕耘的难能可贵。我们的前辈学者童书业、吴于廑、郭圣铭、日知、戚国淦先生在世界古代文明史领域,齐思和、耿淡如、刘启戈、蒋相泽先生在世界中古史领域,蒋孟引、沈炼之、王荣堂、吴廷璆、杨生茂、黄绍湘、刘祚昌、孙秉莹诸先生在世界近代史、地区史与国别史领域的艰苦努力,都是功不可没的。在东方史方面,成绩更为突出。王辑五、何肇发、朱杰勤、陈瀚笙、季羡林、周一良先生的著述,培养了一代年轻的学人,奠定了我国亚洲史研究的最初基石。杨人楩先生则在坎坷的逆境中转移阵地开始了非洲史的拓荒工作。在对西方史学严厉批判的气氛下,耿淡如先生在复旦大学开设西方史学史课程,直到"文革"大动乱来临才被迫辍教。丁则良先生在他悲惨的、过早结束的学术生涯中,探索了包括中国在内的近代亚洲民族解放运动的规律,表现了那个特殊时期闭锁环境中我国学者力图将中国历史与世界历史的进程有机结合起来进行考察的学术视野与胸怀。在所有上述研究的基础上,在周一良、吴于廑两位先生的主持下,集合了当时全国世界史方面的研究力量,编写了我国学者在中华人民共和国建立后的第一部《世界通史》。这是中国学者力图在马克思主义指导下阐述世界史的第一次认真的尝试。

自然,从今天的眼光看,这一时期的世界史园地,还是幼弱的。不仅由于国际环境与国内政治环境的制约,而且限于当时有限的历史资料,特别是我国学者对外国语言文字掌握的程度,许多重大的课题,无论是世界史通史领域的,还是地区史、国别史领域的我们都无法取得发言权,也无法取得国际学术界同行在科学交流意义上的承认。事实上,在许多领域,我们的探讨还远未触及问题的核心。我们的学者,在这一时期虽然表现出很强的理论兴趣,甚至开展了如"亚细亚生产方式"、"奴隶制社会向封建制社会过渡问题"、"封建社会向资本主义社会过渡问题"以及"世界资产阶级革命分期"等问题的学术论争,但由于缺乏详尽史料,缺乏深入的研究,缺乏对国外学术动态的掌握,这些论争虽热烈一时,却总令人感觉底气不足,且易流于空泛。

1978年开始的邓小平主持的改革开放,标志着中国历史的重大转变。世界史同其他学科一道,迎来了自己生机无限的春天。可以毫不夸张地讲,20世纪最后20余年我国世界史学的发展,无论从什么角度上看,都是前80年所不能比拟的。或者可以这样说,正是有了这20年,中国才真正开始又拥有了自己的世界史学。改革开放的20年间,我国世界史学科与科学的发展,是全面的,全方位的。

首先,在组织架构上,一大批世界史教学、研究机构和学术团体恢复、重建或新建起来。这些学术机构又多拥有自己的学术刊物,成为集中检阅世界史学术研究成果的重要阵地。特别是近20年成立的世界史方面的学术社团——有关各时段、各地区与国家的学会,在组织、协调、指导、活跃世界史各领域的研究与活动中发挥了十分积极的作用。在这些教学研究机构与学会中,集合了一支由老中青三代学者组成的中国世界史学的教学研究队伍,阵容整齐,日见强大。老年学者如老骥伏枥,耕耘不辍,且倾心培育新苗;中年学者正担负重任,启后承前,更不敢稍有懈怠。特别是一批青年学者,接受了国内外正规的高学历与学位教育,知识结构新、创新意识强。他们在前辈学者成就的基础上,正奋发向上,闻鸡起舞,未来大有希望。

其次,在改革开放的大环境下,中国的世界史学界,正是在这一时期开始全方位与国际学术界接轨,积极开展了频繁的对外学术交流。20多年来,我国越来越多的世界史学者走出国门,到世界各国高等学府与学术中心进修、讲学,出席学术会议,在充实自己的同时,也强化了和外国同行们的交流。一些从国外学成归国的青年学子,深入学习并掌握了国外学术界的传统、现状与前沿信息。与此同时,越来越多的国外和中国港、台地区的学者来大陆讲学、研究、参加会议。在上述基础上,已经开辟了一些国内外学者合作的研究项目。所有这些交流与合作,都大大开阔了我国世界史学者的学术视野与胸怀,增长了我国学者的见识,对我国世界史学科建设,无疑是一个有力的促进。这一优良的学术环境的形成,是改革开放以前所难以企望,也难以想象的。

在科学研究方面,取得了相当丰硕的成果。从量的方面看,改革开放20年的成果,远远超过了这一世纪前80年的总和;从质的方面看,这一时期的成果,其水平和深度都有了明显的飞跃。它具体表现在:

第一,学术研究与论述已经覆盖了世界历史的众多领域。无论是世界通史的各个历史时期,还是世界各地区史、国别史,从大的方面看,已经几乎没有空白。在大量的论文、专著与译著中,涌现出相当数量的优秀的研究成果,在我国世界史学的百花园里争奇斗艳。在科学研究的基础上,由陈翰笙先生担任主编的、数以百计的世界史学者参与编辑、撰写的《中国大百科全书·外国历史卷》的出版,标志着中国世界史学发展的新高度。

第二,从涌现的众多学术成果可以看出,中国世界史学者的学术视野大大开阔,学术见地日益深化。20世纪80年代中期以前,中国世界史学者的学术兴趣还集中在被十年"文革"所中断的那些领域,实际上还是五六十年代未能充分展开讨论和研究的那些问题,如一些重大历史事件、重要历史人物以及若干理论观点等等。主要是进行反思或再认识。从80年代后期,特别是进入90年代以来,研究领域极大地拓宽、拓深了。从阶级斗争史扩展到政治史的各个层面,从政治史扩展到经济史、文化史,等等。近年来一些专题史领域如华侨华人史、妇女史、人口史、城市发展史、环境史等方面的课题,正在越来越受到学者们的青睐。仅以《世界历史》1998年和1999年两年发表的103篇学术论文为例,经济、文化、社会等方面的有80篇,占77%;其他如种族、文明、人权等分布面相当广泛,即使是政治史方面的论文也多深入到一种政治学说或一个时期的某项政策等更深层面去剖析,早已超越大人物、大事件述评的表层范畴。这里还要指出的是,在我国许多学者当中,对史学理论和方法论的兴趣,特别是大跨度的综合研究与比较研究的学术兴趣,依旧保持着相当强劲的势头。并且由于结合实践,对马克思主义的再认识、再学习,由于大量接触和消化国外,特别是当代西方社会科学理论与方法论的著述等研究兴趣,还有进一步加强的趋势。如我国学者独立提出或深入探讨的原始社会分期问题,原始社会公有制再认识问题,世界历史上的城邦问题,古代国家间交往问题,前资本主义政治经济问题,以及近现代乃至当代史中的一些问题,等等。在这里,我们还要特别提到,近年来先后离开我们的吴于廑先生和罗荣渠先生。吴于廑先生在他70高龄的时候,一马当先,出击前沿,大力倡导对世界历史的宏观研究与整体研究,亲自撰写了4篇相互关联的长篇科学论文,并为《中国大百科全书·外国历史》卷撰写了"世界历史"的纲领性长篇词条,引起了国内外学术界广泛关注。罗荣渠先生也是在他年近花甲的时候,开始着手就人类社会发展规律和世界现代化历史进程等问题,进行了卓有新意的探讨。令人欣慰的是,一些崭露头角的青年学者,正在这方面不断努力。他们发挥自己的优势,对若干多年来争论难休的热门问题,如奴隶制问题、殖民主义问题等,进行了颇有见地的讨论。这些讨论,不放空言,实事求是地深入考察问题的来龙去脉,去粗取精,去伪存真,令人信服。

作为一门在中国尚属年轻的学科,我国的世界史学前面的路还很长,面临的任务还很艰巨。我国是一个社会主义大国,21世纪将是中华民族伟大复兴的新世纪。为了无愧于时代,无愧于我们的祖国,我们大家应该努力推进我国的世界史研究,早日迎来它的全面繁荣。让中国的世界史学者和他们的著作,真正得到国际学术界的了解、认同与钦佩。为此,提几点看法,与学界同人共勉。

一、学术研究的视野需要更加开阔,学术探讨的洞察还要更加深邃。

改革开放20年来,我国的世界史研究,大致经历了两个思想与观念上的转变:一个是从"以阶级斗争为纲"的框架中走出,提倡实事求是地探讨问题;另一个是从比较单纯地注意政治史,特别是重大历史事件、历史人物评价的套路中走出,更多地注意把握人类社会发展的总体及丰富内涵,注意研讨经济史、文化史、社会史诸方面的课题。今后,我们应该沿着这一健康的发展方向走下去,顺应时代潮流与人类社会的发展需求,顺应我国社会进步的根本需要,不断解放思想,转变观念,推动我国世界史学的革新。一方面,由于各种原因的制约,我国世界史学科的基础尚比较薄弱,我们还需要对世界各地区、各民族与国家的历史进行深入的探讨。因为,不仅在经济、社会、文化等方面,而且即使是在我们以前比较注意耕耘的政治史领域,也还有许多薄弱的甚至空白的地方,正有待我们去充实、去填补。与此同时,我们对于人类社会从古到今的文明发展,应该特别着力进行跨学科的综合研究、比较研究与宏观研究。只有这样,我们中国的世界史学者,才能在世界历史发展的总体把握上作出自己特有的贡献。当前,科学、技术的发展与飞跃,在人类历史上如何推动社会的发展与文明的进步,如何引起人类社会生活的变化乃至整个社会结构与运行机制的根本变革,是一个特别值得注意的问题。我们相信,经过大量深入细致的具体和综合性课题的研究,中国学者编写的真正具有中国特色的世界一流的史学巨著:多卷本《世界通史》和《世界文明史》,应该在未来三五十年内应运而生。从现在起,我们几代中国的世界史学者,都要为此而努力。

正如经济上我们要加入WTO一样,在文化、科学上,具体而言在世界史学科的发展上,我们也要更加同世界接轨。这一接轨,可以使我们更加深入地了解、掌握国外同行的选题焦点的流向,他们学术前沿的动向,他们最新提出的观点、最新发掘的资料,从而大大促进我们研究的深化,增大我们与国际学术界交流的机会。同时,这一接轨,也有利于我国学者早日拿出自己有分量的科研成果,介绍给国际学术界,让中国的世界史研究在国际同行中引起重大反响。同时,我们认为在"接轨"问题上,中国学者也要有自己明确的理念与定位。古代中华文明处于世界领先地位,在文化上则历来是别的民族和国家来向我们接轨。近代西方文明的领先,特别是西方资本主义、殖民主义的长期统治与主导地位,又容易产生并助长单方面向他们接轨的倾向。在我国世界史学科建设中,我们要注意上述两种倾向,既不自闭,也不盲从,对国际学术界抱着汲取精华,扬弃谬误的态度;更要逐步走向主动出击,进入国际学术论坛的主流,真正做到互动式的接轨。

二、加强历史资料与理论的两个基本建设。

"研究必须充分地占有材料。"[6]研究世界史,无论是世界各地区史、国别史、专题史,还是整体的世界通史,都应如此。然而,由于种种原因,这方面的状况可以说与我们这个大国的地位极不相称。新中国成立初期,一些前辈学者如杨人楩、耿淡如、刘启戈和张芝联先生等曾开始编译、出版《世界史资料丛刊初集》,[7]不久即被迫中断。"文革"后,虽然有一些学者致力于此项工作,但均由于分散劳动,而缺乏规划、规范与规模。这是一个十分吃力、难度又大的工作。特别是当今条件下,周期长、出版难、关键时刻受忽略。其结果是,使得我们相当一部分学者迄今难以在一个比较厚实的基础上构建自己的学术高楼。由于基本史料的匮乏,在若干世俗行为规范的压迫下,一些急于事功、粗制滥造的论文与著述常常浪费了我们不少的人力和物力资源。平心而论,这些著述如果在国内某些场合或者还可勉强拿来敷衍或抵挡一阵,若拿去做国际学术交流恐怕就匪夷所思了。为此,我们需要集中力量,按世界各地区、国别、专题,有计划地编译、出版一批系统、规范、高质量的"世界历史资料汇编",[8]使我们学者的研究,一开始就在一个较高的平台上起步。希望有关领导部门,给予政策倾斜,以利于其早日问世。

"充分地占有材料"并不是一个简单发掘、发现历史资料然后引证它的过程。"充分地占有材料"本身,乃是一个复杂劳动的过程。马克思讲的"用批判的精神来透彻地研究新的材料",[9]恩格斯讲的"大量的、批判地审查过的、充分地掌握了的历史资料",[10]都强调了学者在占有材料过程中必要的批判与审查的劳动。用马克思的话来讲,这是一种"折磨自己"的劳动。可见,从收集、占有资料开始,直至成文成书,历史学者要有科学的头脑、科学的见地,来去粗取精,去伪存真,由此及彼,由表及里。

"充分地占有材料"是史学研究的基础,但如果仅仅拥有这些原材料,没有理论的指导,我们仍然难以构建我国世界史学的巨厦高楼。我们需要什么样的理论指导呢?我们需要马克思主义的理论指导。这个回答似乎简要明确,其实在今天,它有着十分丰富而深刻的内涵值得我们来思索。

当我们在20世纪80年代初打开国门与国际学术界接触时,就立即面对一个问题:在数十年闭锁状态之后,我们对国外学术界的学术思想、理论与方法论及其研究是那样的陌生。经过20年的交流,现在是熟悉多了。我们的学者,特别是一些年轻学者,受到西方正规的科班训练,在他们治学之时,已经可以比较熟练地驾驭西方古典与当代社会科学诸理论和方法论,在许多方面显示出领先的态势。不过,他们当中的一些人,对马克思主义已经产生了一种近乎于先天的陌生与疏离。这种情况，应当引起我们大家的注意。因为，几乎所有当代有影响的社会科学理论与方法论，都源自西方。因此，如果对它们盲目趋从、生吞活剥而不是认真地、科学地加以汲取，必将导致科学上的失误。

与此同时，在强调马克思主义理论对世界史研究的指导地位时，我们要对建国以来贻误巨大的"左"的教条主义，予以坚决摒弃。因为这个问题同样事关世界史学科建设的大局。恩格斯早就指出，"如果不把唯物主义方法当作研究历史的指南，而把它当作现成的公式，按照它来剪裁各种历史事实，那末它就会转变为自己的对立物"。[11] 在这方面，邓小平同志作为中国改革开放的总设计师，为我们树立了光辉典范。小平同志不是将马克思主义当成现成公式，向书本讨生活，而是将它作为行动的指南，顺应世界潮流，结合中国实际，制定建设有中国特色的社会主义的宏伟建设蓝图。我们要高举邓小平理论伟大旗帜，就是要向小平同志学习，在世界史学科建设中，以马克思主义为指南，对一切当代西方社会科学的理论与方法论，予以思辨性的掌握、消化和吸收，使我国的世界史研究，能在吸收和总结当今世界最新科学成就的、生动活泼的马克思主义指导下，结出累累硕果。

三、严肃的科学的治学态度与学风。

我国现在正处在从社会主义计划经济向社会主义市场经济的转型时期。这一历史性的转型，促进着学术界思想、观念的转变，促进着包括世界史学科在内的各学科的进步和发展。然而，与此同时，转型时期所产生的各种无序状态，市场经济大潮的冲击所带来的一切负面影响，一切陷阱和诱惑，使我们的民族、我们的社会出现了严重的浮躁症。这种浮躁症，业已渗透、影响到社会的各个层面、社会生活的各个方面。学术界，作为一个民族最圣洁的领域，也终于未能幸免。

剽窃与抄袭，这是学术界公认的最令人不齿的行径，现在已经在令人担忧地增长与蔓延着，在我们世界史领域，不仅论文有抄袭问题，专著有抄袭问题，甚至出现了由不法书商用复印机制造出来的、装潢考究、印刷精美的多卷本大部头"文明史"，公然袭击学术园地，扰乱文化市场。看来，学术打假，已成为一项相当紧迫的任务。

急于事功，粗制产品，则是一个层次更深的问题。科学事业是一项十分艰巨的事业。学术论文与专著的撰写，应该是一项深思熟虑，上下求索，甚至自我折磨的劳动过程。在这方面，是来不得半点"短、平、快"

的。在世界史研究领域,有的论文与著作,在转引他人著述中引用的历史资料时,并未标明所转引的出处,以至有时原来著作中征引或印刷有错的地方,转引时也继续以讹传讹,有误后学,贻笑大方。

四、关于个人劳动和集体劳动。

同一切人文、社会科学领域各学科一样,世界历史的研究,是建立在知识分子个体劳动的基础上的。然而,同18世纪以来近代自然科学与人文、社会科学的发展潮流比较起来,今天科学的发展,有一个鲜明的新走向,那就是:在学科越分越细的背景下,各学科之间的交流、交叉趋势愈来愈强。边缘学科、交叉学科与跨学科综合研究,已成为学科发展与学术研究的新走向。这就要求我国的世界史学者,不仅自己要努力掌握十八般武艺,即拥有政治学、经济学、社会学等多学科的知识,尽可能多的外语以及资讯技能,而且要求我们在开展一些重点课题研究时,群策群力,优势互补,集体协作,完成巨著宏篇。这些重大项目的研究成果,在国际学术界要有重大影响,在国内学术界要占领制高点,能及时转化为教学成果和国民教育成果,能推出我国新一代的学术梯队与学术权威。所有参加这种项目的学者,他们的个人劳动将得到充分的尊重,他们的人生抱负将得到充分的实现。同时,又能摸索与培育出社会主义新历史时期的集体主义精神。我们将这样的重大项目称之为大船工程,并期望它经过大家的共同努力,早日让世界史学科的大船编队出航,在学术的大海大洋上扬中华之威。世纪回眸,我们心潮澎湃,展望未来,我们信心倍增。让我们团结起来,高举邓小平理论伟大旗帜,迎接新中国世界史研究的繁荣早日到来,为中华民族的伟大复兴贡献力量!

注 释

〔1〕《马克思恩格斯选集》第2卷,人民出版社1972年版,第112页。
〔2〕《马克思恩格斯选集》第1卷,第51页。
〔3〕《马克思恩格斯选集》第2卷,第222页。此句在人民出版社1953年出版的《资本论》第1卷,第904页的译文为:"资本主义时期是十六世纪开始的";人民出版社1963年出版的《资本论》第1卷,第790页译文为:"资本主义时期只是从十六世纪开始。"
〔4〕《马克思恩格斯选集》第1卷,第254页。
〔5〕参见《大百科全书》外国卷Ⅰ"世界历史"条目,中国大百科全书出版社1992

年版。
〔6〕《马克思恩格斯选集》第 2 卷,第 217 页。
〔7〕《世界史资料丛刊初集》拟出三四十个分册,1957 年 8 月出的前几集均署名杨人楩主编,其后即署名各分册选译人的姓名。
〔8〕如,20 世纪 80、90 年代就出版了马金鹏译:《伊本·白图泰游记》,宁夏人民出版社 1985 年版;耿昇译、马苏(古代阿拉伯史家)著:《黄金草原》,青海人民出版社 1998 年版;陈开俊等重译:《马可·波罗游记》,福建科学技术出版社 1981 年版。
〔9〕〔10〕《马克思恩格斯选集》第 2 卷,第 84、118 页。
〔11〕《马克思恩格斯选集》第 4 卷,第 472 页。

此文发表于《世界历史》2000 年第 4 期。

世界史体系刍议

世界史体系问题的提出,乃是人类文明发展到相当高度的一个标识,也是一种文明自觉、文化自觉。具体而言,这是人类对自己作为人类,特别是进入文明以来所经历过的客观进程,进行全面、深入和总体性回顾与反思,从而在主观上对这一进程错综复杂的运行,做出规律性和阶段性的判断。

一

人类构建世界史体系的客观条件,至今尚未成熟。

先看中国。

古代中国史学固然有着悠久的传统,但作为一门前近代的学问,其观察外部世界的眼光,一直停留在"天朝"观的水准上。只知中国,不知世界,这就当然谈不上什么世界史。

1840年鸦片战争以后的百年间,中国积贫积弱,首要的任务乃是救亡图存。一切近代科学,根底均十分薄弱,其中,世界史学尤甚。可以说,除少数几位学者如雷海宗先生等前辈,有着相当的世界历史方面的造诣,整个中国,几乎谈不上世界史研究,更遑论体系?!

1949年以后的相当一段时间,中国史学界开始在薄薄的基础上构建马克思主义的世界史体系。从学科建设的规律上看,这是一种超前行为:学问的根基还未夯实,就忙着搞体系。可惜,就连这一马克思主义世界史体系的构建,从一开始就在"五种生产方式"等禁锢之下,误读而且偏离了马克思主义。以后,又在"以阶级斗争为纲"的年代里,被进一步推上了歧途。其悲剧,是带来一个巨大的反弹,结果反复地将孩子同洗澡水一起泼掉,最后连本来应该相信的也不相信了。

改革开放以来,中国的世界史研究有了长足的进步。特别是在这一时期成长起来的一代学人,学术视野大开;资料、外文功夫大进;对于国外,特别是西方发达国家的史学研究、史学理论与方法甚有了解。这样,世界史体系的问题,就自然提上了日程。然而,实事求是地说,无论从理论、方法还是学科研究基础方面考察,世界史体系构建任务的客观条件,仍然相当单薄,尚在成熟中,需要一个相当长过程的静下心来,认真积累。在可比的领域内,同国际学术界进行世界史诸问题的核心对话。

再看国外的状况。

西方史学,上溯希罗多德。中国地大,我太史公足不出大汉国界;希腊地小,"历史之父"则动辄出国考察。从这个意义上说,西方的世界史传统,从根上就比较发达。自近代以来,率先进入资本主义发达行列的西方,一切近代科学均处领先地位,史学也不例外。西方的世界史研究,积数百年的基础,早在那里构建其体系了。

但那体系并不科学。由于"欧洲中心"论的支配,西方的世界史体系,谬误甚多,亟待重建。二战以后,西方学者不断有人从此一体系中杀出。这一类"反戈"理论,尽管各有其精彩,但从总体上看,只能说西方的世界史学仍处在众说纷纭,莫衷一是的阶段。就西方史学界整体而言,"欧洲中心论"的世界史体系,至今还难说已退出其学术主流。

二

客观条件不够成熟,我们是否因此而消极呢?当然不是。相反,学人主观的努力,是条件成熟进程中不可或缺的因素。

那么,生活、工作在 21 世纪的中国世界史学人,我们应该在世界史体系构建中,努力作出什么样的尝试呢?

构建世界史体系,对于我们相关领域的学人来说,其本身首先就是一种文明和文化的自觉。我以为:我国学术界同人的世界史体系观,应该向着一个共同的怀抱聚合,即:以一种开放的、包容的、多元的态度,努力构建中国的世界史体系;并将其贡献给国际学术界,在国际学术交流中积极推动处于不断变动、不断发展的世界史体系的构建。

具体而言,就是以科学的马克思主义为指导,有鉴别地汲取当代国际史学及社会科学的一切新理论与方法论,汲取当代国际史学及社会科学研究的新成果,考察人类文明形成与发展的整体轨迹,揭示其律动的阶段性,经过几代人的艰苦努力,构建起具有我国特色的世界史体系。

三

马克思主义经典作家指出:"世界史不是过去一直存在的;作为世界史的历史是结果。"[1]我们的任务,就是以文明发展为线索,勾勒出这一结果是怎样萌生、发展与逐渐成熟的进程,并揭示出这一进程即人类社会架构作为一个整体的运动与变迁的规律性与阶段性。

以人类文明为经纬线来编织世界史体系,其图景如何呢?欧洲中心论坚持欧洲始终中心的观照;亚洲或中国中心论则会走向另一极端;更有甚者,有的论断索性否认有中心存在。

本人以为,上述各论均不可取。不同的文明时代,实事求是地讲,应有不同的观照。世界历史上,并没有一成不变的普世观照。具体说来,是否可以大略概括如下:

一、史前文明时代:原始社会,如万花散落,缤纷于世界各地。这里应强调的是,要特别注意突破原来已有原始社会的眼界,以万花散落的无中心意识,搜求、考察世界各地新的原始聚落发掘成果,从而对人类文明起源有一个更为开阔因而也更为贴切的认识。以中国为例,我们对于中华文明的起源,先囿于黄河,又囿于黄河、长江,现在视野已遍及全国。观察中国如此,观察世界亦当如此。

二、古典文明时代:由史前文明的万花散落,进化为上古文明的百花竞开。这里要强调的是:人类社会发展从来不平衡。其上古表现之一是幼弱的文明,由于其自身的脆弱性和自然、社会等外因,大批消亡,或者某些文明基因变换载体。到了古典时代,终于在分散中聚向几个文明中心区。当然,此一聚向,乃是漫长的历史过程。聚向的古典文明区,突出的有两个,一是希腊、罗马的地中海文明区,或地中海世界;一是中华帝国的东亚文明区,或东亚世界。而两河文明区、印度河文明区等等,在居中的地位上沉浮。自东向西:东亚大陆农业文明——中东—南亚农牧文明——地中海海洋商业文明。中东—南亚文明带,由于介于中间,终于成为一个文明的双管漏斗。一是沟通东西,一是其自身文明的双向输流。

三、中古文明时代:原始社会瓦解后的早期阶级社会文明中普遍出现了最容易产生的奴隶制剥削形态。然而,除个别如希腊、罗马文明外,占据古典文明主流的,仍是自然经济下奴隶制以外的各种超经济的人身依附关系。在这种状态基础上逐步发展起来的比较成熟的中古文明,即我们所谓的封建制的诸种文明形态。在这一历史时代,西方基督教文明、中东南亚伊斯兰文明以及以儒学或儒佛道为核心的中华文明或东亚文明,均进入高水平的发达阶段。人类文明从史前文明时代的无中心,到古典文明时代的两大中心,发展到中古文明时代的三大中心。此时,旧大陆的一切大大小小的文明,如撒哈拉以南非洲诸文明等,虽然仍在不断涌现、发展并各具特色,但总体上看,都或多或少受到三大文明中心涡流式的吸引、影响和支配。三大文明中心之间,彼此处在大体同一文明高度,相互交流、冲突:基督教文明中心与伊斯兰教文明中心之间,以冲突为多;伊斯兰文明与中华文明之间,以交流为主。总体态势,呈自东向西倾斜状态,即伊斯兰与中华两大文明中心,对西方基督文明中心呈高屋建瓴的态势。另外,此时新大陆印第安文明,尚未进入旧大陆文明矛盾统一体,因而在其脆弱的古典文明阶段沉浮着,自成一体。

四、近代文明时代:即近代西方首创的资本主义时代。比较正规和准确的意义上讲的世界一体化进程始了。此时,应该承认有一个中心,即欧洲中心或西欧北美中心。这不是"欧洲中心"论,而是对客观历史的尊重!应该强调的是,尽管欧洲或欧美是中心,但绝不可忽略东方(亚非拉)在近现代资本主义文明构建中的贡献,相反,要大力发掘、认识,大书特书这一贡献,这是我们承认欧洲中心,又严格区别于"欧洲中心论"的地方。

五、现当代文明时代:以二战结束为界。或者讲自二战结束到冷战结束为界。从人类历史长河看,我们甚至可以说20世纪中叶以后是从近代(Modern)走向当代(Contemporary)的过渡期。人类文明,再次从一个中心即欧美中心走向多元。以其为起点,向着文明全球化进展。这一进展的最终结果,必将是人类真正的理想——消灭一切阶级、剥削的文明全球化。那要经历千百年的历程。这一进程,充满着艰巨的建设任务与矛盾、冲突及斗争。在当前,是欧美文明普世的单边主义与全世界各国家各民族文明一律平等的多元主张之间的矛盾、冲突与斗争,并在这种长期的矛盾、冲突与斗争中展开后者日益占据上风的交流、合作的世界史。

这就意味着人类社会的现当代史,刚刚开始,正处于初创时期。马克思主义经典作家指出:"历史活动是群众的事业,随着历史活动的深入,必将是群众队伍的扩大。"[2]正在我们面前展开的现当代史,正以前所未有的规模将世界各国人民大众卷入文明的创造,人民大众也正将以前所未有的文明智慧,主动推动人类文明的进步。学人、知识分子,作为这一时代的前驱,理当有着更高的文明自觉。

注 释

[1]《马克思恩格斯全集》,第46卷,上册,第48页。
[2]《马克思恩格斯全集》,第2卷,第104页。

此文发表于《史学理论研究》2005年第3期。

文化自觉:单边还是多元?

全球化的经济大潮正在呼啸而来,席卷着整个世界。在某种意义上,我们人类生活着的这座星球,正在变成一个村庄:地球村。伴随着高科技,特别是 IT 产业的巨大高涨,几乎所有的人无论是赞同还是反对,都认同了一个现实:大致肇始于 16 世纪的全球化,现在已经日臻成形了。

同任何一种巨大的历史现象一样,全球化本身也经历着一个漫长的历史进程。全球化的潮流不可能永远局限在经济的河渠之中;洪水滔滔,四处漫溢,必然涌向政治、文化等各个领域。这一点,是不以人们意志为转移的。

全球化这一历史事物,也同样有着它的正面与负面,一面发扬着美好,一面滋生着邪恶。美好的光明面,理应成为它的主导方面,也必然成为它的主导方面。然而,这个历史的必然,要经过人们主观上长期艰苦奋斗,方能获得。

且以文化为题,略抒己论。

早在一个半世纪以前,马克思主义经典作家就明确指出:

> 资产阶级,由于开拓了世界市场,使一切国家的生产和消费都成为世界性的了……过去那种地方的和民族的自给自足和闭关自守状态,被各民族的各方面的互相往来和各方面的互相依赖所代替了。物质的生产是如此,精神的生产也是如此。各民族的精神产品成了公共的财产。民族的片面性和局限性日益成为不可能,于是由许多种民族的和地方的文学形成了一种世界的文学。[1]

经典作家在这里关于"世界的文学"的论断,广而言之,也可以作"世界的文化"来理解。我认为,问题的关键,不在于有没有"世界的文化",而在于人类在 21 世纪需要构建什么样的世界文化。

构建 21 世纪"世界的文化",首先需要人的文化自觉。

有一种"文化自觉",应该承认它有着强烈的历史使命感,且出自当代西方相当高度发展的文明平台上,这就是西方特别是美国一些学者所竭力宣扬的"西方文化普世"或"美国文化普世"论。依照这种"文化自觉",历史的发展将必然地展开一场文化大扫荡;西方的,或者简而言之就是美国的文化,将扫荡世界其他民族的文化。人类要迎接和努力构建的文化全球化,就是将美国和西方以外的众多民族文化——淘汰出局。美国大众文化定鼎世界之日,才将是真正意义上的全球化到来之时。[2]

这是一种谬误的文化自觉。它愈是大行其道,距离时代的要求和全世界人民的需要愈远,距离人类社会客观的科学发展规律愈远。

既然是"各个民族的精神产品成了公共的财产",既然是"由多种民族的和地方的文学形成了一种世界的文学",那么,作为全人类公共财产的精神产品就绝不应,也不可能仅仅来自某一个或某几个特定的民族,而世界文学或文化也同样不应也不可能由某一个或某几个特定的国家或地区的文学或文化来形成。

在构建未来的世界文化上,没有特定的上帝选民,没有赋予特定民族或国家的"天定命运"。人生而平等,这是镌刻在西方资产阶级大革命时代旗帜上光彩夺目的神圣宣言。这是由西方首创的人类"共同的财产"。作为首创者的衣钵传人,西方和美国理应更加珍视它,而不是亵渎它。构建未来的世界文化,全世界各个国家各个民族一律平等。将本国家本民族的优秀文化、优秀精神产品贡献出来,融入未来的公共财产即世界文化之中,乃是全世界各个国家和民族的神圣职责和权利,任何人无权剥夺,任何人不能抹杀。

与此同时,我们并不主张用一个极端反对另一个极端。作为中国和东方文明的传承者,我们同样反对东方文化普世的理念,反对用中国文化或东方文化压倒世界上其他民族的优秀文化。今天,当中国还是一个发展中的国家时,我们同东方各国朋友坚持上述多元文化观,固然含有弱势力量自我保护的意识,但即使今后中国步入发达国家行列,我们也仍将继续坚持这样一种文化观。反对强凌弱,众欺寡,从来就是中国文化的一个基本理念。我们坚持这种文化观,绝非出于策略考虑的权宜之计,而是一种站在人类发展大势高度的历史观、文化观。

我们赞成这样的文化自觉。在全球化的浪潮冲击下,它绝不因循守旧、抱残守缺,绝不发出弱者无助的呻吟;而是与时俱进,主动搏击,倡导全世界的一切国家、民族文化有着共生的平等机遇。我们的文化自觉,明确主张选优汰劣。但要淘汰的,应该是各国家、民族文化中的负面劣质,而绝不是淘汰那些目前暂居后进地位的国家、民族的文化;要选择的,应该是各国家、民族文化中的优秀部分,而绝不是对着某几个甚至某一个国家的文化顶礼膜拜!如果全人类都只吃麦当劳、只喝可口可乐、只看好莱坞,那将是何等的无聊、乏味,将是何等的文化贫穷?!

全世界各国家、民族文化的优质方面,正应借全球化大潮澎湃而多元发展,在历史长河中继续交汇、交融,这才是未来世界文化形成的唯一途径。

注 释

〔1〕《马克思恩格斯选集》第1卷,人民出版社1994年版,第276页。
〔2〕 参见于沛:《反"文化全球化"》,《史学理论研究》2004年第4期。

此文发表于《人民日报》2005年4月1日第15版。

环境保护与人文关怀

自从有人类以来,就有了人与自然的关系。从表面上看,似乎人是主动的,而自然是被动的。然而,当我们将这种关系放在历史的长波段上来观察,就不难看出,两者之间还是一种互动关系。人以多大的力量作用于自然,自然就会以同等的力量作用于人。

一

从历史发展上看,人类与自然之间关系,大致经过三个阶段。第一阶段,自远古直到产业革命前,人类在各种形态的自然经济条件下作用于自然。在这一历史阶段,人与自然之间维持着大体相安的状态。由于人类社会生产力水平的相对低下,人们的社会生产与生活对自然的开发与消耗,往往处于局部与表层状态。这种局部与表层的开发与消耗,当然也不可避免地造成了对自然的破坏,同样也理所当然地受到了自然的惩罚。不过,从今天的观点看来,这种惩罚大都要经过很长的时段才逐渐显现出来,其力度也相对比较浅弱。

第二阶段,从产业革命到 20 世纪,人类在产业经济的条件下作用于自然。在这一历史阶段,人与自然之间处于高度紧张状态。由于产业革命和资本主义经济形态的呼唤,社会生产力如狂涛奔涌、飞瀑直泻,极大地推动了人类社会的全面发展。人们的社会物质生活与精神生活,都得到了极大的丰富与提高。但与此同时,人们对自然的开发与消耗,则迅速蔓延到全球各地,其深度也由于科学技术的迅猛进步而与此前不可同日而语。然而,人类为生产与生活而进行的开发与消耗,却极大地破坏了自然。资本主义唤醒了人类的自觉性。不过,这种有着很大局限性的自觉,除了造成人类社会的巨大进步之外,还带来了一个盲点误区。这就是，对破坏自然的方面几乎毫无认识或认识程度很差。这就出现了一个奇特的认识悖论：通常我们讲，在认识客观世界时，要不断增强自觉性，减少盲目性。而在上述历史阶段，却出现了盲目性与自觉性同步增长的现象。

正是在这几百年间，严重破坏了自然的人类，也受到了自然的严厉惩罚。在资本主义首发的西欧与北美地区，作为产业革命的故乡和首先完成的地方，也首先对自然进行了空前的破坏。采煤、冶铁、纺织、造纸诸行业的发展，造成了严重的大气污染和水质的污染。以英国为例，泰晤士河生态环境经过18、19两个世纪，曾经破坏殆尽；大英帝国的首都，也曾被冠以"雾伦敦"的恶名。20世纪的美国，成为资本主义的龙头，专家的研究指出，伴随着资本主义的发展，美利坚合众国的星条旗飘扬的地方，从东到西，从北到南依次出现了严重的生态退化和环境破坏。对20世纪30年代大草原上的沙尘暴研究更证实，人类的生产活动是造成环境灾难的主要原因。[1]与此同时，在殖民列强占领和统治的亚非拉广大落后地区，殖民主义对原料的肆意掠夺和对殖民地的恶意开发，造成了森林毁坏、牧场超载、土壤侵蚀、气候变异，乃至干旱、饥荒和疫病的恶性蔓延。同样地，选择了社会主义道路的前苏联，也未能走出上述"破坏自然—被自然惩罚"的怪圈。当年，苏联在开展经济建设的时候，全然忘却了马克思主义经典作家恩格斯关于自然报复人类的警告，只顾发展，不顾环保，各种污染十分严重。仅赫鲁晓夫的垦荒运动就造成了多次震惊世界的沙尘暴。1960年3月16—23日的那次沙尘暴，使受灾面积达400万公顷，被吹走的表土超过10亿吨。[2]"当历史学家最终剖析苏联和苏维埃共产主义时，他们也许会因为生态灭绝而作出死亡判决……没有其他的大工业文明会如此系统和长期地毒害其土地、空气、水和人民。"[3]这一评论或许过于情绪化。但环境问题确是导致前苏联经济发展停滞，乃至最终崩溃的因素之一，应该是不争的事实。

二

地处东亚的日本和中国，一衣带水，两者均为世界资本主义的后发国家。只是在各种因素的促成下，明治维新，一飞冲天，日本脱亚入欧，走上了资本主义治国之路。第二次世界大战后,日本再度崛起,成为当今世界上第二经济大国。与此同时,中国则步履蹒跚,屡经坎坷,终于走上了社会主义道路,并在邓小平主持的改革开放以来,取得了长足的进步。

然而,回顾一个多世纪以来日中两国现代化的历史,我们不得不承认,那种只顾开发,不顾环保的历史局限,也给我们两国造成了巨大的损害。

明治维新伊始,日本实行"殖产兴业"的现代化国策,其所造成的环境灾难在19世纪末已经开始显现出来。而当日本在二战后再次经济起飞时,臭名昭著的水俣病也应运而生。虽然在近年来不断加强环保意识,大力推进环保措施,并取得了举世瞩目的成就,但问题仍未得到根本的解决。例如,日本今天仍然是世界上最大的向海洋倾倒工业废弃物的国家,每年向包括东海的太平洋海域倾倒450万吨。[4]

1949年中华人民共和国成立以后,在经济建设中,曾在相当长的时期出现了严重忽视乃至破坏客观规律的情况。我们曾和前苏联一样,错误地认为环境问题完全是资本主义的产物,而社会主义根本不会有什么环境问题。以至我们在批评赫鲁晓夫时,将赫鲁晓夫当政时期出现的环境问题,也仅仅作为其复辟资本主义的罪行来声讨。"我们不能等待自然的恩赐。我们的任务,是向它索取。"前苏联推崇备至的农学家米丘林的话,在中国的中学教科书上赫然醒目,影响了一代亿万中国青少年。新建的工业区烟囱林立,喷吐着黑烟,被诗人们满怀激情地歌颂为社会主义建设的伟大成就。改革开放后,中国经济也走上了发展的快车道。虽然环境意识无论在政府还是民间均有所增强,但由于种种原因,中国的环境破坏仍难说得到根本的遏制与扭转。反之,在一些地区与行业还继续有恶性发展的趋势,其情况令人忧虑。例如,在大气污染方面,中国已成为世界上仅次于美国的第二大二氧化硫排放国。据日本方面的资料显示,日本酸雨中的50%硫离子源于中国。[5]

三

从理论和理想主义的层面上讲,人类与自然之间关系的第三个历史阶段,应该开始于21世纪,也就是说,开始于我们现在正在创造与撰写的历史。在这一历史阶段,人类将在知识经济的条件下作用于自然,人与自然之间应处在一种趋于和谐的可持续发展关系。

人类对于自己与自然的关系的认识,应该说可以追溯到遥远的古代。古代各民族的先贤,早就萌发了保护环境的意识,并有过各种实践。例如,早在两千多年前,中国的老子从对宇宙自身和谐的认识出发,提出了"人法地,地法天,天法道,道法自然"的命题,主张万物的和谐。庄子则提出"太和万物"的命题,主张"顺之以天道,行之以五德,应之以自然",提出了崇尚自然的生存环境思想。只是限于时代与社会条件,这些意识与实践还是雏形的、分散的和零星的。产业革命与资本主义巨大发展,造成了人与自然的高度紧张,也造成了对环境的空前大破坏。自然对人类的惩罚与报复,也就以前所未有的加速度和大烈度显现出来。这一切,极大地加强了人类的危机感与忧患意识。从20世纪60年代开始,人们开始对环境问题的历史发展与现实进行了系统的科学研究。环境史则应运而生,成为一门当代学科。这门新兴学科或分支学科,乃是一种跨学科综合研究,自产生以来,发展迅猛,至今方兴未艾。

环境保护意识与实践的增强,环境历史研究的勃兴表明,人们开始觉悟到,自产业革命与近代资本主义大发展以来人们那种对自然只顾开发不顾保护的态度,实质上乃是一种人类在浩瀚无际的自然面前,夜郎自大,极度自我膨胀的病态。现实严酷地告诫人类:无论是在资本主义还是在社会主义条件下,忽视自然,自我膨胀,最终都难逃自然的严惩!

当代环境意识,是一种进步的世界观和历史观。它符合人类的根本利益,也恰恰适应人类社会从自然经济、产业经济向知识经济大转型的时代与历史潮流。

在古代自然经济的历史条件下的人类活动,自觉性较低而盲目性较大。人们对自然的认识有限,利用与改造也就有限。特别是当时人们赖以开发自然的社会生产力较低,特别是第一生产力——科学技术的发展水准更是相对低下,因而对自然的破坏也就局部而浅层。此时,衡量一个国家、民族和社会发展水平的标志乃是人力资源的占有,即哪一个国家、民族和社会占有的人口多、人手多,哪个国家、民族和社会就会走在世界的前列。既然保持和发展人口即人手是人们乃至整个社会的兴奋点,那么自然经济条件下人手简单劳动对自然的破坏,相对而言就是一个相当缓慢的历史过程。而自然对人类的惩罚与报复,也就会是一个缓慢的历史过程。这种破坏与惩罚的力度,也就在历史长波段的渐次显现中,无形地被弱化。人类的盲目性恶果,也容易被长波段的历史所稀释。

近代以来产业经济的飞速发展,促使人类文明跃上了一个前所未有的高度。人类对自然的开发、利用与改造,由于近现代科技的巨大进步,蒸汽、电力、电子与核技术的来临,其历史的自觉性空前提高。同时,陶醉于这种自觉的人类本身,又不以自己意志为转移地带有极大的盲目性。此时,衡量一个国家、民族和社会发展水平的标志乃是自然资源,即哪一个国家、民族和社会占有的自然资源多,哪个国家、民族和社会就会走在世界的前列。既然占有自然资源乃是整个社会的兴奋点,那么产业经济条件下依赖大机器生产的复杂劳动对自然的破坏,也就是一个日趋加速的历史过程;而自然对人类的惩罚与报复,也就是一个日趋迅猛的恶性发作过程。人类盲目性的恶果,也日趋显而易见。

伴随着高科技的发展,人类现在正迈向一个新的经济时代。这就是知识经济时代。我们可以说:今天,美国已处在知识经济的初级阶段;西欧和日本则正站在这个时代的大门口;中国和第三世界众多发展中国家,也纷纷为进入这一新的时代做出准备。在知识经济时代里,衡量一个国家、民族和社会发展水平的标志乃是人类智慧资源的占有,即人才特别是高级人才、高级头脑的占有。哪个国家、民族和社会占有的人才特别是高级人才多、高级头脑多,哪个国家、民族和社会就会走在世界的前列。这是一个智慧竞争的时代。如果说,在自然经济时代,人类在对自己与自然关系的认识上自觉性低而盲目性大;在产业经济时代,人类在对自己与自然关系的认识上自觉性高却也盲目性大;那么,在21世纪开始的知识经济时代,人类在这个问题上则理应达到自觉性日增而盲目性日减的境界。这就是说,在开发、利用和改造自然的同时,对环境的保护意识与实践,应达到同步甚至先期位置。

四

环境保护意识与实践,是衡量知识经济时代人类智慧水平的重要标志,也是这一时代的历史要求。我们还要强调指出,21世纪人类的环境保护意识中,应该涵盖一项重要的内容,这就是人文主义的关怀。

我们已经指出,知识经济时代是一个智慧竞争的时代,也就是一个人才竞争的时代。那么,这个时代,人才特别是高级人才的标准是什么呢?本人以为应该具备下列三个条件:第一,全面发展的高素质,即有着很高的人文精神与人文素养,很强的科学精神与科学头脑;第二,不断更新的知识架构;第三,超强的创新意识与创新能力。

显然,人文主义的素养已成为新时代人类智慧的不可或缺的内容。没有人文素养的人类,将是没有智慧或智慧发育不全的人类。据此,我们可以进一步认为,21世纪的人类在考虑自身与自然的关系的时候,理应具有一种人文关怀。人文关怀,也自然渗透在人类21世纪的环境意识当中。

我们这里所讲的环境保护理念与意识当中的人文关怀,应该包含下列三个层面。

第一,它应该是一种真正的普世性质的关怀。尽管环境保护思想和理念首先出现在产业经济发达地区,如美国、西欧和日本,但它所关注的,绝不应当只是少数发达国家与地区。21世纪的环保理念与意识,其关注的重点应该更加集中在广大发展中国家与地区,特别是贫困、落后的地区、民族和社会阶层。伴随着全球化的进展,这种人文关怀更应达到同步与先期的地位。

第二,它还应该是一种具有下世未来学性质的关怀。这里讲的下世,并非佛教中的来生,或基督教中的天堂,而是指我们人类生生世世的后代。人们认为知识经济时代的人与自然的关系,是一种可持续发展的关系。对于我们人类而言,环境保护中的人文关怀,正是对我们全世界各民族子孙后代的关注,对他们生存、发展和福祉的关注。

第三,它还应该是一种扩展到人类以外的对自然的关怀。特别是对我们人类赖以生存的地球生态环境的关注。21世纪人类的智慧应该达到这样的水准,即认识到忽视自然、忽视生态环境就是忽视人类自身;破坏自然、破坏生态环境就是毁灭人类的未来。人类为万物之灵,这本是人类的光荣。但如果将这一命题肆意推向极端,将人类与万物视作一种主奴关系,片面以为"万物皆备于我",以为人类可以对自然万物肆意巧取豪夺,那就大错而特错。那样的话,人类必将自辱。我们说人类为万物之灵,本身含有人类的一份责任,关注自身,关注自然万物;与自然同在,与万物共荣。

以上几点浅见,愿与诸君共勉!

注 释

〔1〕 W. Cronon, *Changes in the Land: Indians, Colonist and the Ecology of New England*, New York, 1883; D. Worster, *Dust Bowl, The Southern Plains in the 1930s*. New York, 1979.

〔2〕 包茂宏:《苏联的环境破坏和环境主义运动》,载《陕西师范大学学报》,2003年,第4期,第24页。

〔3〕 W. M. 托马斯,A. O. 奥尔诺娃,《苏联和后苏联的环境管理:研究铅污染案例得出的教训》,《人类环境杂志》,2001(2),参见包茂宏前文,注(14)。

〔4〕 Mark, J. Valencia, *A Maritime Regime for Northeast Asia*, Oxford University Press, 1996, p. 189.

〔5〕 Shigenori Matsuura, *China's Air Pollution and Japan's Response to It*, International Affairs, Vol. 7, No. 3, 1995, p. 235.

此文发表于《亚太研究论丛》2005年第2辑。

21世纪东亚文化建设与文化自觉

一

当今世界,经济全球化的大潮正在冲刷着我们这座星球的每一个角落。这一大潮,不可能长久地被局限于经济的河道里。如春潮泛滥,它必然流向政治、文化等一切人类生活的领域。正如吉登斯所指出的:"全球化的内容不仅仅是,甚至主要不是关于经济上的相互依赖,而是我们生活中的时空巨变。"[1]

因此,全世界所有国家和民族都是在全球化进程的影响甚至制约下生活着、活动着。东亚地区,自然也不例外。我们这里所讲的东亚地区,大体上指的是太平洋亚洲,即:从东北亚经中国直到东南亚地区。

这样一来,我们在这里所讨论的东亚诸国及其文化建设,就有了一个共同的平台。这就是:在古代,我们都曾拥有璀璨的古代文明,无论是儒家的、佛教的、还是比较晚近的伊斯兰文明;在近代,除日本外,我们都曾遭受过西方殖民的入侵、奴役与压榨,有过一个相当漫长的本民族传统文明的屈辱时期;在当代全球化背景之下,西方文化,特别是美国文化正在以强势文化的姿态,向包括我们东亚在内的世界各地冲击。

中国和东亚各国人民,在21世纪建设和发展自己国家的活动,正是在上述这样一个文化平台上展开的。显然,在这样的平台上求发展,文化建设是一项极其重要的内容,也是极为繁巨的任务。这一繁巨的任务,向我们东亚各国人民提出了一个要求,就是要有一种高水准的文化睿智,或者称作文化自觉。作为一名中国学者,我的发言在某种意义上可以说是一个中国人的文化反思。伽达默尔指出:"不是历史属于我们,而是我们属于历史。早在我们以反思的方式理解自己之前,我们已经以自然而然的方式在我们所生存的家庭、社会和国家这样的环境里理解自己了。"[2]因此,本人的反思自然有着局限性。我诚挚地期待着诸位就这一问题贡献宝贵的文化智慧。

二

在进行自己国家的建设,特别是文化建设的时候,我们应该以什么样的文化自觉,应对西方文化呢?

我们中国人民和东亚各国人民,同西方文化打交道,已经很久了。远的不讲,从西方大航海时代开始,已经500年矣! 500年的积淀,至少就中国而言,今天我们在应对西方文化的时候,有两个负面的遗产值得特别注意。从文化自觉这个意义上讲,这两个负面遗产,就是两种文化交往上的盲目性。

一种盲目性来自历史。

由于长期遭到民族屈辱,除了受到西方列强政治的、军事的、经济的侵略之外,还蒙受着文化屈辱,遭到西方的文化侵略。特别要指出的是,近现代西方殖民主义入侵中国的时候,它们自觉地带到中国来的,更多地是西方文化的负面,西方的恶质文化、劣质文化,这就更容易造成中国人对西方文化的排斥与抵制的态度。这样,伴随着正当的民族抗争,一种盲目排斥和抵制西方文化的民族情绪,就逐渐积淀在我们的民族基因里。

这样一种盲目排斥西方文化的民族基因,常常有两类表现。

一类表现是,难以客观地、冷静地去分析、汲取西方文化中那些优秀的内涵。这是一种"傲慢与偏见"。我们知道,同中国与东亚文化一样,西方文化也是源远流长,经历过不同的历史时代,一直发展到今天。应该承认,中国文化和东方文化体系中有多少瑰宝,西方文化这一西方各族人民千百年来创造、积淀、发展的文化体系里面,就有多少瑰宝!它丰富多彩的内涵,有如大海大洋,取之不尽!古代希腊、罗马文化的璀璨,近代西方资本主义上升时期文化的辉煌,当代西方文化在不断自我修正、发展中的创新,都值得我们认真地、真心诚意地去汲取,去采撷,去消化。21世纪中华民族的伟大复兴,将是中华文明的伟大复兴。没有文化建设,文化建设中没有全面、正确地汲取西方优秀文化内涵,这一复兴事业,是不可想象的。

另一类表现是,容易偏爱西方朋友对西方文化所作的批判,容易偏爱西方朋友对中国或东方文化的偏爱。这是又一种"傲慢与偏见"。在这种盲目性的支配下,我们可以为自己拒绝汲取西方优秀文化找到理论依据:"看!连西方人自己都在无情地批判西方文化呢!"近代以来,西方人规模性的批判西方文化时有发生。比较突出的可以列举两次。一次是第一次世界大战,那场惨烈的战争使得许多西方人士对西方文明产生了一种破灭感。另一次,是20世纪晚期西方文化理论界的后现代主义思潮。从德里达(Jacques Derrida)的解构论到赛义德(Edward Said)对"东方主义"的批判,从西方马克思主义到后殖民主义理论,批判现代西方文明或文化,几乎成为西方文化理论界的一种时尚。[3]

与此同时,西方人在反思、批判自身文化的时候,又曾经时时将未来的期望寄托在东方,寄望于中国。其中,也有两次比较突出。一次是18世纪思想启蒙时期。当时的启蒙思想家们,许多人对东方、对中国文化一往情深,以至有的人如魁奈竟被称为"欧洲的孔子"。大文豪歌德在其咏唱中国的诗歌中,表达了他"视线所窥,永是东方"[4]的心声。伏尔泰则认定中国人"是地球上无论在道德方面或治理方面最好的民族"。[5]另一次则是二战之后,从汤因比到今天后现代的学者与文化理论家们,对传统中国文化、东方文化充满同情的、浪漫的解读。汤因比甚至认为:"世界统一是避免人类自杀之路,在这点上现在各民族中具有最充分准备的,是两千年来培育了独特思维方法的中华民族。"[6]

应该指出,当代西方学者与文化理论家对西方文化后现代模式的精彩批判,是在西方社会环境中,在已经达到很高发展水准的文明与文化平台上,对自身文化的一种反思、一种反省。这种批判,同启蒙时代西方思想者批判西方文化以反对中世纪专制主义一样,具有其进步意义。同时,无论是启蒙时期,还是当今后现代的西方文化界、学术界的朋友们,出于对中国文化、东方文化的不了解或了解得不够深入,容易将东方的、中国的文化雾化为一种朦胧的美,从而将其浪漫化为自己心目中的理想范式。这是一种文化或文明的误读。将一种陌生的异质文化理想化、浪漫化,对于批判自身文化的负面内涵,永远是一个有力的武器。然而,中国或东方的学人,如果在应对西方文明、文化时,一相情愿地偏爱上述这些东西,直到走入极端,自觉或不自觉地用它来作为拒绝汲取西方优秀文化的依据,或者拿来作为中国与东方自身文化的负面弱点的遮盖物,其后果将会是障碍中国与东亚的文化建设。

另一种盲目性也来自历史。

与盲目拒绝、排斥西方文化常常同时或交替出现的,是盲目地、不加分析地崇拜西方文化。我们中国称这种现象为"崇洋媚外"。

崇洋媚外的思想,是一种产自殖民地、半殖民地国家的文化理念,是一种在西方强势文化面前卑躬屈膝,并反转过来全盘否定,贬损本民族固有文化的心理和态度。在上个世纪二三十年代,在少数留学西方,特别是留学美国的中国人当中,就存在过这种文化心态。当时的中国就曾流传这样一句充满对这一理念讽刺的概括,叫做:"美国的月亮比中国的圆。"显然,怀抱着这种洋奴文化心态,是无法进行东亚国家的文化建设的。

我认为,上述两种盲目性,都是由于我们东亚各国在近代长时期的殖民地、半殖民地的民族地位造成的。无论是盲目排外,还是崇洋媚外,都源于殖民地、半殖民地弱势民族的地位与状态。弱势民族的地位与状态,产生了弱势民族文化的心态,积淀为弱势民族文化的基因。当西方殖民列强与中国及东亚诸国的民族矛盾激化的时候,那种盲目排外的心态容易爆发;而当上述民族矛盾相对平缓的时候,那种崇洋媚外的心态则比较容易出现。

今天的东亚诸国,早已在二战之后陆续赢得了民族独立,恢复了自己的民族尊严。在这当中,中国更是在改革开放以来取得了长足的进步。如今的东亚是涌现出亚洲四小龙、八小龙的东亚,是充满了自尊与奋斗精神的东亚;如今的中国,是一个和平发展中崛起的国家,是一个在国际事务中负责任的国家,是一个神舟6号圆满发射及返回的国家。我们不仅有必要,而且完全有条件克服上述文化盲目性,因为我们中国与东亚诸国早就不再是殖民地、半殖民地弱势民族,我们完全不应该再有盲目排外主义、崇洋媚外那种弱势民族文化心态。那是一种小家子气的狭隘文化心态,怎能适应今天中国与东亚各国堂堂正正进行文化建设的形势?让我们东亚诸国抛弃这种狭隘的小家子气,在应对西方文化时,该吸纳的大胆吸纳,该扬弃的坚决扬弃,拿出我们东亚人民的磅礴大气来。

三

在进行自己国家的建设,特别是文化建设的时候,我们又应该以什么样的文化自觉,去对待自己的传统文化呢?

在这方面,同我们所倡导的文化自觉相对立的,也有两种盲目性。

一种是对中国和东亚各国所固有的传统文化,怀抱着虚无主义的心态。这种文化心态,很自然地容易同前面所讲的对西方文化盲目崇拜的心态相通,相联结。以中国为例,远的不说,这种倾向在改革开放初期曾一度势头甚猛。例如,曾经有一种观点,认为中国与西方的根本差距,在于文明的性质,认为中国文明是黄色文明,从根本上逊色于西方的蓝色文明。近年来,这一倾向主要的切入面,首先在大众文化,加上大众传媒与网络的发达,容易造成西方强势文化乘虚而入,并以燎原之势迅猛流播。西方大众文化的快节奏、多姿彩固然适应了当代社会人们的工作、学习与生活的要求,但在这快节奏、多姿彩的形式的后面,却是西方文化内涵,其中包含着大量的负面的文化杂质。如果任这种倾向发展下去,东亚诸国则可能再次沦为西方的文化附庸、文化殖民地。

另一种盲目性,是对本民族固有的传统文化的过分揄扬。甚至以这种过分的揄扬为武器,去应对西方文化的强势入侵。

在中国,从"五四"运动前后的东西方文化论争开始,上述这种过分揄扬中国传统文化的情形就存在着。一位极受尊敬的中国文化先贤,就曾大声疾呼:"世界未来文化就是中国文化的复兴",西洋人"要求趋向之所指就是中国的路,孔子的路"。[7] 这一倾向,在改革开放以来,继续得到阐述。当汤因比、罗素等大师乃至若干后现代主义文化理论家发表了过分赞美中国文化的言论时,上述倾向就更加张扬。

中国和东亚诸国的传统文化,果真能够在全球化大潮下与西方文化风水转换,轮流坐庄,统冠全球么?

不能!

中国的传统文化,即儒家文化,或糅合了佛家、道家与其他古代中国传统思想的儒家文化,是一个延续了两千余年的,不断自我补充、完善的,不断适应时代与社会发展而调整变化着的庞大的文化体系。远的不论,自"秦皇扫六合"以降,这个庞大的文化体系曾经成功地,或者比较成功地作为精神支柱,支撑了从两汉到大清帝国的历代王朝。

然而,自1840年鸦片战争以降,以儒学或儒佛道为核心的中国传统文化,作为一个文化体系,早已一败再败于近代西方。

今天,将儒家文化革新化和体系化,是中外一些学人的努力目标。这种努力,自然有其积极意义。但是,21世纪中国要构建的伟大复兴的民族文化,却绝非是简单的儒家文化的复兴或儒家文化的体系化变革。产生、发展并繁荣于农耕文明土壤和自然经济时代的儒家文化体系,在历史上曾经有过自身完善化的多次变革。孔子死后,儒有十家,家家不同。这类变革使得它能够长期、稳定地属于古代中国的主流、垄断地位。然而这一庞大文化体系,在近代资本主义文明和产业经济大潮汹涌澎湃之际,却无力对自身进行再一次适应性变革,终于在西方文明的打击下遭到了体系性、结构性的破产。今天,面对着在产业经济基础上生长起来的知识经济或新经济,儒学作为一种传统的文化体系,在时代上已经落后两个阶次了。

21世纪中华民族伟大复兴所需要的,是一种有别于简单的儒学复兴的、全新的文化体系。这一文化体系,以包容、大度、高远为特征。它的内容大致由三个部分组成。

第一,传统的儒学文化,作为一种文化体系已经破产百年。我们的任务绝不仅限于将它重新捡起、重新包装、重新体系化。相反,对于其中大量的负面的恶质文化,那些早已伴随着中国晚期古代社会的腐朽而腐朽的文化内涵,"五四"先辈早已控诉、批判过的,我们今天更应痛加扬弃!要特别警惕这类落伍和保守的东西乔装打扮,为今天的中国文化建设服务,那将是饮鸩止渴,危害性极大。只有在体系破碎的条件下,我们才能将传统文化中的若干部件、若干内容,如大家所熟知的"和为贵"、"和而不同"、"协和万邦"等理念精心地挑选出来,加以时代性、社会性的改造,将其融入中国正在构建的新文化体系之中。

第二,西方文化,作为一个庞大的文化体系,同样已不堪作为我们的楷模,不能如塞缪尔·亨廷顿所期待的那样,"再次确立它作为其他文明追随和仿效的领袖地位"。[8]这是因为,西方文化体系中自来同样有着其负面与恶质文化内涵,这是我们始终要予以拒绝的。同时,自近代以来,西方文化体系在与世界其他文化相遇的时候,总是以一种居高临下、盛气凌人的强势态势出现。这是一种体系性、结构性的强势，是一种深入骨髓、积淀在基因里的强势。特别是发展到今天，以美国当权集团为代表的文化强势，显得比任何时候都更加直截了当、明目张胆、毫无伪装。例如，西方和美国新保守主义的理论家们就公开主张美国作为"统治世界的最高权力"，有效控制全球交流；强调输出美国式的民主与价值观；[9]依照这种理论，布什政府明确认定美国价值观乃是普世全球的。试问：难道我们中国和东亚各国人民所要建设的，就是这样一种充满霸道的文化体系么？难道中国再次崛起以后，也要像今天的美国一样，顶着自我标榜的文化桂冠，对其他文化抱着高高在上、藐视一切的蛮霸态度，强行直至用武力输出中国的理念与价值体系么？显然，对于这种文化帝国主义的体系，我们理当断然拒绝。我们要吸纳的，同样也是西方文化中的若干优质部件与内涵，精心、细致地把它们挑选出来，加以时代性，社会性的改造，将其融入我们正在构建的新文化体系中。

第三，对于中国和西方以外的世界各民族的文化，同样采取开放的态度。大体而言，这些文化从体系上讲类似于中国的传统文化。我们今天要吸纳的，也重在其优质部件与内涵。

我深信，21世纪的中国人将以科学的指导思想来检阅本土的，西方的和世界其他的文化，并去粗取精，去伪存真，构建起自己的新的中国式的文化体系。在文艺方面，维柯早给我们指示了这样一种文化意境："谁也不会因为哥特式大教堂或中国式庙宇不合古典美的模式而说它们丑，谁也不会认为《罗兰之歌》野蛮粗俗，不值得和伏尔泰精致完美的《昂利亚德》相提并论。……我们以乐于去理解的一视同仁的态度，欣赏不同时代的音乐、诗和艺术。"[10]

我们主张这样的文化自觉：在全球化的浪潮冲击下，它绝不因循守旧、抱残守缺，绝不发出弱者无助的呻吟；而是与时俱进，主动搏击，倡导全世界一切国家与民族的文化有着共生的平等机遇。我们的文化自觉，明确主张选优汰劣。但要淘汰的，应是各个国家和民族的文化中的负面劣质，而绝不是淘汰那些目前暂时落后的国家和民族的文化；要选择的，应是各个国家和民族的文化中的优秀部分，而绝不是对着某一个国家、某一种文化顶礼膜拜。

世界各个国家和民族的文化的优质方面，应借着经济全球化的大潮而多元发展,在历史长河中继续交融。这才是未来世界文化形成的唯一途径。也是我们东亚诸国在 21 世纪文化建设中应具备的文化自觉。

注 释

〔1〕〔英〕吉登斯:《第三条道路》,北京大学出版社 2000 年版,第 33 页。
〔2〕 Hans George Gadamer, *Truth and Method*, 2nd edition. English translation revised by Joel Weinsheimer and Donald G. Marshall, New York: Grossroad, 1989, p. 276.
〔3〕张隆溪:《走出文化的封闭圈》,商务印书馆(香港)有限公司 2000 年版,第 9 页。
〔4〕参见丁建弘:《"视线所窥,永是东方"——中德文化关系》,周一良主编:《中外文化交流史》,河南人民出版社 1987 年版,第 97 页。
〔5〕参见张芝联:《中法文化交流》,周一良主编:前引书,第 66 页。
〔6〕《展望二十一世纪——汤因比与池田大作对话录》,国际文化出版公司 1985 年版,第 295 页。
〔7〕梁漱溟:《东西文化及其哲学》,《梁漱溟全集》第 1 卷,山东人民出版社 1989 年版,第 525、504 页。
〔8〕亨廷顿:《文明的冲突与世界秩序的重建》,周琪、刘绯、时立平、王园译。新华出版社 1999 年版,第 348 页。
〔9〕麦克尔·哈特与安东尼奥·奈格里:《帝国——全球化的政治秩序》序,杨建国、范一亭译,江苏人民出版社 2000 年版。
〔10〕参见朱光潜译:《新科学》,《朱光潜全集》,安徽教育出版社 1987—1993 年版,第 18 卷,第 150 页。

此文发表于《北京大学学报(哲学社会科学版)》2006 年第 1 期。

文明与航海

600年前,中国伟大的航海家郑和率领船队远航,从时间来说,比西方大航海的时间要早,一般来说早半个世纪左右。在瓦斯科·达·伽马率领葡萄牙舰队到达印度西海岸,即马拉巴尔海岸卡里库特的时候,当地人说,在葡萄牙人到来之前,已经有一个规模很大的船队,每两年来一次,一般25艘到30艘大海船,船上的人拿的是长矛,配有弩炮,皮肤比较白,有头发不留胡子。当时达·伽马猜测他们可能是俄罗斯或者德意志人。事实上,卡里库特人所说的早于达·伽马的大规模的航海活动,正是郑和率领的船队进行的。

从范围来说,郑和航海比西方航海的范围大得多。哥伦布航海美洲,主要在加勒比群岛和这一带的美洲大陆,同当地处在原始社会的印第安人有所交往。瓦斯科·达·伽马的葡萄牙舰队到达的只是东非的城邦和印度西海岸。而郑和船队遍访亚洲、非洲三十几个国家、地区和城邦,交往的面广得多。

从规模上说,达·伽马的舰队只有四艘船,一百多船员,哥伦布也只有不到一百人的船员和三艘船。在哥伦布几次航行美洲的过程中,规模最大的一次乘员只有1700人,而郑和航海有27800人左右的船员,长44丈、宽18丈的大中宝船有62艘,"篷帆锚舵,非二三百人,莫能举动",规模很大。有的人在郑和航海百年之后,见到当年造船厂的大铁锚,它经过百年的风吹雨打日晒,仍然在阳光下闪闪发光。这说明当时明代的时候,中国冶铁炼钢的工艺,达到了相当高的程度。

很清楚,郑和船队是一个非常强大的海上商队、海上使团,同时是一个真正意义上的无敌舰队。

近代早期,西班牙有一支无敌舰队,在1588年被摧毁了。事实上比西班牙早两百年的时候,中国郑和的船队掌握着西太平洋到印度洋的制海权,是一支真正的无敌舰队。虽然有强大的武装,但中国的理念、郑和的理念是一个和平的理念。郑和是这个理念的执行者,而这一理念的倡导者是中国历代王朝的统治者。在郑和远航时期就是永乐皇帝。

明太祖、明成祖,然后到宣德皇帝,四代三个皇帝给各国的诏书、敕令里反复强调的一句话,是"共享太平之福"。这实际上就是中国两千年以来,在对外交往中的一个非常根深蒂固的指导性的理念。郑和在近三十年的航海生涯中,多次出海,曾到过几十个国家,他和当地以和平交往为主,真正意义上的国家与国家之间的武装冲突只有一次,而且是不得已而为之的举措。

今年是郑和远航600周年。这里有一个问题,为什么郑和远航的前五个百年,中国人没有庆祝纪念,而到了600年的时候,中国人才堂堂正正地大规模地纪念郑和远航事业呢?

我在国外曾做过一些学术讲座,其中一个题目是《十五世纪世界三大航海活动》,一位航海家是哥伦布,一位达·伽马,还有一位就是郑和。在美国,很多人对于哥伦布和达·伽马,乃至于麦哲伦都如数家珍。但郑和是谁则很少人知道。可以说,在世界历史上,郑和被埋没了几百年。

在郑和远航500周年的时候,1905年梁启超先生在报纸上发表一篇文章《祖国大航海家郑和传》,那算不算纪念呢?算纪念。但那是一个屈辱民族不甘屈辱的呼声。而整个民族来纪念,这是今天中国人做的事情,这是中华崛起的一种需要。中华崛起要注目海洋,要缅怀自己的过去。

由此我们不禁要问:海洋和人类文明到底是什么关系?海洋、航海对人类文明进步的作用如何?以及对于我们中华崛起有什么意义?下面将分几个时段汇报一下自己的心得。

一 文明朝霞时期的航海

人类社会从原始社会进入文明时期,大海大洋上的航行比较困难,因为当时生产力水平还非常低下。但是人类的老祖宗不屈不挠,只要在海边,他就要对陌生的海洋,对陌生海洋的深处和对面究竟有些什么东西产生好奇,希望去了解。同时,向大海索取生活资料,即所谓"靠海吃海"。

地中海是一个封闭式的海。同太平洋、大西洋浩瀚无际、狂风怒吼、波涛汹涌的情况相比,地中海为古代文明朝霞时期的人类的活动,提供一个相对比较便利、比较安全的场所,是一个优质的航海摇篮。

地中海东边有埃及。古埃及文明发达以后,就往外扩展。埃及文明基本是陆地农业文明,是尼罗河的大河文明,扩展到地中海岛屿克里特,后来到迈锡尼,埃及的影响就随之流播到希腊。

希腊人是一个航海的民族,希腊文明从爱琴海向整个地中海扩散。但地中海最早的、最有名的航海民族是腓尼基人,他们航遍了整个地中海。那么腓尼基人有没有走出地中海呢?西方历史学之父希罗多德有一个记载,这个记载很有趣,引起了学者们的注意。古代历史学家包括中国的司马迁,常常是跋涉千里,所谓走万里路,读万卷书。西方的历史学之父希罗多德也是到处游历,他最远到达埃及尼罗河中游的地方,也就是现在埃及的阿斯旺高坝一带。希罗多德记载了这么一条材料,腓尼基航海家经过三年的时间,在外头周航一大圈。据腓尼基的水手们讲,他们启航的时候,太阳从左手升起;而返航的时候,太阳从右手升起。而且用三年的时间才完成了这次航行。所以有不少学者根据希罗多德的记载,推断希罗多德记载的腓尼基人用三年的时间绕航非洲一圈。

西方有地中海,东方没有地中海,但是有一个或者两个类似地中海的海域。一个在东北亚的渤海湾、黄海、山东半岛、朝鲜半岛、日本列岛,那里相对有点封闭。还有一个地方就是从中国的两广、台湾到菲律宾,到印度支那,到马来西亚、新加坡、印度尼西亚这一块,所以东方的航海集中在东北亚和东南亚地区。

中国的考古学家,在山东容城发现了5000年前的船。那时的船已经开成几个舱,一个舱进水,别的舱却并不进水,所以放在水里不会沉,始终漂浮。另外,7000年前,在浙江河姆渡地区发现了几只船桨,说明早在文明朝霞时期之前,山东半岛还有江浙,也有了早期的航海活动。

从原始社会开始,人类大致生活在三个生态地带,即农耕地带、游牧地带和滨海地带。三个地带最后就形成了三类民族,古代的农业民族,古代的游牧民族和马克思、恩格斯所讲的古代滨海而居的商业民族、航海民族。

在文明朝霞时期,这三大地带三种民族航海和文明的产生是什么关系呢?

游牧带诸族尚勇好武,疾若飘风,控弦数十万,周期性入侵农耕地带。在历史上,游牧民族基本上在文明的朝霞时期沉浮。我们没有看到游牧民族自己进入古代文明社会;往往是游牧地带提供第一级火箭,游牧民族接触、入主滨海带和农业带以后站稳脚,进入文明。这些文明后来甚至很发达,但是它已经不是游牧状态的生产和生活了。

这样就剩下农耕地带和滨海商业带,也就是马克思所说的古代农业民族和商业民族。这两个地带文明的产生和航海有什么关系呢?我们知道,农耕地带常常在大河流域,因为大规模农业社会的生产生活需要巨大的水源,大河通海的地区常常是文明的发祥地,如尼罗河文明发祥地、两河文明发祥地、印度河文明发祥地、黄河文明发祥地(当然现在说中华民族的摇篮不止黄河,长江、珠江、海河、辽河都是,这是现在的发现,但是我们的母亲河一般还是先说黄河)。四大文明都从农业出来。农业文明是靠着农业发展的,但是和海洋也有关系,海洋可以成为农业文明的一个重要补充。至于滨海的商业民族,那里的人民也要吃粮食,所以背后腹地也有一个农业带,但这个农业带相对比较狭隘,因此在这种情况下,滨海民族被航海和古代商贸推动进入文明。

二 古代文明的辉煌与航海

先讲三个辉煌的古代文明与航海的关系。

第一个讲古罗马文明。罗马人打败迦太基,统一整个地中海,地中海成为当时罗马帝国的内海,一个内湖。罗马人不仅在地中海航行,其航行触角远远超出地中海。西出直布罗陀,北上英伦三岛,到现在的英国;同时沿非洲海岸南下,往东北方向罗马人到达黑海流域,往东南走就走得更远,出红海、进印度洋。罗马把埃及拿下来以后,埃及成为它统治的地方,这样红海就在罗马人的控制之下。据古代罗马作家记载,每年出红海进入印度洋的罗马的船只有120艘。每年流入印度和中国的罗马货币达1亿赛斯特斯。在印度的东海岸阿里卡梅杜的地方,二战后发现一个罗马古港,这个古港里发现大量古罗马钱币和很多古罗马陶器,意大利制造的罗马式的陶器等等,说明罗马人的商船已经到达印度东海岸;更有甚者,他们到了现在越南南部的金瓯地区湄公河三角洲。

罗马人航海的船是什么样子呢?近年在意大利的比萨挖出来古代罗马的船,长27米,宽9米,载重250吨,可以45度顶风扬帆行驶,这已经很有水平。但更了不起的是,罗马人到东方占领埃及以后,继承了托勒密王朝的航海事业。据记载,托勒密王朝的战舰有8层,长度为85米,宽11米,高可以达到14米。古代东方埃及托勒密王朝的航海遗产完全被罗马人所继承。而且他们掌握印度洋信风——商业贸易风的秘密,所以可以航行到很远,直到印度东海岸,乃至越南南方河口。

在这种情况之下,罗马国家的奴隶制度特别发达。社会经济形态变化在罗马有一个特别典型的情况,就是原始公社制在罗马瓦解得特别彻底。因为罗马大规模航海,大规模的奴隶贸易,使得奴隶占有制容易在社会上占支配性地位。由于大规模的人员流动、军队远征、商业贸易、奴隶买卖等原因,原始公社制度的残余容易破毁,所以在罗马,奴隶制成为一个占有统治地位支配地位的形态。罗马文明的辉煌,航海在其中起了某种决定性的作用。

第二个讲辉煌的古代中华文明。古代中华文明和罗马文明形成了东西交相辉映的局面。中国是一个稳定的农业文明,无论是长江、黄河、珠江还是海河、辽河,都萌生并发展了农业文明。但由于中华文明自古以来拥有漫长的滨海地带,始终有着数量巨大的滨海居民,因而有着很强的航海基因,航海方面的遗产。

从辽东半岛到山东、江浙一直到福建两广,包括台湾,这一广大地区的沿海居民扬帆远航,早就成为一种传统。上个世纪80年代有一部电视名片,叫做《河殇》,里面有很多资料,也很好看,但是有一个问题,就是中华民族为什么不如西方呢?片中给出的答案是中国是黄色文明,而西方是蓝色文明,黄色文明从根本上逊色于蓝色文明,这个观点同历史不符。中华文明拥有大量的蓝色文明的传承和基因,这一点我们不能忘记。

汉武帝时国势雄强,派卫青、霍去病北征匈奴,又派张骞通西域,开辟了丝绸之路。东汉班超,在今天的新疆地区经营得非常好。当时中国人知道西方有个大秦国即罗马帝国,班超就派他的副手甘英去做使节到罗马帝国去。甘英西行,长途跋涉,走到一个大海边上,被当时的波斯人拦回去,吓回去了。波斯人说海上风浪特别大,很危险,你还是回去吧,于是甘英就回去了。甘英到达的是今天的波斯湾。波斯人为什么吓唬他呢?因为波斯人希望掌握丝绸之路的秘密,保持中间人的垄断地位,不愿意罗马人和中国人直接接触。当时罗马人也知道中国,罗马帝国的皇帝不断派兵攻打地中海东岸地区,希望打通东去的通道。中国和罗马双方都有这个愿望,但是波斯的朋友不希望双方直接接触。甘英患了"恐海症",看见波斯湾就吓回去了。不过,西方不亮东方亮,在汉武帝的时候还是派了中国的商人、官吏,乘船下南洋,就是现在东南亚,最远到达印度南方的黄支。

当时中国广州造船厂可以造长 30 米,宽 6—8 米的海船。这种船远航印度是有困难的,所以中国人通过"蛮夷贾船,转送致之",就是不断转乘东南亚各族人民造的船,最后到达印度南方。

唐、宋时期,中国的航海知识也非常丰富。唐朝一个宰相贾耽所著的《广州通海夷道》,详细记载了从广州怎么到东南亚,怎么到印度,怎么到波斯湾,到非洲的三兰,就是到东非海岸。唐宋时中国人已经了解到了东非海岸。

今天当我们纪念郑和航海 600 周年时应该认识到,郑和航海不是突然从天上掉下来,而是从自古以来,特别是从两汉以降,中华民族蓝色文明的基因中传承下来的。

但是,中华文明毕竟是以农业文明为主的,在这种情况下,进入阶级社会后,原始公社残余比较浓厚,奴隶制在这里发展成占国家支配地位远比罗马困难。

第三个讲穆斯林文明。阿拉伯帝国是由游牧民族、半牧半商的阿拉伯人东征西讨而建立的横跨三大洲的大帝国。阿拉伯人一路西征,挥舞马刀,占领埃及、马格里布、非洲北岸,沿着地中海往西征,一直到达大西洋。记载说阿拉伯的司令官奥克巴带领骑兵冲到大西洋海边的时候,非常狂热,骑马冲进大海,水淹到衣领,自言已经占领了天尽头。之后阿拉伯人又挥师北上,占领整个伊比利亚半岛,翻过比利牛斯山,到达法国南部的都尔,在那里受到欧洲基督教联军的抗击才退了回去。在欧洲占领了西班牙,在亚洲、非洲都占领了大量地方,特别是后来穆斯林商人走遍天下,渐渐发展成一个横跨三大洲的穆斯林文明带。

综上所述，古代世界有西边的基督教文明，中间的穆斯林文明和东方的中华文明——以儒家和儒佛道为核心的文明。穆斯林文明和基督教文明都是一神教，彼此排斥得很厉害，他们之间是以战争和冲突为主；而穆斯林和中华文明之间的交往是以和平为主，双方仅曾在唐代打过一小仗。当时，大唐帝国声威远震，唐军已经翻越过帕米尔高原，进入中亚两河河中地区，这一带纷纷归附。但是阿拉伯人起来了，阿拉伯军队往东打，打到中亚地区，和唐朝在怛逻斯（Talas）打了一仗。对方的司令是阿布穆斯林，非常骁勇的将军，我们的司令官是名将高仙芝。这次高将军打了败仗，很多的官兵都当了俘虏，被运到西边去，这些官兵都是手工业者、农民，所以中华文明的好多好东西，诸如造纸术等等随之传到阿拉伯地区。中华文明和穆斯林文明只打过这样一场仗，双方动员不过几万人，谈不上战争，只能算是一次小的战役，从此以后，中国和阿拉伯文明之间没有任何的冲突，是和平的交往。

先知穆罕默德有一条圣训，教导他的学生们"学问虽远在中国，亦当求得之"，就是中国的学问好，你们要去求学。在先知的心目中，中国是一个有学问的地方。

伊拉克的巴格达古都的奠基人是阿拉伯帝国阿巴斯王朝第二代哈里发曼苏尔。在奠都巴格达的时候，他有一段名言，说为什么在这里建都呢？因为这里有底格里斯河，通向海洋，一直通到中国，可以带来海洋可以带来的一切。

所以无论是先知还是哈里发，对中国的印象都很好。中华文明和穆斯林文明之间以和平交往为主，中国的四大发明往西传，主要通过穆斯林文明这一带传过去。穆斯林文明向东方流播，南下到印度，到现在马来西亚、印度尼西亚、菲律宾。整个印度洋，北边是波斯湾，这边是印度、东南亚，那边是东非海岸，全部是穆斯林文明带，因此整个印度洋可以说成了穆斯林的内海。

当时在穆斯林文明带，阿曼的商船驶向东非，东非的船驶向马六甲，即今马来西亚，印度的船停在波斯湾，整个地区的商贸活动十分频繁。而中国商船也进入印度洋，进入波斯湾，与穆斯林文明带交往十分活跃。

阿拉伯人海洋势力非常大。埃及当时有一个大海商家族集团卡里米，每年有数百艘海船在印度洋各处航行。伊本·巴图塔，一位中世纪阿拉伯世界的大旅游家,到过非洲、亚洲很多地方。伊本·巴图塔到中国的泉州,他发现泉州是全世界最好最大的一个港湾。在泉州伊本·巴图塔碰到他的摩洛哥老乡布什里。万里他乡遇故知,非常亲切。伊本·巴图塔还越过撒哈拉大沙漠到达西非,当时有一个马里,号称黄金国,非常富有。他在那里碰到布什里的兄弟。伊本·巴图塔就感觉世界真小,远航到中国碰到老乡布什里,越过撒哈拉到黑人的马里国,又碰到布什里的兄弟,我很幸运啊,走这么远,非洲、亚洲,碰到哥俩儿。伊本·巴图塔后来到了杭州,中国朋友带他去乘船游西湖。邻船上传来一阵音乐,有歌手在唱歌,伊本·巴图塔一听,特别感动,在杭州西湖,居然听到著名的波斯诗人萨迪写的一首情歌。这首情歌说一个小伙子爱上一个姑娘,说我对你一见钟情,心潮如波涛汹涌,祈祷的时候,眼前老是你的面影,无论我祈祷什么,老看到你。这说明阿拉伯人的航海事业当时已取得非常辉煌的成就,以至于伊本·巴图塔到中国见到他老乡,到黑人马里国也见到,然后在杭州也能听到波斯诗人作的情歌。

我把古代文明辉煌与航海的关系概括为:罗马文明的辉煌,航海是支柱,如果没有航海事业,古罗马文明就达不到这样的辉煌。穆斯林文明的辉煌,航海是转型支柱,因为穆斯林起自沙漠,本来不是一个航海民族,但是建立横跨三大洲的广袤的阿拉伯帝国以后,就控制了波斯湾,控制了红海,控制了印度洋,在这种情况之下,就转化了,航海就成为转型以后穆斯林文明辉煌的支柱。而中华文明的辉煌,农业是支柱,航海是非常重要的内容和补充。

除了这三大文明带,还有一种类型,我称为沉浮型。就是始终在文明初阶沉浮。比如今天的太平洋岛国。这些岛国气候好,物产丰饶,居民属于印度尼西亚人和波利尼西亚人,他们是天生的航海家。他们有一种双舟船,两只船并在一起,不容易翻,可以载好几百人,整个部落、氏族可以在大海大洋上迁移。西方近代航海家记载,这些岛民离开他们家乡好几千海里,可以明白无误地根据天象和各种知识,返回所居住的小岛。

太平洋航海民族的活动范围向东到达美洲海岸,向西到达马达加斯加非洲海岸。史料记载,成千上万的小船带着南亚太平洋的人航行到非洲。今天的马达加斯加岛上,靠东边一带的人,肤色比西边一带的肤色明显浅,带有亚洲太平洋血统。但是太平洋诸岛太小,四周的海洋太大,与外界联系非常困难,很难进入高度发达的文明,对文明发展不利。

美洲印第安文明也长期沉浮。美洲印第安文明最发达的有两处,一个在墨西哥,一个在秘鲁。西班牙人占领以后,抢夺当地的黄金,调查黄金的来源,当地人说:我们的国王曾经率队坐船到海里,和那里的人进行交易弄来的。但是这条资料是一个孤证。

非洲确实有航海。撒哈拉南边的一大块地方,相当于中国的四分之一,建立了一个马里大王国,统一以后,这个地方盛产黄金,国王曼萨·穆萨在欧洲被传称为黄金王。欧洲在非洲地图上画一个王冠,上面都是黄金,闪闪发光。黄金王皈依伊斯兰教。他带领上千的人,几百匹马,几百匹骆驼,到麦加朝圣。路过开罗的时候,他去会见当时埃及的统治者,然后他和他的随从在那大把花黄金,大把地赏赐黄金,埃及黄金的价格迅速下降,以至于三十年后,伊本·巴图塔到达埃及的时候,黄金价格还没有恢复。

黄金王统一这么大的非洲,又有这么漫长的海岸线,自然就想知道大西洋对面是什么。西非热带雨林有很大的树,国王巴卡尔二世命人把树砍下来,造 200 艘大独木船,然后派到大西洋深处。其中一百九十九艘没有回来,只回来一艘,向国王报告,说遇到暴风都刮散了,有的刮沉了,只有这条船回来了。巴卡尔二世国王很有意思,他不信邪,反正国力雄厚,他又造了 2000 艘独木船。这一次,巴卡尔二世自己带头跳到第一艘船里,率领 2000 艘大独木船向大西洋深处航去,从此杳无音信。伊本·巴图塔记载了这个事件。

除了穆斯林文明带,西方罗马文明和中华文明以外,上述这些都是属于一个边缘化的东西。这种长期处于沉浮状态的社会,尽管有可观的航海活动,但对他们的文明,并没有起到一个巨大的推动作用。究其原因,是缺乏文明交往的对象。大洋浩瀚,生产力发展低下,很难有文明的大规模交往。

所以航海主要是促进文明交流,海洋是一个文明交流的桥梁,航海是一个文明交流的载体。如果没有文明之间的交流,比如波里尼西亚人在星空之下到处飘荡,找不到交流的对象,飘荡得再伟大再杰出,对于文明进步也没有什么促进,美洲印第安人面对浩瀚无际的太平洋和大西洋,没有交流的对象,也没有文明的信息反馈,对于他们的文明的生长,难以有很重要的启示和提升作用。

三 资本主义文明与航海

资本主义天生需要海洋。

近代西方资本主义的发展,大体可以划分为三个大的阶段,即:资本原始积累时期、自由资本主义时期和帝国主义时期。那么,航海在资本主义发展的上述三个阶段起过什么样的作用呢?

第一,资本原始积累时期。

资本主义萌芽在欧洲中世纪的社会中,相对比较容易产生。中世纪的欧洲诸侯林立,林立的诸侯的力量都不够大,而且诸侯力量之间彼此抵消。因此在诸侯林立的缝隙当中,城镇容易出来,城镇力量容易独立自治。工商业容易发展起来,农奴也比较容易转化。农奴在S伯爵这儿受不了,就往城里跑,因为他如果跑到W公爵那儿,也还是农奴,而跑到城里,农奴身份就可以解脱,所以资本主义萌芽就比较容易出现,但不是所有的萌芽都可以长成参天大树,它需要灌溉,而这个灌溉之水就来自海洋。没有海洋,没有航海,欧洲中世纪的萌芽照样可以出来,但是发展非常缓慢,会受到各种摧残。

马克思主义经典作家讲,14世纪资本主义萌芽已经在地中海沿岸某些地方稀疏出现,就是在意大利半岛,威尼斯、热那亚、佛罗伦萨,就是文艺复兴启蒙的地方。可是欧洲资本主义的参天大树,是不是由这些苗子长出来的呢?主要不是,因为当时地中海的贸易虽然控制在威尼斯、热纳亚船队手里,海水曾灌溉了他们的苗,甚至于文艺复兴的解放思想都出来了,可是奥斯曼帝国崛起了。奥斯曼是一个横跨三洲的大帝国,自称是马刀建立的国家,横征暴敛,把整个丝绸之路一拦两断。这样一来,威尼斯、热那亚、佛罗伦萨就没有活水了,没有商业利润,受影响受损失,事实上后来意大利半岛这点儿发展、活气萎缩下去。人才外流,从意大利半岛往外跑。如果跑到奥斯曼帝国去,就要改信伊斯兰教,但他们是基督徒,于是就去伊比利亚半岛,投身葡萄牙、西班牙。哥伦布就是这样从意大利跑过去的。西班牙、葡萄牙首创西方大航海事业,哥伦布发现美洲,这些,意大利人有大功劳。

我们一直认为郑和比西方大航海早大半个世纪。但是现在要稍稍地修订一点,就是1405年郑和扬帆,1415年葡萄牙人占领北非的休达,也开始了他们的远航事业。当时有个年轻的王子航海者亨利。亨利王子培养人才,建立海校,然后组织船队沿非洲西海岸南下。郑和远航到印度洋的时候,葡萄牙人已经开始在非洲海域活动了。他们一点一点南下,绕过好望角。印度洋、西太平洋的航路是我们比较熟知的航路,而在哥伦布和瓦斯科·达·伽马船队面前是完全陌生的海洋,而且风暴非常多。在达·伽马之后有一个卡布拉尔舰队,就被风暴打偏了航路,航至美洲。葡萄牙人无心插柳柳成荫,就在那里建立一个殖民地,发展起来,现在是拉丁美洲最大的一个国家——巴西。

15、16世纪的葡萄牙、西班牙是骑士之国。骑士国家成为资本主义冲锋陷阵的先锋队,这是一个很有意思的悖论。葡萄牙、西班牙虽然开创西方大航海,做出不朽的贡献,但是它自己不争气,因为它们是封建国家。当时西班牙和葡萄牙弄了很多钱,但是他们自己是一个双管漏斗,从欧洲弄来的工业品都流到美洲,美洲流来的金银都流到欧洲。之后荷兰人在17世纪取代了西葡两国的地位,成为有名的"海上马车夫"。18世纪以后英国、法国等欧美列强都起来了。西班牙、葡萄牙这两个先行者却边缘化了。

在地中海意大利半岛出现的那个稀疏的资本主义萌芽,没有长成参天大树。参天大树是西班牙、葡萄牙大航海活动带来的,大量的财富进入西欧,像现在的荷兰、比利时、法国北部,以至于英国,这样资本主义大树在西欧成长起来。所以最先发展起来的资本主义是西欧资本主义,并不是南欧资本主义,更不是东欧资本主义。

这里我还要读一段《资本论》里讲的非常经典的话。马恩指出:"美洲金银产地的发现,土著居民的被剿灭、被奴役和被埋葬于矿井,对东印度开始进行的征服和掠夺,非洲变成商业性地猎获黑人的场所:这一切标志着资本主义生产时代的曙光。这些田园诗式的过程是原始积累的主要要素。"原始积累的主要要素在哪儿呢?在美洲、在东印度、在非洲。这些"主要要素"是怎样万里迢迢地跑到西欧去发挥作用的?靠航海嘛!

这里我给大家讲几个具体的事例。

美洲金银矿发现了以后,"土著居民被剿灭,被奴役和被埋葬于矿井"。因为西班牙、葡萄牙当时代表着欧洲资本主义发展的需求,欧洲资本主义生产手段发展了，需要交换的手段——贵金属。西班牙人、葡萄牙人到了美洲就要去抢贵金属，非常野蛮残暴。这样抢还不够，他们找到了巨大的银矿，欣喜若狂，抓当地的印第安人去开采，可是印第安人不适应恶劣的环境，死亡率很高，死亡率是 6/7。乃至于当地的印第安人的村庄，哪一家的年轻人被征发去开采银矿，全村预先给他开追悼会，给他送葬。当时记载说，如果要到达银矿井，就要踩过无数人的白骨。此外，还有大量的杀戮、抢劫，以至于后来西班牙人航行到美洲，不需要导航了，说沿着海水飘来的印第安人的尸体，就可以到达美洲了。古巴、海地的印第安人都几乎被杀光。出现了大量的种族灭绝式的杀戮。

还有一个古巴民间的故事，典型地反映了当时西班牙殖民者的残暴。西班牙人在古巴建立很多种植园，印第安人被杀光了，又从非洲掠夺黑人奴隶到这里来。种植园的恶劣条件非人所能忍受，黑人奴隶就逃亡自杀。有一个特别强壮的黑奴跑到种植园深处，拿裤带挂在树干上要自杀。白人种植园主追着不让他自杀，因为这个奴隶身体特别棒，种植园主不愿意损失这个劳动力，所以就死说活说，威胁利诱。但这个黑人死活就要死：我就不受你的压迫，不受你的剥削。最后种植园主想了一个招儿，他把自己的裤腰带解下来，吊到树干上说：行，你死我也死，我跟你一块自杀。果然，这个黑奴就不死了，为什么呢？他说怕他的主人追到另外一个世界上继续像现在在种植园里这样压榨他，奴役他。

再说"非洲变成商业性地猎获黑人的场所"。非洲巨大的奴隶贸易，延续了 400 年。掠夺了多少黑人奴隶呢？学术界说法不一。有的说一千万人，有的说两千万、三千万、五千万、一亿等各种都有。我们取一个中间数，有几千万人，这是没有问题的。世界著名的黑人学者杜波依斯，他曾经讲过，说你们注意到欧洲的太太小姐们开 Party，在客厅里弹钢琴，奏起美妙的音乐，她们白皙的手指在洁白的象牙的琴键上奏起一支又一支非常令人沉醉的乐曲，但是谁也没有想到这个白色的下面是黑色和红色。什么意思呢？是大量黑人奴隶的鲜血和尸体，因为运一颗象牙出来，从内地运到海岸，要死四个到七个黑人奴隶。而且横渡大西洋，运奴隶的船到美洲，死亡率高达 30%，到了那儿又受到古巴种植园那样的奴役。

非洲的落后有一个非常重要的外部因素,就是长达四百年的黑人奴隶贸易,使得黑人损失几千万人,而且都是最精壮的劳动力。奴隶贸易最重要的是摧毁了非洲人的创造心态,没有精气神了。大探险家利文斯顿记载说:我一个月前路过时这个村子还是一个非常繁华的、鸡犬之声相闻的村庄,过一个月回来,一片废墟,人也没有了。非洲人本来是很安宁和平地生活,利文斯顿看到他们拿什么给自己扎篱笆呢?我们是拿木头竹子扎篱笆,非洲黑人当初是拿象牙扎篱笆,很富庶的。这是非洲的情况。

还有就是"对东印度开始进行的征服和掠夺"。对东印度的掠夺和奴役是这样的,英国殖民侵略军到印度就不是人样了,残暴得很,掠夺大量金银财宝。当时英国殖民侵略军占领孟加拉以后,对王宫里的金银财宝大肆抢掠。侵略军头领克莱武带头抢掠,最后被告发。此时他因征服印度有功,已经封了爵位。爵爷还在国会里大言不惭,说他只抢了二十万英镑,到现在还后悔,抢得太少了!

西方殖民主义在美洲、在非洲、在亚洲的赤裸裸的暴力劫掠,马克思、恩格斯说,这些是原始积累的主要要素。如果没有这些,资本主义的苗怎么可能长成参天大树呢?靠什么来灌溉呢?海洋带来的财富灌溉起来的。

反过来看中国,西方大航海是资本主义发展时代的序曲;东方的航海,郑和的大航海不幸地却是东方专制主义的绝唱,一个古代东方的绝唱。

我们有没有资本主义的苗呢?学术界大致认为明朝中叶以后,江浙一带苏淞吴地区有苗,跟地中海的苗差不多,但是环境不好。

恩格斯在讲到奥斯曼帝国工商业难以发展时指出,原因是商人或者工商业者的生命财产没有安全。帝国统治者素丹如果嫉妒你的财产,可以把你杀掉,把你的财产全部弄过来。在中国,情况也颇相似。中国的资本主义苗出来以后,受到的限制很大。比如,在中央集权制度之下的中国古代城市,和西方的城市不同。西方的城市是资本主义的摇篮,而东方的城市是封建王宫的营垒,越是在这种都市里,封建统治控制越是强大。

比如中国资本主义苗最茁壮的苏州。以清代为例,苏州不但有县政府,还有知府,知府上面还有道台,道台上面还有巡抚,然后是南京的两江总督,北京的中央政府。从上到下,六级政权机构都控制这个地方。这一点和西方确实不同。

中国人有从事工商业的,从事工商业也有发财的。从秦朝时就有发大财的,汉朝也有发大财的,一直都有发财的,但是发财之后如何呢?八个字,叫"以末致富,以本守之"。末就是商业,本就是农业,本末不可倒置。"以末致富",可以去经营工商业,可以致富,但是致富以后,就危险了,财产生命都有危险。于是这些财富不是投入扩大再生产,而是投入土地,买地以后,挂千顷牌、百顷牌,就回流封建领域。

我这里举两个文学作品里的例子。文学作品里所反映的,是社会现实。一个例子是陆上从商的。《儒林外史》里说的周进,周老先生六十多岁了,秀才也考不中,于是他的一个经商的亲戚就把他带着去帮忙记账,做会计。有一次到大城市里,看到贡院(就是考场),于是这些商人说今天也没什么事,咱们去看看考场。这本来是旅游,商人看看考场,回去还赚他的钱。不料周先生到考场触景生情,就哭倒在地,哭晕过去,号啕大哭。他的亲戚解释说,这个老舅是一个书生,屡试不第,今天到这伤心地,难免哭。众商人说,斯文扫地啊!既然还是读书人,大家把玩的钱拿出一点给他再考。庆幸的是这回考中了,周进就不再做商人,而去做封建官僚了。

另外一个《初刻拍案惊奇》第一回"转运汉遇巧洞庭红,波斯胡指破鼍龙壳",这个故事也很典型。说的是有一个书生文若虚,文不行,武不行,考试也不中,很落魄。后来朋友看不下去,说我们是海商,你不如到海外跟着去看看。他说我就跟你们去看看吧。大家说我们都有本钱做买卖,你呢?他没钱没货,人家凑了一两银子,给他办货。他到街上乱逛,忽然看到洞庭橘子,挺便宜,一两银子,就买了一担洞庭橘搬到船上。所有的商人都取笑他,说文相公文秀才,这就是你的本啊!一到海外,有人上船来买货,没见过橘子,就尝了一个,觉得很甜,以一个银币买一个橘子。因为特别好吃,一传十,十传百,都来买,价钱涨到一个金币买一个橘子,他就发了一点小财。回程路过一个海岛,大家上岛去玩,玩完都回船了。他在岛上走来走去,看到一个类似大海龟壳的东西,他觉得很好玩,就顶在头上回来了。全船人都笑话他。回到了家乡海港以后,一个波斯大海商看见了,给他五万两银子买下了这个大海龟壳。吃饭的时候,大家问波斯商人,为何五万两买这个东西?波斯人用刀子从壳里割出一个大珍珠,说一两个珍珠,我的本就回来了,这个壳子里好多珍珠,能赚很多。文若虚也发财了。

周师爷发财后去当官,文若虚发财以后,安居乐业,培养儿子考秀才,中举人,还是这一条老路。中国当时缺乏西方大航海的意识,"以末致富,以本守之",守来守去守到鸦片战争,守不下去了。

第二,自由资本主义时期。

产业革命以后,大量的机器产品像洪流般流入东方,打破了东方自然经济的关闸。当时西方殖民主义入侵东方,靠的是两炮,一个是廉价商品的重炮,一个是强大的舰队火炮,打开东方大门。两炮怎么到的东方?靠的还是航海。

古代长达上千年,中华帝国主要的外部威胁,来自北方游牧民族南下。当然,很多入侵或入主中原的游牧民族后来都融入中华民族大家庭。古代游牧民族对农业圈的威胁是长期的,不仅威胁亚洲,同样威胁欧洲。这个陆上游牧民族威胁的解除是在17世纪,也就是大清帝国康雍乾盛世的时候。大清一个最大的功劳就是它作为一个少数游猎民族入主中原以后,在亚洲这一侧比较彻底地解除了游牧圈的威胁,从此,威胁来自海上。所以小平同志说,落后就要挨打,主要总结的是近代海上的威胁,小平同志的认识也是历史经验的积累。中国人最早认识落后就要挨打的是林则徐、魏源,还有后来的曾国藩、李鸿章、左宗棠这一批人。所以后来洋务运动就搞起来了。

洋务运动搞了30年,铁路电报、采煤冶铁、新式陆军、新式海军都建立起来,19世纪80年代北洋水师曾经举行过一次盛大的阅兵式,当时中国海军在西太平洋名列前茅。这样就曾经造成一个假象,当时的大英帝国要对付俄罗斯南下政策的时候,想在亚洲选择一个盟友,它当时曾看中大清帝国。可是甲午战争一仗,北洋水师全军覆没,陆军打一仗败一仗。英国人十分势利,立刻掉转脸去,不理我们,1902年和日本签订英日同盟。英日同盟,列宁说是一个战争同盟,果然两年以后,日俄战争爆发。

第三,帝国主义时期。

帝国主义瓜分世界,航海更为重要。美国在19世纪末20世纪初资本主义飞速发展,国势雄起,这时候美国呼唤海洋,马汉的海权论出来了。马汉海权论一出,立刻被西方列强奉为圭臬。当时的美国总统西奥多·罗斯福就特别推崇马汉,重视海洋。可是美国的海军不行。华盛顿是孤立政策,独立战争以后干脆就不要海军,裁撤海军,吃了大亏。美国海军一直到 19 世纪 90 年代在争夺太平洋萨摩亚群岛的时候,还不成样子,以至德国人嘲笑说美国没有海军。20 世纪初,西奥多·罗斯福,即老罗斯福建立了美国第一支白色大舰队,环航地球,展示美国的国威。

美国的白色大舰队航行到日本的时候,和日本海军联欢。当时美国舰队的少尉、中尉们和日本海军的少尉、中尉们联欢,喝酒、跳舞,互相抬起、扔高。30 年以后,正是双方的这批少壮军官都晋升为舰长、将军的时候,他们面对面展开了太平洋海上的大厮杀。

日本海军也发展得非常快,日本人强化的是教育,所以国家一定要支持教育发展。日本人在明治维新的时候,教育第一,拨给文部省的经费是各部之冠,而且提出一个义务教育的口号,叫做"邑无不学之户,家无不学之人",强迫义务教育。当时的日本农民不愿意子女受教育,甚至举行暴动来反对义务教育。因为他们希望孩子早点出去打工挣钱。但是日本明治政府把农民暴动镇压下去,仍然强行推行义务教育。结果日本在甲午战争打败中国,日俄战争打败俄国,日本全民教育有了成果。日本普通的水兵都能操作非常现代化的武器装备,这就是教育对于一个国家的国防现代化的重要性。

四　中华和平崛起与航海

中华民族的伟大复兴就是中华文明的伟大复兴,而这样一个复兴和崛起的事业是离不开航海事业的。我们纪念郑和远航 600 周年,制定航海日,都是和这个息息相关的。

文明的伟大复兴,无非是三个层面,一个层面是器物、物质文明层面;一个是制度文明层面;再一个是最高层面,即思想精神文明层面。

从器物文明层面来看,重视海洋,重视海上的交往,特别重视对外贸易,这一点非常重要。外贸对于经济增长所占的比重颇大。前一段时间,有一些青年学生要起来游行,要抵制日货,在我的讲座或者课堂上,有的年轻学生朋友激昂慷慨地提出这个请求,并征询老师的意见。我说我不赞成去抵制日货,不赞成去上街游行。因为外贸对中国的稳定与和平发展非常重要,抵制的日货有很多是日资在中国生产的,我们也受损失,这是一个双输而不是双赢。再有如果抵制日货,造成日本大量失业,遭殃的主要是日本的老百姓,对于中日两大民族长远的精神上的和平共处和合作是不利的。另外,如果在中国和日本造成同样巨大数量的失业和下岗人员,由于日本社会已经是高度发达的有秩序的社会,同样的情况,在日本引起的社会动荡和在中国引起的社会动荡是不一样的。中国承受起来就会更加艰难。所以我觉得,当代大学生应该还有一个比较宽阔的意识来考虑这个问题,这个问题和今天所谈的海洋、航海也是息息相关的。

从制度和精神文明的层面来看,我觉得航海、海洋是一种文明的眼光、文明的理念、文明的魄力和文明的知识,所以在制度和思想层面上、精神层面上也是非常重要的。

今天在中国谈航海,是在谈一种开放的精神。我们在面向海洋的同时,也面向天空,面向外太空。我们的文明意识应该超越当代西方的文明意识。我们能够从传统文化,从西方文化,从世界其他文化、文明当中汲取智慧,用一种海般开阔的胸怀和眼光,来应对21世纪,来促成祖国的伟大复兴以及和平发展。

此文是在国家图书馆为部级领导干部所做的演讲稿,本书以原貌收录。精编版以《航海论》发表于《北京日报》2006年11月27日的理论版。

何芳川教授学术著述系年

何芳川先生,生于1939年,1962年毕业于北京大学历史系并留校任教,历任讲师、副教授、教授,2006年因病在北京逝世。在非洲史、亚洲史、环太平洋地区史、中外文化交流史等领域进行了卓有成效的开拓和探索,代表作有《崛起的太平洋》、《澳门与葡萄牙大商帆》、《太平洋贸易网500年》(主编)、《中外文明的交汇》等。先后担任北京大学历史系主任,海外教育学院院长,北京大学副校长,校务委员会副主任,亚太研究院院长,国务院学位委员会历史学科专家组副组长、国家社会科学基金世界史学科专家组副组长、教育部历史学科指导委员会副主任、中国史学会副会长、北京市社会科学联合会副主席、北京市史学会会长、中国亚太学会副会长等职务。

一 著作类

1990年,与郑家馨合著,《世界历史》(近代亚非拉部分),北京大学出版社。

1991年,《崛起的太平洋》,北京大学出版社。

与万明合著,《古代中西文化交流》,山东教育出版社。

1993年,副主编,《世界华侨华人词典》,北京大学出版社。

1995年,与宁骚合作主编,《非洲通史》(古代卷),华东师范大学出版社。

1996年,《澳门与葡萄牙大商帆:葡萄牙与近代早期太平洋贸易网的形成》,北京大学出版社。

1998年,与万明合著,《古代中西文化交流史话》,商务印书馆。

主编《太平洋贸易网500年》,河南人民出版社。

2003年,《中外文明的交汇》,香港城市大学出版社。

2007年,主编,《中外文化交流史》,国际文化出版公司。

二　论文类

1964年,《试论阶级观点与历史主义的统一》,《江海学刊》,1964年第6期。

1981年,《十九世纪中叶东方国家的上层改革活动》,《历史研究》,1981年第4期。

1982年,《阿克苏姆古国初探》,载中国非洲史学会编:《非洲史论文集》,三联书店,1982年。

《奥马尔》,载李显荣等主编:《外国历史名人传》,中国社会科学出版社,重庆出版社,1982年。

1983年,《古代东非的沿海城邦》,《世界历史》,1983年第5期。

《十五世纪中西三大航海活动的比较初探》,《北京大学学报(哲学社会科学版)》,1983年第6期。

1984年,《古代中国与东非人民的友好往来》(与郑家馨合撰),载北京大学历史系亚非拉史教研室、东语系亚非历史组编著:《中国与亚非国家关系史论丛》,江西人民出版社,1984年。

《层檀国考略》,《社会科学战线》,1984年第1期。

《论近代亚洲资产阶级的早期政治运动的性质和作用》,《世界历史》,1984年第6期。

《试谈两汉时期西域诸国的国家形态》,《历史教学》,1984年第8期。

1985年,《十九世纪西方国家在非洲的探险活动》,唐枢等主编:《外国历史大事集》(近代部分,第一分册),重庆出版社,1985年。

《近代东方民族解放运动的宗教色彩》,《史学月刊》,1985年第4期。

《阿克苏姆》,《西亚非洲》,1985年第5期。

1987年,《源远流长、前途似锦的中非文化交流》,载周一良主编:《中外文化交流史》,河南人民出版社。

1988年,《近代东方的沉沦和日本的崛起——19世纪日、中成败的比较》,《世界历史》,1988 年第 3 期。
1989 年,《近代埃塞俄比亚统一国家的形成》,《非洲历史研究》,1989 年第 1,2 期。
1992 年,《太平洋贸易网与中国》,《世界历史》,1992 年第 6 期。
1995 年,《苏丹马赫迪起义》(与包茂宏合撰),载艾周昌、郑家馨主编:《非洲通史》(近代卷),华东师范大学出版社,1995 年。

《列强瓜分非洲之角与埃塞俄比亚抗意战争》(与包茂宏合撰),载艾周昌、郑家馨主编:《非洲通史》(近代卷),华东师范大学出版社,1995 年。

《太平洋时代和中国》,《北京大学学报(哲学社会科学版)》,1995 年第 3 期。

1998 年,《"华夷秩序"论》,《北京大学学报(哲学社会科学版)》,1998 年第 5 期。
2000 年,《迎接中国的世界史研究新纪元——20 世纪中国世界史研究的回顾与展望》,《世界历史》,2000 年第 4 期。
2003 年,《近代华侨与中华文明》,《华侨华人历史研究》,2003 年第 4 期。
2004 年,《世界历史上的大清帝国》,《史学理论研究》,2004 年第 1 期。
2005 年,《文明视角下的郑和远航》,载梁志明执行主编:《亚太研究论丛》,第二辑,北京大学出版社,2005 年。

《环境保护与人文关怀》,载梁志明执行主编:《亚太研究论丛》,第二辑,北京大学出版社,2005 年。

《汉文化的必然抉择——再论世界历史上的大清帝国》,《史学理论研究》,2005 年第 1 期。

《文化自觉:单边还是多元》,《人民日报》2005 年 4 月 1 日,第 15 版。

《古代来华使节考论》,《北京大学学报(哲学社会科学版)》,2005 年第 3 期。

《世界史体系刍议》,《史学理论研究》,2005 年第 3 期。

《古代中国对外交往中的厚道》,《中西文化研究》,2005 年 12 月,第 2 期。

2006 年,《无望的对抗格局——三论世界历史上的大清帝国》,《史学理论研究》,2006年第1期。
《航海论》,《北京日报》理论周刊·特稿,2006年11月27日。
《二十一世纪的国际格局与中国》,载文池主编:《在北大听讲座》(第15辑),新世界出版社,2006年。
《文明与航海》,载国家图书馆编:《部级领导干部历史文化讲座》,北京图书馆出版社,2006年。

后 记

何芳川教授不幸因病医治无效于2006年6月29日在北京去世。他的去世是中国历史学界和亚太研究界难以弥补的损失。为了纪念他,北京大学亚太研究院编辑出版这本《何芳川教授史学论文集》。

本书的出版得到了北京市社会科学界联合会和北京大学亚太研究院的资助。这也是两个机构对多年为推进社会科学事业和史学研究发展做出贡献的何芳川教授的最好纪念。

收入本书的论文绝大部分已经公开发表。感谢《历史研究》、《世界历史》、《史学理论研究》、《史学月刊》等杂志社,《人民日报》、《北京日报》编辑部和三联书店等出版社慷慨应允使用版权。

本书由何芳川教授的学生包茂红副教授负责编辑。在收集论文和编辑过程中,得到了许多师长的支持,尤其是北京大学历史系马克垚教授在百忙中赐序,我们在此一并致以最诚挚的感谢!

北京大学党委常务副书记、亚太研究院院长吴志攀教授,北京大学社会科学部部长、亚太研究院学术委员会常务副主任程郁缀教授都以多种方式为本书的出版付出了心血。北京大学亚太研究院李玉副院长直接领导了本书的编辑出版工作。北京大学亚太研究院办公室学术秘书梁文华女士为我们收集论文提供了许多线索,也提供了一些论文的电子版。

北京大学出版社文史哲事业部的刘方、张晗编辑为论文集的顺利出版做了大量的工作。他们一丝不苟、认真负责的工作态度给我们留下了深刻印象。

编者

2007年5月